中伦研究院出品

中伦研究院出品

1993-2023

中倫 ZHONG LUN

能源与自然资源

法律赋能可持续发展

中伦研究院 / 编

ENERGY AND NATURAL RESOURCES

SUSTAINABLE DEVELOPMENT EMPOWERED BY LAW

法律出版社 LAW PRESS · CHINA
北京

图书在版编目（CIP）数据

能源与自然资源：法律赋能可持续发展 / 中伦研究院编. -- 北京：法律出版社，2023
ISBN 978-7-5197-7994-8

Ⅰ. ①能… Ⅱ. ①中… Ⅲ. ①能源法－研究－中国②自然资源保护法－研究－中国 Ⅳ. ①D922.674 ②D922.604

中国国家版本馆 CIP 数据核字（2023）第 101674 号

能源与自然资源
——法律赋能可持续发展
NENGYUAN YU ZIRAN ZIYUAN
—FALÜ FUNENG KECHIXU FAZHAN

中伦研究院 编

责任编辑 李争春 翁潇潇
装帧设计 汪奇峰

出版发行 法律出版社
编辑统筹 法规出版分社
责任校对 王晓萍
责任印制 耿润瑜
经　　销 新华书店

开本 710 毫米×1000 毫米 1/16
印张 29.25 **字数** 478 千
版本 2023 年 7 月第 1 版
印次 2023 年 7 月第 1 次印刷
印刷 天津嘉恒印务有限公司

地址：北京市丰台区莲花池西里 7 号（100073）
网址：www.lawpress.com.cn
投稿邮箱：info@lawpress.com.cn
举报盗版邮箱：jbwq@lawpress.com.cn

销售电话：010-83938349
客服电话：010-83938350
咨询电话：010-63939796

书号：ISBN 978-7-5197-7994-8
定价：146.00 元

凡购买本社图书，如有印装错误，我社负责退换。电话：010-83938349

中伦律师事务所创立于1993年，是中国最早获批设立的合伙制律师事务所之一。经过30年快速、稳健的发展壮大，中伦已成为中国规模最大的综合性、国际化律师事务所之一。来自全球18个办公室，包含420余位权益合伙人在内的2500多名专业人员，分别专精于特定的专业领域，通过合理的专业分工和紧密的团队合作，中伦有能力在各个领域为客户提供高质量的法律服务。

随着中国企业进一步迈向国际化，中伦与全球不同国家和法域的律师事务所建立了多维度、多渠道的合作关系，服务网络持续延伸，搭建了多元化、深层次的全球服务平台，形成了跨区域、跨领域、跨法域的综合发展格局，更加有效地为客户提供全方位、一站式的法律服务。

中伦研究院创立于2017年，依托中伦作为大型国际化律所的海量实践经验，集成中伦在行业内的前沿案例，结合全球化的法律与商业思维，致力于为法律服务注入前瞻性、创新性、综合性的知识成果与智力资产，推动法律行业变革与进步，并以科技解读法律，以法律赋能未来。

序　　言

2023年，是中伦律师事务所成立三十周年。而立之年驻足回眸，一代代中伦人在朝与夕的传承中坚守，在变与革的创新中突围，融入助力国家法治发展的大潮之中，脱颖而出。在既往的耕耘中，中伦见证并参与了经济与社会的发展，也受益于中国与全球的交流融合，始终保持理性、充满信心、彰显韧性。

三十年来，中伦践行律师使命，以法为业，以律为师，夯实理论基础、坚持专业化升级，与客户风雨兼程、同舟共济，共同把握时代机遇，迎接历史挑战。今天，中伦已经成长为一家提供全方位法律服务的大型综合性律所，在三十多个业务领域处于国内乃至世界领先地位，整体专业实力持续领跑中国法律服务市场。同时，中伦以“立足中国，连接全球”为出发点，不断提高为客户在全球配置最优法律服务资源的能力，并在国际舞台上贡献属于中国律师的智慧。

三十年来，中伦不断探索现代化中国律所建设之路，注重科学的组织和制度建设，以文化塑造人、以事业凝聚人，力争打造有活力、有温度、有效率、有目标、有原则的专业机构，构建优质的企业生态系统。同时，中伦努力承担社会责任，致力于慈善公益、法律援助、法学教育、国际交流、建言献策、参与立法、对外共享研究成果，于不同层面参与法治建设，推动律师行业发展和社会进步。中伦与中伦人共同成长，互相成就，攥指成拳，合力致远。

最近五年面对世界大变局和诸多不确定因素，中伦努力把握时代脉搏，在发扬光大传统优势领域的基础上，积极适应新场景、学习新技术、运用新工具、创造新模式。其中一个重要方面就是以行业部门为入口，服务于国家产业政策，面向未来发展趋势，培养精通专业、熟谙行业、兼具全球视野和本地专长的业务团队，从而为客户提供更精准、更全面、更优质的全产业链服务。

这套中伦三十周年系列文集正是展现了这方面的成果，共六卷，分别聚焦房地产与基础设施、能源与自然资源、金融行业、通讯与技术、健康与生命科学、文化娱乐教育六大行业。它的问世离不开中伦合伙人和律师们的不辞辛劳；在繁忙的业务之暇，他们将执业中的经验凝结为一篇篇兼具专业性、针对性和实用性的文章。这是他们为中伦三十岁生日献上的一份厚礼，更是中伦奉献给读者们的一份答卷。

三十周年是"百年中伦"的一个重要里程碑，也是中伦面向未来的一个关键时刻。中伦将秉承"专业、进取、包容、共享"的核心价值观，以"制度化、专业化、国际化"为抓手，拥抱科技创新革命，为建设成为国际上受人尊敬的法律专业服务机构，为推进中国法治化进程，笃行不怠，踔厉风发。

志之所趋，无远弗届，穷山距海，不能限也。

是为序。

中伦律师事务所管理委员会主任

赵　靖

目　　录

一、能源与电力

01

CHAPTER

能源与电力

风正一帆悬

——新能源（锂）电池材料企业融资上市法律指南

张诗伟* 李 硕 严培晏

* 作者简介：

张诗伟，中伦律师事务所北京办公室资本市场合伙人，电邮为：zhangshiwei@ zhonglun. com。

当前,全球新一轮能源革命和科技革命深度演变、方兴未艾,大力发展可再生能源已成为全球能源转型和应对气候变化的重大战略方向和一致宏大行动。为顺应该历史性变迁,中国于2020年正式提出"30·60"双碳目标,全面推动能源革命和经济社会发展全面绿色低碳转型。以电化学能源动力系统组成的新能源汽车替代传统化石能源汽车已成为中国实现能源革命和经济社会发展全面绿色低碳转型的重要组成部分而被纳入国家战略发展规划。"风正一帆悬",新能源汽车行业由此迎来了高速增长。而2022年爆发的俄乌冲突进一步冲击了全球化石能源格局,加剧了各国能源安全和能源自主化的迫切需求。在此背景下,中国新能源汽车产业更是迎来前所未有的爆发式增长:中国汽车工业协会数据显示,2022年新能源汽车产销分别完成705.8万辆、688.7万辆,同比分别增长96.9%和93.4%,市场占有率达到25.6%,高于上年12.1个百分点。① 与此同时,受下游新能源汽车产业拉动,由此传导到核心部件的上游电池及其原材料乃至最上游矿产尤其锂矿资源行业,也都一片热火朝天的景象。②

目前,新能源(锂)电池的主流技术路线为锂离子电池。此外,作为锂离子电池的补充技术,钠离子电池、氢燃料电池也受到一定关注。③ 受限于篇幅,本文聚焦目前居于主流技术路线的锂离子电池。④ 我们以多年服务众多新能源(锂)电池材料行业私募投融资及上市资本运作项目的法律服务经验,结合多年的行业观察和市场研究分析,形成本新能源(锂)电池材料行业企业融资上市法律指南,以飨业界并求教于方家。

一、新能源(锂)电池行业产业链构成及主要企业上市情况

新能源(锂)电池产业链较为复杂,包括上游锂、钴、镍、石墨等矿产资源行业,

① GGII依据交强险口径数据统计显示,2022年11月动力电池装机量约27.87GWh,同比增长54%;1—11月合计装机220.77GWh,同比增长94%。参见《我国新能源汽车产销连续8年全球第一》,载中国政府网,http://www.gov.cn/xinwen/2023-01/24/content_5738622.htm。《GGII:11月动力电池装机量同比增54%》,载科创板日报网2022年12月30日,https://www.chinastarmarket.cn/detail/1226536。

② 作为新能源(锂)电池关键原材料的锂矿及锂矿公司更是由此价格暴涨,如近期较知名的2023年1月国内动力电池龙头宁德时代以64亿元天价拿下斯诺威矿业股权争夺战。

③ 如宁德时代、传艺科技等多家企业均对钠离子电池进行产业化布局,钠离子、氢燃料电池相关初创企业也颇受资本青睐。

④ 如无特别说明,本文"新能源电池"均限定为锂离子电池。

中游4大关键材料(正极材料、负极材料、电池隔膜、电解液)产业和下游锂离子电池行业,其产业链构成如图1所示。

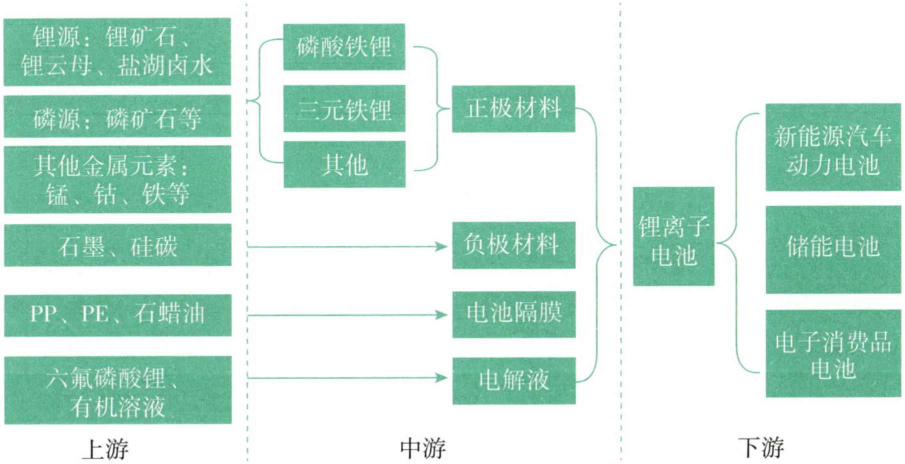

图1 新能源电池领域企业产业链情况

(一)产业上游:矿产资源企业上市情况

新能源(锂)电池材料行业上游主要系锂、钴、镍等矿产资源,受自然资源型行业的天然局限,地理分布不均,储量分布和供应高度日益向行业巨头集中。比如,锂电池产业链中最为重要的矿产资源为锂资源,虽然全球锂资源储量丰富,但主要集中在“锂三角地区”(南美玻利维亚、阿根廷、智利边境交界处),其次是美国、澳大利亚、中国等国家。美国地质调查局2019年数据显示,澳大利亚、智利和阿根廷的锂矿产能约占全球产能的86.12%。国内锂资源进口依赖程度较强,截至2021年年底,全球77%的锂业市场份额由五大公司掌控,分别是美国雅宝ALB(占比25%)、智利矿业化工SQM(占比15%)、美国Livent(占比7%)以及中国的赣锋锂业(占比16%)和天齐锂业(占比14%)。① 国内掌握锂矿资源的头部企业如赣锋锂业、天齐锂业等均已在沪深两市主板或港交所上市,市值规模多在千亿元级别,并开展跨境并购,向全球布局。但尽管如此,由于自然资源行业的特点,仍然有不少中小锂矿企业成为下游锂电池材料企业的并购目标。相关上游上市

① 参见《锂电量价齐升供需失衡 上市公司争夺产业链话语权纷纷“抢矿”》,载新华网2021年12月27日,https://baijiahao.baidu.com/s?id=1720266064691528628&wfr=spider&for=pc。

企业的基本情况如表 1 所示。

表 1 矿产资源相关上游企业上市情况

单位:亿元

产业板块	公司名称	上市时间	上市板块	最新市值
锂矿资源	赣锋锂业	2010 年(A 股)、2018 年(港股)	深交所主板、港交所	1362
	天齐锂业	2010 年(A 股)、2022 年(港股)	深交所主板、港交所	1250
	盐湖股份	1997 年	深交所主板	1236
	科达制造	2002 年	上交所主板	280
	藏格矿业	1996 年	深交所主板	396
	西藏城投	1996 年	上交所主板	128
钴资源	华友钴业	2015 年	上交所主板	897
	洛阳钼业	2007 年(港股)、2012 年(A 股)	深交所主板、港交所	1272
镍矿资源	山子股份	2011 年	深交所主板	182
	兴业矿业	1996 年	深交所主板	150
	镍矿产能主要被俄罗斯诺里尔斯克、巴西淡水河谷、瑞士嘉能可、澳大利亚必和必拓控制			

注:最新市值为截至 2023 年 3 月 24 日收盘市值,下同。

(二)产业中游:4 大关键材料制造企业上市情况

新能源(锂)电池主要由正极材料、负极材料、电池隔膜、电解液 4 大关键材料制成,其基本原理如图 2 所示①。

其中,锂电池正极材料是锂电池化学性能的决定性要素,其会对电池的能量密度以及安全性起到主导作用,且正极材料的成本占锂电池成本比例最高,约为 30%—40%。目前国内正极材料的主要技术路线为三元材料和磷酸铁锂材料,2022 年国内产量占比分别为 38.9%和 60.9%,②正极材料产业近几年发展较快,

---

① See John B., *Goodenough*, *How We Made the Li-Ion Rechargeable Battery*, Nature Electronics, https://www.nature.com/articles/s41928-018-0048-6/figures/1.

② 参见中商产业研究院:《2022 年度中国动力电池市场现状及竞争格局分析》,载中商情报网, https://www.askci.com/news/chanye/20230114/1703362102825.shtml。

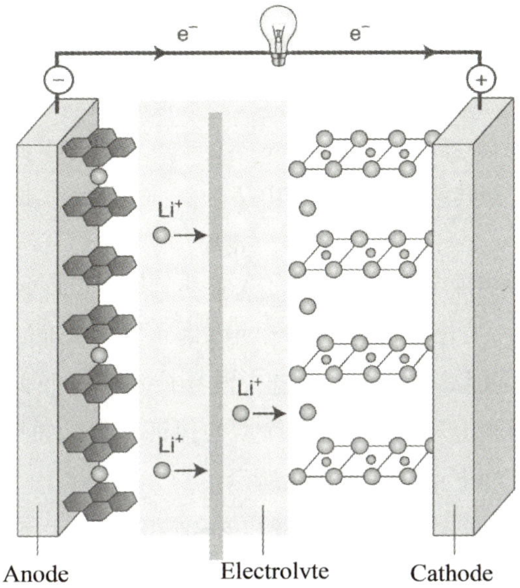

图 2　新能源(锂)电池基本原理

头部企业大多已经上市或申报上市,上市布局集中在科创板、创业板,但其市值基本为百亿元级别,竞争较为激烈,市场仍较为分散,对于行业后来者而言仍有不少机会。我们整理相关企业基本情况如表 2 所示。

表 2　正极材料相关企业基本情况

单位:亿元

产业板块	公司名称	上市时间	上市板块	最新市值
正极材料—磷酸铁锂	德方纳米	2019 年	深交所创业板	342
	湖南裕能	2023 年	深交所创业板	329
	万润新能	2022 年	上交所科创板	152
	富临精工	2015 年	深交所创业板	169
	安达科技	2023 年	北交所	67
正极材料—三元	容百科技	2019 年	上交所科创板	327
	当升科技	2010 年	深交所创业板	291
	长远锂科	2021 年	上交所科创板	291
	振华新材	2021 年	上交所科创板	183
	天力锂能	2022 年	深交所创业板	57

续表

产业板块	公司名称	上市时间	上市板块	最新市值
正极材料—钴酸锂	厦钨新能	2021 年	上交所科创板	216
	杉杉股份	1996 年	上交所主板	396
	格林美	2010 年	深交所主板	389

负极材料主要影响锂电池的容量、首次效率、循环性能等，在动力电池成本的占比约为 5%—15%。锂电池隔膜位于电池内部正负极之间，保证锂离子通过的同时阻碍电子传输，是锂离子电池产业链中最具技术壁垒的关键内层组件。电解液是锂离子电池获得高电压、高比能等优点的保证。我们整理负极材料、锂电池隔膜和电解液相关企业上市情况如表 3 所示。

表 3　负极材料、锂电池隔膜和电解液相关企业上市情况

单位：亿元

产业板块	公司名称	上市时间	上市板块	最新市值
负极材料	贝特瑞	2020 年	北交所	320
	璞泰来	2017 年	上交所主板	675
	杉杉股份	1996 年	上交所主板	396
电解液	天赐材料	2014 年	深交所主板	790
	新宙邦	2010 年	深交所创业板	364
隔膜	恩捷股份	2016 年	深交所主板	986
	星源材质	2016 年	深交所创业板	253

（三）产业下游：新能源（锂）电池企业上市情况

新能源（锂）电池企业处于新能源（锂）电池产业的下游，是该产业中游的客户，其直接面向其下游产业新能源汽车厂商。我国新能源汽车市场已进入规模化发展阶段，随着新能源汽车市场渗透率不断提升，新能源（锂）电池的产能及市场需求也迅猛增长，从全球市场份额来看，目前我国主导了全球锂离子电池的制造，SNE research 最新数据显示，2022 年 1—11 月，全球动力电池装车量前十的企业中，中国企业独占 5 席，宁德时代和比亚迪高居第一、第二，合计市场占比高达 50.7%，与中创新航、国轩高科、欣旺达和亿纬锂能等中国企业合计占比为

60.5%。[①]目前国内新能源(锂)电池行业是重资本和重产业的行业,竞争格局已基本固定并呈现日益集中的态势,后来者要脱颖而出挑战不小。第一梯队的头部企业宁德时代、比亚迪市值已达或接近万亿元级别,第二梯队企业也已经上市或已递交上市申请,主要布局创业板、科创板或港交所,2022 年 1—12 月国内市场装车量排名前十的中国企业占比及上市情况如表 4 所示。

表 4　2022 年 1—12 月国内装车量排名前十的中国企业占比及上市情况

产业板块	公司名称	装车量占比	上市时间	上市板块	最新市值
动力电池	宁德时代	48.20%	2018 年	深交所科创板	9613 亿元
	比亚迪	23.45%	2007 年(港股)、2011 年(A 股)	深交所主板、港交所	7162 亿元
	中创新航	6.53%	2022 年	港交所	337 亿港元
	国轩高科	4.52%	2006 年	深交所主板	536 亿元
	欣旺达	2.62%	2011 年	深交所创业板	376 亿元
	亿纬锂能	2.44%	2009 年	深交所创业板	1394 亿元
	蜂巢能源	2.07%	科创板已问询	上交所科创板	—
	孚能科技	1.82%	2020 年	上交所科创板	273 亿元
	瑞浦兰钧	1.53%	港交所已申报	港交所	—

资料来源:中商产业研究院:《2022 年度中国动力电池市场现状及竞争格局分析》,载中商情报网,https://www.askci.com/news/chanye/20230114/1703362102825.shtml。

注:排名第九的企业为韩国 LG 新能源,故未列入。

二、新能源(锂)电池行业企业上市主要法律问题

根据我们的经验以及相关申请上市的披露,新能源(锂)电池行业企业上市主要关注的法律问题有行业定位、上市标准、保供协议/产能合作协议、高排放高耗能核查、核心技术来源、外协加工以及票据合规七大方面。

(一)行业定位问题

就原则而言,新能源(锂)电池材料行业对标的上市板块当属上交所科创板与

---

① 转引自澎湃新闻:《2022 全球动力电池装车量 TOP10 出炉!(1—11 月)》,载微信公众号"中国国际电池展"2023 年 1 月 6 日,https://mp.weixin.qq.com/s/2D_0K_-KdeZKcM6XQzwO3A。

深交所创业板。布局科创板的新能源(锂)电池行业需满足《上海证券交易所科创板企业发行上市申报及推荐暂行规定》(2022 年修订)中关于科创板行业定位的要求,其中新能源(锂)电池属于节能环保领域即包括新能源汽车整车、新能源汽车关键零部件、动力电池及相关服务等行业,其关键原材料行业也多属于新材料领域的先进石化化工新材料行业。而最新修订的《深圳证券交易所创业板企业发行上市申报及推荐暂行规定》(2022 年修订)亦同意与新能源结合的传统行业申报创业板上市。我们整理近年来上市的新能源(锂)电池企业行业定位如表 5 所示。

表 5 近年来上市的新能源(锂)电池企业行业定位

产业板块	公司名称	上市时间	上市板块	行业分类
正极材料——磷酸铁锂	德方纳米	2019 年	深交所创业板	C38 电气机械和器材制造业
	湖南裕能	2023 年	深交所创业板	C39 计算机、通信和其他电子设备制造业
	万润新能	2022 年	上交所科创板	C26 化学原料和化学制品制造业
	富临精工	2015 年	深交所创业板	C36 汽车制造业
	安达科技	2023 年	北交所	C38 电气机械和器材制造业
正极材料——三元	容百科技	2019 年	上交所科创板	C38 电气机械和器材制造业
	当升科技	2010 年	深交所创业板	C38 电气机械和器材制造业
	长远锂科	2021 年	上交所科创板	C38 电气机械和器材制造业
	振华新材	2021 年	上交所科创板	C26 化学原料和化学制品制造业
	天力锂能	2022 年	深交所创业板	C39 计算机、通信和其他电子设备制造业
正极材料——钴酸锂	厦钨新能	2021 年	上交所科创板	C38 电气机械和器材制造业
	杉杉股份	1996 年	上交所主板	C38 电气机械和器材制造业
	格林美	2010 年	深交所主板	C42 废弃资源综合利用业
负极材料	贝特瑞	2020 年	北交所	C30 非金属矿物制品业
	璞泰来	2017 年	上交所主板	C38 电气机械及器材制造业
电解液	天赐材料	2014 年	深交所主板	C26 化学原料和化学制品制造业
	新宙邦	2010 年	深交所创业板	C26 化学原料及化学制品制造业

续表

产业板块	公司名称	上市时间	上市板块	行业分类
隔膜	恩捷股份	2016 年	深交所主板	C29 橡胶和塑料制品业
	星源材质	2016 年	深交所创业板	C26 化学原料和化学制品制造业

但近期申报的案例中,亦有企业就行业定位不准确发出监管问询,如表 6 所示。

表 6　企业就行业定位不准确的监管问询

发行人	问询轮次	问询要点	回复思路
YN	二轮问询	(1)说明发行人与可比公司行业划分存在差异的原因。 (2)说明“C3985 电子专用材料制造”中的其他上市公司中是否有与发行人生产同类产品的公司,结合 C3985 电子专用材料制造的释义进一步说明公司行业划分合理性	(1)按照《国民经济行业分类(GB/T 4754—2017)》、《上市公司行业分类指引》(2012 年修订),公司所属行业为“C3985 电子专用材料制造业”; (2)锂电池材料属于“C3985 电子专用材料制造业”小类中; (3)申报上市时同行业上市公司行业分类存在一定差异,差异原因主要是中国证监会于 2021 年 11 月 10 日发布的《2021 年 3 季度上市公司行业分类结果》对部分上市公司行业分类进行了调整
ZH	二轮问询	结合所属《战略性新兴产业分类(2018)》的目录,准确披露所属行业情况	第一轮问询认定公司所处行业属于“3　新材料产业”中的“3. 3　先进石化化工新材料”中的“3. 3. 10　其他化工新材料制造”中的“3. 3. 10. 1　二次电池材料制造”,对应重点产品和服务中的“镍钴锰酸锂/镍钴铝酸锂三元材料、钴酸锂”。 第二轮补充披露,按照《国民经济行业分类》,公司所属行业为“C26 化学原料和化学制品制造业”

根据 2022 年最新修订的《上海证券交易所科创板企业发行上市申报及推荐暂行规定》,企业选择申报科创板上市时,中介机构需对公司符合科技创新行业领

域要求发表明确核查意见，根据高新技术产业和战略性新兴产业规划、政策文件，国家统计局《战略性新兴产业分类》和《上海证券交易所科创板企业发行上市申报及推荐暂行规定》确定的科技创新行业领域，结合公司核心产品及其应用情况等，说明公司属于该行业领域依据和理由。《深圳证券交易所创业板企业发行上市申报及推荐暂行规定》（2022 年修订）亦明确要求中介机构核查发行人所属行业是否属于该规定第 5 条规定的原则上不支持其申报在创业板发行上市的行业或禁止类行业，说明理由和依据，并就发行人主营业务与所属行业归类是否匹配，与可比公司行业领域归类是否存在显著差异，发行人是否主要依赖国家限制产业开展业务等发表明确意见。

由于新能源（锂）电池企业可能符合《国民经济行业分类》（GB/T 4754—2011，已失效）、《国民经济行业分类》（GB/T 4754—2017）、《2017 国民经济行业分类注释》、《战略性新兴产业分类（2018）》等相关规定中的不同行业分类，对于由传统制造业行业转型新能源（锂）电池行业的企业，布局申报科创板或者创业板时，应仔细分析所申报板块同行业上市公司关于行业分类的情况以及中国证监会按季度公布的行业分类结果，结合自身主营业务及产品对行业分类进行准确定位，如正极材料生产企业在申报科创板和创业板时可能多被定位为“C38 电气机械和器材制造业”或“C26 化学原料和化学制品制造业”。

（二）上市标准选择问题

科创板首开 A 股注册制先河之时，2019 年版《上海证券交易所科创板股票上市规则》（已被修订）第 2.1.2 条即对申请科创板企业提出了五套市值及财务指标要求。紧随其后，2020 年修订《深圳证券交易所创业板股票上市规则》（已被修订）时也对上市条件进行了细化，其第 2.1.2 条、第 2.1.3 条、第 2.1.4 条亦分别对不存在表决权差异安排的境内企业、红筹企业、存在表决权差异安排的企业分别提出了上市标准。2021 年颁布的《北京证券交易所股票上市规则》第 2.1.3 条亦提出了四套上市标准。因此，如何结合营业收入情况、市值及其他要求确定拟申报板块及上市标准，成为摆在发行人准备上市前的一个重要问题。近年来，申报科创板、创业板上市的新能源（锂）电池材料企业选择的上市标准如表 7 所示。

表 7　近年来申报科创板、创业板上市的新能源(锂)电池材料企业选择的上市标准

产业板块	公司名称	上市时间	上市板块	上市标准
正极材料—磷酸铁锂	湖南裕能	2023 年	深交所创业板	《深圳证券交易所创业板股票上市规则》第 2.1.2 条第 1 项标准
	万润新能	2022 年	上交所科创板	《上海证券交易所科创板股票上市规则》第 2.1.2 条第 1 款第 4 项上市标准
正极材料—三元	容百科技	2019 年	上交所科创板	《上海证券交易所科创板股票上市规则》第 2.1.2 条第 1 款的第 4 项上市标准
	长远锂科	2021 年	上交所科创板	《上海证券交易所科创板股票上市规则》第 2.1.2 条第 1 款的第 4 项上市标准
	振华新材	2021 年	上交所科创板	《上海证券交易所科创板股票上市规则》第 2.1.2 条第 1 款的第 4 项上市标准
	天力锂能	2022 年	深交所创业板	《深圳证券交易所创业板股票上市规则》第 2.1.2 条第 1 项标准
正极材料—钴酸锂	厦钨新能	2021 年	上交所科创板	《上海证券交易所科创板股票上市规则》第 2.1.2 条第 1 款的第 4 项上市标准
负极材料	贝特瑞	2020 年	北交所	—
	翔丰华	2020 年	深交所创业板	《深圳证券交易所创业板股票上市规则》第 2.1.2 条第 1 项标准
动力电池	蜂巢能源	科创板已问询	上交所科创板	《上海证券交易所科创板股票发行上市审核规则》第 24 条第 2 款上市标准
	孚能科技	2020 年	上交所科创板	《上海证券交易所科创板股票上市规则》第 2.1.2 条第 1 款的第 4 项上市标准

从上述案例看,近年来申报科创板上市的企业多采用《上海证券交易所科创板股票上市规则》第 2.1.2 条第 1 款的第 4 项上市标准,即“预计市值不低于人民币 30 亿元,且最近一年营业收入不低于人民币 3 亿元”,受行业在近年来实现爆发式增长,原材料价格高企导致产品单价上升等因素影响,不少企业上市前营业收入都实现了快速增长,拟 IPO 企业较容易达到市值和营业收入指标要求,因此第四套标准相对较容易实现。

科创板上市标准中综合考虑市值、净利润、营业收入、累计研发投入、最近 3 年经营活动产生的现金流量净额等核心指标,拟 IPO 企业应综合考虑自身情况,合理选择上市标准。以振华新材为例,其申报前最近一期净利润为负,即不能选择第一套标准；报告期内研发投入占比不足15%，即不能选择第二套标准；近3年产生的现金流量净额均为负，即无法选择第三条标准。此外，如果拟IPO企业存在表决权差异安排，则申报科创板或创业板时只能根据《上海证券交易所科创板股票上市规则》第2.1.4条或《深圳证券交易所创业板股票上市规则》第2.1.4条规定选择较高的上市标准。

（三）保供协议/产能合作协议问题

2020年下半年起，受下游新能源汽车市场景气影响，产能需求自下游向上游传导，新能源（锂）电池、正极材料及其主要原材料碳酸锂均供不应求。为应对产能问题，下游电池厂商通常与中游正极材料厂商签署“保供协议”或“产能合作协议”，向正极材料厂商支付大额预付款，在支持正极材料厂商产能建设及优化的同时锁定上游供应。该等协议往往占正极材料厂商销售合同比重较高，一方面，在原材料大幅涨价的行业背景下履行相关协议可能会侵蚀企业利润，而企业产能扩张速度不足又可能会影响企业履约能力，进而导致违约风险；另一方面，产能问题又可能牵涉募投项目的合理性和必要性，故近期申报上市企业多被关注该问题，如表8所示。

表8 近期申报上市企业关于产能问题的问询情况

发行人	问询轮次	问询要点	核查方法	回复思路
XN	首轮问询	（1）相关协议中拟定的供货时间、供货量等各类要素是否具有约束力； （2）结合公司目前的产能及扩产计划，公司是否具备相应履约能力，是否存在违约风险	（1）逐条梳理发行人与主要客户签署的保供协议/产能合作协议； （2）梳理及计算发行人目前的产能及扩产计划； （3）梳理报告期内发行人与主要客户的协议及订单实际履行情况； （4）访谈主要客户或取得主要客户出具的书面说明	（1）说明产能紧张的客观行业背景； （2）区分不同情形，部分客户的保供协议中约定的供货要素具有约束力，部分客户的无约束力，以具体订单约定为准； （3）发行人目前及计划产能大致可满足协议约定的供货量； （4）对于确实无法满足的供货量，与客户达成新的协议，测算违约可能产生的损失，在财务上进行计提，并进行风险提示

续表

发行人	问询轮次	问询要点	核查方法	回复思路
YN	审核中心落实函	(1)协议对于双方权利义务要求及未达供货/采购数量的违约责任,如何保障发行人相关权利; (2)如发行人未达最低供货数量或客户未达最低采购数量对发行人持续经营能力是否构成重大不利影响	(1)查阅发行人与主要客户签订的产能合作协议及其补充协议; (2)取得发行人出具的说明; (3)检索和查阅上市公司公告、行业发展相关信息及行业数据	(1)说明《产能锁定协议》签署的市场背景,强调是双方自愿达成的商业合作; (2)逐项披露《产能锁定协议》的主要条款,特别是规约责任条款,同时强调该等协议约定了客户向发行人采购的保底数量,有利于维护发行人的利益; (3)结合公司现有及规划产能计算论证发行人可以保证供应,未达到最低保供量的可能性较低
AD	首轮问询	(1)是否与同行业可比公司与客户之间的合作模式存在差异; (2)说明公司与主要客户合作的主要权利义务的内容、期限,是否具有排他性或优先权	(1)获取发行人与主要客户签署的框架协议和合作协议等协议; (2)获取发行人报告期内的销售明细表,对发行人对于各个客户销售情况履行分析性程序; (3)查阅行业公开资料、行业研究报告、同行业可比公司公开披露资料,了解行业发展态势及竞争对手销售情况	(1)披露了发行人与主要客户签署了保供协议/产能合作协议; (2)通过公开信息检索,同行业湖南裕能、万润新能均与主要客户签署了类似协议,符合行业惯例; (3)逐项披露了发行人与主要客户是否存在排他性约定:除与比亚迪存在排他性约定外,与其他客户无排他性约定

从上述上市问询情况来看,监管部门对新能源(锂)电池行业需求旺盛、产能不足的市场情况有着较为清晰的认识,主要关注拟上市公司新增产能消化的具体安排、是否具备相应履约能力及违约责任风险、是否具有排他性约定、产能项目投产对市场格局影响等问题。因此,在上市核查过程中,一方面,应结合订单执行情况分析发行人是否已经存在违约行为,结合合同具体权利义务条款,分析发行人与主要客户间的协议签署情况、是否已经存在违约情形并进行财务计提等;另一

方面，还应关注发行人未来的履行能力，结合发行人未来产能建设、扩张及优化情况，分析发行人预期产能是否足以满足协议约定需求，是否可能对发行人持续经营能力造成重大不利影响。

（四）高排放高耗能核查问题①

由于新能源（锂）电池产业链自上游至中游、下游均为重资产的制造性行业，一般而言均会涉及能源消耗及污染物排放，可能会引起监管对高排放、高耗能（以下简称“两高”）问题的关注。从近期申报新能源（锂）电池领域企业的“两高”核查情况来看，近年来多家企业均在问询过程中收到了交易所提出的“组合拳”问题，要求对“两高”问题进行核查，相关问询问题如表 9 所示。

表 9 交易所问询的关注重点和主要问题

关注重点	主要问题
产业政策	是否符合国家产业政策，是否纳入相应产业规划布局；是否属于限制类、淘汰类产业，是否属于落后产能
	募投项目是否涉及新建自备燃煤电厂，是否满足《关于加强和规范燃煤自备电厂监督管理的指导意见》原则上不再新（扩）建自备电厂项目的要求
节能审查	是否满足项目所在地能源消费双控要求，是否按规定取得固定资产投资项目节能审查意见。主要能源资源消耗情况以及是否符合当地节能主管部门的监管要求
地方排放要求	是否存在大气污染防治重点区域内的耗煤项目，是否履行应履行的煤炭等量或减量替代要求
	已建、在建项目或者募投项目是否位于各地城市人民政府根据《高污染燃料目录》划定的高污染燃料禁燃区内，是否在禁燃区内燃用相应类别的高污染燃料
环境影响评价	是否符合环境影响评价文件要求，是否落实污染物总量削减替代要求，是否取得获得相应级别生态环境主管部门环境影响评价批复

① 需要说明的是，上市申报相关核查中，除“两高”之外，还有所谓“高污染、高环境风险”的“双高”。就该“双高”问题而言，《“高污染、高环境风险”产品目录》对发行人产品是否属于高污染产品有着较为明确的规定，新能源（锂）电池及其正极材料、负极材料、隔膜、电解液并不在其中。

续表

关注重点	主要问题
污染物处理、排放情况	是否按规定取得排污许可证,是否存在未取得排污许可证或者超越排污许可证范围排放污染物等情况,是否违反《排污许可管理条例》第33条的规定,是否已完成整改,是否构成重大违法行为
	生产经营中涉及环境污染的具体环节、主要污染物名称及排放量、主要处理设施及处理能力,治理设施的技术或工艺先进性、是否正常运行、达到的节能减排处理效果以及是否符合要求、处理效果监测记录是否妥善保存,报告期内环保投资和费用成本支出情况,环保投入、环保相关成本费用是否与处理公司生产经营所产生的污染相匹配;募投项目所采取的环保措施及相应的资金来源和金额;公司的日常排污监测是否达标和环保部门现场检查情况
环保行政处罚	最近36个月是否存在受到环保领域行政处罚的情况,是否构成重大违法行为,整改措施及整改后是否符合环保法律法规的规定

针对高耗能问题,首先涉及比对发行人所在行业及拟建项目是否符合产业规划布局、产业政策及地方能耗要求。应对此类问题的一般论证思路为结合《产业结构调整指导目录(2019年本)》(2021年修订)及产业政策,说明新能源(锂)电池企业不属于“两高”行业,拟建项目不属于“两高”项目。对于能源消费双控问题,虽然能耗超过5000吨标煤/年的企业为重点用能单位,需满足各级能源主管部门对于能源消耗的“双控”指标并接受节能主管部门的重点核查,但重点用能单位并不等于高耗能企业,可以取得企业能耗情况及折算标准煤情况,结合与我国单位GDP能耗的比较、政府主管部门合规证明、发行人采取的相应节能降耗措施等进行综合论证。在进行高耗能相关问题核查时,律师需核查发行人报告期内全部已建项目、在建项目及募投项目的节能审查意见并核实生产项目所在地节能主管部门的监管要求与发行人实际能耗情况是否匹配。同时建议由节能主管部门出具合规证明,或对其进行访谈,确定发行人是否符合当地节能主管部门的监管要求。

针对高排放问题,需注意排污许可证与环评报告、环评批复中载明的主要污染物排放量事实上可能存在差异,需同时核查发行人的实际排污情况是否同时满足以上几个文件中载明的指标;发行人报告期内各项目污染物的实际排放量,需要有报告期内进行的日常排污监测报告作为数据来源。但鉴于该等监测数据为时点数据，存在一定偶然性，并不能全面反映报告期内的排污情况，需结合对监测机构、环保主管部门的访谈进行综合论证。

（五）核心技术来源问题

近年来，申报境内上市的新能源（锂）电池领域企业大多布局科创板或创业板，该等板块对发行人专利技术的核查相比原核准制阶段更加深入。除传统的专利技术权属清晰、无争议纠纷的要求外，一般还会穿透专利背后的技术问题，要求发行人律师对公司的技术来源、是否具有独立、持续的研发能力发表意见。我们整理部分近期上市监管提出的问题如表 10 所示。

表 10 部分近期上市监管提出的问题

发行人	问询轮次	问询要点	核查方法	回复思路
XN	首轮问询	（1）列表梳理在涉及公司核心技术的合作研发中，发行人及其相关人员与合作方各自承担的具体工作内容、发挥的具体作用，合作研发项目的主要技术负责人及其任职情况； （2）按时间线描述公司核心技术研发的具体过程，重要技术研发节点及其对应的主要技术人员、相关人员目前的任职情况，并说明公司是否具备自主持续研发能力	（1）梳理发行人签署的合作研发协议及其履行情况； （2）对发行人以及其研发合作方进行访谈，确认双方在合作研发中的具体作用； （3）核查公司自设立以来的研发项目文件，包括但不限于立项、小试、中试、验证通过、投产等关键节点的报告，对研发项目主要技术人员进行访谈	（1）通过访谈、书面说明等方式，证明发行人在合作研发过程中起到了更为主导的作用； （2）结合招股说明书中披露的核心技术、形成主要业务收入的发明专利的情况及其对应关系，梳理公司核心技术的研发历程，其中需要注意技术、专利、研发项目、研发人员的对应关系； （3）结合专利数量、研发项目数量、研发费用、研发人员人数、学历、取得荣誉等多角度，论证公司具备独立自主持续研发能力

续表

发行人	问询轮次	问询要点	核查方法	回复思路
XW	首轮问询	(1)说明22项受让专利的技术来源; (2)与清华大学共有专利权的形成背景、双方的参与人员及贡献情况,双方就知识产权成果使用权的约定,清华大学是否可授权其他方使用前述专利,共有专利权在发行人生产经营中所起作用及收入贡献,是否涉及核心产品; (3)发行人是否具备持续、独立的研发能力	(1)查阅相关专利转让文件及合作研发协议; (2)与发行人研发负责人进行访谈	(1)受让取得专利的转让方为发行人控股股东,该等专利的技术来源是现在发行人任职、发行人设立前在控股股东任职的相关研发人员自主研发所得; (2)与清华大学共有专利,双方的贡献情况比较对等,但该等专利不涉及发行人的核心产品; (3)结合专利数量、研发项目数量、研发费用、研发人员人数、学历、取得荣誉等多角度,论证公司具备独立自主持续研发能力
ZH	首轮问询	发行人核心技术对合作研发是否存在依赖,发行人持续经营能力是否依赖合作研发或相关单位	(1)查验了有关项目合作研发协议等资料; (2)查验了发行人出具的有关合作研发事项的书面说明; (3)访谈发行人研发负责人,了解合作项目的具体进展及相关权利义务约定、与发行人各项核心技术之间的关系	(1)逐项说明了合作研发过程中各方承担的角色和负责的研发内容; (2)发行人的核心技术均源于自主研发,不源于合作研发,发行人对合作研发不存在依赖; (3)论证发行人的持续经营能力不存在依赖合作研发或相关单位的情形

续表

发行人	问询轮次	问询要点	核查方法	回复思路
YN	首轮问询	(1)说明专利的取得来源,原权利人的具体情况,发行人通过受让取得该专利的原因及合理性,权属是否清晰、定价依据及公允性。 (2)说明核心技术的具体来源及形成过程、主要贡献人情况,核心技术是否为相关人员在其他公司的职务发明,研发人员是否在关联方兼职;发行人是否具有独立研发能力,相关核心技术的研发过程是否均在公司内部完成	(1)调查发行人继受取得发明专利的取得过程,取得了相关的专利转让合网及转让价款支付凭证、专利代理机构出具的说明; (2)访谈了发行人负责专利转让事宜的负责人并取得发行人及其技术研发人员关于受让专利的价格公允性、转让背景、合理性的说明	(1)发行人通过受让取得发明专利主要是为满足业务发展需要,具有合理性,相关专利权属清晰,定价公允,原权利人与发行人及其董监高、股东不存在关联关系; (2)说明公司研发流程、研发阶段及流程,公司核心技术及主要贡献人情况,说明不属于在其他公司的职务发明; (3)说明与股东的合作研发情况,结合研发制度、体系等发行人研发工艺流程与机器设备均属自身所有,相关核心技术的研发过程均在公司内部完成
LK	首轮问询	受让取得专利的具体来源,与发行人所提供产品的内在联系,收入、利润贡献情况	(1)访谈公司人员,了解专利与产品的对应关系; (2)查阅了金驰材料与金天能源签署《专利转让协议》及相应的价款支付凭证、增值税发票; (3)查阅了金天能源的注销通知书	(1)说明转让方的基本情况,受让专利的过程,定价依据,价款支付情况; (2)逐项说明受让专利的应用场景,结合生产环节说明无法量化各项专利的利润及收入贡献占比

针对受让专利的问题,监管部门通常要求穿透核查转让方的技术来源,如转让方并非发行人关联方,则涉及需要该转让方提供资料、出具说明或接受访谈,实践中可能存在一定的障碍,在核查过程中至少应访谈发行人负责专利转让事宜的

负责人,了解继受取得专利的过程及原权利人是否与发行人存在关联关系,并取得发行人及其技术研发人员关于受让专利的价格公允性、转让背景、合理性的说明。

针对共有专利,监管部门通常关注合作双方在研发项目中的角色和分工,除访谈发行人外,还需对合作方的主要负责人员进行访谈或取得其出具的书面说明;此外,如共有专利涉及业务收入,则需核查双方对于专利使用收益分配的约定是否清晰合理。如果存在与股东之间的合作研发情况,还可能会被质疑资产和研发能力独立性问题,此时需要结合合作研发的具体进程、成果及对发行人业务的影响等,综合论证发行人具备独立持续研发能力。

(六)外协加工问题

鉴于产业链最近两年产能较为紧张的行业背景,电池生产企业及其中上游厂商除抓紧自建产能外,往往还通过委托加工的方式提升产能、抢占市场份额。外协加工核查重点是成本、费用等财务核查事项,但是也涉及法律核查,需要在 IPO 核查期间进行提前关注。结合新能源(锂)电池领域企业近期 IPO 问询问题,监管机构就外协加工事项关注的法律问题主要如表 11 所示。

表 11　监管机构就外协加工事项关注的法律问题

发行人	问询轮次	问询要点	核查方法	回复思路
XW	首轮问询	(1)外协厂商的基本情况、合作历史以及是否存在关联关系,是否存在单一产品向单一外协厂商采购的情况,是否存在对单一外协厂商的依赖; (2)与外协厂商签订的合同属性类别,结合主要合同条款说明与外协厂商的权利义务划分、定价机制及付款政策、交易价格的公允性; (3)产品质量的责任划分与承担机制,不良品的具体处置方式以及报告期内的具体处置情况;	(1)对主要外协厂商进行访谈,对外协厂商进行网络核查; (2)查阅发行人与外协加工相关的内部控制制度; (3)取得发行人与主要外协厂商的委托加工协议	(1)关于发行人与外协厂商的权利义务划分,主要披露了交货、验收、换货、补货、退货政策、安全生产要求,违约责任等条款; (2)关于产品质量的责任划分及承担机制,披露了产品质量的认定主体为发行人自身设置的检测中心,如检测中心认定产品不合格,则需要技术品管部出具不合格品处理通知单,相关部门通知外协厂商进行退货或者换货;

续表

发行人	问询轮次	问询要点	核查方法	回复思路
		(4)是否有存放在外协厂商处的存货及相关保管、毁损、灭失等风险承担机制； (5)与外协加工相关的内部控制制度的建立与运行情况； (6)报告期内外协厂商的主要经营数据、发行人委托加工采购占其收入的比例，是否主要为发行人服务，是否存在为发行人代垫成本费用的情况		(3)发行人制定了《采购委外加工管理规定》《生产委外加工管理规定》
TL	首轮问询	请发行人披露：主要外协加工商的名称、设立时间、注册资本、主营业务、生产地域、股权结构、实际控制人、经营规模、交易金额占外协加工商收入的比例，与发行人及其关联方之间是否存在关联关系，发行人员工或前员工是否持有外协厂商权益	(1)取得外协加工合同； (2)对外协厂商进行访谈、取得了主要外协加工厂商出具的不存在关联关系的声明； (3)访谈发行人部门负责人等其他核查方法	(1)披露了主要外协厂商的股权结构、实际控制人； (2)根据访谈、外协厂商出具的书面说明等文件，主要外协加工商不存在关联关系，发行人员工及前员工在其中不持有权益
RB	首轮问询	(1)发行人控制外协加工质量的主要措施，发行人与外协厂商关于产品质量责任分摊的具体安排； (2)报告期内外协厂商是否稳定，与发行人是否存在关联关系，与发行人实际控制人、股东、董监高、核心技术人员是否存在关联关系	(1)查阅发行人外协加工相关制度，对部门主管进行访谈； (2)对外协厂商进行访谈、取得了主要外协加工厂商出具的不存在关联关系的声明等	(1)控制外协加工质量的主要措施包括外协厂商的选定、质量技术指导、产品质量与检测、不定期质量监督检查等； (2)不存在关联关系

从案例看，监管机构对于外协加工关注要点主要有以下三点：一是关联关系，需注意在外协厂商访谈过程中进行确认，并取得访谈笔录、外协厂商关于不存在关联关系承诺等相关底稿文件，关联关系的核查范围除常规的董监高核心技术人

员、主要股东外,还应包括发行人的员工或前员工。面对监管问询时,应结合外协厂商实控人及股权结构情况,人员任职情况等说明拟发行人与外协厂商之间不存在关联关系。二是外协质量控制制度,中介机构需在上市辅导期内对发行人的外协质量控制制度进行提前审阅及完善,并取得发行人履行质量控制制度的相关文件作为底稿。三是与外协厂商的责任划分,中介机构需对发行人与主要外协厂商的合同进行审阅,一般而言,在委托加工合同中明确约定因外协厂商原因所产生的损失由外协厂商承担相应赔偿责任可满足监管要求。

(七)票据合规问题

票据合规问题不仅是法律合规问题,也是财务合规问题。《票据法》第 10 条第 1 款规定,"票据的签发、取得和转让,应当遵循诚实信用原则,具有真实的交易关系和债权债务关系"。而新能源(锂)电池行业是重资本行业,资金需求较大,因此业内普遍使用票据作为支付工具。而受近年来原材料成本上升趋势影响,行业内部分关键原材料制造企业资金链较为紧张,较易出现票据找零、票据拆入等与《票据法》的规定相冲突的无真实交易背景票据问题,从近年来上市申报案例来看,交易所多对此展开问询(见表 12)。

表 12 交易所对票据合规问题的相关问询问题

发行人	问询轮次	问询要点	核查方法	回复思路
XN	三轮问询	依据《上海证券交易所科创板股票发行上市审核问答(二)》之 14 对资金拆借等财务内控不规范情形及其规范情况进行核查并发表明确意见	(1)核查会计师出具的内部控制鉴证报告; (2)获取报告期各期末已背书或贴现但尚未到期的应收票据清单,复核应收票据终止确认的会计处理是否符合企业会计准则的相关规定; (3)查阅公司及公司实际控制人出具的《关于公司合规使用票据等相关事项的承诺函》; (4)查阅应收应付票据备查簿,了解公司票据流转情况,核查是否存在真实的交易背景,是否存在开具无真实贸易	(1)公司进一步建立健全了票据管理制度、财务管理制度等内控制度; (2)相关情形未构成对内控制度有效性的重大不利影响,不属于主观故意或恶意行为,未受到行政处罚; (3)报告期末整改完毕,公司未再发生向供应商找零票据的情形

续表

发行人	问询轮次	问询要点	核查方法	回复思路
			背景票据的情形，是否存在开具票据金额远大于实际交易额的情况； (5)访谈当地人民银行支行	
YN	首轮问询	发行人存在通过丰金融机构进行票据大票换小票情况……说明上述事项是否完成整改，是否存在被处罚的风险	(1)向公司财务总监了解公司的转贷、代关联方票据贴现、大票换小票、资金拆借等财务内控不规范的具体情况，了解上述资金产生的原因、资金流向和用途； (2)同保荐人、申报会计师，获取公司针对上述事项整改措施，并测试其相关内部控制的运行有效性； (3)获取并查阅了中国人民银行湘潭市中心支行、国家外汇管理局湘覃中心支局出具的证明	(1)上述事项均已完成整改，2021 年以来公司未再发生转贷、代贴现、与非金融机构进行票据大票换小票等财务内控不规范情形； (2)发行人协助关联方进行票据贴现的相关票据均已到期兑付，发行人未使用相应资金； (3)中国人民银行湘潭市中心支行、国家外汇管理局相潭中心支局出具证明，确认不存在受到行政处罚的情形
LK	二轮问询	(1)票据拆入、票据互换、票据兑付等票据交易是否属于无真实交易背景的票据业务，是否符合《票据法》等相关规定，是否存在被处罚的风险； (2)开展票据拆入业务的具体原因； (3)拆入票据和票据互换业务是否均用于供应商的支付，是否仍有融资性质活动；	(1)获取发行人关联交易管理办法、资金管理办法、票据管理办法、关于防范控股股东及其他关联方占用公司资金的制度等相关内控制度。 (2)获取报告期内关联方票据拆借往来明细，了解交易背景及合理性。 (3)获取中国人民银行长沙中心支行出具的关于发行人是否因票据拆借行为存在被处罚情形的复函证明；获取发行人营业外支出明细账，查看发行人是否存在因票据违规而产生的罚款支出	(1)票据交易属于无真实交易背累的票据业务，但不存在利用该等票据进行贴现获得银行资金的情形。 (2)无真实交易背景的票据均用于购买原材料等正常生产经营活动，且均已经到期承兑，不存在票据逾期及欠息情况，不存在虚假记载、恶意骗取财物、资金等行为。 (3)已经取得合规证明。 (4)逐项说明票据交易

续表

发行人	问询轮次	问询要点	核查方法	回复思路
		(4)相关交易的整改情况,以及相应的内控措施及执行情况,如何确保不再发生类似情形		的原因、交易方式等,说明用于正常经营活动不具有融资性质。 (5)相关票据报告期内已经全部结清,完善财务内控制度,强化财务人员法律意识。相关方出具承诺,报告期末以来未发生上述情形

具体而言,根据《全国法院民商事审判工作会议纪要》第101条规定,“合法持票人向不具有法定贴现资质的当事人进行‘贴现’的,该行为应当认定无效,贴现款和票据应当相互返还”。票据贴现等行为无效的后果系贴现款和票据相互返还,就公司经营而言风险较为可控,但《监管规则适用指引——发行类第5号》第5—8条明确将“向关联方或供应商开具无真实交易背景的商业票据,通过票据贴现后获取银行融资”列为财务内控不规范情形,并提出了整改要求及中介机构的核查要点。

从审核实践看,律师应注重从以下角度核查并展开论述:出具无真实交易背景的票据行为是否属于《票据法》第102条、第103条规定的票据欺诈或诈骗行为;发行人对前述行为财务核算是否真实、准确,与相关方资金往来的实际流向和使用情况是否真实;相关行为是否已经整改完毕,是否存在后续影响,是否存在重大风险隐患;是否已经建立相关的票据使用制度,确保公司合法合规运行;是否存在行政处罚等。

三、结语

2020年10月20日,国务院印发《新能源汽车产业发展规划(2021—2035年)》,指出到2025年,我国新能源汽车市场竞争力明显增强,动力电池、驱动电机、车用操作系统等关键技术取得重大突破,新能源汽车新车销售量达到汽车新车销售总量的20%左右,同时力争经过15年的持续努力,纯电动汽车成为新销售车辆的主流,公共领域用车全面电动化,有效促进节能减排水平和社会运行效率的提升。为实现这一战略目标,《新能源汽车产业发展规划(2021—2035年)》强调要充分发挥市场机制作用,促进优胜劣汰,支持优势企业兼并重组、做大做强,进一步提高产业集中度。虎豹之驹未成文,而有食牛之气;鸿鹄之鷇羽翼未全,而有四海之心。可以想见,未来10年新能源汽车上下游产业将迎来进一步的技术变革、融合发展、产业升级,新能源电池行业企业融资上市以及投资并购的资本运作需求也将进一步释放,好风凭借力,正是扬帆时。如果我们把企业比喻成一艘航船,在满布"暗礁""旋涡"的资本的"大海"上,其何以行稳致远,一路顺利到达彼岸,再驶向更宽广的"海洋"?靠的不仅是能源,还有法律。

新能源并购项目如何成功落地？

——谈新能源项目并购中的几个典型法律问题及其解决方案

朱　颖　胡愔子*

* 作者简介：

朱颖，中伦律师事务所上海办公室资本市场合伙人，电邮为：juliazhu@ zhonglun. com。

胡愔子，中伦律师事务所上海办公室资本市场权益合伙人，电邮为：tedhu@ zhonglun. com。

新能源行业投资并购领域持续火热,各大行业内的新老投资者,尤其以各大中央及地方国有企业为代表,在新能源领域进行了大量的投资并购交易。随着新能源投资并购市场近年逐渐由买方市场向卖方市场转变,收购方获取好的并购标的难度越发提高。且在新能源投资并购过程中,除可能面临传统投资并购所涉及的各类风险之外,还可能将面临新能源装机规模考核、交易成本等风险。为了实现提升装机规模的目标,并购交易的成功落地成为很多收购方在交易中的最高指导思想。而服务于这一目标,并购交易团队需要能够以最快的速度精准发现交易核心风险,设计出切实有效的交易结构,并在交易文件中设置相应条款安排,帮助交易能够最终落地。笔者拟根据从事新能源投资并购十余年的项目经验,结合近年来新能源并购项目收购交易中对项目落地具有重大影响的典型事项进行归纳,并提出相应解决方案,以期提供相关实务参考。

一、交易卖方的交易权限受限问题

根据笔者的观察,新能源并购市场上,卖方以民营企业居多,其中包含民营上市公司及部分非上市民营企业。这些企业可能较多存在通过标的项目进行对外融资的情形,除常见的银行项目开发贷款、融资租赁、EPC(Engineering Procurement Construction, EPC)垫资等传统融资方式之外,通过成立新能源股权投资基金、信托进行融资的情形也屡见不鲜。除此之外,笔者还遇到过某些民营企业由于融资渠道受限,通过卖出返售、第三方代持等非正常渠道进行融资。这些融资方式,将可能对新能源并购交易的落地产生以下障碍。

(一)项目公司股权过户需要相关债权人同意及配合,导致卖方可能无法处分交易标的

通常而言,无论是项目开发贷款、融资租赁还是 EPC 垫资,项目股权质押是最为常见和基本的担保方式。

项目公司股权质押直接导致的问题是并购交易的股权过户需要取得质权人的同意和配合方可实施。然而,由于银行、融资租赁公司等金融机构的风控要求,其是否配合办理解质押及股权过户手续往往取决于债务人或并购方是否能够提供足额的担保,甚至有些金融机构要求必须要提前清偿融资本息方可办理解质押及股权过户。

相对而言，EPC 垫资的股权质押解除方式更为灵活一些。但是，新能源并购交易中的收购方通常为国有企业，根据国资监管的规定，无法在并购标的股权过户前为项目公司提供担保或资金支持，故相关质押解除事项通常只能由卖方解决。若卖方无法与相关金融机构就解押及配合过户事项达成一致意见，将可能导致卖方无法处分交易标的，对项目落地形成实质障碍。此外，有些融资合同中还会对债务人的股权转让或实际控制人变更事项作出相关限制性约定，债务人股权转让或实际控制人变更需要取得金融机构的同意，否则金融机构有权宣布相关债务提前到期。

（二）项目公司实际权益拥有人与名义股权拥有人不一致，导致卖方可能无权处分交易标的

在通过成立新能源股权投资基金或信托融资方式进行融资的项目中，通常项目公司在企业登记机关登记的股权拥有人为新能源股权投资基金实体（以下简称基金实体）或信托公司，而该等项目公司的实际权益拥有人，通常为基金实体的劣后出资人，或成为信托公司的劣后级受益人，通过基金实体或信托计划间接享有项目公司权益。在通过卖出返售、第三方代持等非正常融资方式的情形下，项目公司的股权已经通过股权转让形式转由第三方持有，而项目公司的实际权益拥有人往往仅享有项目公司股权的回购请求权。在并购交易中，收购方通常能够直接接触到的出售方是实际权益拥有人，但是上述特殊融资方式造成的实际权益拥有人和名义股权拥有人不一致，将可能导致项目公司实际权益拥有人无法直接决定处分项目公司的股权，该等处分受限于名义股权拥有人的配合，而名义股权拥有人的配合又取决于其融资本息的保障。若相关交易需要推进落地，必须由收购方、实际权益拥有人和名义股权拥有人就交易价款及融资本息清偿事宜达成一致安排。

为解决上述障碍，笔者建议并购方在接触并购交易标的初期，就与交易相对方就交易标的的融资情况及股权过户所涉及的限制进行梳理，以便初步判断相关限制是否属于能够解决的情形。同时在尽职调查过程中，要求卖方提供其融资相关的合同：在融资方式为借款的情形下，需要卖方提供借款合同、融资租赁合同及该等主债权合同项下的全部担保合同；在融资方式为基金的情形下，需要卖方提供基金合同及相关补充协议，以及基金债权保障的相关合同，如远期回购协议、差

额补足协议等;如果采用信托方式,则需要卖方提供相关信托合同及其补充协议,以及差额补足协议等增信措施协议;在卖出返售、股权代持等特殊融资方式项下,则需要卖方提供相关股权转让协议及回购协议,以及与名义股权持有人、债务人签订的与该等融资相关的其他所有合同。

通过梳理上述相关合同,收购方可以清晰了解交易标的的融资方式及其卖方交易权限受限的具体方面,并尽早与交易对手就解决该等受限事项达成方案,在必要的情形下提早介入与相关债权人、名义股权拥有人的沟通。通常而言,较为可行的解决方案包括:(1)收购方向债权人出具相关安慰函,承诺在收购完成后负责清偿相关债务,并在收购交易文件中约定相关股权过户及债务清偿安排;(2)收购方与实际权益拥有人、名义股权拥有人在交易文件中作出相应安排,约定由收购方在支付交易价款时,直接支付到出让方指定的相关债务清偿账户中。在寻求上述解决方案的同时,出于收购方自身的风险控制,需要关注避免收购方在交易标的股权过户之前承担相关担保或资金支持义务,以及避免在并购过户之后对卖方的债权人形成直接的债权关系,进而避免卷入收购方无法控制的债权债务纠纷中。

二、标的股权转让需要取得相关政府或合同相对方同意的问题

在新能源并购市场上,有一部分电站由于其稳定的收益和优先调度的特权,往往受到并购方的青睐,这些电站即“领跑者项目”或“光伏扶贫项目”。然而,这些电站的高收益,同样伴随对项目公司投资者的限制。通常而言,“领跑者项目”系当地政府建立领跑者基地后,通过公开竞标的方式引入投资者,并与投资者签订“领跑者项目”协议。在该等竞标文件或“领跑者项目”协议中,通常会对投资者的资信、资质作出相关限制性要求,并可能会约定项目公司的股东或实际控制人变更需要取得当地政府或“领跑者项目”协议相对方的同意。“光伏扶贫项目”通常也会受限于当地政府有关“光伏扶贫项目”的相关法规政策规定,也可能会签订相关光伏扶贫项目的投资协议,对投资者的资格及项目公司股权转让进行限制。以上限制性要求、规定或约定,将构成新能源项目交易的潜在障碍,若不予以解决,严重的情形下可能导致相关协议的违约解除后果,对新能源项目造成不利影响。

为解决上述问题，笔者建议在接触并购标的初期，即要求卖方披露其电站交易所需取得的政府或其他第三方同意事项，并在梳理相关具体限制性约定后，寻求在交易结构中解决或规避相关限制。例如，在相关限制性约定仅仅约束项目公司自身股权转让的情形下，通过收购项目公司上层持股平台公司的方式解决需要获得第三方同意的问题。若无法通过交易结构的方式解决，则建议并购方尽早与当地政府进行沟通接触，寻求当地政府对并购交易的支持，同时在交易文件中，将取得相关政府同意作为交易先决条件，或在判断风险可控的情形下，设置卖方就股权转让第三方同意事项的特别承诺条款作为风控措施。

三、交易定价的确定及定价假设条件如何达成问题

新能源项目中，交易定价也是贯穿始终的核心问题，虽然这个问题具有商业性，但仍与法律密切相关，并往往最终通过法律方式予以解决。

通常而言，影响新能源项目的定价因素主要包括项目上网电价、应收国家补贴的金额和账期、项目的发电量（限电程度）、项目所涉耕地占用税/土地使用税等。对项目上网电价而言，早期的项目通常具有当地发改主管部门或物价部门出具的上网电价批复，比较容易确定电价；但自从2017年以来，各地普遍取消了上网电价批复，而改为电网企业依据政府能源主管部门制定的建设规划及年度开发指导规模，对照具体项目备案（核准）文件后，按照国家发展改革委有关电价政策规定执行。自2022年国家开展国补核查工作以来，即使是已经列入国补目录的项目，也存在历史不合规导致国补资格被取消及被要求退回已收国补的可能性。此外，各种原因导致的国补未到位，使项目公司账面可能存在大额应收国家补贴，该等应收补贴金额的确权问题，以及账期导致的项目收益率影响，也会对项目定价产生影响。最后，项目的收益最终取决于项目电价乘以项目生命周期的发电量，而发电量取决于项目本身的运营情况、光伏组件或风机的运转效能，以及项目受到的限电影响程度。对于耕地占用税和土地使用税而言，耕地占用税由于系一次性税费，比较容易判断并在定价中考虑，但土地使用税涉及是否收取问题及按照何种标准收取的不确定性，导致交易双方在定价过程中会产生一定争议。

为解决上述问题，并购方首先需要与交易对手就交易定价的各项假设情况进行核对并达成一致意见，在此基础上通过尽职调查工作，对相关定价假设进行逐

一核实。若尽职调查结果与相关假设不一致,则需要与交易对手就定价调整事项进行充分沟通。若有些假设无法通过尽调结果进行验证,而该等假设又是符合行业惯例且能够通过交易完成后并购方及交易对手的相关努力来实现的,则建议在交易文件中设置相应特别条款。例如,关于项目电价的特别承诺,将项目公司进入国补核查合规清单(或一定周期内稳定收回国补)作为交割先决条件或作为部分价款的支付条件,关于国补收回期限的特别承诺(或在交易价款中进行相应折现处理或根据国补收回情况相应支付)、关于项目运维事项安排,关于项目发电量的特别承诺,将相关税费问题解决作为消缺事项或在项目价款中予以考虑等。将相关定价的假设通过交易相关方的权利义务形式进行固定,若发生违约情形,则视情况采取调整交易价款、要求交易对手赔偿损失甚至设置相应回购条款的方式,作为保底的风控措施。

四、项目合规手续在短期内无法获得导致项目交割节点的问题

部分新能源项目可能会面临为了在电价调整关口期限届满之前并网而形成的抢工期情形,进而导致项目手续存在先建后办或边建边办的情况。数年前,在新能源并购市场还是买方市场的情形下,通常而言可能会将土地等重要合规手续的取得作为项目筛选的标准。然而基于目前的市场环境与笔者的经验,如果仍然单纯以是否取得相关项目手续作为项目筛选标准,将极大影响并购项目标的选择范围以及并购项目落地难度。

为解决这一问题,笔者建议并购方在初期接触并购项目时,对该等项目的重要手续情况进行梳理,确保不存在大量占用基本农田、违反生态红线建设等重大颠覆性问题。对项目缺失的手续,则需要在尽职调查过程中,聘请律师对该等手续缺失的原因、是否已经受到处罚、未来补办的难度等事项进行核查验证,并基于尽调结果作出风险判断。例如,对于项目土地未取得不动产权证的瑕疵,在确认建设用地已经获得用地预审手续,且后续办理不存在实质性障碍的前提下,可以接受将取得项目建设用地不动产权证作为交割完成后的消缺事项;对于项目的环保验收、水保验收、防洪验收等可以通过付出一定的成本解决或整改的事项,设置为消缺事项。同时,针对项目土地及环保、水保、防洪等严重情形下可能造成项目停产或拆除风险的合规手续,在交易文件中设置相应特别承诺条款,并约定在发

生相关停产或拆除等极端风险的情形下，可以要求转让方或其担保方承担回购义务等方式，作为保底的风控措施。

五、项目公司债权债务处置的问题

新能源项目公司的债权债务，也是并购交易中的核心关注要点。通常而言，项目公司除日常的经营收支之外，还会存在其他重大债权债务，主要是项目应付工程款债务（典型包括 EPC 价款，部分未采用 EPC 模式项目则可能存在同时应付多个工程债权人的债务）和融资性债务（包括金融机构贷款及股东往来款）。部分项目公司，由于卖方集团的统一融资安排，可能存在为卖方或其关联方提供担保的情形，构成“或有债务”。也有部分项目公司，可能处于卖方集团资金池内，导致其资金向上归集到卖方集团，形成对卖方或其关联方的债权等情形。这些债权债务若不在并购交易完成前进行梳理及处置，并购标的在由收购方接手之后，将可能面临债务需要即刻清偿、债权无法及时收回以及并购标的持续或有负债无法解决等风险。

为解决上述债权债务风险，需要在尽职调查过程中对并购标的的债权债务情况进行充分梳理，并在此基础上在交易方案及交易文件中设置相关债权债务处置安排。例如，针对应付工程款债务，若项目已经竣工决算，则可以设置特别承诺条款，明确项目不再有任何应付工程债务；若项目尚未决算，则需要在协议中对工程款上限进行明确约定，超出上限部分的工程款由卖方承担。针对金融机构债务，建议根据是否在收购后继续承接作出相应安排，其中涉及卖方或其关联方对并购标的提供担保需要在并购后解除的，则需要明确卖方的配合义务。针对并购标的对外担保等“或有债务”，建议要求卖方在交割之前解除担保，并对“或有债务”的范围和金额作出特别承诺。针对其余的债权和债务，原则上要求卖方在并购交割之前进行清理和整合，确保在交割之前，并购标的除买方同意保留的债权债务之外，其余债权债务均整合成并购标的应付卖方的债务，并在交易完成后通过债务承接安排，由并购标的向卖方清偿。特殊情形下若存在项目公司应收卖方债权，则笔者建议要求在交易交割之前由卖方偿还，或将该等债权的偿还作为后续付款条件，卖方以前期价款清偿所欠目标公司款项后，再由买方支付后续价款。

六、结语

新能源项目由于其不同的项目类型、不同的建设时期、不同的建设地点以及不同的投资方特点，在并购过程中会存在形形色色的问题，不同的问题还会形成交织钩稽的情形，如何促使项目成功落地，是对并购交易参与方的问题识别能力和解决能力的考验。受篇幅所限，笔者根据经验归纳的以上五个典型问题，未必能够覆盖新能源项目并购过程中的全部问题，但希望能够为并购参与方识别大多数问题及形成解决方案提供一些思路，起到抛砖引玉的作用。

好风凭借力，好景凭借“光”

——屋顶分布式光伏融资租赁法律实务分析

饶晓敏* 龙梓滔 戴余芳

* 作者简介：
饶晓敏，中伦律师事务所深圳办公室资本市场合伙人，电邮为：raoxiaomin@ zhonglun. com。

“30·60双碳”目标(2030年实现碳达峰、2060年实现碳中和)已成为我国今后较长一段时间的发展战略,《2030年前碳达峰行动方案》(国发〔2021〕23号)明确,到2030年,风电和太阳能发电总装机容量达到12亿千瓦以上,预计“十四五”“十五五”期间我国新能源产业将进入迅速发展期。2023年2月13日,国家能源局发布2022年可再生能源发展情况,全国风电、光伏发电新增装机突破1.2亿千瓦,达到1.25亿千瓦,连续3年突破1亿千瓦,再创历史新高。① 其中,基于我国建筑屋顶资源丰富,且与集中式光伏相比分布式光伏具备投资成本可控、建设流程简单的优势,屋顶分布式光伏市场潜力巨大。2021年9月,国家能源局综合司公布了屋顶分布式光伏开发试点县(市、区)合计676个,掀起了开发屋顶分布式光伏开发项目的热潮。2023年3月8日,国家能源局综合司印发《2023年能源行业标准计划立项指南》(国能综通科技〔2023〕20号),分布式光伏仍属于2023年能源行业标准计划立项重点方向。与此同时,受全球经营环境的影响,光伏发电投资开发企业面临较大资金压力,通过融资租赁金融工具开发光伏项目的需求相应增加,融资租赁公司因此发挥着更为重要的作用。本文将对屋顶分布式光伏相关法律规定、融资租赁法律关系,以及融资租赁公司在业务开展中可能面临的问题进行分析,解读融资租赁金融工具在分布式屋顶光伏项目中的运用。

一、有典有则:屋顶分布式光伏主要相关法律规定

屋顶分布式光伏作为分布式光伏项目中一种方式,光伏发电投资开发企业(以下简称光伏企业)开展项目备案、建设、电网接入和运行、计量与结算等主要依据如表1所示。

表1 光伏企业开展项目备案等工作法律依据

序号	法律规定	主要涉及内容
1	《电力业务许可证管理规定》	电力业务许可证的申请、受理、审查、决定和管理

① 参见国家能源局:《国家能源局发布2022年可再生能源发展情况并介绍完善可再生能源绿色电力证书制度有关工作进展等情况》,载中央人民政府网,http://www.gov.cn/xinwen/2023-02/14/content_5741481.htm。

续表

序号	法律规定	主要涉及内容
2	国务院《关于促进光伏产业健康发展的若干意见》（国发〔2013〕24号）	分布式光伏发电系统建设模式、并网管理和服务、支持政策（比如，对分布式光伏发电项目实行备案管理，豁免分布式光伏发电应用发电业务许可）等
3	《分布式光伏发电项目管理暂行办法》（国能新能〔2013〕433号）	分布式光伏发电运营模式（“自发自用、余电上网、就近消纳、电网调节”）、项目备案、建设条件、电网接入和运行、计量与结算等
4	《关于完善光伏发电规模管理和实行竞争方式配置项目的指导意见》（发改能源〔2016〕1163号）	光伏发电年度建设规模分类管理（利用固定建筑物屋顶、墙面及附属场所建设的光伏发电项目以及全部自发自用的地面光伏电站项目不受年度规模限制）
5	国家能源局《关于贯彻落实“放管服”改革精神　优化电力业务许可管理有关事项的通知》	发电类电力业务许可管理简化［继续实施电力业务许可豁免政策。以下发电项目不纳入电力业务许可管理范围：（1）经能源主管部门以备案（核准）等方式明确的分布式发电项目……（3）项目装机容量6MW（不含）以下的太阳能、风能、生物质能（含垃圾发电）、海洋能、地热能等可再生能源发电项目］
6	《建设项目环境影响评价分类管理名录（2021年版）》（生态环境部令第16号）	分布式光伏发电项目环评

整体而言，较于集中式光伏项目，分布式光伏项目在建设期间所涉手续更为简单、便捷，“自发自用、余电上网、就近消纳、电网调节”的运营模式提高了屋顶分布式光伏的经济效益。在法律政策导向及市场经济性的共同驱动下，屋顶分布式光伏项目已经步入发展机遇期。

二、相与有成：屋顶分布式光伏融资租赁参与主体及法律关系

尽管受到法律政策及市场经济性的共同驱动，但在全球经济、光伏产业格局影响下，光伏企业及其供应商（以下简称供应商）均持续面临资金压力。在光伏企业希望增长付款账期，而供应商希望现金结算的情形下，通过融资租赁方式购买光伏设备、组件（以下统称为光伏组件）可以化解买卖双方的矛盾。同时，融资租

赁关系下，融资租赁公司享有租赁物的所有权，能为其实现融资租赁债权提供一定担保。在前述因素的共同作用下，分布式光伏融资租赁业务应运而生。

（一）直租

对光伏企业而言，通过融资租赁直租模式采购光伏设备的需求主要产生于项目建设前期。在直租的模式下，分布式光伏融资租赁项目主要法律主体包括光伏企业（承租人）、融资租赁公司（出租人）、供应商（卖方），另由于光伏组件进场后需要建设成光伏电站，因此，项目参与方还会包括光伏电站建设方（以下简称建设方）。

前述主体之间构成的法律关系如图 1 所示。

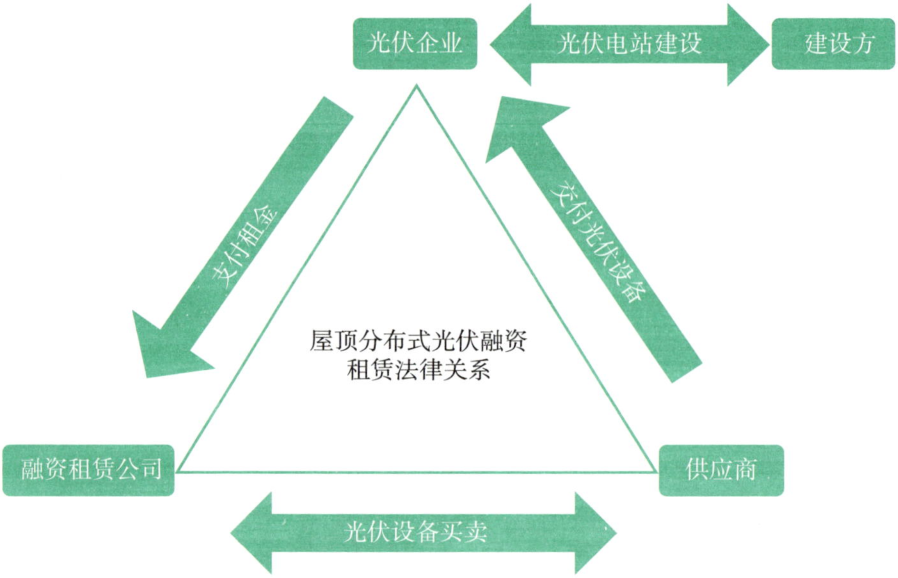

图 1　屋顶分布式光伏融资租赁法律关系

在屋顶分布式光伏项目中，光伏企业、建设方之间可能会采用包工包料的方式承建光伏电站，即对光伏企业而言，建设方不仅为屋顶分布式光伏项目的承建方，也为光伏设备的供应商。因此，在包工包料模式下开展项目建设的，各方法律关系如图 2 所示。

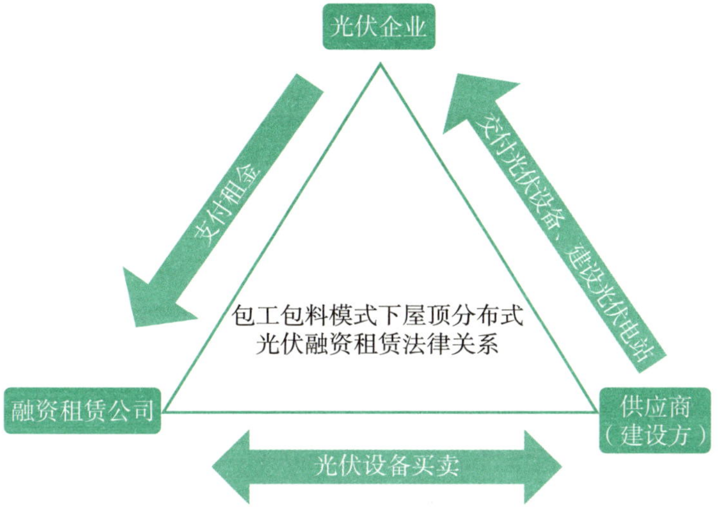

图 2　包工包料模式下屋顶分布式光伏融资租赁法律关系

(二)售后回租

售后回租业务模式通常是在屋顶分布式光伏电站设备建设完或光伏企业已经自行购买光伏设备后,光伏企业存在融资需求时适用的融资租赁业务模式。在售后回租模式下,光伏企业将已取得所有权的光伏电站/设备出售给融资租赁公司,再由融资租赁公司出租给光伏企业使用。

因此,售后回租模式下,分布式光伏融资租赁项目主要参与主体为光伏企业、融资租赁公司,二者的法律关系如图 3 所示。

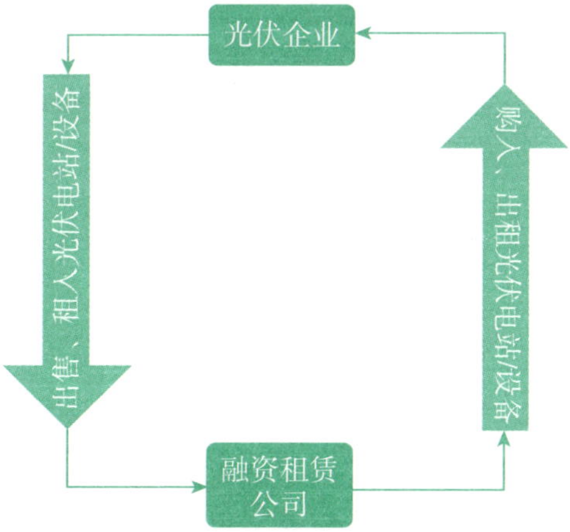

图 3　售后回租模式下屋顶分布式光伏融资租赁法律关系

三、杜渐防萌：屋顶分布式光伏融资租赁业务风险防范要点

融资租赁公司作为资金融通方，自出资购买光伏设备起将持续承担资金风险。除承租人财务信用风险外，融资租赁公司面临的风险主要涉及场地风险、项目合规风险、光伏项目建设期违约风险、租赁物权属风险。

（一）场地风险

屋顶分布式光伏场地风险主要包括建筑物违法风险、建筑物租赁风险以及建筑物荷载风险。

1. 建筑物违法风险

屋顶分布式光伏电站需建设在建筑物屋顶上，如建筑物为违法建筑、存在被拆除的可能，则必将影响光伏电站后续运营，进而影响光伏企业现金流及其租金支付能力。因此，在开展融资租赁业务前，融资租赁公司需要核查光伏电站所在建筑是否为合法建筑，核查方式包括核查不动产权证、核查建筑物建设手续文件（在建筑物未取得不动产权时），并取得建筑物所在主管部门的信息查询结果。

2. 建筑物租赁风险

在确认建筑物合法性的基础上，融资租赁公司需进一步关注光伏企业承租建筑物屋顶的合规性，主要包括出租人是否有权将建筑物屋顶出租、是否存在一屋多租，以及租赁期限是否能覆盖光伏项目运营期限，关注前述事项是为了确保光伏企业能够在光伏项目运营期内合法、持续地享有建筑物屋顶的使用权，避免因使用权存在瑕疵影响光伏项目运营，进而影响光伏企业现金流及其租金支付能力。核查手段主要包括核对建筑物权属文件所载所有权人与租赁协议出租方是否一致、取得租赁备案登记查询信息。另外，建议融资租赁公司增加核查建筑物所在地区的征收拆迁计划，极大限度地避免出现因非归属当事方的原因导致后期无法执行租赁合同的情形。

3. 建筑物荷载风险

光伏设备安装对建筑物屋顶类型、荷载量均存在要求，未能满足要求将导致融资租赁公司购买光伏设备后，建设方无法安装光伏设备或需要对建筑物进行加固后才能安装，从而耽误光伏项目建设期。为避免前述情形影响项目进展，融资租赁公司尽调过程中，需关注建筑物荷载是否符合项目要求，核查方式可包括取

得具备资质的第三方机构出具的荷载报告等。

（二）项目合规风险

项目合规风险主要指屋顶分布式光伏项目是否已履行备案、环境影响评价文件、电力业务许可管理相关要求。

1. 项目备案

根据《分布式光伏发电项目管理暂行办法》、国务院《关于促进光伏产业健康发展的若干意见》、《光伏电站开发建设管理办法》、国家能源局《关于贯彻落实“放管服”改革精神 优化电力业务许可管理有关事项的通知》等系列规定，分布式光伏项目备案有如下要点。

（1）项目备案工作将根据分布式光伏发电项目特点尽可能简化程序，免除发电业务许可、规划选址、土地预审、水土保持、环境影响评价、节能评估及社会风险评估等支持性文件。

（2）分布式光伏发电项目实行备案管理，以下发电项目不纳入电力业务许可管理范围：①经能源主管部门以备案（核准）等方式明确的分布式发电项目；②项目装机容量6MW（不含）以下的太阳能、风能、生物质能（含垃圾发电）、海洋能、地热能等可再生能源发电项目。符合条件的屋顶分布式光伏项目仅需履行备案程序，目前不同地区已经将备案的权限下放到市县一级，具体根据项目所在地确定。

据此，融资租赁公司可结合前述要点核查光伏企业租赁物所在光伏项目是否已办理备案手续，核查手段主要包括查阅项目备案文件、电话咨询项目所在地市县级主管部门确认备案程序。另外，在原项目备案文件主要事项发生变更时，应办理变更备案登记，同时，融资租赁公司需关注变更内容是否会影响光伏企业的支付能力，如投资主体发生变化，并采取相应措施。

2. 环境影响评价文件

根据《建设项目环境影响评价分类管理名录》的规定，分布式光伏发电项目属于“其他光伏发电”项目类别，应备案环境影响登记表；建设单位未依法报批建设擅自开工的，存在被处以罚款等行政处罚的风险。

据此，融资租赁公司在业务开展过程中，需核查光伏项目是否已经完成环评备案手续，主要的核查方式为查阅环评备案登记表。需要注意的是，根据过往项目经验，不同地区对分布式光伏项目履行的环境影响评价类别会因规模标准等具体情况存在差异，比如，项目装机容量、接入电压超过一定标准则需编制建设项目环境影响报告表（生态影响类），为避免光伏项目环评手续存在瑕疵影响项目运营，建议与项目所在地环境主管部门电话咨询确认具体项目环评要求。

（三）建设期间违约风险

建设期违约风险主要包括建设方未按约定完成光伏项目建设，以及光伏企业未按约定支付工程建设款。与其他常见机器设备融资租赁法律关系相比，分布式光伏项目融资租赁的租赁物涉及光伏设备，以及最终由光伏设备组成的光伏发电站，光伏发电站是否能如期建设、实现并网发电对光伏企业的偿债能力有重大影响；同时，部分融资租赁公司将租赁物起租日设置在光伏发电站竣工验收之日，在该等情形下，建设期限将影响融资租赁法律关系形成日。

对于融资租赁公司而言，需要关注建设合同所载明的建设、验收、并网发电的时点，并相应设置融资租赁法律关系要素，比如，首期租金支付日及首期租金计算方式、起租日、宽限期等。在建设方与供应商为同一主体的模式下，可以考虑将未按期完成光伏项目建设作为光伏设备买卖合同项下的合同约定解除条件，赋予融资租赁公司根据项目建设具体情况决定是否解除设备买卖合同并要求建设方（供应商）退还货款及相应资金占用利息的权利，同时在融资租赁合同中设置相应提前终止租赁条款。

关于光伏企业逾期支付建设工程款之风险，融资租赁企业需持续关注建设项目进度及光伏企业的付款进度，同时在融资租赁合同中将光伏企业逾期支付工程款作为合同约定解除情形之一。在光伏项目运营前，如光伏企业已经出现较为严重的债务危机，则应提前收回租赁物，及时止损。

（四）租赁物权属风险

租赁物权属风险主要包括如下两点：（1）售后回租业务模式下光伏企业对其光伏设备/电站是否享有所有权；（2）在直租及售后回租模式下融资租赁公司如何确保租赁期间自身对租赁物的所有权可以对抗第三人。

售后回租业务模式下光伏企业对其光伏设备/电站是否享有所有权，关系到光伏企业是否有权将光伏设备/电站出售给融资租赁公司，系售后回租业务的基本前提。因此，融资租赁公司需关注光伏企业购买光伏设备/电站的合同、付款、发票等资料，并在“中登网”进行网络检索，确认光伏企业是否享有所有权。在核查过程中，尤其需要注意购买合同中是否存在所有权保留条款、光伏企业是否已支付完毕全部价款，必要时建议取得供应商出具的所有权转移证明。

关于直租、售后回租模式下融资租赁公司如何确保租赁期间自身对租赁物的所有权可以对抗第三人，融资租赁公司需及时做好中登网权属登记以公示自身所有权。对于融资租赁公司是否需要授权承租人将租赁物抵押给出租人并在中登网中登记以增强租赁物所有权的公示效力，基于《民法典》第745条已规定，出租人对租赁物享有的所有权，未经登记，不得对抗善意第三人；另根据国务院《关于实施动产和权利担保统一登记的决定》、《动产和权利担保统一登记办法》的规定，自2021年1月1日起，在全国范围内实施动产和权利担保统一登记，生产设备、原材料、半成品、产品抵押已纳入动产和权利担保统一登记范围的担保类型，因此，动产抵押（除飞机、船舶、机动车等特殊动产外）、融资租赁登记已统一在中登网系统中，在中登网对租赁物件进行所有权登记已经形成出租人所有权的对世效力，再签署抵押合同（仅为办理抵押登记增强公示效力）并在同一系统中进行登记不再属于必须事项。

四、结语

对光伏企业和供应商而言，融资租赁公司的介入可以缓解二者在资金结算环节的不同需求；对融资租赁公司而言，无论是对光伏行业发挥协同作用还是实现自身风险可控，均需要结合光伏项目开展流程及融资租赁业务固有特征对屋顶分布式光伏项目进行梳理和核查，包括但不限于场地风险、项目合规风险、光伏项目建设期违约风险、租赁物权属风险。

清洁能源基础设施公募 REITs 项目的重点法律问题解析

马会军　贾　勇*　陈　鹄

* 作者简介：

马会军，中伦律师事务所北京办公室私募基金与资管部合伙人，电邮为：mahuijun@ zhonglun. com。

贾勇，中伦律师事务所北京办公室私募基金与资管部非权益合伙人，电邮为：jiayong@ zhonglun. com。

2020 年 4 月，中国证监会和国家发改委联合发布的《关于推进基础设施领域不动产投资信托基金（REITs）试点相关工作的通知》（证监发〔2020〕40 号），标志着中国版公募 REITs 正式启动。同年 7 月，发改委发布《关于做好基础设施领域不动产投资信托基金（REITs）试点项目申报工作的通知》（发改办投资〔2020〕586 号，以下简称 586 号文）。从全球 REITs 市场来看，基础设施与持有型不动产是 REITs 的两大类主要基础资产，我国公募 REITs 从基础设施领域开始试点，体现了决策层推动国家重大战略实施、促进基础设施高质量发展、服务实体经济的战略意图。

2021 年 6 月，国家发改委发布《关于进一步做好基础设施领域不动产投资信托基金（REITs）试点工作的通知》（发改投资〔2021〕958 号，以下简称 958 号文）将试点基础设施范围进一步扩大，新增了能源基础设施行业，其中包括风电、光伏发电、水力发电、天然气发电、生物质发电、核电等清洁能源项目，特高压输电项目，增量配电网、微电网、充电基础设施项目，分布式冷热电项目。

2022 年 1 月，国家发改委、国家能源局发布《关于完善能源绿色低碳转型体制机制和政策措施的意见》（发改能源〔2022〕206 号），提出“推动清洁低碳能源相关基础设施项目开展市场化投融资，研究将清洁低碳能源项目纳入基础设施领域不动产投资信托基金（REITs）试点范围”。2022 年 2 月，深交所正式受理鹏华深圳能源清洁能源封闭式基础设施证券投资基金注册申请。该项目底层资产为位于粤港澳大湾区核心城市深圳市大鹏新区的深圳能源东部电厂（一期）项目，是目前粤港澳大湾区核心城市——深圳市装机容量较大、设备较先进、效率较高的两座天然气发电厂之一。项目募集资金用于“碳中和”及其他清洁能源基础设施项目，拟将回收资金全部用于新建光伏电厂、风力电厂、垃圾发电、燃机电厂的建设资金投入。

2023 年 3 月，中国证监会发布的《关于进一步推进基础设施领域不动产投资信托基金（REITs）常态化发行相关工作的通知》明确提出，依托 REITs 储备项目丰富的重点地区，聚焦国家产业政策鼓励的能源、交通、生态环保、保障性租赁住房和数据中心等重点领域。

本文拟基于现行法律法规与监管政策对清洁能源基础设施公募 REITs 申报与发行过程中涉及的重点法律问题予以解析。

一、清洁能源与双碳目标

2020年9月，国家主席习近平在联合国大会上发表重要讲话时表示："中国将提高国家自主贡献力度，采取更加有力的政策和措施，二氧化碳排放力争于2030年前达到峰值，努力争取2060年前实现碳中和。"为达到双碳目标，我国加速推进能源结构转型，需要电力结构由以煤为主体向以清洁能源为主体转型。

双碳目标承诺，无疑将为国内清洁能源产业注入长期发展动力，清洁能源将成为一个确定性强、长期的、广泛的产业机遇，呈现多样化的产业发展机会。我国对清洁能源发展高度重视，投资额连续多年位居全球第一，水电、风电、光伏发电装机容量稳居全球首位。

在这样的宏观背景下，通过优质的清洁能源基础设施资产发行公募REITs上市，企业可以通过权益性融资方式，盘活存量资产，降低资产负债率，提前回收现金流，募集资金支撑主业发展，投资于新的清洁能源项目，形成"项目开发—REITs处置退出—新项目再开发"的良性循环模式。因此，清洁能源企业对通过发行公募REITs产品拓展项目退出渠道、拓宽投资资金来源具有浓厚兴趣与强烈动力。

二、清洁能源基础设施公募REITs项目的主要法律问题

2021年6月21日，我国首批9只基础设施公募REITs上市，从底层资产属性层面，9只公募REITs可分为永续的产权类项目和有期限的特许经营权项目两种，其中产权类REITs共5只，特许经营权类REITs共4只。从风险收益层面来看，公募REITs介于债券与股票之间，特许经营收费权类项目偏债，而产权类项目则偏股。清洁能源项目现金流主要为能源销售收入，上网电价因受行业政策影响基本保持不变，比较接近于收费权公募REITs，是比较有确定性的资产，因资产成长性弱，预计投资者对其现金分派率要求较高。①

清洁能源基础公募REITs项目主要涉及如下法律问题。

（一）基础设施项目合法合规性

清洁能源REITs的底层资产主要包括项目建设用地使用权、房屋建筑物和重

---

① 参见高金山、顾磊：《碳中和背景下风电公募REITs探索实践》，载《现代金融导刊》2021年第11期。

要生产设备所有权、能源收费权。由于 REITs 的存续期间比传统资产证券化项目长,独立运营要求更高,因此对项目运营阶段的合规性审查有更高的要求。

律师应当就基础设施项目合法合规性发表法律意见,一般而言,能源基础设施项目合法合规性审查包括但不限于如下事项(见表 1)。

表 1　能源基础设施项目合法合规性审查

项目阶段	合规性审查关注点
项目取得	土地使用权的取得是否合法合规,土地使用权出让价款是否已足额缴付,土地使用权性质是否符合监管要求
前期阶段	固定资产投资立项审批、可研批复等
建设阶段	规划许可手续、施工许可手续、环评、节能审查等
验收阶段	专项验收手续(包括规划、环评、消防、节能、人防等)、工程竣工验收手续、机组启动验收等
产权确权	不动产是否取得了不动产权证书,公共配套设施是否可以合法长期使用,生产设备的取得是否合法合规等
运营阶段	业务资质许可、排污许可、收费许可协议、天然气采购等主要原材料供应、并网发电等运营协议、设施设备运营寿命、保险情况等

水电站需具备前期工作中的征地、移民、环保和水保等手续和立项报批程序,因历史原因部分规模较小的水电站较可能存在征地等手续并不完善的情况,须重点关注。

风电项目需大面积用地,且用地性质普遍复杂,土地产权是需要重点关注的问题。用地问题主要集中在集体土地租赁、国有土地租赁出让划拨、林地占用、草地占用、农用地占用等方面,需要具体分析。

光伏电站因项目不同,用地要求重点也有区别。如大型光伏地面电站,渔光互补、农光互补、林光互补光伏项目等,需要考虑土地的性质、用途、规划、权属等情况。集中式地面电站需要大量土地,许多项目是租赁而来的,并不持有产权,须对所租赁土地的权属和用途、批准流程、租赁是否存在纠纷等进行充分核查,确保其符合合规要求。

(二)电费收费权来源合法性

电力上网收费权是清洁能源基础设施 REITs 的底层现金流来源,收费权的合法形成有赖以下两个条件:(1)电力主管部门核发的业务资质行政许可[①];(2)企业开展售电业务基于电力购销协议有权取得的即期或远期的电费收入。

项目承办律师应当关注审核电力企业是否具备合法有效的电力业务许可证,及电力业务许可证有效期问题。

另外,电力企业应与供电公司(购电人)签订《机组并网协议》《并网调度协议》《购售电合同》等"一揽子"协议,项目承办律师应对机组并网售电流程中与基础设施项目经营有关的全部协议进行审查,并应当在中国人民银行征信中心动产融资统一登记公示系统进行查询,并要求相关方出具书面承诺函,确保收费权上不存在质押、查封、冻结等权利限制。

(三)基础设施项目转让行为合法性

关于基础设施项目转让合法性问题,笔者认为应当重点关注如下四个方面:

第一,国有资产转让的合法性。

根据586号文的要求,涉及国有资产转让的项目,应符合国有资产管理相关规定,PPP项目的股权转让,应获得合作政府方的同意。对基础设施项目的转让是否获得了合法有效的授权、对基础设施项目的转让是否获得了外部有权机构审批属于项目基金管理人、资产支持证券管理人、财务顾问、承办律师的尽职调查重点关注事项。项目原始权益人属于《企业国有资产交易监督管理办法》(国务院国有资产监督管理委员会、财政部令第32号)第4条规定主体的,原始权益人转让项目公司的股权属于《企业国有资产交易监督管理办法》中规定的国有产权转让行为,按照规定应履行企业国有产权转让的相关程序。

基础设施REITs发行重组过程中涉及的国有资产转让,是否需要履行必要的进场交易程序?若必须通过进场交易程序转让国有基础设施资产,理论上讲,发起人可能面临第三方摘牌竞得基础设施资产、设立公募REITs失败的风险。除此之外,若公募REITs募集资金低于挂牌价,也可能导致公募REITs发行失败。在目前已发行成功的公募REITs试点项目中,据笔者了解,已有部分涉及国有资产转让的项目取得了相关国资监管机构的复函,同意在公募REITs项目中的国有资产转让,无须另行履行进场交易程序。笔者基于已有项目经验与对现有法律法规

① 根据《电力业务许可证管理规定》的规定,发电企业在取得电力业务许可证(发电类),具备参与电力销售的主体资格后,方可正式开展电力上网销售行为。

的理解，倾向于认为，从凝聚市场共识角度考虑，以协议转让方式进行公募 REITs 中涉及的国有资产转让，更符合原始权益人的交易目的。[①] 并且，公募 REITs 产品是通过证券交易所公开发行的金融产品，项目所涉国有资产按照《公开募集基础设施证券投资基金指引（试行）》（以下简称《基础设施基金指引》）等证券监管制度要求，遵循等价有偿和公平公正的原则公开规范发行，按照市场化方式通过公开询价确定积极份额认购价格，进而确定基础设施资产交易价格，可以有效防止国有资产流失，实现国有资产保值增值。基于上述，国有产权转让事项无须另行履行国有资产公开交易程序具有法规支持与合理性。

已发行的 REITs 项目中，北京、深圳、广州等地国资委均指出，公募 REITs 是通过证券交易所公开发行的金融产品，执行证监会公布的 REITs 基金指引（试行）等证券监管制度，遵循等价有偿和公开、公平、公正的原则公开规范发行，无须另行履行国有资产进场交易程序，或豁免国资进场交易程序。[②]

第二，项目用地转让的合法性。

项目用地出让合同、所在地土地资源主管机关对基础设施项目的项目用地通常设定了转让限制条款，因此，原始权益人就发起设立 REITs 项目涉及的项目土地资产间接转让安排，应当与属地土地资源主管机关沟通，并争取获取其对项目申报 REITs 项目表明支持或者无异议态度的书面支持文件，规避因 REITs 产品发行间接转让项目用地使用权而产生的违约法律风险。

第三，债权人对原始权益人资产转让行为的限制。

原始权益人对外签署的融资法律文件通常对其重大资产处置行为设定了转让限制条款，因此，项目承办律师应当关注该等限制性条款，对限制性条款的内涵与外延进行界定，并就该等转让限制条款的解释与应对提供合理化建议与合规性意见，规避因 REITs 产品发行触发融资合同限制性条款而产生的违约法律风险。

第四，原始权益人的内部决策程序。

关于基础设施转让的内部决策程序，原始权益人应按照公司章程进行内部决议，如需所属集团审批，还应取得集团审批手续。

---

① 参见刘柏荣、许苇等：《我国基础设施公募 REITs 项目实务过程中的核心问题探讨》，载微信公众号"中伦视界"2020 年 12 月 22 日，https://mp.weixin.qq.com/s/FTHe87IRuKbVof5gQVOBQQ。

② 参见刘坤阳、周鑫、梁舒雯：《公募 REITs 涉及的国有资产交易核心问题研究》，载《产权导刊》2021 年第 10 期。

（四）与项目运营相关的风险事项

清洁能源基础设施 REITs 底层资产的合法、稳定运营具有其独特要求，因此，律师需要对清洁能源基础设施 REITs 底层资产的运营相关风险事项进行调查与识别，按照 REITs 产品规则进行审查与提示，该等风险事项通常包括：

1. 基础设施运营寿命

以电力清洁能源项目为例，清洁能源项目底层资产的核心来自电费收费权，项目存续的关键取决于发电机组的运营寿命，若运营寿命短于评估设定期限或因机组延寿发生大额支出，将严重影响 REITs 产品的运作。如果法律尽职调查过程中发现该等因素，则应当对该等潜在风险事项予以披露。

以深圳东部电厂 REITs 项目为例，该项目申报文件披露，该厂天然气机组为三菱重工燃气轮机，于 2007 年投产，相关证照登记明确了 3 台机组设计寿命为 30 年，按照机组正常设计寿命到期日为 2037 年。参考亚临界煤电机组延寿的相关规定，以及同类电厂同类发电机组的延寿稳定性案例，在评估时将机组寿命延寿 10 年，即至 2047 年。若机组因未通过延寿审批无法达到预期的延寿期限，或为实现延寿发生超预期的大额资本性支出，可能对基金的运作产生不利影响。

2. 基础设施原材料供应

与产业园区、高速公路等底层资产不同，清洁能源基础设施机组作为生产型设备，其正常稳定运营依赖持续稳定合格的原材料供应，而大宗原材料的供应随市场供求关系与国际形势波动趋势明显。

以深圳东部电厂 REITs 项目为例，该项目申报文件披露，该厂液化天然气通过大鹏天然气与 BHP BILLITON 石油（西北大陆架）有限公司、英国石油发展（澳大利亚）有限公司等国际知名供应商签署液化天然气销售与购买协议获得，如果出现不可预见的事件导致供应商履约情况无法保障天然气供应，可能会导致无法获得足够的天然气，影响发电业务。

3. 运营成本波动

项目运营所需大宗原材料价格波动也将极大程度影响底层资产的运营情况，若出现大宗原材料现货价格波动，同时电价未能联动调整，将影响底层资产收入。

以深圳东部电厂 REITs 项目为例，该项目的天然气采购价格及数量根据天然气长协约定执行，该合同有效期至 2031 年，天然气价格锚定日本原油综合指数

JCC(Japan Crude Cocktail),以美元结算,价格区间锁定。因此,在长协期间内东部电厂天然气供应量及供应价格长期相对稳定,不受大宗商品价格周期影响。由于天然气长协所约定的供应天然气以美元计价,人民币对美元汇率的浮动可能增加成本波动的风险。

4. 上网电价调整

清洁能源上网电价存在政策上的不确定性。我国新能源分布禀赋决定仍须特高压实现跨省跨区输送;在煤电受碳排放影响的情况下,水电、核电、生物质、垃圾发电等清洁能源项目长期仍具有利用小时和收益保障;我国仍处于城镇化快速提升阶段,北方地区热电联产等集中供暖仍具有发展空间;风光发电项目虽然市场化交易比重持续增大,但保障性小时确保稳定收益;调节性电源是新型电力系统的核心,抽蓄已明确两部制电价,并将长期承担灵活性调节主体作用。因此,从长周期看,城镇基础供热、清洁能源项目、调节型电源、特高压等长期具有相对稳定的现金流收益,满足 REITs 底层基础资产要求。①

5. 政府补贴问题

截至目前,清洁能源基础设施存在不同程度依赖政府补贴的情况,政府补贴的发放进度及未来可能的补贴减少或者到期,均可能对项目现金流的独立性、稳定性造成影响。根据《基础设施基金指引》的规定,基础设施基金拟持有的基础设施项目应当符合“原则上运营 3 年以上,已产生持续、稳定的现金流,投资回报良好,并具有持续经营能力、较好增长潜力”“现金流来源合理分散,且主要由市场化运营产生,不依赖第三方补贴等非经常性收入”的要求,项目经办律师对项目存在的政府补贴问题也要给予关注。

以中信建投国家电投新能源 REITs 项目为例,该项目基础设施项目 54%的收入源于中央财政补贴,且补贴分别于 2036 年和 2038 年到期,项目公司营业收入从 2036 年起预计出现明显下降。该项目承办机构对上述政府补贴及其到期风险主要提出了如下合理化解释:(1)穿透来看,标杆上网电价和可再生能源电价附加补贴两个部分的终端现金流提供方均为电力用户,补贴直接来自公司的主营风力发电业务,由正常经营业务产生属于正常经营业务收入,且依据政策文件具有可持续性,不属于非经常性损益的范畴,并非偶发性收入;(2)从项目历史运营情况来

---

① 参见臧宁宁:《推进 REITs 在能源电力中的应用分析》,载《清华金融评论》2021 年第 10 期。

看，该项目自并网以来持续发电，发电量整体情况在一定范围内波动，无明显增长或减少趋势；(3)虽然本项目近3年受国补回款周期不确定性影响经营性净现金流有所波动，但存续期间保理机制的安排将有效减少国补回款账期波动性，降低经营性净现金流波动；(4)目前资产组估值及现金流测算中已考虑国补到期对收入的影响，国补到期本身不会对资产组估值及投资人全周期的投资回报率产生影响；(5)未来不再享受财政补贴资金后，本项目将会核发绿证准许参与绿证交易，该等安排会增加项目公司国补到期后的收入，初步预计国补到期后绿证总价值约为27 864万元；(6)按照该项目基金合同约定，因国补到期导致基金收入下降到一定比例的，触发基金合同终止条件，基金管理人应当遵循基金份额持有人利益优先的原则，依法依约开展基金财产清算工作。

三、结语

2022年度《政府工作报告》阐明了能源基础设施投资的重要性："积极扩大有效投资。围绕国家重大战略部署和'十四五'规划，适度超前开展基础设施投资。建设重点水利工程、综合立体交通网、重要能源基地和设施，加快城市燃气管道等管网更新改造，完善防洪排涝设施，继续推进地下综合管廊建设。"在双碳目标的庄严承诺驱使下，在经济处于新常态与转型期的宏观形势下，通过REITs金融工具推动能源基础设施建设与能源结构转型彰显了REITs的导向价值与积极作用。

随着清洁能源的技术进步，以及国家对双碳目标的推进，"十四五"规划初期风电、光伏发电将逐步全面实现平价，到2030年碳达峰目标实现时，风电、太阳能发电总装机容量将达到12亿千瓦以上，相当于目前国内总装机容量的一半以上，清洁能源REITs产品储备规模可观，发展前景值得期待。

(周洁娴对本文亦有贡献)

新能源企业上市主要法律问题及应对措施

郭克军　贾　琛*　刘宜矗

*作者简介：

郭克军，中伦律师事务所北京办公室资本市场合伙人，电邮为：guokejun@ zhonglun. com。

贾琛，中伦律师事务所北京办公室资本市场合伙人，电邮为：jiachen@ zhonglun. com。

近年来，新能源发电行业的上市公司逐渐增多。三峡能源（股份代码：SH600905）的成功上市，更是开启了国内 A 股市场中大型新能源发电企业上市的先河。一批早年实现了 H 股上市的大型国有新能源发电企业中，也有不少已完成 H 股退市并紧锣密鼓地付诸行动准备回归 A 股上市。在国家“碳达峰”和“碳中和”的宏观政策背景下，新能源发电行业将会进一步得到发展，谋求上市的企业也将会日渐增多。新能源发电行业具有自身的特殊性，也存在共性的法律问题。国内资本市场近年来虽然已经全面实行“注册制”，但企业 A 股市场上市的整体难度依旧高于 H 股市场，合理规范解决相关法律问题是实现企业上市的必然选择。

本文将结合笔者办理新能源发电企业 A 股上市项目的经验及 A 股市场中其他新能源企业上市案例，就新能源发电企业 A 股上市过程中所涉及的重点法律问题进行分析与介绍，并有针对性地提出一些规范解决方案。

一、同业竞争及其规范解决思路

同业竞争问题是企业上市中的一项关键法律问题，并且在新能源发电行业表现得更为普遍。在“碳达峰”“碳中和”的宏观政策背景下，新能源发电行业的持续发展也会继续带来同业竞争的问题。在国内 IPO 全面注册制实行后，监管政策从严格禁止同业竞争调整为不得存在对发行人构成重大不利影响的同业竞争。但同业竞争依然是企业上市过程中必须高度重视的关键性法律问题，尤其是对大型新能源发电企业更是如此，能否顺利规范解决同业竞争问题将直接影响企业上市成败。

（一）同业竞争的认定

何为同业竞争，同业竞争如何认定？这在中国证监会 2020 年 6 月发布的《首发业务若干问题解答》（现已失效）及 2023 年 2 月发布的《证券期货法律适用意见第 17 号》中已有明确说明，《证券期货法律适用意见第 17 号》也对判断同业竞争中重大不利影响的标准作出了规定。本文将主要结合新能源行业的特殊性，对新能源发电企业同业竞争认定的几个典型问题进行说明。

1. 不同电源类型是否构成同业竞争

火电、水电、风力发电、光伏发电属于不同的电源类型。根据《国民经济行业分类（GB/T 4754—2017）》的分类目录，火力发电（D4411）、水力发电（D4413）、风力发电(D4415)、太阳能发电(D4416)也分属于不同的行业分类。目前,国内的大型发电集团普遍持有多种电源类型的电力资产。不同电源类型并不必然构成同业竞争。如近期实现上市的"三峡能源",其控股股东、实际控制人中国长江三峡集团有限公司(以下简称三峡集团)以大型水力发电作为主营业务,三峡集团下属上市主体长江电力持有国内多个大型水电站资产。三峡能源解释论证三峡集团及长江电力从事的大型水电业务与三峡能源不构成同业竞争获得了中国证监会的认可。与此类似的是,浙江新能(股票代码:SH600032)的控股股东浙能集团下属其他企业主要从事火力发电、生物质发电,浙江新能解释该类业务与其不构成同业竞争也获得了中国证监会认可。

此外,分别从事风力发电和光伏发电的企业不构成同业竞争。中国节能环保集团有限公司下属节能风电(股票代码:SH601016)和太阳能(股票代码:000591)分别从事风力发电和光伏发电业务。节能风电于 2014 年 9 月实现首发上市,太阳能于 2015 年年底实现借壳上市。

2. 分布式光伏与集中式光伏是否构成同业竞争

集中式光伏发电项目是指发出电力在高压侧并网的光伏项目。集中式光伏电站发出的电力直接升压并网,由电网公司统一调度。分布式光伏发电项目是指发出电力在用户侧并网的光伏项目。

分布式光伏与集中式光伏同属于光伏发电,属于同一电源类型。对于同一电源类型,中国证监会此前原则上不接受不构成同业竞争的解释。但随着目前全面注册制对同业竞争的要求已经调整为不得存在构成重大不利影响的同业竞争,且分布式光伏发电主要系自发自用,与集中式光伏全额上网相比,在电力消纳上存在一定差异。我们理解,分布式光伏与集中式光伏的同业竞争问题将有更大的解释空间。

(二)同业竞争的规范解决

对于同业竞争问题,规范方式包括"关""停""并""转"等。具体到新能源发电行业最有效的方式还是"并"和"转",以从根本上解决同业竞争。如三峡能源在上市申报前收购了三峡集团下属同样从事新能源发电业务的长江三峡集团福建能源投资有限公司股权,以及上市审核过程中收购云南永善三发水电开发有限公司。

对于正常运行中的发电站及项目公司,进行关闭注销通常并不可取,但对于尚未开发的新能源资源,在发行人上市前暂缓开发也可以一定程度上避免同业竞争。但这仅是一种权宜之计,在发行人上市后开发仍依然会面临同业竞争问题,并且可能违背控股股东、实际控制人作出的避免同业竞争的公开承诺。

对于同业竞争事项,具体选择何种规范方式,也需要结合项目的具体情况有针对性地分析判断。

二、农用地使用问题及其规范解决思路

对于新能源发电企业的光伏项目而言,一个不可回避的问题就是农用地使用问题。光伏厂区铺设光伏板需要占用大量土地,在各地建设用地指标整体趋紧趋严的情况下,光伏方阵若全部使用建设用地既不现实也不具有经济效益。通常的做法是,企业在不改变原地类性质的情况下以租赁方式使用未利用地和农用地铺设光伏方阵。如此,便会面临土地使用合规性问题。

土地使用合规性是企业上市过程中证券监管机构重点关注的事项,尤其是对于将土地作为业务开展基础生产资料的光伏发电企业而言更是如此。中国证监会发布的《监管规则适用指引——发行类第 4 号》也明确要求,发行人存在使用或租赁使用集体建设用地、划拨地、农用地、耕地、基本农田及其上建造的房产等情形的,保荐机构和发行人律师应对其取得和使用是否符合《土地管理法》等法律法规的规定、是否依法办理了必要的审批或租赁备案手续、有关房产是否为合法建筑、是否可能被行政处罚、是否构成重大违法行为出具明确意见,说明具体理由和依据。因此,如何合理规范农用地问题,对于新能源发电企业上市而言是至关重要的。

(一)关于基本农田等

无论是光伏方阵在不改变原地类性质的情况下使用,还是光伏厂区内的综合楼、升压站等申请转化为建设用地使用,基本农田一直是不可逾越的红线。《土地管理法》第 17 条第 2 项规定:"严格保护永久基本农田,严格控制非农业建设占用农用地"。《基本农田保护条例》第 15 条规定:"基本农田保护区经依法划定后,任何单位和个人不得改变或者占用。国家能源、交通、水利、军事设施等重点建设项目选址确实无法避开基本农田保护区,需要占用基本农田,涉及农用地转用或者

征收土地的，必须经国务院批准。”

原国土资源部、国务院扶贫办、国家能源局联合印发的《关于支持光伏扶贫和规范光伏发电产业用地的意见》(国土资规〔2017〕8号，已失效，以下简称8号文)也明确了禁止以任何方式占用永久基本农田。

2023年3月，自然资源部办公厅、国家林业和草原局办公室、国家能源局综合司发布了《关于支持光伏发电产业发展规范用地管理有关工作的通知》(自然资办发〔2023〕12号，以下简称12号文)，进一步明确要求新建、扩建光伏发电项目一律不得占用永久基本农田、基本草原、Ⅰ级保护林地和东北内蒙古重点国有林区。

因此，对于拟上市的新能源发电企业而言，应对涉及占用基本农田、基本草原、Ⅰ级保护林地和东北内蒙古重点国有林区等的光伏发电项目进行处置。结合不同项目的不同情况，可以采取不同的规范措施。对于基本农田等占用面积不大的光伏项目，可以考虑将占用范围内的光伏发电设施拆除，恢复土地原状；对于基本农田等占用面积较大，拆除占用范围内光伏设施后将导致项目整体失去经济效益的，则应考虑将项目公司整体对外转让。

(二)关于耕地

除非经批准转为建设用地，农用地原则上不能用于非农业建设。为鼓励新能源发电行业的发展、支持国家扶贫战略，8号文曾为光伏扶贫项目和光伏复合项目设置了例外情形。根据8号文的规定，对于光伏扶贫项目和光伏复合项目，场内道路用地可按农村道路用地管理；光伏方阵使用永久基本农田以外的农用地的，在不破坏农业生产条件的前提下，可不改变原用地性质；采用直埋电缆方式敷设的集电线路用地，实行与项目光伏方阵用地同样的管理方式。但需注意的是，8号文有效期仅为5年，已经于2022年9月届满失效。

根据2023年3月发布的12号文的规定，光伏方阵用地不得占用耕地，占用其他农用地的，应根据实际合理控制，节约集约用地，尽量避免对生态和农业生产造成影响。根据12号文规定，在12号文施行之前已按照8号文规定批准立项的光伏发电项目(包括动工和未动工建设)，可按批准立项时用地预审和用地有关意见执行，不得扩大项目用地面积和占用耕地林地草地面积。

因此，针对租赁耕地铺设光伏方阵的光伏项目，在12号文施行前符合8号文关于光伏复合项目和光伏扶贫项目用地要求且已经批准立项的，可以根据8号文的规定进行解释。针对12号文施行前不构成复合项目、扶贫项目的部分及12号文施行后的项目,如果涉及使用农用地,我们理解应在上市申报前取得当地自然资源主管部门出具的专项证明,允许项目长期租赁使用农用地。

（三）关于林地和草地

根据原国家林业局《关于光伏电站建设使用林地有关问题的通知》（林资发〔2015〕153号,以下简称153号文）及国家林业和草原局《关于规范风电场项目建设使用林地的通知》（林资发〔2019〕17号,以下简称7号文）的规定,除光伏厂区以“林光互补”模式使用未利用地性质的宜林地外,新能源发电项目使用林地的均需办理使用林地审核审批手续。采用“林光互补”用地模式的,光伏方阵在施工期按临时占用林地办理使用林地手续,运营期双方可以签订补偿协议,通过租赁等方式使用林地。

12号文在2023年3月发布后,新建、扩建光伏发电项目,一律不得占用基本草原、Ⅰ级保护林地和东北内蒙古重点国有林区。光伏方阵用地涉及使用林地的,须采用林光互补模式,可使用年降水量400毫米以下区域的灌木林地以及其他区域覆盖度低于50%的灌木林地。光伏方阵按规定使用灌木林地的,施工期间应办理临时使用林地手续,运营期间相关方签订协议,项目服务期满后应当恢复林地原状。

《草原征占用审核审批管理规范》（林草规〔2020〕2号）第6条规定:“矿藏开采和工程建设确需征收、征用或者使用草原的,依照下列规定的权限办理:（一）征收、征用或者使用草原超过七十公顷的,由国家林业和草原局审核;（二）征收、征用或者使用草原七十公顷及其以下的,由省级林业和草原主管部门审核。”

12号文规定:“光伏方阵用地涉及占用基本草原外草原的,地方林草主管部门应科学评估本地区草原资源与生态状况,合理确定项目的适建区域、建设模式与建设要求。鼓励采用‘草光互补’模式。”

综合上述规定,对于林地和草地使用问题,应考虑从以下三方面进行规范:(1)符合林光互补模式使用宜林地及符合要求的灌木林的,应取得当地林地主管部门关于符合林光互补要求的备案或说明文件;(2)除前述情形外占用林地和草地的,应办理取得光伏厂区的林地/草原使用审核同意书;(3)无法办理取得林地/草原使用审核同意书的,应在上市申报前取得当地林地/草原主管部门出具的专项证明，允许项目长期租赁使用相关土地。

（四）关于未利用地

原国土资源部、国家发改委等六部委于2015年联合发布了《关于支持新产业新业态发展促进大众创业万众创新用地的意见》（国土资规〔2015〕5号，以下简称《六部委用地意见》），其中规定："采取差别化用地政策支持新业态发展。光伏、风力发电等项目使用戈壁、荒漠、荒草地等未利用土地的，对不占压土地、不改变地表形态的用地部分，可按原地类认定，不改变土地用途，在年度土地变更调查时作出标注，用地允许以租赁等方式取得，双方签订好补偿协议，用地报当地县级国土资源部门备案。"

12号文规定："鼓励利用未利用地和存量建设用地发展光伏发电产业。在严格保护生态前提下，鼓励在沙漠、戈壁、荒漠等区域选址建设大型光伏基地；对于油田、气田以及难以复垦或修复的采煤沉陷区，推进其中的非耕地区域规划建设光伏基地……光伏方阵用地不得改变地表形态，以第三次全国国土调查及后续开展的年度国土变更调查成果为底版，依法依规进行管理。实行用地备案，不需按非农建设用地审批。"

因此，新能源发电企业以租赁方式取得未利用地用于铺设光伏方阵，符合目前相关法规政策的要求，无须办理建设用地转用手续，但需履行县级自然资源部门备案程序。针对未完成未利用地租赁备案的拟上市新能源发电企业，应在上市申报前补充办理相关备案手续或取得县级自然资源部门的专项证明。

三、无证土地房产及其规范解决思路

新能源发电企业普遍持有大量土地和房产，作为企业生产经营的重要物质基础，自有土地房产权属是否清晰、是否取得权属证书、是否可以长期稳定使用既会影响企业日常经营，也会直接影响企业上市。

根据相关证券监管政策及上市审核实践情况，针对无证土地房产，证券监管机构会重点关注：(1)无证土地房产的具体用途、面积占比，办理权属证书是否存在实质性法律障碍；(2)无证土地房产所涉及项目对收入、利润的影响，无法办理取得权属证书是否对发行人的正常生产经营造成重大不利影响；(3)是否存在行政处罚风险，无证房产是否存在被要求拆除的风险。

从整体来看，证券监管机构目前对土地及房产的办证率并没有明确的百分比要求，需要综合考虑办证率、未取得权属证书的原因、是否存在拆除的风险、是否对发行人的生产经营造成重大不利影响等多方面因素。但成功上市的企业在土地房产方面普遍有着较高的办证率，或是就未办证土地房产的情况向证券监管机构作出了合理解释，明确了不会对发行人生产经营造成重大不利影响。

根据笔者的项目经验，对于拟上市的新能源发电企业而言，需要持续性规范无证土地房产问题，具体措施包括：(1)持续推进权属证书办理工作，提升土地房产办证率；(2)在上市申报前，就无证土地房产取得主管部门出具的专项证明，确认办理取得权属证书不存在实质性障碍或不存在土地及房屋建设方面的违法违规行为；(3)结合土地房产权属证书办理的具体进度，详细论述无证土地房产办理权属证书是否存在实质性障碍，并从无证土地房产具体用途、面积占比及收入利润占比角度论述是否会对公司生产经营造成重大不利影响；(4)由控股股东、实际控制人出具兜底承诺，明确由控股股东、实际控制人承担发行人无法办理取得权属证书而可能遭受的损失。

四、行政处罚及其规范解决思路

新能源发电项目审批环节多、开发建设周期短，对项目开发建设的合规性管理要求较高。在国家补贴持续退坡乃至全面平价时代到来的大背景下，为获得补贴资格或追求更高补贴电价，行业普遍存在“先上车后补票”现象，这也导致部分新能源发电企业受到的行政处罚数量较多。

对于拟上市的新能源发电企业而言，如果最近36个月内存在重大违法违规行为，将会直接导致企业不符合发行上市条件。因此，在新能源发电企业上市过程中应严格控制新增行政处罚，并详细完整梳理既有行政处罚，及时进行规范解决，具体措施包括：(1)对于已有行政处罚，应及时缴纳罚款并进行规范整改，补办相关手续；(2)对于存在刑事犯罪，或导致严重环境污染、重大人员伤亡、社会影响恶劣等并被处以罚款以上行政处罚的项目公司，应在上市申报前予以转让剥离；(3)应在上市申报前就行政处罚事项取得主管部门的专项证明，确认企业不存在重大违法违规行为，相关处罚属于情节严重的处罚事项；(4)对于少量无法取得专项证明的处罚，应依据相关法律法规结合处罚的金额、违法行为后果进行深入分析论证，对是否构成重大违法违规行为作出实质性判断并发表相应意见。

五、新能源补贴问题及其规范解决思路

国家补贴相关的政策一直深刻影响着新能源发电行业发展，从持续性的补贴退坡，到如今增量项目取消补贴，进入全面平价时代，每一次国家补贴政策的调整都牵动着行业神经。自 2021 年起，除海上风电项目、光热发电项目外，集中式光伏、工商业分布式光伏和陆上风电的新核准/备案的增量项目都将不再享受中央财政补贴。2019 年 1 月 1 日至 2020 年年底前核准的陆上风电项目，在 2021 年年底前仍未完成并网的，国家不再补贴。尽管如此，过去 10 多年形成的存量补贴项目体量巨大，国家补贴问题依旧是新能源发电企业上市过程中无法回避的问题。

由于补贴资金缺口较大，为加强补贴资金管理，国家发改委办公厅、财政部办公厅及国家能源局综合司于 2022 年 3 月 24 日联合下发了《关于开展可再生能源发电补贴自查工作的通知》，在全国范围内开展了可再生能源发电补贴核查工作。在该轮补贴核查中，不少企业因项目补贴不合规被要求退回补贴，也有企业满足补贴核查要求而更快取得了补贴。

项目并网发电时是否满足进入补贴目录/补贴清单的条件，是否符合国家相关政策，正在申请中但尚未进入补贴清单的项目未来进入补贴清单是否存在实质性障碍，是否符合国家补贴核查的要求，国家补贴核查对企业影响如何？这些都是证券监管机构在新能源发电企业上市过程中重点关注的法律问题。在财务层面，补贴收入确认时点是否合理，补贴应收账款坏账计提是否合理谨慎，是否与同行业公司一致等，也都是证券监管机构重点关注的问题。

因此，对于拟上市新能源发电企业而言，需要完整保存梳理补贴项目符合补贴条件的文件资料，结合自身实际情况并参考同行业公司情况规范财务处理。

六、结语

综上，新能源发电行业企业在上市申报前，应当重点关注同业竞争、土地使用与土地权属、行政处罚状况，以及补贴清单等方面的合规性。根据具体情况，及时采取关停、剥离、请有关部门出具证明等各种合规手段，以符合 A 股对公司上市的审核条件。

新能源电站投资收益的 X 因素

——"双细则"监管要求及应对探析

朱　颖　胡愔子*　孟云豪

* 作者简介：

朱颖，中伦律师事务所上海办公室资本市场合伙人，电邮为：juliazhu@ zhonglun. com。

胡愔子，中伦律师事务所上海办公室资本市场权益合伙人，电邮为：tedhu@ zhonglun. com。

近年来,新能源赛道的投资热度持续高涨。① 在投资热度的加持下,新能源行业也呈现出迅猛发展的态势。② 随着风电和太阳能的装机容量增速跑赢全国累计发电装机容量,新能源装机规模占全网比重持续增长。在新能源消纳逐渐提高的背景下,火电等传统发电方式的出力将相应减少,但仍承担着电网的调峰功能,辅助服务市场建设面临新的挑战,国家对发电厂运行管理及电力辅助服务的规则也因此持续更迭细化。在此背景下,国家能源局及各区域电力监管机构先后制定并发布了全国及各区域发电厂并网运行管理实施细则和并网发电厂辅助服务管理实施细则(简称“两个细则”或“双细则”,本文以“双细则”述之),将新能源作为并网主体纳入考核,以平衡电力系统内所有电源的出力和利润分配,并承担电网的安全责任。“双细则”的推行在提高新能源消纳空间方面发挥着至关重要的作用,但因需要给予提供电力辅助服务的火电等传统发电主体相应分摊补偿,从而会减少新能源发电企业的收益,成为对新能源电站投资收益产生影响的 X 因素,并已逐渐引起新能源电站投融资市场相关主体的关注。

笔者根据在新能源投融资领域的经验,就“双细则”机制的形成发展、具体监管考核机制以及对新能源电站投融资的影响进行梳理和探讨,以供行业内人士及相关投融资机构参考。

一、“双细则”机制及其形成和发展

(一)什么是“双细则”

“双细则”是国家能源主管部门对发电厂并网运行和电力辅助服务的管理实施细则。2021 年,为满足新型电力系统的建设运行需要,国家能源局修订并发布《电力并网运行管理规定》及《电力辅助服务管理办法》,新增了对新能源、新型储

---

① CINNO Research 统计数据显示,2022 年中国新能源项目投资金额高达 9.2 万亿元人民币(含台湾地区),新能源产业已经成新兴科技产业的重点投资领域。2022 年中国(含台湾地区)新能源行业内投资资金主要流向风电光伏,金额约 3.4 万亿元人民币,占比约为 36.9%。参见《机构:2022 年中国新能源行业投资规模超 9 万亿》,载搜狐网 2023 年 1 月 31 日,https://www.sohu.com/a/635872789_115433。

② 以国家能源局发布的 2022 年全国电力工业统计数据为例,截至 2022 年 12 月底,全国累计发电装机容量约 25.6 亿千瓦,同比增长 7.8%。其中,风电装机容量约 3.7 亿千瓦,同比增长 11.2%;太阳能发电装机容量约 3.9 亿千瓦,同比增长 28.1%。参见国家能源局:《国家能源局发布 2022 年全国电力工业统计数据》,载国家能源局官网,http://www.nea.gov.cn/2023-01/18/c_1310691509.htm。

能等并网技术的指导及管理要求。[①]《电力并网运行管理规定》对并网主体提出考核要求,即对传统能源和新能源在内的发电侧并网主体涉及电网安全稳定运行的设备参数、技术指标、运行管理等事项需要进行考核,不符合要求的并网主体需承担考核费用;《电力辅助服务管理办法》对并网主体设置补偿机制,即并网主体需对其他由发电侧并网主体等为响应电力调度指令、调节负荷从而维持电力系统的安全稳定运行而提供的电力辅助服务[②]进行补偿。考核和补偿的具体指标则在各区域能监局分别根据《电力并网运行管理规定》和《电力辅助服务管理办法》制定的实施细则("双细则")中进行了具体的规定,相关考核和补偿机制被业内称为"双细则"机制。

(二)"双细则"的形成和发展

2002 年以前,在我国垂直一体化的电力体制下,发电侧并网主体(发电厂)等与电力系统(电网)是一体的,发电厂与电网由国家电力公司统一管理,因此,我国电力辅助服务基本是无偿提供的。[③]

随着 2002 年厂网分开,国家电力公司管理的资产按照发电和电网两类业务划分,并分别进行资产、财务和人员的重组。[④] 发电厂由独立的发电企业进行管理,不再与电网一体化运作。原国家电力监管委员会于 2006 年印发《发电厂并网运行管理规定》(电监市场〔2006〕42 号)和《并网发电厂辅助服务管理暂行办法》(电监市场〔2006〕43 号),明确辅助服务的调用应遵循"按需调度"的原则,由电力调度交易机构根据发电机组特性和电网情况,合理安排发电机组承担辅助服务。各区域能监局相继在前述《发电厂并网运行管理规定》和《并网发电厂辅助服务管理暂行办法》的基础上制定了实施细则,开启了"双细则"监管机制,我国电力辅助

---

① 参见《国家能源局市场监管司负责同志就〈电力并网运行管理规定〉〈电力辅助服务管理办法〉答记者问》,载国家能源局官网,http://www.nea.gov.cn/2021-12/24/c_1310391334.htm。

② 根据《电力辅助服务管理办法》的规定,电力辅助服务,是指为维持电力系统安全稳定运行,保证电能质量,促进清洁能源消纳,除正常电能生产、输送、使用外,由火电、水电、核电、风电、光伏发电、光热发电、抽水蓄能、自备电厂等发电侧并网主体,电化学、压缩空气、飞轮等新型储能,传统高载能工业负荷、工商业可中断负荷、电动汽车充电网络等能够响应电力调度指令的可调节负荷(含通过聚合商、虚拟电厂等形式聚合)提供的服务。

③ 参见时智勇、袁伟、雷雪姣:《我国电力辅助服务市场建设情况》,载微信公众号"中国电力"2020 年 7 月 3 日,https://mp.weixin.qq.com/s/L1Pq43jou80L9mMdasZhXw。

④ 参见国务院《关于印发电力体制改革方案的通知》(国发〔2002〕5 号)。

服务由此从无偿提供进入计划补偿阶段。

近年来,随着新能源的大规模并网,电力系统调节手段不足的问题越来越突出,原有的辅助服务计划补偿模式已不能满足电网运行需求。在调峰空间极为有限的条件下,东北地区率先开展电力调峰辅助服务市场探索。2014 年 10 月,东北电力调峰辅助服务市场启动运行,这是国内首次以市场方式开展电力调峰辅助服务尝试。2015 年 3 月,中共中央、国务院《关于进一步深化电力体制改革的若干意见》提出以市场化原则“建立辅助服务分担共享新机制”,以及“完善并网发电企业辅助服务考核新机制和补偿机制”。2017 年,国家能源局印发《完善电力辅助服务补偿(市场)机制工作方案》的通知,要求进一步还原电力商品属性,完善和深化电力辅助服务补偿(市场)机制。随后,我国多个省份及地区开始了电力辅助服务的市场化探索。由此,电力辅助服务开始从计划补偿方式向市场化方向转变。

截至目前,国家能源局已于 2021 年修订形成了最新的《电力并网运行管理规定》和《电力辅助服务管理办法》,以及各区域能监局对“双细则”进行了更新,以使辅助服务更好地应用于现今的电力市场。

二、“双细则”的适用及监管方式

(一)运作结构

“双细则”是一套用以对发电侧并网主体所提供的辅助服务进行奖惩的机制。根据《电力辅助服务管理办法》,电力辅助服务的提供方式分为基本电力辅助服务和有偿电力辅助服务。其中,对并网主体提供的基本电力辅助服务无须补偿;对并网主体提供的有偿辅助服务进行补偿,在并网主体不能提供基本辅助服务时接受考核并收取考核费用,具体如图 1 所示。

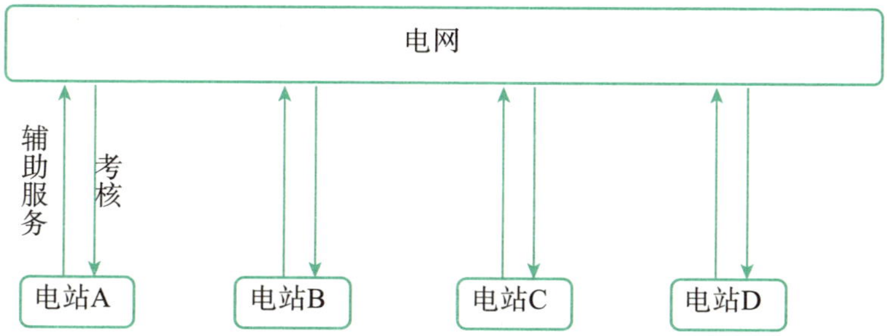

图 1　提供有偿辅助服务的并网主体的“双细则”运作结构

（二）适用范围

根据《电力法》的规定，并网运行必须符合国家标准或者电力行业标准。根据《电力监管条例》的规定，电力监管机构对发电厂并网、电网互联以及发电厂与电网协调运行中执行有关规章、规则的情况实施监管。作为电力监管机构，国家能源局在上述法律法规的指引下，出台《电力并网运行管理规定》和《电力辅助服务管理办法》，明确“双细则”机制的适用范围如表1所示。

表1 “双细则”机制的适用范围

文　件	适用范围
《电力并网运行管理规定》	根据《电力并网运行管理规定》第2条：“本规定适用于省级及以上电力调度机构直接调度的火电、水电、核电、风电、光伏发电、光热发电、抽水蓄能、自备电厂等发电侧并网主体，以及电化学、压缩空气、飞轮等新型储能。传统高载能工业负荷、工商业可中断负荷、电动汽车充电网络等能够响应电力调度指令的可调节负荷（含通过聚合商、虚拟电厂等形式聚合）等负荷侧并网主体，省级以下电力调度机构调度管辖范围内的并网主体，视其对电力系统运行的影响参照本规定执行。”
《电力辅助服务管理办法》	根据《电力辅助服务管理办法》第3条：“本办法适用于省级及以上电力调度机构调度管辖范围内电力辅助服务的提供、调用、考核、补偿、结算和监督管理等。省级以下电力调度机构调度管辖范围内的并网主体视其对电力系统运行的影响，可参照本办法执行。”

各区域能源主管部门在《电力并网运行管理规定》和《电力辅助服务管理办法》的基础上，形成适用于当地的“双细则”并对适用范围进行相应细化。我国西北太阳能、风能资源较为丰富，新能源项目装机容量也较大，故以国家能源局西北监管局下发的“双细则”为例，其适用范围如表2所示。

表2 西北“双细则”适用范围

文　件	适用范围
《西北区域发电厂并网运行管理实施细则》（以下简称《西北运行细则》）	根据《西北运行细则》第2条：“本细则适用于西北电力系统内由省级及以上调控机构直调的发电厂（含并网自备电厂）和由地调直调的风电、光伏、装机容量50MW及以上的水电站、生物质能发电厂、光热发电厂。地调范围内的其它发电

续表

文　件	适用范围
	厂并网运行管理可参照本实施细则执行。新建并网机组通过整套启动试运行后立即纳入本细则管理。”
《西北区域并网发电厂辅助服务管理实施细则》(以下简称《西北辅助细则》)	根据《西北辅助细则》第3条:“本细则适用于西北区域省级及以上电力调控机构直调的发电厂(含并网自备发电厂)和由地调直调的风电、光伏、装机容量50MW及以上的水电站。地调电网内的其它发电厂并网运行管理参照本实施细则执行。自备电厂有上网电量的以上网电量部分承担辅助服务费用。新建并网机组通过整套启动试运行后纳入本细则管理。网留电厂暂不参加补偿与分摊。”

(三)辅助服务内容

根据《电力辅助服务管理办法》,辅助服务主要包括以下种类(见表3)。

表3　辅助服务种类及主要内容

服务种类	主要内容
有功平衡服务	包括调频、调峰、备用、转动惯量、爬坡等电力辅助服务
无功平衡服务	即电压控制服务,电压控制服务是指为保障电力系统电压稳定,并网主体根据调度下达的电压、无功出力等控制调节指令,通过自动电压控制(AVC)、调相运行等方式,向电网注入、吸收无功功率,或调整无功功率分布所提供的服务
事故应急及恢复服务	包括稳定切机服务、稳定切负荷服务和黑启动服务

以《西北辅助细则》为例,辅助服务又进一步分为基本辅助服务和有偿辅助服务,其中,基本辅助服务包括基本调峰和基本无功调节,有偿辅助服务包括一次调频、自动发电控制(AGC)、自动电压控制(AVC)、有偿无功调节、有偿调峰(分为深度调峰和启停调峰)、旋转备用、调停备用、黑启动、稳控装置切机服务。

(四)考核内容

根据《电力辅助服务管理办法》,考核主要包括以下种类(见表4)。

表 4　考核种类及主要内容

考核种类	主要内容
一次调频	包括一次调频可用率、调节容量、调节速率、调节精度、响应时间及相关性能等
AGC 服务	包括 AGC 可用率、调节容量、调节速率、调节精度和响应时间等
无功服务	包括无功补偿装置或自动电压控制(AVC)装置投运率、调节合格率、母线电压合格率等

(五)补偿和考核收费机制

关于补偿,电力辅助服务的提供方式分为基本电力辅助服务和有偿电力辅助服务,其中基本电力辅助服务由并网主体义务提供,无须补偿;有偿电力辅助服务可通过固定补偿或市场化方式提供,①具体补偿机制由国家能源局派出机构通过制定相关细则和市场交易规则建立。②

关于考核收费,未按照约定提供有效电力辅助服务的,依照相关细则或市场交易规则进行考核,③并网主体运行管理考核原则上采取收取考核费用的方式。④

1. 补偿

关于补偿,《电力辅助服务管理办法》主要作出了以下原则性规定(见表 5)。

---

① 参见《电力辅助服务管理办法》第 8 条的规定,电力辅助服务的提供方式分为基本电力辅助服务和有偿电力辅助服务。基本电力辅助服务为并网主体义务提供,无须补偿。有偿电力辅助服务可通过固定补偿或市场化方式提供,所提供的电力辅助服务应达到规定标准,鼓励采用竞争方式确定承担电力辅助服务的并网主体,市场化方式包括集中竞价、公开招标/挂牌/拍卖、双边协商等。鼓励新型储能、可调节负荷等并网主体参与电力辅助服务。

② 参见《电力辅助服务管理办法》第 13 条的规定,国家能源局派出机构在制定电力辅助服务管理实施细则和市场交易规则时,应合理确定电力辅助服务品种,建立相应补偿、分摊和考核机制。

③ 参见《电力辅助服务管理办法》第 15 条的规定,承诺提供电力辅助服务的并网主体,在实际运行中,未按照约定提供有效电力辅助服务的,具体考核依照电力并网运行管理实施细则或市场交易规则执行。已通过市场机制完全实现的,不得在实施细则中重复考核。

④ 参见《电力并网运行管理规定》第 24 条的规定,并网主体运行管理考核原则上采取收取考核费用的方式。考核费用实行专项管理,费用可全部用于考核返还奖励或按辅助服务补偿贡献量大小向有关并网主体进行返还。

表5 主要补偿原则及内容

主要原则	具体条款
规则制定主体	第11条:国家能源局派出机构根据本规定,结合当地电网运行需求和特性,按照“谁提供、谁获利;谁受益、谁承担”的原则,确定各类电力辅助服务品种、补偿类型并制定具体细则
差异化标准	第12条:并网主体参与有偿电力辅助服务时,应根据其提供电力辅助服务的种类和性能,或对不同类型电力辅助服务的差异化需求及使用情况,制定差异化补偿或分摊标准
补偿成本、合理收益	第14条:固定补偿方式确定补偿标准时应综合考虑电力辅助服务成本、性能表现及合理收益等因素,按“补偿成本、合理收益”的原则确定补偿力度;市场化补偿形成机制应遵循考虑电力辅助服务成本、合理确定价格区间、通过市场化竞争形成价格的原则
计量方式	第19条:电力辅助服务计量以电力调度指令、调度自动化系统采集的实时数据、电能量计量装置的数据等为依据。电网频率、实际有功(无功)出力和发/用电负荷按国家和行业标准规定的周期进行采集。电能量计量装置按国家和行业标准规定的周期,存储电量数据

根据《西北辅助细则》的规定,对有偿辅助服务的补偿,实行打分制,按照分值计算相应补偿费用。

《西北辅助细则》针对各种有偿辅助服务及相应的技术参数设置了相应的补偿计算公式,以一次调频服务补偿为例:“一次调频服务补偿:(一)并网同步发电机组一次调频服务补偿按照一次调频月度动作积分电量进行补偿。并网同步发电机组一次调频服务补偿按照一次调频月度动作积分电量150分/万千瓦时补偿。一次调频月度动作积分电量:电网频率超出50±0.033Hz(水电机组按50±0.05Hz计算)时起到恢复至50±0.033Hz(水电机组按50±0.05Hz计算)时止,实际发电出力与起始实际发电出力之差的积分电量,高频少发或低频多发电量为正值,反之,高频多发或低频少发电量为负值。一次调频月度动作积分电量为当月每一次电网频率超出50±0.033Hz(水电机组按50±0.05Hz计算)时一次调频电量的代数和。(二)新能源场站一次调频服务补偿按照场站改造成本、月度一次调频实际贡献原则进行补偿。”

其他有偿辅助服务补偿的计算公式详见《西北辅助细则》。

2. 考核收费

关于考核收费,《电力并网运行管理规定》主要作出了以下原则性规定(见表6)。

表6 主要考核收费原则及内容

主要原则	具体条款
规则制定主体	第21条:国家能源局各区域监管局依据本规定,商相关省监管办、电网企业、并网主体等修订本区域电力并网运行管理实施细则,报国家能源局备案后施行。各省监管办可在所在区域实施细则的基础上,根据当地实际情况约定不同考核及返还标准,修订辖区内实施细则,保持实施细则在区域内的基本统一和相互协调
专门记账、收支平衡	第22条:电力调度机构根据实施细则,按照专门记账、收支平衡原则,负责并网运行管理的具体实施工作,对并网主体运行情况进行考核。考核内容应包括运行、检修、技术指导和管理等方面。电力现货试点地区应根据当地电力系统运行和电力市场建设实际,统筹做好衔接,已通过市场机制完全实现的,不得在实施细则中重复考核
收费原则	第24条:并网主体运行管理考核原则上采取收取考核费用的方式。考核费用实行专项管理,费用可全部用于考核返还奖励或按辅助服务补偿贡献量大小向有关并网主体进行返还

《西北运行细则》在安全管理、运行管理、检修管理、技术指导和管理等方面设置了较为详尽的考核标准:"并网发电厂涉及电网安全稳定运行的继电保护和安全自动装置、继电保护故障信息子站,故障录波器、通信设备、自动化系统和设备、励磁系统及电力系统稳定器(PSS)装置、调速系统、高压侧或升压站电气设备等运行和检修安全管理制度、操作票和工作票制度等,应符合能源监管机构及西北区域电力调控机构有关安全管理的规定。以上制度不完善者,应限期整改,逾期未完成整改者,按10分/项每月考核……电力调控机构抽查或抽检时发现风电场、光伏发电站风电机组、光伏逆变器以及动态无功补偿设备等高、低压故障穿越能力不满足相关技术要求,而风电场、光伏发电站没有提前汇报电力调控机构时,按每次20分/万千瓦考核……风电场、光伏电站AVC月投运率按全厂统计考核,投运率应达到98%,每降低1%按2分/万千瓦每月考核。"(详细内容请见《西北运行

细则》)

3. 结算

电网企业、电力调度机构、电力交易机构根据相关规定向并网主体结算费用。[①] 以《西北运行细则》《西北辅助细则》为例,考核和补偿的分值均折算为电费,每分对应金额均为1000元。

此外,由于补偿费用的来源是考核费用、发电机组调试运行期差额资金的50%及其他资金,当前述费用来源不足以覆盖所需支付的补偿费用时,需发电企业按照上网电量的比例进行分摊。

因此,最终结算公式为:并网发电企业结算金额=1000×(∑有偿辅助服务补偿分数-∑并网运行管理考核分数)+分摊费用。[②]

三、“双细则”对新能源电站投资的影响及应对

(一)“双细则”对新能源电站投资的影响

由于“双细则”项下补偿和考核收费机制的存在,新能源电站的投资收益评判将不仅仅考虑电价及发电量因素,还需通盘考虑传统能源和新能源的发展趋势及新能源电站项目波动较大所导致的“双细则”补偿和考核收费支出的影响。受“双细则”的考核分摊影响,新能源发电企业持有项目的收益空间受到挤压,项目投资回报的不确定性增加。同时,随着新能源规模持续扩大,而火电等传统发电主体因受制于能源转型压力未来增量有限,考核费用比例上涨的可能性较大,叠加电力市场化交易对电价的影响,新能源投资回报被压缩。[③] 此外,在太阳能、风能输出功率波动较大的地区,新建或收购项目的收益测算难度也会增加,给新能源投

① 参见《电力并网运行管理规定》第23条规定,电力调度机构负责电力并网运行管理实施细则的执行、考核费用的计算。电网企业、电力调度机构、电力交易机构按照有关规定和职责分工,向并网主体结算费用。

② 参见《西北辅助细则》第26条规定,辅助服务补偿费用主要来源于以下方面:全部并网运行管理考核费用;发电机组调试运行期差额资金的50%;符合国家有关法律法规规定的其他资金。上述费用减去辅助服务补偿所需总金额的差额部分由各省(区)内发电企业按照上网电量的比例进行分摊……辅助服务补偿所需总费用与并网运行管理考核总费用依照并网发电企业并网考核与辅助服务补偿分值计算,每分对应金额均为1000元。则某并网发电企业结算金额=1000×(∑有偿辅助服务补偿分数-∑并网运行管理考核分数)+分摊费用。

③ 参见《新型电力系统下关于“两个细则”的思考与建议》,载搜狐网2021年10月9日,https://www.sohu.com/a/494111785_121208178。

资收益带来较大不确定性。

(二)新能源电站投资主体如何应对“双细则”

笔者认为,针对“双细则”带来的不确定因素,新能源电站的投资主体可采取以下应对措施:

对新能源电站开发运营参与方而言,由于“双细则”主要是针对电站运行管理的各项指标、参数等提出的要求,实质为对电站运维能力的考验。如果运维团队能够尽可能精确执行相关标准或响应调度需求,则可以减少考核费用或提高补偿金额,从而提高电站收益,反之,则会使电站收益受损。

对新能源电站投资并购参与方而言,在实施投资并购过程中需要充分识别“双细则”对被投项目的影响,并采取必要应对措施化解相应风险,具体包括:

(1)通过尽职调查对当地“双细则”的具体规定和执行情况进行充分发掘,包括对补偿的条件和考核的指标进行梳理,从而最大限度掌握补偿和考核的费用的区间。

(2)在收益模型测算中对“双细则”的影响进行充分考虑,包括当地新能源资源的丰富程度及波动性等因素,并结合当地的“双细则”考核指标进行测算。

(3)在收购项目中,要求转让方或运维方就“双细则”考核事项进行特别承诺,如要求转让方承诺考核费用不超过某一上限,并对超过上限的部分进行担保。

(4)在收购协议或运维协议中设置相应联动机制,当考核费用超出某一上限时,可以通过扣减应付其他方的款项从而弥补支付考核费用的损失。

四、结语

简言之,在“双细则”机制的监管下,新能源电站作为并网主体要支付考核费用或者承担补偿义务,从而影响新能源电站的收益。随着新能源平价上网时代的来临,在新能源电站收益进一步压缩的背景下,新能源电站投资及开发主体对“双细则”的监管要求的把握和适应,以及是否做好相关应对措施,对新能源电站收益的影响也显得尤为关键。新能源电站投资开发参与方需要时刻关注电力市场和监管的发展变化,应对新能源电站投资的新挑战,防控投资风险,以期获得稳健的投资回报。

新能源发电项目投资并购特别交易模式的经营者集中申报难点

张白沙[*]　张广亚

[*] 作者简介：

张白沙，中伦律师事务所广州办公室合规与政府监管部合伙人，电邮为：baisha_zhang@ zhonglun.com。

随着我国“双碳”目标的不断深入实施,风电、光伏等新能源发电领域的投资并购业务持续火热。在此背景下,考虑到我国2022年新修订《反垄断法》大幅提高对未依法进行经营者集中申报和申报后未经反垄断执法机构批准就实施集中(“抢跑”)等违法实施经营者集中行为的处罚力度,①国家市场监管总局加大查处“抢跑”案件的态势,②不少大型企业开始重视新能源发电投资并购项目的经营者集中申报合规。

其中,电力行业国有企业是新能源发电领域投资并购的主要参与者,在国务院国资委于2022年8月23日公布《中央企业合规管理办法》、强调央企“合规”的大环境下,国有企业开展新能源发电项目投资并购更要相应提高反垄断法律合规及经营者集中申报风险防控意识。

新能源发电项目投资并购需注意避免“倒卖路条”法律风险,即投资主体未经重新备案/核准不得在项目并网投产前擅自将项目转让给其他投资主体,这增加了新能源发电项目投资并购交易模式的复杂性。为避免“倒卖路条”风险,实践中出现了一些新能源发电项目投资并购的特别交易模式,加大了经营者集中申报义务的合规难度。鉴于此,本文将结合我国反垄断法和经营者集中申报的法律规定与实践经验,梳理新能源发电项目投资并购特别交易模式下经营者集中申报的难点,帮助企业识别“抢跑”等违法实施经营者集中的法律风险,做好经营者集中申报义务的反垄断合规。

一、新能源发电项目投资并购的特别交易模式

新能源发电项目的项目公司股权转让存在禁止“倒卖路条”的特殊限制——未经重新备案/核准,项目公司股东在新能源发电项目建成并网前不得擅自转让项目公司股权、变更项目投资主体,否则涉嫌倒卖光伏、风电新能源发电项目立项

---

① 参见《反垄断法》第58条规定:“经营者违反本法规定实施集中,且具有或者可能具有排除、限制竞争效果的,由国务院反垄断执法机构责令停止实施集中、限期处分股份或者资产、限期转让营业以及采取其他必要措施恢复到集中前的状态,处上一年度销售额百分之十以下的罚款;不具有排除、限制竞争效果的,处五百万元以下的罚款。”第63条规定:“违反本法规定,情节特别严重、影响特别恶劣、造成特别严重后果的,国务院反垄断执法机构可以在本法第五十六条、第五十七条、第五十八条、第六十二条规定的罚款数额的二倍以上五倍以下确定具体罚款数额。”

② 经公开渠道检索,国家市场监督管理总局2022年在其官网上共公布了45件未依法申报违法实施经营者集中案件的行政处罚决定书。

文件(备案或核准)及相关重要前期批复文件。“倒卖路条”很可能导致项目的核准/备案文件被撤销,项目开发历史若存在“倒卖路条”的情形,还可能影响项目获得可再生能源补贴或取得长期固定电价的资格。例如,2022年国家发改委、财政部和国家能源局开展国补核查后,[①]部分地方取消了特定项目的补贴。[②]

上述特殊限制的具体规定散见于国家能源主管部门历年发布的《关于进一步加强光伏电站建设与运行管理工作的通知》(国能新能〔2014〕445号,现已失效)、《关于开展新建电源项目投资开发秩序专项监管工作的通知》(国能监管〔2014〕450号)等文件。[③] 而有关规则的近期修订亦未从国家层面重新规范被认定为“倒卖路条”的法律后果。[④]

因此,虽然新能源发电项目传统上多采用直接收购项目公司股权的投资并购模式,近年来投资人为避免被认定为“倒卖路条”,又能尽早介入和锁定投资并购项目,在实践中还发展出了下列新能源发电项目投资并购的特别交易模式:(1)收购“夹层公司”模式,即收购项目公司股东的模式;(2)预收购模式;(3)分阶段收购模式;(4)合作开发模式。

其中,采用预收购模式、分阶段收购模式和合作开发模式的新能源发电项目投资并购如达到经营者集中申报的标准,由于交易模式更为复杂,在开展经营者

---

① 2022年3月24日,国家发改委、财政部和国家能源局联合下发特急文件《关于开展可再生能源发电补贴自查工作的通知》,要求2021年12月31日前并网并有补贴需求的新能源发电项目企业从项目合规性、规模、电量、电价、补贴资金、环境保护六个方面进行自查;在企业自查的基础上,国家能源、审计等相关部门也对新能源发电企业开展了外部核查。国家发改委、财政部和国家能源局于2022年10月8日发布了《关于明确可再生能源发电补贴核查认定有关政策解释的通知》(发改办运行〔2022〕853号),对国补核查中存在疑义的事项进行了解释说明。

② 例如,内蒙古自治区发改委在2022年7月发布《关于废止部分可再生能源项目上网电价批复文件的通知》(内发改价费字〔2022〕1021号),宣布废止24个存在合规问题的项目上网电价批复文件,其中乌兰察布市、鄂尔多斯市、锡林郭勒盟发展改革委废止对审计发现的5个擅自变更投资主体的项目批复上网电价的文件。

③ 其他文件包括《光伏电站项目管理暂行办法》(国能新能〔2013〕329号,已于2022年11月被修订后废止)、国家能源局《关于规范光伏电站投资开发秩序的通知》(国能新能〔2014〕477号,已于2022年5月废止)、《关于印发新建电源项目投资开发秩序监管报告(新能源部分)及工作要求的通知》(国能监管〔2015〕384号)、《关于完善光伏发电规模管理和实行竞争方式配置项目的指导意见》(发改能源〔2016〕1163号)等。

④ 例如,国家能源局修订《光伏电站项目管理暂行办法》后,于2022年11月发布《光伏电站开发建设管理办法》,其中第14条仅重申了上位法律规范的要求:“……项目备案后,项目法人发生变化,项目建设地点、规模、内容发生重大变更,或者放弃项目建设的,项目单位应当及时告知备案机关并修改相关信息……”

集中申报时需要重点关注,以避免“抢跑”等违法实施经营者集中的法律风险。下文将针对上述三种特别交易模式的经营者集中申报难点进行梳理和解析。

二、我国反垄断法下的经营者集中申报义务

我国反垄断法下判断经营者是否负有集中申报义务,主要需要考虑:(1)是否构成经营者集中;(2)控制权是否发生转移;(3)是否达到国务院规定的申报标准。对于达到国务院规定的申报标准的经营者集中,未申报的不得实施集中,已申报但尚未获得国务院反垄断执法机构审批决定的也不得实施集中。①

我国《反垄断法》第 25 条规定的经营者集中的情形包括:(1)经营者合并;(2)经营者通过取得股权或者资产的方式取得对其他经营者的控制权;(3)经营者通过合同等方式取得对其他经营者的控制权或者能够对其他经营者施加决定性影响。

其中,在股权收购、资产收购以及签订合同等交易的情形下,判断构成经营者集中的主要标准是“控制权转移”,即取得对其他经营者的控制权或者能够对其他经营者施加决定性影响。目标公司的控制权是否发生转移,需要结合具体的投资并购交易模式进行分析,通常需要考虑交易目的和未来计划,目标公司的股权结构变化,目标公司的股东会、董事会的组成、表决事项、表决情况,目标公司的高管任免,交易各方的重大商业、合作关系等因素。②

对于构成经营者集中的,如参与集中的经营者的营业额达到国务院规定的申报标准,则参与集中的经营者负有申报义务。现行国务院规定的申报标准,包括参与集中的所有经营者上一会计年度在全球范围内或在中国境内的营业额之和

---

① 参见《反垄断法》第 26 条第 1 款规定:“经营者集中达到国务院规定的申报标准的,经营者应当事先向国务院反垄断执法机构申报,未申报的不得实施集中。”第 30 条第 1 款规定:“……国务院反垄断执法机构作出决定前,经营者不得实施集中。”

② 参见《经营者集中审查规定》第 5 条规定:“判断经营者是否取得对其他经营者的控制权或者能够对其他经营者施加决定性影响,应当考虑下列因素:(一)交易的目的和未来的计划;(二)交易前后其他经营者的股权结构及其变化;(三)其他经营者股东(大)会等权力机构的表决事项及其表决机制,以及其历史出席率和表决情况;(四)其他经营者董事会等决策或者管理机构的组成及其表决机制,以及其历史出席率和表决情况;(五)其他经营者高级管理人员的任免等;(六)其他经营者股东、董事之间的关系,是否存在委托行使投票权、一致行动人等;(七)该经营者与其他经营者是否存在重大商业关系、合作协议等;(八)其他应当考虑的因素。两个以上经营者均拥有对其他经营者的控制权或者能够对其他经营者施加决定性影响的,构成对其他经营者的共同控制。”

(超过100亿元或超过20亿元人民币),以及其中至少两个经营者上一会计年度在中国境内的营业额(均超过4亿元人民币)。[①] 在计算参与集中的经营者的营业额时,需要计算该参与集中的经营者以及申报时与其存在直接或者间接控制关系的所有经营者的营业额总和,但是不包括上述经营者之间的营业额。

值得注意的是,国务院《关于经营者集中申报标准的规定(修订草案征求意见稿)》新增了"合并其他方"或"其他经营者"的"市值(或估值)"这一替代性的申报标准,且即便未达上述申报标准,反垄断执法机构也可以要求有证据证明具有或者可能具有排除、限制竞争效果的经营者集中进行申报。[②] 上述修订未来如落地,或将增加新能源发电项目投资并购达到经营者集中强制申报标准的可能性。

三、特别交易模式下经营者集中申报的难点

(一)预收购模式

预收购模式下,投资人(买方)与目标公司的股东、实控人(卖方)先行签署预收购协议,约定发电项目由卖方负责开发建设,买方支付一笔预付款或定金并有权介入、监督和管理项目开发,在项目建成并网且达到预设收购条件的情况下,再由买方对项目进行正式收购,在未达到收购条件时买方可退款退出。

在预收购协议中,为控制交易成本和投资风险,买方可能会约定在一定程度上参与对项目的共营共管。例如,买方为保障项目良好合规运行而控制项目公司公章、证件、银行账户等影响企业缔约、运行的物项;买方参与决定项目融资成本、

---

① 参见国务院《关于经营者集中申报标准的规定》(2018年修订)第3条第1款规定:"经营者集中达到下列标准之一的,经营者应当事先向国务院反垄断执法机构申报,未申报的不得实施集中:(一)参与集中的所有经营者上一会计年度在全球范围内的营业额合计超过100亿元人民币,并且其中至少两个经营者上一会计年度在中国境内的营业额均超过4亿元人民币;(二)参与集中的所有经营者上一会计年度在中国境内的营业额合计超过20亿元人民币,并且其中至少两个经营者上一会计年度在中国境内的营业额均超过4亿元人民币。"

② 参见国务院《关于经营者集中申报标准的规定(修订草案征求意见稿)》第4条规定:"经营者集中未达到本规定第三条规定的申报标准,但同时满足下列条件的,经营者应当事先向国务院反垄断执法机构申报,未申报的不得实施集中:(一)其中一个参与集中的经营者上一会计年度在中国境内的营业额超过1000亿元人民币;(二)本规定第二条第(一)项所规定的合并其他方或第二条第(二)项和第(三)项所规定的其他经营者市值(或估值)不低于8亿元人民币,并且上一会计年度在中国境内的营业额占其在全球范围内的营业额比例超过三分之一。"第5条规定:"经营者集中未达到本规定第三条、第四条规定的申报标准,但有证据证明该经营者集中具有或者可能具有排除、限制竞争效果的,国务院反垄断执法机构可以要求经营者申报。"

融资方式;买方参与决定 EPC 总承包方的选择;买方参与决定项目公司重大合同的签署,甚至约定买方在项目公司的组织架构和议事规则中占有一席之地。

如前所述,构成经营者集中的一种情形是经营者通过合同等方式取得对其他经营者的控制权或者能够对其他经营者施加决定性影响。如预收购协议中约定了买方有权介入、监督和管理项目开发乃至共营共管条款,则签署包含这些条款的预收购协议有可能使得买方被视为与卖方存在重大商业关系、合作协议,进而可能导致买方被认定为取得对项目公司的控制权或者能够对项目公司施加决定性影响。由此造成的后果是,签署预收购协议有可能被认定为构成经营者集中,[①]买卖双方在经营者集中申报前以及在获得国务院反垄断执法机构审批决定前不得实施集中。

在经营者集中申报时点方面,需要注意的是,预收购模式下,实施集中的行为并不限于正式收购交割时完成股东或者权利变更登记。在此之前,买方依据签署的预收购协议履行支付定金或预付款义务,行使买方介入、监督、管理项目乃至共营共管权利的行为,都有可能构成买方实际参与项目公司的经营决策管理等实施集中的行为。[②]

根据经验,买方依据签署的预收购协议履行支付定金或预付款义务的行为单独来看不一定会被认定为实施集中,而买方控制项目公司的公章等影响企业缔约、运行的重要物项,或是对项目公司重大合同的签署行使否决权,甚至向项目公司委派董事或高级管理人员等行为则很有可能会被认定为实施集中。

因此,我们建议采用预收购模式的新能源发电投资并购项目在买方依据预收购协议实际介入、监督、管理项目之前就开展经营者集中申报,并且在获得反垄断执法机构审批决定前不要采取控制项目公司的公章、对项目公司重大合同的签署行使否决权、向项目公司委派董事或高级管理人员等措施。否则可能存在未及时依法申报或在获得反垄断执法机构审批决定前违法实施集中的“抢跑”风险。

---

① 参见《经营者集中审查规定》第 5 条第 1 款规定:“判断经营者是否取得对其他经营者的控制权或者能够对其他经营者施加决定性影响,应当考虑下列因素:……(七)该经营者与其他经营者是否存在重大商业关系、合作协议等;(八)其他应当考虑的因素。”

② 参见《经营者集中审查规定》第 8 条第 3 款的规定:“是否实施集中的判断因素包括但不限于是否完成市场主体登记或者权利变更登记、委派高级管理人员、实际参与经营决策和管理、与其他经营者交换敏感信息、实质性整合业务等。”

(二)分阶段收购模式

分阶段收购模式下,买方先行投资入股,获得项目公司的部分股权,以小股东身份参与项目建设,在项目建成并网且满足预设收购条件时再出资收购剩余股权,在未达预设收购条件、不符合买方需求时退股退出,借此避免"倒卖路条"风险。分阶段收购模式下,需要关注新能源发电投资并购项目在先行开展部分股权投资这一交易步骤时是否即负有经营者集中申报义务。

从部分股权投资这一交易步骤单独来看,值得注意的是,在投资并购活动中只取得少数或部分股权仍有可能导致买方取得项目公司的控制权,构成经营者集中。例如,买方基于所取得的部分股权在项目公司的股东会、董事会的组成、表决事项和表决机制等方面,或者买方基于投资协议、项目公司章程等交易文件中约定的对项目公司重大经营管理事项享有否决权,而取得对项目公司的控制权或共同控制权。在截至目前公布的违法实施经营者集中处罚案例中,已出现投资人取得项目公司6%的股权而被认定具有共同控制权的案件。①

而将部分股权投资这一交易步骤置于分阶段收购模式整体之中来看,值得关注的是,分阶段收购模式所约定的各交易步骤有可能被认定为构成分步骤实施的一揽子交易而被视为一项经营者集中,进而导致买方不得在进行申报和获得审批决定前实施收购部分股权这第一个交易步骤。

根据反垄断执法机构过往案例,②如果一个交易被分为多个交易步骤依次展开和履行,但各交易步骤在法律或事实上互为条件、相互依存、具有紧密的联系,且交易目的一致,反垄断执法机构有可能将多个交易步骤整体认定为分步骤实施的"一揽子"交易,视为一项经营者集中,进而要求交易各方应当在实施第一个步骤前进行申报并获得反垄断执法机构的审批,否则可能会被认定为"抢跑"。值得注意的是,即便先行实施的步骤未获得对目标公司的控制权,反垄断执法机构也不认可其构成"抢跑"的抗辩理由。

(三)合作开发模式

合作开发模式下,投资人与项目开发方共同投资设立项目公司,由项目公司参与新能源发电项目的招投标和后续建设,双方在合作协议中约定双方各自义务

---

① 参见国家市场监督管理总局行政处罚决定书,国市监处罚〔2021〕132号。

② 参见商务部行政处罚决定书(商法函〔2017〕206号)。

和项目开发方的退出机制。投资人通常待项目建成并网后再从项目开发方手中收购其持有的项目公司股权,通过该模式避免“倒卖路条”的风险。

在合作开发模式下,如约定新设的项目公司由投资人与项目开发方共同控制,此时新设项目公司构成经营者集中,除非约定项目公司由一方单独控制。①

与分阶段收购模式类似,合作开发模式同样需要关注是否构成分步骤实施的“一揽子”交易而被视为一项经营者集中,进而导致经营者集中申报义务提前的风险。若合作开发模式投资并购项目伊始,就将项目设计为首先实施新设合营项目公司和随后收购项目开发方持有的合营项目公司股权的两个交易步骤,即便对于新设合营项目公司这一步,因为合营项目公司设计为一方单独控制,单独来看无须进行经营者集中申报,仍需关注合作开发模式整体可能因构成分步骤实施的“一揽子”交易而被视为一项经营者集中,进而导致申报时点提早至新设合营企业实施前的风险。

四、新能源发电项目投资并购经营者集中申报的合规应对

我们结合服务客户开展经营者集中申报的经验,就新能源发电项目投资并购的经营者集中申报合规提出下列建议。

1. 投资人在开展新能源发电项目投资并购时,应当留心投资并购项目整体及其各交易步骤是否应当进行经营者集中申报,包括项目整体及其各交易步骤是否构成经营者集中、投资人是否取得标的公司的单独或共同控制权、参与集中的经营者的营业额乃至市值指标是否达到国务院规定的申报标准。如经初步评估,投资并购项目应当进行经营者集中申报,还需关注提交申报的时点和获得审批决定前不得实施的行为,谨防“抢跑”风险。

2. 拟采用预收购模式的新能源发电项目投资人应重点关注预收购协议中关于投资人提前介入、监督、共营共管项目公司的约定,投资人在依据预收购协议实际介入、监督、管理项目之前开展经营者集中申报,并且在获得反垄断执法机构审批决定前,不要采取控制项目公司的公章、对项目公司重大合同的签署行使否决

① 参见《关于经营者集中申报的指导意见》(2018 年修订)第 4 条规定:“对于新设合营企业,如果至少有两个经营者共同控制该合营企业,则构成经营者集中;如果仅有一个经营者单独控制该合营企业,其他的经营者没有控制权,则不构成经营者集中。”

权、向项目公司委派董事或高级管理人员等措施,避免“抢跑”风险。

3. 鉴于上述特别交易模式均涉及投资方意图提前介入和锁定投资并购项目又避免“倒卖路条”风险的交易目的,各交易步骤容易被执法机构认定为在法律或事实上互为条件、相互依存、具有紧密的联系,拟采用上述特别交易模式的投资人应提前评估交易模式整体被认定为分步骤实施“一揽子”交易的风险,规划好经营者集中申报的时点,明确获得反垄断执法机构审批决定前不得实施的行为。

新能源项目投资与开发过程中应避免的红线雷区

朱　颖　胡愔子*　谢嘉庭

* 作者简介：
朱颖，中伦律师事务所上海办公室资本市场合伙人，电邮为：juliazhu@ zhonglun. com。
胡愔子，中伦律师事务所上海办公室资本市场权益合伙人，电邮为：tedhu@ zhongiun. com。

从碳排放来源行业来看，电力和热力生产行业能源需求攀升最为明显，2019年，电力和热力生产行业二氧化碳排放量达52.38亿吨，是中国第一大二氧化碳排放来源行业。[①] 因此，谋求能源转型，发展新能源是实现“双碳目标”的必然要求。国务院《关于印发2030年前碳达峰行动方案的通知》（国发〔2021〕23号）指出，“十四五”期间，到2025年，非化石能源消费比重达到20%左右。到2030年，非化石能源消费比重达到25%左右。全面推进风电、太阳能发电大规模开发和高质量发展，到2030年，风电、太阳能发电总装机容量达到12亿千瓦以上。根据国家能源局于2023年1月18日发布的2022年全国电力工业统计数据，截至2022年12月底，太阳能发电装机容量约3.9亿千瓦，风电装机容量约3.7亿千瓦。[②] 由此可见，至2030年，国内需实现光伏、风电发电装机合计为5亿—6亿千瓦以上，增长空间大，投资前景广阔。

风电、光伏新能源项目均为需要高额投入的固定资产投资项目，虽为国家所鼓励投资建设，但因为其投资建设涉及电力监管、用地监管、项目建设等多方面事项，面临的监管范围广、强度大。近年来随着行业监管的加强，特别是对项目合规及电价补贴相关问题的监管加强引发了行业内广泛讨论。因此，在新能源项目投资与开发过程中如何避免踩入红线雷区，以保证项目收益经济指标达成与合法存续运营，为笔者在近期提供新能源项目投资服务过程中经常收到的咨询问题，值得探讨。本文将就此予以展开，阐述新能源项目投资与开发过程中应避免的红线雷区。

一、项目价值合规及电价红线雷区的概述

新能源项目开发、投资建设和项目并网验收过程中，均会存在相关的法律风险。在新能源发电项目选址资源逐渐紧缺，而电价及规模指标与并网时间挂钩的背景下，为抢资源而向地方政府作出相关承诺、为抢并网而忽略相关合规问题（或者即使知晓相关合规问题，但先并网再后补相关审批手续）的情形屡见不鲜。该等情形尽管可能短期内不会影响项目并网或运营，地方政府可能也出于地方经济

---

① 参见沙涛、李群、于法稳主编：《中国碳中和发展报告（2022）》，社会科学文献出版社2022年版，第14页。

② 参见《国家能源局发布2022年全国电力工业统计数据》，载国家能源局网，http://www.nea.gov.cn/2023-01/18/c_1310691509.htm。

考虑等因素暂时未进行严格监管,但随着时间推移及国家层面监管的加强,相关问题将逐渐显现,对项目的经济收益产生较大影响,甚至影响项目的合法存续。此外,新能源项目在资本市场领域的热度也持续升温,很多投资方对新能源项目的投资或并购完成后,均有计划将相关项目注入上市公司或者资产证券化,以实现新能源项目的资本化,如项目涉及这些问题,将可能导致项目价值无法达到证券化要求。因此,项目投资、开发过程中规避或识别这些风险,不仅能够为项目接续的建设与后续持续运营夯实牢固的基础,而且也能够避免给项目未来资本运作与融资造成实质障碍。

我们认为,在项目的投资与开发过程中,从前期的政府招商引资、项目立项,到项目建设管理,以至于建成并网均需要对影响项目价值的合规及电价红线雷区予以特别关注,具体而言有以下三点。

(一)项目立项前的开发工作

通常而言,在项目立项前的前期开发工作中,当地政府往往会与投资者签订招商引资协议。由于项目资源的稀缺性,往往存有多个投资者展开竞争以竞取项目开发的资格,当地政府也可能对项目设置其他配套条件,如设置产业配套要求、长期扶贫承诺等。而投资者为了完成业绩目标,往往也会选择接受,或者主动向地方政府作出相关承诺。在笔者的执业过程中,发现部分投资者在作出这些承诺并完成项目建设并网后,因为前期承诺超出自身实力范围,或者为实现该等承诺需要付出较多经济代价,进而因无法实现承诺,被追索或产生纠纷的情形并不鲜见,由此影响投资双方的关系,令发电企业陷入被动。

(二)项目建设管理

在补贴电价时代,受限于项目资源分配的不均衡性,部分不具备开发投资建设条件的业主在取得项目立项文件与建设规模指标后,往往圈而不建,待价而沽。因此,在项目立项文件中,均要求项目建设单位须在一定期限内开展项目建设或者提出延期申请并获准,否则立项文件即失效。因此,项目立项后的建设管理至关重要,若因管理不善导致项目被废止,则得不偿失,也会损失前期开发工作导致的成本与费用。

(三)电价补贴

在新能源项目含补贴电价时代,标杆上网电价极大地激发了投资者的热情,引领了新能源下游电站行业的飞跃发展。但不可忽略的是,标杆上网电价中所含的可再生能源电价附加补助资金(以下简称国补)占据相当高的比例,对达成项目收益率具有决定性影响。特别是对于较早时期存量的光伏电站而言,无法取得国补资格或者因不合规情形导致国补资格丧失,将导致项目收益率测算无法实现的颠覆性风险。

二、重要影响项目价值的合规及电价红线雷区

(一)红线雷区一:地方政府合作协议中的违约风险

根据我们的执业经验,部分投资者与地方政府签署的项目开发协议中,可能存在以下风险:(1)地方政府要求投资主体提交一定数额的项目投资保证金,待项目进度满足要求后予以全额返还。若公司由于相关原因而不能如期提交投资保证金,则可能导致开发协议提前终止。(2)若未能满足政府方对项目公司的设立要求(比如,项目公司股权结构、设立进度、项目公司实缴注册资本要求等),则可能导致开发协议提前终止。(3)与地方政府签署之框架协议对项目建设进度有明确要求,基于项目前期手续办理等多种因素从而工程进度难以满足。(4)地方政府提出的配套投资计划、当地用工、当地采购等要求,项目实际建设或并网之后因客观原因或经济原因无法实现该等承诺。

针对以上风险,就项目投资开发主体而言,可以采取以下措施进行相应处理:(1)与地方政府签署开发协议时,就项目投资保证金的要求,以及政府方对项目公司股权结构、设立进度、注册资本缴纳进度等方面的要求,建议投资者事先了解自身实际情况,据此作为与地方政府沟通的基础。(2)建议根据项目正常开发建设工作,合理设定进度要求,并在进度要求中安排相关情形的除外条款,将对于非公司方面原因导致的项目进度滞后情形作为违约的排除情形;此外,不建议安排项目结果考核方面相关承诺条款。(3)对政府方提出的配套投资计划、当地用工、当地采购等要求应谨慎承诺,若遇当地政府提出公司较难实现的承诺要求,建议结合公司实际情况作有限承诺或附条件的承诺。如承诺公司在一定时间内或之前启动或者完成某项工作,而不承诺难以实现的工作结果,或者设定某一条件作为启动或者兑现承诺的前提;就项目投资并购主体而言,则需要在尽调过程中要求交易对手充分披露与政府之间的合作安排,同时通过走访地方政府等方式挖掘和

排查相关风险，并设置相关风险防控措施。

（二）红线雷区二：未取得建设规模指标的风险

在存量补贴电价时代，未能取得建设规模指标，无法取得国补。而在平价上网时代，未取得建设规模指标将可能导致项目无法接入电网系统，无法产生收益，国家能源局于2022年11月30日发布的《光伏电站开发建设管理办法》明确，纳入光伏电站年度开发建设方案的项目，电网企业应及时办理电网接入手续。由此可见，取得建设规模指标对实现项目收益测算至关重要，而在当今平价上网时代，其将影响项目能不能建成并网，其影响是颠覆性的。

对于未取得建设规模指标含有补贴的存量项目，需要在交易定价中予以充分考虑，可以采用的措施包括先以平价项目价值予以收购，待项目正式取得建设规模指标并纳入可再生能源项目补贴清单后，再依据交易文件所约定的补偿机制向转让方支付相关补偿，或待建设规模指标确定后再行收购。对于未取得建设规模指标的平价项目，则待取得建设规模指标后再开展合作，或者取得指标之后再支付相应对价，以此作为防控该等并网和电价风险的措施。

（三）红线雷区三：被认定为“倒卖路条”的风险

“倒卖路条”是行业内对于新能源项目权益转让的俗称，具体主要表现为取得备案/核准文件后，项目并网投产前，项目公司股权发生变动。以光伏项目为例，国家能源局在2014年之后发布的多份规范性文件中禁止买卖项目备案文件及相关权益，而投资主体在项目投产之前发生股权变更，往往就会涉嫌“倒卖路条”。根据国家能源局相关规范性文件的规定，发生“倒卖路条”的情形将导致的后果有：(1)暂停、取消可再生能源电价补贴；(2)责令改正、行政处罚；(3)列入不良信用记录等。

根据执业经验，在2022年国家相关部委组织的国补核查执法中，对“倒卖路条”的核查特别深入与细致，不仅仅局限于对核准/备案文件上所载的投资主体及其股权变更的核查，还聚焦夹层公司股权转让、投资主体的实际控制人变更，甚至会要求被审查对象提供项目合作协议、股权质押协议、EPC合同、经营托管协议等，以及核查是否存在融资、项目合作等多种形式转让项目。因此，如果新能源发电企业无法就国补核查所发现的相关情况提供合法依据或进行合理解释，其可能会面临被认定为“买卖路条”“违规变更投资主体”的风险，进而对项目核准备案文件的有效性，以及后续的电价批复、国补资格等事项构成重大不利影响。[①] 例如，某上市公司曾于2022年公告，其内蒙古的5个集中式光伏电站项目，因擅自变更投资主体，被主管部门要求废止批复上网电价，并被要求退回国补资金。

为避免“倒卖路条”的风险，需要关注以下几个方面：(1)项目公司取得备案/核准文件后，如非特殊情况，项目投产前，尽量避免股权变更；如系与合作方合作开发项目，项目公司已取得备案/核准文件，可通过BT模式、预收购模式等进行协议控制，待项目投产后再进行股权变更。(2)已经发生投产前股权变动的项目公司，如果投产之后正常上网并获得电价，且发改能源主管部门暂未予以关注，则可以通过在交易文件中设置转让方特别承诺的方式，对相关风险由转让方以赔偿损失或回购等方式兜底承担。如已被发改能源主管部门关注，则需要取得发改能源主管部门关于投产前股权变更不会导致不利后果的确认。

(四)红线雷区四：立项文件效力瑕疵的风险

为督促项目公司在取得备案/核准文件后及时开工建设，确保正常并网发电。项目备案/核准文件的有效期通常为1—2年，自项目备案/核准之日起算。在有效期内未开工建设且未按规定申请延期的，项目备案/核准文件到期后自动失效。

对于自建项目，项目公司取得备案/核准文件及其他必要文件后，应及时开工建设，可根据电站并网时间倒排工期，做好项目进度建设管理工作，并在项目建设EPC合同中予以明确；对于与合作方合作开发的项目，在合作前应关注在备案/核准文件有效期内项目公司有无开工建设，未能在规定期限内开工建设的，应在备案/核准有效期内到备案部门申请延期，或者取得投资主管部门出具的项目已经开工建设，项目备案/核准文件仍有效的证明文件。

根据执业经验，在新能源项目法律尽职调查过程中，应对是否在立项文件有效期内开工重点关注，对于风电项目而言，根据《风电开发建设管理暂行办法》第19条规定，风电场工程开工以第一台风电机组基础施工为标志。对于该事项的核查，可结合施工记录、监理日志等材料文件予以确定，相对而言比较容易核查。但对于光伏电站项目的开工标志，国家部委尚未出台相关规范指引文件，谨慎起见，建议向投资主管部门征询确认立项文件处于有效期内。此外，某些地方政府发布

---

① 参见朱颖、胡愔子、谢嘉庭：《新能源项目的合规大考——国补核查给新能源发电企业带来的合规挑战》，载中伦律师事务所官网，https://www.zhonglun.com/Content/2022/10-13/1334458945.html。

的通知文件等，也可能对光伏电站项目的开工标志作出规定，需在法律尽职调查的过程中予以注意。

（五）红线雷区五：未按期实现全容量并网的风险

《关于加快推进可再生能源发电补贴项目清单审核有关工作的通知》（财办建〔2020〕70号，以下简称70号文）规定，明确上网电价以项目全容量并网时间核定。实践中，部分新能源发电企业为了抢630、1231电价，项目首次并网投产时往往并未实现全容量并网，存在批量并网的情形；有些项目甚至因为征地等用地手续的因素制约而无法全容量完成建设，至今未能实现全容量并网发电。

对于上述第一种分批达成全容量并网的情形，按照前述70号文的规定，应按每批次全容量并网的实际时间分别确定上网电价，但前提为履行分批次并网的手续。尽管如此，实践中分批次并网手续的程序，尚未出台相关规范文件给予指引，需要结合项目当地主管部门的意见而定。就上述第二种情形，如项目一直至平价上网时代仍未实现全容量并网发电，将导致整个项目面临无法获得国家补贴的风险。因此，因未按期全容量并网的情形存在导致电价/补贴被调整的重大风险，在相关电价收益测算无法达到预期的情形下，势必将构成新能源项目投资并购的法律红线。我们强调，在新能源项目的尽职调查过程中，需重点核查全容量并网时间点，并在定价中予以考虑，以及在交易文件中设置相应补偿机制等风险防控措施。

综上所述，就新能源项目投资与开发过程中应避免的影响项目价值的合规及电价相关的焦点：首先，在项目前期开发阶段，投资者应审慎对待招商引资协议的相关条款，需结合自身实际情况，避免过度承诺；其次，取得项目立项文件后，应做好项目建设期限管理工作，如拟就项目开展合作，应采用合法合规的相关手段以避免被认定为“倒卖路条”；最后，在收购含补贴存量项目时，除应在法律尽职调查阶段对上述问题进行审慎核查外，还需根据项目并网的实际情况，对是否享有含补贴电价进行全面论证，以免因项目并网后电价存在不确定性，导致整体项目测算收益无法实现的颠覆性风险。

三、影响项目合法存续红线雷区概述

从我国新能源项目投资开发起步至今，无论是前期敢打敢拼走在新能源项目投资开发前沿的民营企业,还是近期作为投资并购及项目开发主力军的国企央企,均会不时遇到其新能源项目因违法用地导致责令整改或者拆除的情形。新能源电站作为建设项目,其用地合规性系项目立身的根本,用地不合规事项对新能源项目电站的投资造成了极大的负面影响。从投资者希望长期获得预期收益的角度,或者预期将新能源项目进行资本运作的角度而言,违法用地将可能根本性的影响项目合法存续运营,也可能触碰项目资本运作的红线。

根据国家相关部门于不同时期颁布的政策,新能源项目的合法用地方式也在不断地变迁。从最初要求风光项目占地原则全部需要办理建设用地批准手续,到《关于支持新产业新业态发展促进大众创业万众创新用地的意见》(国土资规〔2015〕5 号)允许使用未利用地开展建设,再到《关于光伏电站建设使用林地有关问题的通知》(林资发〔2015〕153 号)允许一定条件下的林光互补光伏电站模式,以及原国土资源部、国务院扶贫办、国家能源局《关于支持光伏扶贫和规范光伏发电产业用地的意见》(国土资规〔2017〕8 号,已失效)突破性允许光伏复合项目在一定条件下使用农用地铺设方阵,各种创新型用地方式极大地激发了行业投资热情。但从近一两年行业监管动态来看,新能源用地政策正在呈现逐步收紧的趋势,特别对于使用耕地建设光伏电站进一步从严监管,光伏复合项目需遵循更高标准,水利部《关于加强河湖水域岸线空间管控的指导意见》(水河湖〔2022〕216 号)还禁止光伏电站、风力发电等项目在河道、湖泊、水库内建设等。尽管政策变动,但影响新能源项目合法存续的核心问题仍长期聚焦几个方面,我们通过下文予以分别揭示。

四、重要影响项目合法存续红线雷区

(一)占用基本农田的风险

《土地管理法》规定,我国实行永久基本农田保护制度。严格保护永久基本农田,控制非农业建设占用农用地。非农业建设必须节约使用土地,可以利用荒地的,不得占用耕地;可以利用劣地的,不得占用好地。征收永久基本农田、永久基本农田以外的耕地超过 35 公顷或者其他土地超过 70 公顷的,应由国务院批准。坚守 18 亿亩耕地红线,划定永久基本农田,是落实最严格的耕地保护制度、保证国家粮食安全、推进新型城镇化和生态文明建设的重要举措。尽管如此,新能源企业因发生占用基本农田被查处导致项目被拆除的案例也时常出现。

例如,2018 年 11 月 6 日,自然资源部通报 10 起违法占用永久基本农田案件,如江西某新能源有限公司违法占地建光伏项目案,该公司违法占用某村永久基本农田约 3.88 公顷(58.25 亩)建设光伏项目。当地国土资源局进行了制止;当地区政府组织拆除了光伏板、水泥桩等设施,恢复土地原状。①

又如,2022 年 8 月 25 日,江苏自然资源网站发布“2022 年第一批挂牌督察案件整改落实情况的通报”,通报 5 起案例。其中,丹阳市某新能源光伏有限公司未经批准、擅自占用延陵镇延陵村集体土地 26.01 亩建设光伏发电项目,所占土地均为永久基本农田。该公司自行拆除了在 26.01 亩永久基本农田上的构筑物,并复垦到位。同时,丹阳市自然资源和规划局作出行政处罚,责令退还非法占用的土地。②

为避免上述问题,在项目开发阶段即应详细查阅当地国土部门土地利用总体规划,查清项目用地是否涉及基本农田,如涉及应尽量予以避让,并做好优化选址工作。如在投资并购存量项目过程中发现涉及压占基本农田的问题,则应取得主管部门确认项目所占压的基本农田已调整为非基本农田无障碍,且完成调整之前不会对项目运营构成影响,其后再实施交易。如果占用基本农田面积较小,可以考虑从项目规模中扣除占用基本农田的规模并相应定价。

(二)压占生态保护红线的风险

《生态保护红线划定指南》(环办生态〔2017〕48 号)规定,生态保护红线划定主要范围应涵盖两部分:国家级和省级禁止开发区域,以及其他有必要严格保护的各类保护地。中共中央办公厅、国务院办公厅印发的《关于划定并严守生态保护红线的若干意见》规定,生态保护红线原则上按禁止开发区域的要求进行管理。严禁不符合主体功能定位的各类开发活动,严禁任意改变用途。生态保护红线划定后,只能增加、不能减少。同时,该文件规定生态保护红线调整需满足的条件为:(1)因国家重大基础设施、重大民生保障项目建设等需要调整的;(2)由省级

---

① 参见《自然资源部举行 10 起违法占用永久基本农田案件通报会》,载国务院新闻办公室官网 2018 年 11 月 6 日,http://www.scio.gov.cn/xwfbh/xwbfbh/wqfbh/39595/40528/xgfbh40533/Document/1655417/1655417.htm。

② 参见《2022 年第一批挂牌督察案件整改落实情况的通报》,载江苏省自然资源局官网 2022 年 8 月 25 日,http://zrzy.jiangsu.gov.cn/gggs/2022/08/2517183052682.html。

政府组织论证，提出调整方案；（3）经原环境保护部、国家发展改革委会同有关部门提出审核意见后，报国务院批准。

在实践中，时常遇见某些项目在前期开发阶段忽略生态保护红线核查事项，导致后续环评验收、电力业务许可证办理存在障碍的情况。有些业内人士称，只要项目拿到环评批复意见即可表明项目不涉及生态保护红线，但根据项目经验，仍需根据具体情况予以核实。我们通过公开渠道即检索到某央企子公司因在生态保护红线内违法建设风电项目，进而被责令拆除的情形。[①]

为避免触及该红线风险，需在项目开发阶段详细查阅当地已经划定的生态保护红线范围，查清项目用地范围内是否涉及压占生态保护红线，如经核实压占生态保护红线，尽量予以避让，并做好优化选址工作。如存量项目涉及压占生态保护红线，则应取得主管部门出具的相关确认文件，以确认项目压占生态红线保护，不会对项目运营构成影响，或明确生态红线正在调整，调整之前不会对项目运营构成影响。如果占用生态红线面积较小，可以考虑从项目规模中扣除占用生态红线的规模并相应定价。同时，我们也建议在投资文件中对该等情形设置相应特殊赔偿条款。

（三）压占特殊用地的风险

特殊用地是指国土行政管理部门之外的政府部门管理的土地类型，具体为林地、草地、湿地、风景名胜区、自然保护区等，依据相关法律规定，该等地类绝大部分为限制或者禁止使用区域，在新能源项目前期开发工作或者投资并购中需特别予以关注。《生态保护红线划定指南》规定，生态保护红线划定主要范围应涵盖两部分：国家级和省级禁止开发区域，以及其他有必要严格保护的各类保护地。实践中还存在即使不涉及生态保护红线，但仍涉及风景名胜区和自然保护区的案例，原因是某些区域不与国家级和省级禁止开发区域重叠，但涉及市级乃至县级政府划定的风景名胜区或者自然保护区。通过公开渠道可见，近年来压占特殊用地类的违法案件也时常出现（见表 1）。

---

① 2021 年 3 月，某央企子公司接到贵州省生态环境保护督察工作领导小组办公室的函件，要求公司科学制定拆除和生态修复方案，确保 2021 年 5 月中旬前完成涉及自然保护区内风电机组及配套设施整改，并在 7 月底前完成生态恢复工作。

表 1　压占特殊用地类的违法案件

案件或公开信息	违法案件详情
国家林业和草原局通报典型违法违规破坏森林资源案件[1]	2020 年 9 月，四川省攀枝花市某新能源公司因超许可范围非法占用林地 46.49 公顷（697.35 亩）用于黄桷垭风电场项目建设被国家林草局挂牌督办。2020 年 10 月，攀枝花市公安局仁和区分局以涉嫌非法占用农用地罪进行立案侦查，对 2 名企业负责人采取刑事强制措施。项目非法占用林地中，除已建风机机组长期占用的林地 1.56 公顷（1.45 公顷与许可范围一致）外，其余已全部收回。已收回林地中部分临时道路依法办理使用林地手续改为防火道，其余 19.27 公顷（289.05 亩）已恢复植被
青海省“利剑”2018 新能源光伏项目用地清查专项行动[2]	2019 年，青海在全省范围内开展了“利剑”2018 新能源光伏项目用地清查专项行动。其间，共梳理出 2013 年以来已建、在建、拟建各类光伏项目共 260 个，涉及占地面积约 19.63 万亩（含光伏方阵面积），其中占用荒漠化为主的天然牧草地约 18.26 万亩、未利用地约 1.18 万亩、耕地约 0.19 万亩，主要集中分布于青海海南州、海西州和海东市。检查发现 2013 年以来，未及时取得用地手续先行开工建设光伏项目共计 158 个，涉及占地面积约 5.70 万亩（含光伏方阵面积），违法用地已立案 158 个，结案 148 个，收缴罚没款共计 3259.6 万元
《九江市通报省环境保护督察移交生态环境损害责任追究问责情况》[3]	2018 年 10 月 30 日，九江市人民政府发布《九江市通报省环境保护督察移交生态环境损害责任追究问责情况》，在江西省开展环境保护督察工作后通报了两起生态环境损害的典型案例。文件表示瑞昌市（江西省九江市下辖县级市）虹源光伏发电有限公司 30MW 渔光互补发电项目侵占达尔湖省级重要湿地 490 亩，瑞昌市政府及有关职能部门在该项目未取得省林业部门湿地使用批准手续的情况下，擅自举行开工仪式，并积极开展项目建设
《关于查处八公山风景区违法建设风力发电项目的建议》[4]	2016 年 2 月 17 日，安徽省政协收到《关于查处八公山风景区违法建设风力发电项目的建议》的提案：“该项目的建设违反了《风景名胜区条例》第 24 条、第 26 条、第 30 条，以及《八公山风景名胜区总体规划》第 55 条不得再建设大型水利、电力等基础设施等相关规定。”2016 年 6 月 22 日，安徽省住建厅复函：提案提出的项目建设单位立即拆除违法建设；对已破坏的八公山风景区地貌和植被立即进行恢复

续表

案件或公开信息	违法案件详情
湖南省进行第二轮中央生态环境保护督察的督察组收到群众举报[5]	2015 年 8 月至 11 月，某风电公司在广西办理了相关手续但尚未在江永县办理任何审批手续的情况下，占用了江永源口省级自然保护区燕子山山场农用地，修筑了道路两段，修建 36^#、37^#、38^#风电机组平台 3 台。2021 年 4 月 26 日，江永县政府再次约谈该公司，达成一致意见，启动拆除位于江永源口省级自然保护区内风机程序

[1] 参见《民法典涉林典型案例》，载贵州省林业局 2021 年 10 月 29 日，http://lyj.guizhou.gov.cn/ztzl/pfxc/202112/t20211227_72127798.html。

[2] 参见《5.7 万亩未取得手续罚款 3259 万元　青海新能源光伏项目用地清查专项行动开始》，载搜狐网 2019 年 1 月 17 日，https://www.sohu.com/a/289639105_609294。

[3] 参见《相关领导被问责！江西九江 30MW 光伏电站项目违占 490 亩湿地》，载华夏能源网 2018 年 10 月 31 日，https://hxny.com/nd-39317-0-8.html。

[4] 参见岳怀让等：《淮南八公山风景区违法建设风电项目：多次责令拆除仍投入使用》，载澎湃新闻 2016 年 6 月 26 日，https://www.thepaper.cn/newsDetail_forward_1489205。

[5] 参见《督察进行时丨自然保护区违建风电项目迅疾整改》，载湖南省生态环境厅官网，http://sthjt.hunan.gov.cn/sthjt/ztzl/zyhbdc/gzdt_2/202104/t20210430_16522165.html。

为规避上述风险，在项目开发与投资并购阶段，应详细查阅当地已经划定的林地、草地、湿地、风景名胜区和自然保护区范围，查清项目用地范围内是否涉及此类特殊用地，避开压占情形并做优化选址工作。如投资并购存量项目涉及上述特殊用地，建议可以请主管部门确认项目用地范围内涉及上述特殊用地对项目运营所构成的影响，并在投资并购交易文件中设置必要的特殊赔偿条款。

（四）在水域或周边建设新能源项目未依法办理防洪手续的风险

随着陆上光伏电站资源越发紧缺，各新能源项目开发主体逐渐将项目开发地点转向湖泊、水库、河道水面等，在水网密布的中国南方地区尤甚。在此类区域建设新能源项目，将受到《防洪法》《河道管理条例》等法律规范的约束，规范的目的在于避免建设工程项目妨碍行洪，影响河势稳定、危害河岸堤防安全等。① 在此类

① 根据《防洪法》第 53 条的规定，未经水行政主管部门签署规划同意书，擅自在江河、湖泊上建设防洪工程和其他水工程、水电站的，责令停止违法行为，补办规划同意书手续；违反规划同意书的要求，严重影响防洪的，责令限期拆除；违反规划同意书的要求，影响防洪但尚可采取补救措施的，责令限期采取补救措施，可以处 1 万元以上 10 万元以下的罚款。根据《防洪法》第 22 条、第 55 条的规定，禁止在河道、湖泊管理范围内建设妨碍行洪的建筑物、构筑物，倾倒垃圾、渣土，从事影响河势稳定、危害河岸堤防安全和其他妨碍河道行洪的活动。有前述行为的，责令停止违法行为，排除阻碍或者采取其他补救措施，可以处 5 万元以下的罚款。

水域或周边开展建设项目，应当按规定办理相应水行政许可手续，包括但不限于洪水影响评价其防洪设施验收手续。2022年5月20日，水利部发布《关于加强河湖水域岸线空间管控的指导意见》（水河湖〔2022〕216号），更是强调光伏电站、风力发电等项目不得在河道、湖泊、水库内建设；在湖泊周边、水库库汊建设光伏、风电项目的，要科学论证，严格管控，不得布设在具有防洪、供水功能和水生态、水环境保护需求的区域，不得妨碍行洪通畅，不得危害水库大坝和堤防等水利工程设施安全，不得影响河势稳定和航运安全。该意见发布后，存量涉及水域的电站项目如未取得相应防洪手续，则将面临无法继续运营的风险。比如，2022年5月，水利部网站先后两次对"江苏省天岗湖光伏等碍洪问题视频核查整治工作"进行了报道。根据报道，该项目为国家能源局2017年批复的光伏发电领跑项目，2017年开始实施，分2期建设，共占水面约9平方千米，占泗洪县境内天岗湖水域面积约70%，已办理了环评、土地、规划等手续，但未依法依规办理防洪评估水行政许可手续。根据要求，要在5月底前完成对占用湖泊行洪通道的光伏设施、围网拆除；在12月底前完成对湖泊其他区域光伏等设施整改。①

综上所述，为避免该项红线雷区，开发或收购在水面及周边建设的新能源电站应当报以十分审慎的态度，向当地水行政主管部门核实相关区域是否属于禁止建设区域或属于需要办理防洪手续的区域。如项目选址在防洪规划确定的河道整治计划用地和规划建设的堤防用地范围内的土地，并经土地管理部门和水行政主管部门会同有关地区核定列为划定为规划保留区内，应另行选址；对于确实无法避免选址在江河、湖泊、河道等地的项目，在开工建设前，项目公司应论证是否符合防洪规划要求，如涉嫌妨碍行洪，项目公司应事先取得当地水行政主管部门关于防洪评审意见；在洪泛区、蓄滞洪区内建设非防洪建设项目，应当就洪水对建设项目可能产生的影响和建设项目对防洪可能产生的影响作出评价，编制洪水影响评价报告，提出防御措施。洪水影响评价报告应经有关水行政主管部门审查批准。同时，相关交易文件需对涉及此类情形的项目设置特殊赔偿安排。

（五）压覆矿产的风险

新能源项目作为单独选址项目，选址往往在城市规划范围外，审查项目用地

---

① 参见《昔日全国样板，今成"反面教材"？75亿投资光伏领跑项目被拆除！令人扼腕！》，载微信公众号"光伏产业网官微"2022年5月30日，https://mp.weixin.qq.com/s/c6IBh-nqzmm0NQp7Js8t8w。

范围内是否涉及压覆矿业权是一项重要工作。《关于进一步做好建设项目压覆重要矿产资源审批管理工作的通知》(国土资发〔2010〕137号)等相关规定明确要求,项目选址前,项目公司应向省级国土资源行政主管部门(现自然资源行政主管部门)查询拟建项目所在地区的矿产资源规划、矿产资源分布和矿业权设置情况,不压覆重要矿产资源的,应由省级国土资源行政主管部门(现自然资源行政主管部门)出具未压覆重要矿产资源的证明;需压覆重要矿产资源的,项目公司应根据有关工程建设规范确定建设项目压覆重要矿产资源的范围,委托具有相应地质勘查资质的单位编制建设项目压覆重要矿产资源评估报告。与矿业权人签订互补影响准入压覆协议,并取得准予压覆的行政审批文件。已有司法案例表明,未履行上述压覆矿审批手续,即开展项目建设压覆矿业权的,电站存在被拆除的风险。[①] 同时,如果涉及压覆矿业权,矿业权人或地方政府出于经济利益考虑也可能要求项目公司需对未来矿产开采进行让位,给新能源项目后续持续稳定运行带来重大不确定性。

为避免压矿相关风险,项目开发时应向主管部门了解项目所在地探矿权、采矿权的时间、品位,综合判断在该区域开发项目的可行性。如经核实,项目涉及压覆矿产资源,项目公司应尽量在当地政府的协调下,与探矿权人或采矿权人积极协商,争取达成符合项目公司利益的矿产压覆补偿协议。如系投资并购存量已建成项目,更应关注历史压覆矿手续的完善性以及当前是否存在压矿相关问题,并在投资并购交易文件中设置如交割条件、特别承诺等相应的风险防控措施。

五、结语

新能源项目作为固定资产投资项目,投资开发主体往往因着眼于降低项目造价成本或取得更好的风光资源,而到偏远地区对项目进行投资开发,该等地区绝大部分位于城乡土地利用总体规划范围以外,与一般房地产开发项目从政府处获取已纳入总体利用规划的"净地"有着很大不同。新能源项目往往需要单独选址,

---

① 例如,安徽省滁州市中级人民法院在其作出的案号为(2018)皖11民初64号民事判决书中述明:该案中,永达公司对案涉凤阳县老猴尖石灰岩矿享有采矿权,龙源凤阳公司建设的安徽凤阳曹店49.5MW风电项目中DC03风电机位压覆永达公司部分采矿权、输电线路压覆部分采矿权及部分资源储量,已构成对永达公司采矿权的妨害,现永达公司请求排除妨害符合法律规定,庭审中龙源凤阳公司亦表示同意对案涉DC03风电机位及输电线路进行移位,故法院对永达公司该部分诉请予以支持。

这意味着项目公司需在项目用地上倾注较多的心力以排查用地风险,以积极推动政府承担相应的用地前期工作职责。我们过往的执业经验以及众多公开的违法案例表明,项目一旦选址不当便极易诱发颠覆性风险。因此,无论是在新能源项目投资还是开发过程中,均需要通过深入调研判断选址是否存在合规问题,排查相关红线雷区风险,以确保新能源投资或开发项目最终安全落地并在项目生命周期内持续经营。

抽水蓄能项目前期开发法律合规要点分析

郝　利　夏煜鑫*　张常睿

* 作者简介：

郝利，中伦律师事务所杭州办公室公司业务部合伙人，电邮为：haoli@ zhonglun. com。

夏煜鑫，中伦律师事务所杭州办公室公司业务部非权益合伙人，电邮为：xiayuxin@ zhonglun. com。

构建以新能源为主体的新型电力系统，是我国实现“碳达峰、碳中和”目标的重要支撑。风电、光伏等新能源发电占比的逐步提高，对电力系统调节能力提出了更高的要求，需要配套建设相应的储能项目。相比于电化学等储能技术，抽水蓄能作为当今最成熟的大容量储能解决方案，具有技术成熟、反应快速灵活、单机容量大、经济性较好等优点，是建设现代智能电网新型电力系统的重要支撑，将迎来快速发展的新局面。而抽水蓄能项目投资金额大、建设周期长，涉及选点规划、开发权的取得、移民安置、项目核准、土地征收、环境影响评价、水资源论证等众多前期手续，其中的法律合规问题非常重要。本文将结合国家的法律政策规定和笔者的实务经验，就抽水蓄能项目前期开发过程中的法律合规要点问题进行分析。

一、我国抽水蓄能行业概况

（一）抽水蓄能电站简介

抽水蓄能的原理为势能与电能之间的转换，抽水蓄能电站在用电低峰的时候（如夜晚 3 时），利用电网电能将下水库水抽到上水库，转成势能储存，等到电网高负荷或急需时（如早晨 10 时），再把上水库里的水放出来，带动水轮机进行发电。通过这种方式，可将电网负荷低时的多余电能，转变为电网高峰时期的高价值电能。

抽蓄电站可以分为纯抽水蓄能电站与混合式抽水蓄能电站两种，区别主要在于有无天然径流汇入以及能否利用天然径流发电。纯抽蓄电站没有或仅有少量天然径流汇入，其运行主要是通过上下水库的水循环利用，由于抵销蒸发和渗漏的损失，需要对水源进行少量补充。而混合式抽蓄电站的上水库则有天然径流汇入，既可以利用江河径流进行常规发电，又可以满足调峰、调频、调相等需求。混合式抽水蓄能电站相当于在常规的水电站的基础上，增建可逆机组和抽水泵，使得发出的电能可以储存并且和势能相互转换。常规水电站可以通过改建与抽水蓄能电站实现结合开发。

（二）抽水蓄能的发展历程和规划

20 世纪 60 年代至 70 年代是我国抽水蓄能发展的起步阶段，1968 年河北岗南水库电站安装了一台容量 11MW 的进口抽水蓄能机组，1975 年北京密云水库白河水电站安装了两台国产 11MW 抽水蓄能机组。20 世纪 80 年代至 90 年代，我国电力调峰需求显现,通过广州抽水蓄能电站、北京十三陵抽水蓄能电站和浙江天荒坪抽水蓄能电站的建设运行,夯实了抽水蓄能发展基础。2001 年至 2010 年,我国抽水蓄能电站加速建设,截至 2010 年年底,全国抽水蓄能电站装机容量达到 1451 万千瓦。2011 年至 2020 年,我国抽水蓄能电站技术逐渐成熟,随着新能源、特高压电网的快速发展,抽水蓄能项目发展迎来新的高峰,截至 2020 年年底,全国投运抽水蓄能电站 3149 万千瓦。"十四五"以来,抽水蓄能项目发展更盛,仅 2022 年新核准抽水蓄能项目就达到 48 个,合计装机容量 6890 万千瓦,2022 年抽水蓄能新增投产容量 880 万千瓦。截至 2022 年年底,抽水蓄能电站建成投产规模达到 4500 万千瓦。①

2021 年 9 月 17 日,国家能源局发布《抽水蓄能中长期发展规划(2021—2035 年)》,提出到 2025 年,抽水蓄能投产总规模达到 6200 万千瓦以上,到 2030 年,投产总规模达到 1.2 亿千瓦左右,即"十四五""十五五"期间各翻一番;到 2035 年,形成满足新能源高比例大规模发展需求的,技术先进、管理优质、国际竞争力强的抽水蓄能现代化产业,培育形成一批抽水蓄能大型骨干企业,抽水蓄能将迎来黄金发展期。

(三)抽水蓄能行业主要政策文件梳理

笔者对抽水蓄能行业主要政策文件梳理见表 1。

表 1 抽水蓄能行业主要政策文件

序号	政策名称	发布部门	发布日期
1	《关于进一步做好抽水蓄能电站建设的通知》(国能新能〔2011〕242 号)	国家能源局	2011 年 7 月 31 日
2	《关于加强抽水蓄能电站运行管理工作的通知》(国能新能〔2013〕243 号)	国家能源局	2013 年 6 月 18 日
3	《关于印发抽水蓄能电站调度运行导则的通知》(国能新能〔2013〕318 号)	国家能源局	2013 年 8 月 29 日
4	《关于完善抽水蓄能电站价格形成机制有关问题的通知》(发改价格〔2014〕1763 号)	国家发改委	2014 年 7 月 31 日

① 参见《国家能源局 2023 年一季度新闻发布会文字实录》,载国家能源局网,http://www.nea.gov.cn/2023-02/13/c_1310697149.htm。

续表

序号	政策名称	发布部门	发布日期
5	《关于落实抽水蓄能电站选点规划进一步做好抽水蓄能电站规划建设工作的通知》(国能综新能〔2014〕699号)	国家能源局综合司	2014年9月9日
6	《关于促进抽水蓄能电站健康有序发展有关问题的意见》(发改能源〔2014〕2482号)	国家发改委	2014年11月1日
7	《关于鼓励社会资本投资水电站的指导意见》(国能新能〔2015〕8号)	国家能源局	2015年1月12日
8	《水电站大坝运行安全监督管理规定》(国家发展和改革委员会令第23号)	国家发改委	2015年4月1日
9	《关于加大用地政策支持力度促进大中型水利水电工程建设的意见》(国土资规〔2016〕1号)	国土资源部(已撤销)、国家发改委、水利部、国家能源局	2016年1月8日(有效期至2021年1月7日,已失效)
10	《大中型水利水电工程建设征地补偿和移民安置条例》(国务院令第679号)	国务院	2017年4月14日(已失效)
11	《关于在抽水蓄能电站规划建设中落实生态环保有关要求的通知》(国能综发新能〔2017〕3号)	国家能源局综合司	2017年11月30日
12	《水工程建设规划同意书制度管理办法(试行)》(水利部令第49号)	水利部	2017年12月22日
13	《取水许可管理办法》(水利部令第49号)	水利部	2017年12月22日
14	《水利工程建设项目验收管理规定》(水利部令第49号)	水利部	2017年12月22日
15	《水利工程建设安全生产管理规定》(水利部令第50号)	水利部	2019年5月10日
16	《关于进一步完善抽水蓄能价格形成机制的意见》(发改价格〔2021〕633号)	国家发改委	2021年4月30日
17	《抽水蓄能中长期发展规划》(2021—2035年)	国家能源局	2021年9月17日

续表

序号	政策名称	发布部门	发布日期
18	《关于进一步加快水利工程竣工验收工作的通知》(水建设〔2022〕217 号)	水利部	2022 年 5 月 20 日
19	《关于用地要素保障接续政策的通知》(自然资发〔2022〕160 号)	自然资源部	2022 年 9 月 19 日(有效期至 2023 年 3 月 31 日,已失效)

二、抽水蓄能电站前期开发合规要点

抽水蓄能电站前期开发流程与水电项目具有同质性,但也存在其特殊性。

(一)抽水蓄能电站的选点规划

根据国家能源局综合司《关于落实抽水蓄能电站选点规划进一步做好抽水蓄能电站规划建设工作的通知》(国能综新能〔2014〕699 号)、国家发改委《关于促进抽水蓄能电站健康有序发展有关问题的意见》(发改能源〔2014〕2482 号)的规定,国家能源局批准的抽水蓄能电站选点规划是各省市编制有关抽水蓄能电站发展规划、开展项目前期工作及核准建设的基本依据,未纳入选点规划的项目不得列入各省市能源发展规划,也不得明确项目开发业主、开展项目前期工作和核准建设,在项目核准时应进行选点规划的符合性审核。因此,抽水蓄能电站只有纳入抽水蓄能电站建设选点规划后才能开展后续前期工作。

对于抽水蓄能电站的选点规划工作,国家能源主管部门会根据抽水蓄能电站特点统一组织开展,在统筹考虑区域电网调峰资源、系统需要和站址资源条件,分析研究抽水蓄能电站建设规模和布局的基础上,合理确定推荐站点、建设时序和服务范围。结合电力系统发展需要,对已完成选点规划的地区适时进行滚动调整,对尚未开展选点规划的地区适时启动规划工作。

《抽水蓄能中长期发展规划(2021—2035 年)》提出在全国范围内普查筛选抽水蓄能资源站点基础上,建立合计 7.26 亿千瓦的中长期发展项目库。对满足规划阶段深度要求、条件成熟、不涉及生态保护红线等环境制约因素的项目,按照应纳尽纳的原则,作为重点实施项目,纳入重点实施项目库,此类项目总装机规模 4.21 亿千瓦;将满足规划阶段深度要求,但可能涉及生态保护红线等环境制约因素的项目，作为储备项目，纳入储备项目库，这些项目待落实相关条件、做好与生态保护红线等环境制约因素避让和衔接后，可滚动调整进入重点实施项目库，此类项目总装机规模 3.05 亿千瓦。

（二）抽水蓄能电站的开发权

1. 投资主体的确定

抽水蓄能电站的投资主体经历了从电网企业独资建设到鼓励社会资本投资的发展历程。

2011 年 7 月 31 日，国家能源局发布《关于进一步做好抽水蓄能电站建设的通知》（国能新能〔2011〕242 号），明确规定杜绝电网企业与发电企业（或潜在的发电企业）合资建设抽水蓄能电站项目，严格审核发电企业投资建设抽水蓄能电站项目。因此，早期抽水蓄能电站只能由电网企业独资建设。

为进一步规范和落实抽水蓄能电站建设管理体制，有序推进抽水蓄能电站市场化改革，2014 年 11 月 1 日，国家发改委发布《关于促进抽水蓄能电站健康有序发展有关问题的意见》（发改能源〔2014〕2482 号），对抽水蓄能电站引入市场化投资主体投资建设作出敞口规定，明确抽水蓄能电站目前以电网经营企业全资建设和管理为主，逐步建立引入社会资本的多元市场化投资体制机制，在具备条件的地区，鼓励采用招标、市场竞价等方式确定抽水蓄能电站项目业主，按国家规划和政策要求独立投资建设抽水蓄能电站。

为进一步推进抽水蓄能电站投资主体的多元化发展，2015 年 1 月 12 日，国家能源局发布《关于鼓励社会资本投资水电站的指导意见》（国能新能〔2015〕8 号），明确建立以业主招标为主要形式的鼓励社会资本投资抽水蓄能电站的工作机制。

2021 年 9 月 17 日，国家能源局发布的《抽水蓄能中长期发展规划（2021—2035 年）》中，明确提出稳妥推进以招标、市场竞价等方式确定抽水蓄能电站项目投资主体，支持核蓄一体化、风光蓄多能互补基地等新业态发展，鼓励社会资本投资建设抽水蓄能，加快确立抽水蓄能电站独立市场主体地位。

从已投运及在建抽水蓄能电站的控股情况来看，大部分抽水蓄能电站由电网企业控股，社会资本参与较少，但随着相关政策明确鼓励社会资本投资抽水蓄能电站项目，“十四五”期间新开工抽水蓄能项目已经有更多社会投资主体参与。

2. 开发权的收回

抽水蓄能项目投资主体通过招投标、市场竞价等方式取得项目开发权后,并不意味着永久性取得项目开发权,项目开发权存在被收回的可能。虽然国家层面法律、行政法规或部门规章对抽水蓄能电站开发权收回的问题未作出相关明确规定,但部分地方可能会对项目开发权收回的情形作出相关规定,如《甘孜藏族自治州清洁能源资源开发管理办法(征求意见稿)》①第 4 条中规定:"取得清洁能源开发权的单位、企业和个人,严格按照开发协议或合同约定的开发规模、建设任务、建设时限完成开发建设任务。重大自然灾害、重大政策调整等不可抗力因素除外,出现下列情形的,按照分级管理权限,由州县人民政府无条件收回开发权,属上级管辖的资源由州人民政府报请上级政府变更开发权:(一)已经授权开发的水电、抽水蓄能、风电等项目,项目核准后一年内未开发的……"根据实践经验,部分地方政府与项目投资主体签订的合作开发协议中也会明确约定在项目未按照开发时序约定进行建设或投资主体存在严重违约情形时,政府主管部门有权收回项目开发权。

因此,在投资建设抽水蓄能项目前,应对当地抽水蓄能项目投资开发建设政策进行了解,并提前做好开发时序规划。

(三)抽水蓄能电站的移民安置

"先移民后建设"是抽水蓄能电站开发的重要方针,移民安置规划编制完成后,由省、自治区、直辖市人民政府移民管理机构审核,抽水蓄能项目业主取得移民安置规划审批文件是后续办理项目核准手续及用地手续的前置性条件。②

1. 移民安置前期工作

根据国家档案局、水利部、国家能源局《关于印发〈水利水电工程移民档案管理办法〉的通知》(档发〔2012〕4 号)、《大中型水利水电工程建设征地补偿和移民安置条例》(已失效)的规定,抽水蓄能电站在取得移民安置规划审批文件前的主要工作流程如图 1 所示。

---

① 公开征求意见的时间为 2022 年 3 月 22 日至 4 月 22 日。

② 参见蒋岸林:《浅谈蟠龙抽水蓄能电站工程征地移民中政策与法规的运用》,载中国水力发电工程学会电网调峰与抽水蓄能专业委员会组编:《抽水蓄能电站工程建设文集 2018》,中国电力出版社 2018 年版,第 83 页。

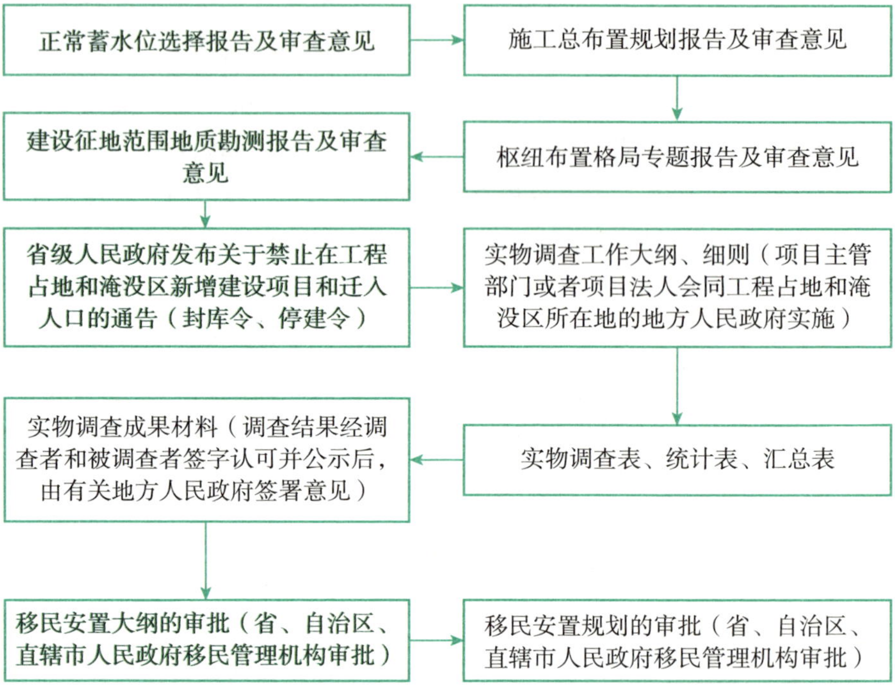

图 1　抽水蓄能电站在取得移民安置规划审批文件前的主要工作

2. 移民安置规划的编制及审批

根据《大中型水利水电工程建设征地补偿和移民安置条例》(已失效)的规定,经批准的移民安置规划大纲是编制移民安置规划的基本依据,应当严格执行,不得随意调整或者修改;确需调整或者修改的,应当报原批准机关批准。

移民安置规划的编制分为已成立项目法人与未成立项目法人两种情形:

已成立项目法人的抽水蓄能项目,由项目法人编制移民安置规划大纲,按照审批权限报省、自治区、直辖市人民政府移民管理机构审批,如浙江省人民政府于 2020 年 9 月 14 日作出《关于浙江泰顺抽水蓄能电站建设征地移民安置规划大纲的批复》(浙政函〔2020〕89 号)①;省、自治区、直辖市人民政府移民管理机构在审批前应当征求移民区和移民安置区县级以上地方人民政府的意见。项目法人根据经批准的移民安置规划大纲编制移民安置规划。

---

① 《浙江省人民政府关于浙江泰顺抽水蓄能电站建设征地移民安置规划大纲的批复》,载《浙江省人民政府公报》2020 年第 22 期。

针对未成立项目法人的抽水蓄能项目，项目主管部门应当会同移民区和移民安置区县级以上地方人民政府编制移民安置规划大纲，按照审批权限报省、自治区、直辖市人民政府移民管理机构审批。项目主管部门会同移民区和移民安置区县级以上地方人民政府，根据经批准的移民安置规划大纲编制移民安置规划。

移民安置规划编制完成后，按照审批权限由省、自治区、直辖市人民政府移民管理机构审核。省、自治区、直辖市人民政府移民管理机构审核移民安置规划，应当征求本级人民政府有关部门以及移民区和移民安置区县级以上地方人民政府的意见。

（四）抽水蓄能项目的核准

1. 核准权限及核准前置性文件要求

自2004年国务院《关于投资体制改革的决定》发布以来，国家开始逐步对企业投资项目的审批制度进行改革，在投资领域放宽的同时，不断精简项目审批手续，为企业投资营造日益灵活的市场环境。2004年及2013年的《政府核准的投资项目目录》规定，抽水蓄能电站项目由国务院投资主管部门核准。而《政府核准的投资项目目录（2016年本）》规定，抽水蓄能电站由省级政府按照国家制定的相关规划核准。据此，抽水蓄能电站项目的核准权限下发至省级投资主管部门。

2014年以来，国家发改委、中央编办《关于一律不得将企业经营自主权事项作为企业投资项目核准前置条件的通知》、国务院办公厅《关于印发精简审批事项规范中介服务实行企业投资项目网上并联核准制度的工作方案的通知》、国务院《关于印发清理规范投资项目报建审批事项实施方案的通知》等文件陆续出台，抽水蓄能电站项目前期开发需取得的主要批文及行政许可事项也陆续得到精简和调整。结合实践中各省市对抽水蓄能电站核准需提交材料的要求，抽水蓄能电站核准前需要取得的文件通常包括选点规划、建设项目用地预审与选址意见书、水土保持方案批复文件、社会稳定风险评估报告及审核意见、移民安置规划审批文件等。

2. 项目核准后变更投资主体的问题

根据《行政许可法》《企业投资项目核准和备案管理条例》《企业投资项目核准和备案管理办法》的规定，项目核准机关对项目进行的核准是行政许可事项，依法取得的行政许可，除法律、法规规定依照法定条件和程序可以转让的外，不得转让。经核准的项目建设内容发生较大变化或发生需要对项目核准文件所规定的内容进行调整的其他重大情形的,项目单位应当及时以书面形式向原项目核准机关提出变更申请。

抽水蓄能项目业主取得项目核准文件后,变更股权结构或穿透审查的投资主体的,是否属于上述规定中需要向原项目核准机关提出变更申请的情形呢?虽然上述规定中并未明确规定项目公司变更股权结构或投资主体需要提出变更申请,但部分省份如江苏省、浙江省、广东省等在其制定的企业投资项目核准和备案管理相关政策文件中,还进一步明确规定项目法人股权结构或投资主体发生变更的,应向原项目核准机关提出变更申请。

因此,在投资建设抽水蓄能电站前,投资主体应提前与项目当地投资主管部门进行沟通,对项目核准后能否变更投资主体进行核实,以便提前做好后续投资安排。

(五)抽水蓄能电站的用地模式

抽水蓄能电站需要利用上下级水库之间的高度差产生的势能与动能的转化进行储能与发电,上下级水库的修建需要占用较大面积,还需要配套枢纽工程及其他水利工程的建设占地,且需要与移民安置问题一同考虑。根据《水利水电工程建设征地移民安置规划设计规范》(SL 290-2009)的规定,按照用地范围和用地性质进行划分,抽水蓄能电站占地分为枢纽工程水库区、枢纽工程及其他水利工程建设区两部分。

1. 枢纽工程水库区

枢纽工程水库区涉及水库淹没征地工作,水库淹没区包括水库正常蓄水位以下的经常淹没区和水库正常蓄水位以上因水库洪水回水、风浪、船行波等产生的临时淹没区。此前,依据原国土资源部、国家发改委、水利部、国家能源局《关于加大用地政策支持力度促进大中型水利水电工程建设的意见》(国土资规〔2016〕1号,已于2021年1月8日失效)的规定,抽水蓄能项目在用地报批时,水库水面需按建设用地办理农用地转用和土地征收审批手续,但自2022年4月15日起,根据自然资源部办公厅《关于以“三调”成果为基础做好建设用地审查报批地类认定的通知》(自然资办函〔2022〕411号)的规定,新建水利水电工程中水库淹没区形成的水库水面,不办理农用地转用手续;涉及使用农民集体所有土地的,应办理土地征收手续，按淹没前的现状地类报批；涉及占用永久基本农田的，应落实永久基本农田补划任务；涉及占用耕地的，要先行落实耕地“进出平衡”。

2. 枢纽工程及其他水利工程建设区

枢纽工程及其他水利工程建设区由永久征地范围和临时用地范围构成。永久征地一般包括永久建（构）筑物的建筑区、对外交通用地和管理区；临时用地一般包括料场、渣场、作业场、临时道路、施工营地、其他临时设施用地及施工爆破影响区。枢纽工程及其他水利工程建设区用地由项目业主向用地所在市、县人民政府国土资源主管部门（现自然资源行政主管部门）提出用地申请。

抽水蓄能电站永久占地部分，需办理建设用地转用审批手续，需要注意的是，抽水蓄能电站对项目建设占用耕地时的“耕地占补平衡”工作要求较高。对于项目业主为安置移民生产和生活新开发出的耕地以及结合工程施工整理复垦新增加的耕地，可用于耕地占补平衡，国土资源主管部门（现自然资源行政主管部门）应对通过采取自行补充耕地的方式积极予以支持，对补充耕地及时立项、监督指导和组织验收。没有条件自行补充或补充的耕地不符合要求的，可以采用缴纳耕地开垦费、实行委托方式补充耕地，地方国土资源主管部门（现自然资源行政主管部门）要优先安排本地区补充耕地储备库的耕地用于项目耕地占补平衡，保障项目顺利报批用地和建设。

抽水蓄能电站临时占地部分，由县级以上人民政府土地资源主管部门（现自然资源行政主管部门）批准，开展项目前期论证工作涉及的钻探勘探、施工便道等用地以及工程建设所需施工场地、设备堆放场地、弃（取）土场等用地，按临时用地管理，依照有关规定由县级以上人民政府土地资源主管部门（现自然资源行政主管部门）批准，并给予土地权利人相应的损失补偿。临时用地造成土地损毁的，项目业主必须依照《土地复垦条例》有关规定，履行土地复垦义务。

3. 部分项目用地可依法办理先行用地手续

枢纽工程水库区、枢纽工程及其他水利工程建设区需要办理建设用地审批手续，此前根据原国土资源部、国家发改委、水利部、国家能源局《关于加大用地政策支持力度促进大中型水利水电工程建设的意见》（国土资规〔2016〕1 号）的规定，在项目已通过用地预审但尚未正式审批（核准）前，工程论证设计和前期工作必需的道路、桥梁、生活营区等建设，属于永久性建设用地的，在项目审批（核准）部门出具项目立项（或同意开展前期工作）的认定意见，且水利项目在初步设计审批单位、水电项目在行业主管部门出具先行建设任务认定意见的前提下，可申请办理先行用地。前述规范性文件已于2021年1月8日失效，根据自然资源部《关于用地要素保障接续政策的通知》（自然资发〔2022〕160号，现已失效）的规定，通过自然资源主管部门用地预审、取得建设项目核准文件且在有效期内的项目，由市、县人民政府出具承诺函，省级自然资源主管部门复核确认后提出先行用地申请，报自然资源部批准，仍能进行先行用地，但先行用地规模原则上不得超过用地预审控制规模的20%。

（六）抽水蓄能电站的环保要求

针对抽水蓄能电站的环境保护问题，国家能源局综合司2017年11月30日专门发布《关于在抽水蓄能电站规划建设中落实生态环保有关要求的通知》（国能综发新能〔2017〕3号），明确抽水蓄能电站规划建设要坚持生态优先、确保底线，认真落实环境保护、法律法规规定的生态环境制约因素有关要求。《抽水蓄能中长期发展规划（2021—2035年）》中进一步明确抽水蓄能电站要执行最严格的生态保护措施，项目建设不涉及自然保护地等环境制约因素，不涉及生态保护红线，做到抽水蓄能与生态环境保护协调发展。

1.环境影响报告书的编制与审批

《建设项目环境影响评价分类管理名录》（2021年版）中明确，抽水蓄能电站应编制环境影响报告书。依据《环境影响评价法》第21条的规定，编制环境影响报告书的建设项目，建设单位应当在报批建设项目环境影响报告书前，举行论证会、听证会，或者采取其他形式，征求有关单位、专家和公众的意见。

项目业主完成环境影响报告书的编制后，应提交各省市规定的具有审批权限的生态环境主管部门进行审批，并取得环境影响评价批复文件。

2.环保制约因素

根据原环境保护部、国家能源局《关于深化落实水电开发生态环境保护措施的通知》（环发〔2014〕65号）规定，抽水蓄能电站的环保制约因素主要分为两大类：

一是确定生态环境敏感保护范围及保护对象，避让自然保护区、风景名胜区、珍稀物种集中分布地等生态敏感区域，减小流域生物多样性和重要生态功能的损失，统筹安排并制定各阶段的环境保护措施。抽水蓄能电站作为水利水电项目，还需关注是否需要落实生态流量泄放措施。需要落实生态流量泄放措施的，应按生态流量设计技术规范及有关导则规定，编制生态流量泄放方案，生态流量泄放应优先考虑专用泄放设施，与主体工程同步开展设计、施工和运行，确保设施能满足生态流量泄放要求。

二是做好移民安置环境保护工作，根据当地自然资源、生态环境和社会环境特点，结合城镇化规划和要求，分析移民安置方式环境适宜性。对农村移民集中安置点、城(集)镇、工矿企业以及专项设施的迁建和复建，应按要求开展环境影响评价工作并报有审批权的环境保护行政主管部门审批，开展移民安置环境保护措施设计并报行业技术审查单位审查，落实设施建设。对涉及重大移民安置的环保工程，应开展与主体工程同等深度的方案比选，并开展相关专题研究工作。移民安置环保工作应作为抽水蓄能电站竣工环境保护验收的重要内容。

(七)抽水蓄能电站涉水相关前期合规手续的办理

抽水蓄能电站属于水利水电工程项目，还需要特别办理涉水相关的前期合规手续，可能涉及的主要审批手续如下所述。

1. 水资源论证与取水许可申请

根据《取水许可管理办法》《建设项目水资源论证管理办法》《取水许可和水资源费征收管理条例》的规定，资源论证工作是项目获得取水许可文件的重要依据，如项目不进行水资源论证将无法获得取水许可文件，导致项目无法正常开发建设。需要申请取水的建设项目，抽水蓄能项目业主应当自行或者委托有关单位编制建设项目水资源论证报告书，并由县级以上人民政府水行政主管部门或者流域管理机构组织有关专家对水资源论证报告书进行审查。在完成前述水资源论证工作后，项目业主需向省、自治区、直辖市人民政府水行政主管部门提出取水许可申请，在取得取水审批机关签发的取水申请批准文件后，项目业主才能建设抽水蓄能项目。

2. 防洪影响评价报告

根据《防洪法》的规定，在洪泛区、蓄滞洪区内建设非防洪(抽水蓄能)项目，应当就洪水对项目可能产生的影响和项目对防洪可能产生的影响作出评价，编制洪水影响评价报告，提出防御措施。洪水影响评价报告未经有关水行政主管部门审查批准的,不得开工建设。在蓄滞洪区内建设的抽水蓄能电站,其洪水影响评价报告应当包括建设单位自行安排的防洪避洪方案。

3. 水工程建设规划同意书

根据《水工程建设规划同意书制度管理办法(试行)》的规定,抽水蓄能项目业主应当向有水工程建设规划同意书审查签署权限的流域管理机构或者县级以上地方人民政府水行政主管部门提出水工程建设规划同意书申请。审查签署机关受理后,对符合法定条件的项目作出批准的决定,并签署水工程建设规划同意书。未取得水工程建设规划同意书的,不得开工建设。

4. 河道主管机关审查

根据《河道管理范围内建设项目管理的有关规定》的规定,对于在河道(包括河滩地、湖泊、水库、人工水道、行洪区、蓄洪区、滞洪区)管理范围内建设的抽水蓄能电站,项目业主必须按照河道管理权限向河道主管机关提出申请,河道主管机关审查后同意建设的,应发给其审查同意书。未取得河道主管机关审查意见的,不得开工建设。

5. 航道通航条件影响评价审核

根据《航道通航条件影响评价审核管理办法》的规定,抽水蓄能电站的建设与航道有关的,项目业主应按照交通运输部有关规定和技术标准要求编制航道通航条件影响评价报告,并向有审核权的交通运输主管部门或者航道管理机构提出航道通航条件影响评价审核申请,审核部门通过审核的,应作出通过审核的意见。未取得航道通航条件影响评价审核意见的,不得开工建设。

三、结语

我国当前正处于能源绿色低碳转型发展的关键时期,风、光等新能源大规模、高比例发展,新型电力系统对调节电源的需求更加迫切,而抽水蓄能正是目前大规模调节能源的首选,是护航风光等新能源发展的稳定器。未来我国抽水蓄能装机容量将有巨大的增长空间,或将催生一个新的万亿级市场。但抽水蓄能项目建设周期长,审批手续复杂,如对项目开发、建设缺乏规范管理,不重视项目法律风险防控,将可能导致严重法律后果。因此,抽水蓄能项目投资主体应高度关注项目合规法律风险,提前做好风险识别与风险防范。

解读分布式光伏项目前期开发工作要点

朱　颖　胡愔子[*]　谢嘉庭

[*] 作者简介：
朱颖，中伦律师事务所上海办公室资本市场合伙人，电邮为：juliazhu@ zhonglun. com。
胡愔子，中伦律师事务所上海办公室资本市场权益合伙人，电邮为：tedhu@ zhonglun. com。

2021年10月24日，国务院印发的《2030年前碳达峰行动方案的通知》（国发〔2021〕23号）提出，要全面推进风电、太阳能发电大规模开发和高质量发展，坚持集中式与分布式并举。到2030年，风电、太阳能发电总装机容量达到12亿千瓦以上。2023年1月18日，国家能源局发布2022年全国电力工业统计数据。截至2022年12月底，太阳能发电装机容量约3.9亿千瓦。① 2025年需实现光伏发电装机6亿—6.5亿千瓦，可见“十四五”规划期间我国光伏装机增长空间巨大，前景广阔。

归因于收益率理想、开发流程简便、节约土地资源与开发成本，以及紧邻负荷中心发电用电并存，对电网冲击不大等优势，分布式光伏项目受到国家政策的鼓励支持，处于行业投资的风口方向。分布式光伏电站项目在近年来的光伏新增装机比重越来越大，表现相当抢眼，可与集中式光伏电站旗鼓相当。本文就实操中分布式光伏电站项目备案、合规手续办理等前期开发工作相关问题展开讨论，并尝试提供相关实务要点，欢迎大家留言讨论。

一、分布式光伏项目类型

何为分布式光伏？依据《分布式发电管理暂行办法》（发改能源〔2013〕1381号）给出的定义，分布式发电是指在用户所在场地或附近建设安装、运行方式以用户端自发自用为主、多余电量上网，且在配电网系统平衡调节为特征的发电设施或有电力输出的能量综合梯级利用多联供设施。依据相关文件规定，以投资主体及应用场景区分，我们归纳分布式光伏项目（地面集中分布式项目除外）为工商业屋顶分布式光伏电站、户用分布式光伏电站、利用闲置土地开展的光伏应用、光伏建筑一体化BIPV。

（一）工商业屋顶分布式光伏电站

工商业屋顶分布式光伏电站是指利用具备条件的工商业建筑屋顶资源开展光伏发电应用，多采用自发自用余电上网的消纳模式，电站所发电量以一定节能系数打折（通常比公共电网购电优惠）出售给屋顶业主，旨在助力屋顶业主的节能效益提升，应用场景通常为工厂、商场、大型仓储物流基地等。

---

① 参见《国家能源局发布2022年全国电力工业统计数据》，载国家能源局网2023年1月18日，http://www.nea.gov.cn/2023-01/18/c_1310691509.htm。

（二）户用分布式光伏电站

与工商业屋顶分布式光伏对应，顾名思义，户用光伏是指将光伏发电设施敷设于家庭住宅屋顶或者院落内的小型光伏电站，通常规模很小，应用场景通常为城乡居民屋顶及院落。

（三）利用闲置土地开展的光伏应用

国家能源局《关于进一步落实分布式光伏发电有关政策的通知》（国能新能〔2014〕406 号，已失效）就曾鼓励充分利用具备条件附属空闲场地资源开展光伏发电应用。与工商业屋顶分布式光伏电站相比，此类光伏电站最大的不同在于，光伏发电设施的载体由屋顶转到场区闲置的空地，应用场景通常为污水处理厂、厂区闲置空地等。

（四）光伏建筑一体化 BIPV

工商业屋顶分布式光伏电站是一种装配式的光伏发电应用，发电设施拆除之后，建筑物的主体结构与功能不受影响，与此相对应的为光伏建筑一体化 BIPV，其是指与建筑物同时设计、同时施工和安装并与建筑物形成完美结合的太阳能光伏发电系统，它作为建筑物外部结构的一部分，既具有发电功能，又具有建筑构件和建筑材料的功能，应用场景通常为屋顶、斜屋顶、幕墙、大棚等。

二、分布式光伏项目备案与主要合规事项

（一）项目备案

从投资主体与应用场景划分，除户用分布式光伏电站外，可以将上述其余分布式项目类型统一划归为非户用分布式光伏电站项目，两类项目备案程序有所区别，具体如下所述。

1. 非户用分布式光伏项目

国家能源局《关于印发〈分布式光伏发电项目管理暂行办法〉的通知》（国能新能〔2013〕433 号）明确，非户用分布式光伏电站项目备案工作应根据分布式光伏发电项目特点尽可能简化程序，免除发电业务许可、规划选址、土地预审、水土保持、环境影响评价、节能评估及社会风险评估等支持性文件。因此，非户用分布式光伏项目备案流程简便快捷，无须编制项目申请报告、可研报告、土地预审、规划选址意见等前置性手续文件，特别是《企业投资项目核准和备案管理条例》发布

之后，实操中可通过企业投资项目在线平台完成项目备案，该条例第 13 条规定，实行备案管理的项目，企业应当在开工建设前通过在线平台将下列信息告知备案机关，企业应当对备案项目信息的真实性负责：（1）企业基本情况；（2）项目名称、建设地点、建设规模、建设内容；（3）项目总投资额；（4）项目符合产业政策的声明。

备案机关收到上述的全部信息即为备案；企业告知的信息不齐全的，备案机关应当指导企业补正。企业需要备案证明的，可以要求备案机关出具或者通过在线平台自行打印。

2. 户用分布式项目

户用分布式光伏项目通常由自然人投资建设，不属于企业投资项目按理无须备案，但依据《关于印发〈分布式光伏发电项目管理暂行办法〉的通知》第 12 条的规定，对个人利用自有住宅及在住宅区域内建设的分布式光伏发电项目，由当地电网企业直接登记并集中向当地能源主管部门备案。为此，国家电网有限公司（以下简称国网公司）也相继出台了相关文件，如国网公司于 2019 年 10 月 21 日发布的《关于进一步做好户用光伏并网服务与代备案工作的通知》，以明确户用光伏项目代理备案事项。

（二）项目装机容量限定不超过 6 兆瓦？

从前述《分布式光伏发电管理暂行办法》（发改能源〔2013〕1381 号）的定义内容来看，分布式光伏电站项目并无装机容量限制。因国家能源局《关于贯彻落实“放管服”改革精神　优化电力业务许可管理有关事项的通知》多处提及容量不超过 6MW，导致实际操作中业内对于工商业屋顶分布式光伏装机容量是否限定不超过 6 兆瓦看法不一，对此，我们罗列了相关国家能源局以往的官方答复，以及国网公司对分布式电源的内部管理政策规定，以供大家讨论。

1. 国家能源局官方答复

国家能源局曾于 2021 年 5 月 27 日答复，①根据国家能源局《关于 2019 年风电、光伏发电项目建设有关事项的通知》（国能发新能〔2019〕49 号），工商业分布式光伏项目是就地开发、就近利用且单点并网装机容量小于 6 兆瓦的户用光伏以

① 参见《关于分布式光伏项目装机容量限额等相关问题》，载国家能源局网，http://www.nea.gov.cn/2021-06/02/c_139984224.htm。

外的各类分布式光伏发电项目。

国家能源局又于 2021 年 6 月 16 日进一步对“关于分布式光伏项目装机容量限额的问题”专门予以答复，[①]明确表示分布式光伏并无明确的装机容量限制，支持在符合电网运行安全技术要求的前提下，可以通过内部多点接入配电系统。但对于需要国家补贴的工商业分布式光伏发电项目，应满足单点并网装机容量小于 6 兆瓦且为非户用的要求。

对于国家能源局的上述官方答复，总结归纳要点如下：工商业分布式光伏项目并无装机容量限制，前提为每个并网点的并网装机容量应小于 6 兆瓦。也就是说，如项目仅有一个并网接入点，则项目装机容量不可超过 6 兆瓦。

2. 国网公司内部管理规定

再来看看国网公司对分布式电源的管理政策，依据其于 2013 年发布的《关于做好分布式电源并网服务工作的意见》，该意见所称分布式电源，是指位于用户附近，所发电能就地利用，以 10 千伏及以下电压等级接入电网，且单个并网点总装机容量不超过 6 兆瓦的发电项目。其包括太阳能、天然气、生物质能、风能、地热能、海洋能、资源综合利用发电等类型。以 10 千伏以上电压等级接入或以 10 千伏电压等级接入但需升压送出的发电项目，执行国网公司常规电源相关管理规定。

国网公司于 2017 年发布《关于促进分布式电源并网管理工作的意见（修订版）》，该意见所指分布式电源，是指在用户所在场地或附近建设安装、运行方式以用户侧自发自用为主、多余电量上网，且在配电网系统平衡调节为特征的发电设施或有电力输出的能量综合梯级利用多联供设施。其包括太阳能、天然气、生物质能、风能、地热能、海洋能、资源综合利用发电（含煤矿瓦斯发电）等。通俗讲，分布式光伏电站项目并无容量限制。上述意见还将分布式电源分为以下两种类型分布式电源（不含小水电）。

（1）10 千伏及以下电压等级接入，且单个并网点总装机容量不超过 6 兆瓦的分布式电源。

（2）35 千伏电压等级接入，年自发自用电量大于 50%的分布式电源；或 10 千

① 参见《关于分布式光伏项目装机容量限额的问题》，载国家能源局网，http://www.nea.gov.cn/2021-06/30/c_1310035538.htm。

伏电压等级接入且单个并网点总装机容量超过 6 兆瓦，年自发自用电量大于 50%的分布式电源。

接入点为公共连接点、发电量全部上网的发电项目，小水电，除第一、二类以外的分布式电源项目，执行公司常规电源相关管理规定。

3. 归纳总结

依据上述国家能源局官方答复与国网公司内部管理规定，就分布式光伏项目装机容量限定问题，可以归纳总结如下：

(1) 接入电压等级为 10 千伏及以下，如项目仅有一个并网点，则项目总装机容量应限制在 6 兆瓦；

(2) 接入电压等级为 10 千伏及以下，如项目有数个并网点，且任一并网点装机容量均小于 6 兆瓦，则项目总装机容量不受 6 兆瓦限制；

(3) 接入电价等级为 10 千伏或者 35 千伏、年自发自用电量大于 50%的分布式电源，无装机容量限制；

(4) 接入点为公共连接点、发电量全部上网的分布式光伏发电项目，小水电，以及除前述第(1)(2)(3)类以外的分布式电源项目，按照常规电源进行管理，理论上亦无装机容量限制。

4. 实务要点

如项目不被认定为分布式光伏项目，以其他电源项目进行管理，则国网公司对项目开发建设的合规性可能有着较高的要求，将徒增电站开发成本，而且项目公司就项目商业运营可能会被要求申领电力业务许可证。① 就此，在当前政策环境下；

(1) 如拟开发的工商业屋顶分布式光伏项目接入电压等级为 10 千伏及以下，装机容量超过 6 兆瓦，且无法采用数个并网容量小于 6 兆瓦的并网点接入电网，建议以分拆的方式将项目备案成数个容量少于 6 兆瓦的项目，且项目备案中应明确项目类型为分布式光伏项目；

(2) 如收购的为存量分布式项目，建议在收购协议中约定，在项目运营期限内，如项目以非分布式项目进行管理并要求额外办理相关合规性手续，由此产生

---

① 依据国家能源局于 2020 年 3 月 23 日发布的《关于贯彻落实“放管服”改革精神 优化电力业务许可管理有关事项的通知》的规定，分布式发电项目豁免发电企业申领电力业务许可证。

的责任、成本均由转让方承担兜底责任。

（三）需审核承载光伏发电设施的不动产权利状况

就非户用光伏电站项目而言，承载光伏发电设施的建筑物屋顶及其附属场地通常通过租赁方式取得，为此，在签订相关租赁协议前需审核出租主体是否适格、房屋建筑物及场地是否合法、是否存在权利限制等，如存在擅自转租、无权处分、房屋土地不符合规划等合规要求、涉及抵押或查封的情形，将可能对项目运营构成影响，具体如下所述。

1. 转租需所有权人同意

《民法典》第 716 条规定，承租人经出租人同意，可以将租赁物转租给第三人。承租人转租的，承租人与出租人之间的租赁合同继续有效；第三人造成租赁物损失的，承租人应当赔偿损失。承租人未经出租人同意转租的，出租人可以解除合同。

租赁屋顶及场地时，需审核相关不动产权证书，如出租人不是原权利人，则就转租行为需取得所有权人的同意。

2. 违章建筑不可租赁

《最高人民法院关于审理城镇房屋租赁合同纠纷案件具体应用法律若干问题的解释》（2020 年修正）第 2 条规定，出租人就未取得建设工程规划许可证或者未按照建设工程规划许可证的规定建设的房屋，与承租人订立的租赁合同无效。

我国对房屋建筑物实行严格的规划管制措施，未依法办理相关规划报建手续营建的相关建筑物为违章建筑，租赁关系不被法律保护，建议事先审核建筑房屋相关规划手续文件。

3. 租赁建筑物共有部分需经民主决议

《最高人民法院关于审理建筑物区分所有权纠纷案件适用法律若干问题的解释》（2020 年修正）第 3 条规定，建筑区划内的土地，依法由业主共同享有所有权和土地使用权。

如租赁的建筑物屋顶系建筑物的共有部分，则在租赁关系发生之前，需审核是否按照《民法典》第 278 条的规定履行民主决策程序。

4. 买卖不破租赁例外

《最高人民法院关于审理城镇房屋租赁合同纠纷案件具体应用法律若干问题的解释》（2020 年修正）第 14 条规定，租赁房屋在承租人按照租赁合同占有期限内发生所有权变动，承租人请求房屋受让人继续履行原租赁合同的，人民法院应予支持。但租赁房屋具有下列情形或者当事人另有约定的除外：(1)房屋在出租前已设立抵押权，因抵押权人实现抵押权发生所有权变动的；(2)房屋在出租前已被人民法院依法查封的。

依据上述规定，如租赁关系发生前，屋顶及场地已经存在抵押或者查封，因该权利限制而导致所有权变动，则新的产权人可不受租赁合同拘束，为此建议在项目开发时，需督促屋顶业主提供租赁标的物所涉的不动产权的产权状况调查文件，并根据相应情况做如下处理：

(1)如项目所用屋顶隶属建筑物已于屋顶租赁发生之前被司法机关查封，不建议推进租赁事项；

(2)如项目所用屋顶隶属建筑物已于屋顶租赁发生之前设定抵押权利，建议要求屋顶业主提供抵押权人同意出租屋顶并承诺后续行使抵押权仍维持租赁关系的同意文件。

5. 在空闲土地上开展分布式光伏利用注意事项

利用面积较大的空闲土地开展分布式光伏利用，可以提升项目装机容量，实现项目效益优化，但需注意的是，项目土地是否属于闲置土地从而有可能被收回建设用地使用权？

此外，实操中，在空闲土地上开展分布式光伏利用常见于大型污水处理厂，而场区土地使用权通常以划拨方式取得，而划拨用地的处分权会受到限制。依据《城镇国有土地使用权出让和转让暂行条例》第45条的规定，划拨土地出租需履行的程序有：(1)签订土地使用权出让合同，向当地市、县人民政府补交土地使用权出让金或者以转租、出租、抵押所获收益抵交土地使用权出让金；(2)出租事项经市、县人民政府土地管理部门和房产管理部门批准。否则，签订的土地租赁合同将被认定为无效，届时会对项目建设与运营构成不利影响。

(四)屋顶分布式光伏项目要不要环境影响评价手续呢？

工商业屋顶分布式光伏项目要不要环境影响评价手续呢？许多业内的朋友表示实践中没办理过环境影响评价手续，屋顶分布式光伏电站有别于地面集中电站，依据为国家能源局《关于印发〈分布式光伏发电项目管理暂行办法〉的通知》(国能新能〔2013〕433号)第11条规定，项目备案工作应根据分布式光伏发电项目特点尽可能简化程序，免除发电业务许可、规划选址、土地预审、水土保持、环境影响评价、节能评估及社会风险评估等支持性文件。

1. 需办理环评影响登记备案手续

根据《建设项目环境影响评价分类管理名录》(2021 年版)(生态环境部令第 16 号)，地面集中光伏电站(总容量大于 6000 千瓦，且接入电压等级不小于 10 千伏)的项目应当申报环境影响评价报告表，其他光伏发电项目应当申报环境影响评价登记表，具体如表 1 所示。

表 1　建设项目环境影响评价分类

项目类别		环评类别			
		报告书	报告表	登记表	本栏目环境敏感区含义
90	陆上风力发电 4415；太阳能发电 4416(不含居民家用光伏发电)；其他电力生产 4419(不含海上的潮汐能、波浪能、温差能等发电)	涉及环境敏感区的总装机容量 5 万千瓦及以上的陆上风力发电	陆地利用地热、太阳能热等发电；地面集中光伏电站(总容量大于 6000 千瓦，且接入电压等级不小于 10 千伏)；其他风力发电	其他光伏发电	第三条(一)中的全部区域；第三条(三)中的全部区域

根据《环境影响评价法》第 31 条的规定，建设单位未依法备案建设项目环境影响登记表的，由县级以上生态环境主管部门责令备案，处 5 万元以下的罚款。

因此，工商业屋顶分布式光伏电站项目需办理环评影响登记备案手续，否则项目公司有可能遭受行政处罚，影响项目建设的合规性。

2. 环评影响登记备案手续需在开工前办理吗？

《建设项目环境影响登记表备案管理办法》第 9 条、第 12 条规定，建设单位应当在建设项目建成并投入生产运营前，登录网上备案系统，在线提交建设项目环境影响登记表；且网上备案系统自动生成备案编号和回执，该建设项目环境影响登记表备案即为完成。

因此，环评影响登记备案手续无须在开工前办理，项目公司在项目投入生产运营前办理即可。《建设项目环境影响登记表备案管理办法》第 7 条规定，除机密建设项目采用纸质备案外，建设项目环境影响登记表备案采用网上备案方式。经整理，办理环评影响登记备案手续流程如图 1 所示。

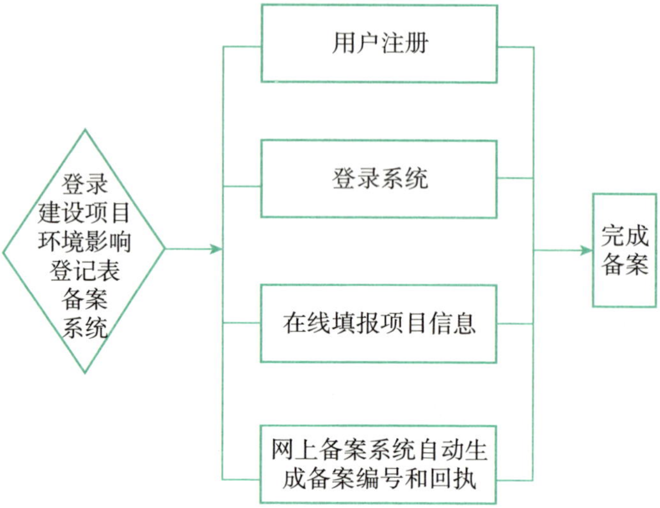

图 1　办理环评影响登记备案手续流程

3. 实务要点

尽管工商业屋顶分布式项目开发流程简单，但并不代表不需要环境影响评价手续。依据上述规定，项目公司应于项目并网投产前办理环评影响登记备案手续，备案手续采用网络在线办理，不属于行政审批事项，方便快捷。如未办理备案手续将会对项目建设合规性产生负面影响，提请注意。

三、结语

当前分布式光伏项目处于投资的风口方向，项目开发建设合规完备，无疑将助力项目的融资以及建成投运后的资本运作。与地面集中式光伏电站相比，尽管分布式光伏电站项目开发流程简便，但我们仍建议投资者重视项目的前期开发工作，着重关注屋顶及场地的产权状况、权利限制、项目备案等事项，为项目建设与运营打好基础。

新能源项目招投标及工程承包需关注的法律风险

郝　利　夏煜鑫*　吕　澄

*作者简介：

郝利，中伦律师事务所杭州办公室公司业务部合伙人，电邮为：haoli@ zhonglun. com。

夏煜鑫，中伦律师事务所杭州办公室公司业务部非权益合伙人，电邮为：xiayuxin@ zhonglun. com。

新能源项目具有投资主体多元、资金投入大、工期紧、参与主体众多等特点。为追求高额回报，有关各方往往更加关注工期进度，却可能在项目招标采购和工程建设中疏于管理。因此项目业主和承包人稍有不慎，就可能在项目招标采购、工程承包等方面产生法律风险，给各方主体造成重大损失。

一、项目招标采购法律风险防范

（一）新能源项目属于依法必须招标项目范围

根据《招标投标法》第 3 条的规定，对于在我国境内进行大型基础设施、公用事业等关系社会公共利益、公众安全的项目，全部或者部分使用国有资金投资或者国家融资的项目，以及使用国际组织或者外国政府贷款、援助资金的项目，包括项目的勘察、设计、施工、监理以及与工程建设有关的重要设备、材料等的采购，都必须进行招标。针对依法必须招标工程项目的范围和规模标准，《必须招标的工程项目规定》（国家发展和改革委员会令第 16 号）进行了细化规定。

实践中，部分新能源项目为民营企业投资，既不属于全部或者部分使用国有资金投资或者国家融资的项目，也不属于使用国际组织或者外国政府贷款、援助资金的项目，但根据《招标投标法》第 3 条及《必须招标的基础设施和公用事业项目范围规定》（发改法规〔2018〕843 号）第 2 条的规定，电力、新能源等能源基础设施项目，属于大型基础设施、公用事业等关系社会公共利益、公众安全的项目，达到法定规模标准的，仍属于依法必须招标项目。

为此，新能源项目无论是使用国有资金还是民营企业投资，只要达到法定规模标准的，均属于依法必须招标项目，对于项目勘察设计、施工、监理和重要设备材料等的采购，项目业主均应依法进行招标。未达到法定规模标准的，项目业主可自行选择招标投标或非招标方式进行发包。

我国招标方式分为公开招标和邀请招标。依据国家有关规定，国有资金占控股或者主导地位的依法必须进行招标的项目，除明确可进行邀请招标的外，均应采用公开招标的方式进行工程招标。关于“占控股或者主导地位”的认定，依据国家发改委办公厅印发的《关于进一步做好〈必须招标的工程项目规定〉和〈必须招标的基础设施和公用事业项目范围规定〉实施工作的通知》（发改办法规〔2020〕770 号）的规定，“占控股或者主导地位”，参照《公司法》第 216 条关于控股股东和实际控制人的理解执行；国有企业事业单位通过投资关系、协议或者其他安排，能够实际支配项目建设的，也属于占控股或者主导地位；项目中国有资金的比例，应当按照项目资金来源中所有国有资金之和计算。

此外，根据《最高人民法院关于审理建设工程施工合同纠纷案件适用法律问题的解释（一）》第1条的规定，建设工程必须进行招标而未招标或者中标无效的，所签订的工程施工合同无效。实践中，新能源项目因未履行招投标程序，工程施工合同或EPC工程总承包合同被认定无效的案例不在少数，[①]企业对此应当予以重视。

（二）新能源项目的招标程序应规范

根据《招标投标法》和《招标投标法实施条例》的规定，招标人的招标行为和投标人的投标行为应依法进行，不得实施与法律法规相悖的招标投标行为。同时《招标投标法实施条例》第57条规定，招标人和中标人应当依法签订书面中标合同，中标合同的标的、价款、质量、履行期限等主要条款应当与招标文件和中标人的投标文件的内容一致，招标人和中标人不得再行订立背离合同实质性内容的其他协议。

但实践中，部分招标人为最大限度地压低合同价格，在招标过程中时常发生多轮竞价、实质性谈判等不规范行为，发包人和承包人也可能违反招投标法律强制性规定就招标项目订立数份“黑白”合同，[②]但此类行为易导致后期形成工程结算纠纷等隐患。如发承包双方就工程款结算产生争议，发包人压价行为可能因违反法律强制性规定而无效，双方最后仍需要以承包人的投标价进行结算。

招标人与中标人就工期、价格等进行实质性谈判，不按照招标投标文件订立合同的，还可能被处以行政处罚。根据《招标投标法实施条例》第75条的规定，前述行为可由行政监督部门责令改正，并处中标项目金额5‰以上10‰以下的罚款。

（三）新能源项目招标人应提供充分和准确的报价基础资料

施工项目的招标，根据《建设工程工程量清单计价规范》（GB50500—2013）的

---

① 参见最高人民法院（2020）最高法民申6978号、最高人民法院（2020）最高法民申4661号、最高人民法院（2019）最高法民申5119号等。

② 参见方乐坤：《建设工程领域“黑白合同”规则实证研究——解释论的视角》，载《现代法学》2020年第5期。

规定，全部使用国有资金投资或国有资金投资为主的工程建设项目，必须采用工程量清单计价，采用工程量清单方式招标，工程量清单必须作为招标文件的组成部分，其准确性和完整性由招标人负责。招标文件中的工程量清单标明的工程量是投标人投标报价的基础，竣工结算的工程量亦按发承包双方在合同中约定应予计量且实际完成的工程量确定。

新能源项目工期通常较紧，且项目在实施过程中容易发生变更，招标时往往无施工图纸，招标人编制准确的工程量清单难度较大。相对于招标人，投标人的报价经验往往更丰富，如果招标人编制的工程量清单不准确，则可能被投标人利用进行不平衡报价，从而导致最终结算价格被抬高，招标人利益受到损害。

新能源项目的 EPC 工程总承包招标，通常采用固定价格合同，而投标人准确报价的前提条件是招标人能提供充分和准确的报价基础资料。参照《房屋建筑和市政基础设施项目工程总承包管理办法》（建市规〔2019〕12 号，以下简称《总承包办法》）第 9 条的规定，招标人在招标文件中应提供明确的发包人要求，需列明项目的目标、范围、设计和其他技术标准，包括明确对项目内容、范围、规模、标准、功能、质量、安全、节约能源、生态环境保护、工期、验收等的要求；并明确发包人应提供的资料和条件，包括发包前完成的水文地质、工程地质、地形等勘察资料，以及可行性研究报告、方案设计文件或者初步设计文件等。

实践中，中标合同签订后，在履行过程中承包人往往以项目发生变更或工程量增多等为由，主张对合同价格进行调增，但双方时常因报价基础资料不完备或不准确而对项目是否发生变更产生争议，进而无法对合同价款是否应调整达成一致意见。为规避此类纠纷，发包人在招标时应明确项目需求，并确保提供的项目基础资料充分和准确，以便发承包双方能准确判断项目的工作内容，以及在实施过程中是否发生变更。

二、合同签约管理法律风险防范

（一）新能源项目承包人应具备法定的资质条件

根据《建筑法》和《建设工程质量管理条例》的规定，新能源项目的设计单位和施工单位应分别具有与工程规模相适应的设计和施工资质。

如新能源项目采用工程总承包方式发包的，根据《关于培育发展工程总承包和工程项目管理企业的指导意见》(建市〔2003〕30号)的规定,工程总承包单位应具有工程勘察、设计或施工总承包资质。此后住房和城乡建设部《关于进一步推进工程总承包发展的若干意见》(建市〔2016〕93号)又明确工程总承包单位应具有工程设计资质或者施工资质,将工程勘察资质排除在工程总承包资质之外。但2020年3月1日起施行的《总承包办法》对工程总承包单位的资质条件进行了调整,该办法第10条规定,工程总承包单位应当同时具有与工程规模相适应的工程设计资质和施工资质,或者由具有相应资质的设计单位和施工单位组成联合体。《总承包办法》出台后,有学者认为,该规定确立了我国工程总承包"双资质"制度。① 也有学者认为,《总承包办法》作为部门规范性文件,不属于法律、行政法规的范畴,工程总承包项目承包的"单资质"模式未违反法律、行政法规的强制性规定。② 从法律规范的角度分析,《总承包办法》应仅适用于房屋建筑和市政基础设施项目,但考虑到该办法的发布单位中住房和城乡建设部是工程企业资质的主管部门,该办法中关于资质条件等内容在实践中也可能被一些地方政府或招标人参考适用于新能源项目。

新能源项目发包人应确保项目设计、施工或工程总承包合同的承包人具有法定的资质条件。如项目承包人不具有法定资质条件,存在借用资质、未取得资质或者超越资质等级等情形的,依据《最高人民法院关于审理建设工程施工合同纠纷案件适用法律问题的解释(一)》第1条的规定,所签订的工程合同无效。

(二)新能源项目的承包人应注意防控垫资承包的法律风险

新能源属于资金密集型行业,实践中部分新能源项目的投资方因缺乏项目建设资金,可能会要求承包人垫资。承包人垫资施工后,部分垫资项目的垫资款本可以通过预收购或项目融资等方式收回,但由于项目本身合规瑕疵或政策调整问题,一旦项目转让或融资受阻,将使得发包人无力向承包人支付款项。此外,在实践中,发包人容易变现的资产通常优先抵质押给融资机构,由于承包人与发包人之间地位的不平等性,承包人一般又难以要求发包人提供实质性担保。因此,在承包人大量垫资的情况下,若发包人无力支付工程款且承包人担保措施不足,可

① 参见张颖:《我国工程总承包"双资质"制度确立〈房屋建筑和市政基础设施项目工程总承包管理办法〉出台》,载《中国勘察设计》2020年第1期。

② 参见高印立、郝梓林:《"单资质"模式下工程总承包合同的效力分析》,载《北京仲裁》2020年第2期。

能导致承包人垫资款难以全额收回。

即使承包人发现继续垫资存在巨大风险，但如中途解除合同，则项目处于未完工状态，无法产生售电收益，承包人的垫资款将更难以收回，因此承包人往往只能选择继续垫资，导致其风险进一步扩大。

针对垫资项目，建议承包人在项目开工前对发包人的资信及项目的合规性情况进行全面调查，对于资信情况不佳的企业，或合规性存在重大瑕疵的项目，应当要求发包人提供适当担保，譬如项目实控人的连带责任保证、项目公司股权和电站电费收益权质押等。一旦垫资款出现风险，应及时停工或采取其他措施主张权利，适时要求追加担保增信措施。此外，根据最高人民法院的观点，在当事人没有将垫资款约定为借贷或者其他用途的情况下，承包人为建设工程支出的垫资款，应纳入建设工程价款优先受偿权的范围，[①]故在项目建成后，承包人还可以合理行使建设工程价款优先受偿权。

（三）新能源项目发承包双方应关注合同全部或部分无效的风险

就新能源项目而言，如存在应招标但未招标、承包人不具有法定资质条件、未办理建设工程规划许可证、合同实质性内容与招投标文件内容不一致，或其他违反法律法规强制性规定情形，所签订的合同将全部或部分无效。

如合同部分无效，根据《民法典》第 156 条的规定，不影响其他部分效力的，其他部分仍然有效。如合同全部无效，《民法典》第 157 条明确规定："民事法律行为无效、被撤销或者确定不发生效力后，行为人因该行为取得的财产，应当予以返还；不能返还或者没有必要返还的，应当折价补偿。有过错的一方应当赔偿对方由此所受到的损失；各方都有过错的，应当各自承担相应的责任……"《民法典》第 793 条第 1 款规定，"建设工程施工合同无效，但是建设工程经验收合格的，可以参照合同关于工程价款的约定折价补偿承包人"。故若工程验收合格，承包人和发包人均有权要求参照无效合同的工程结算条款约定折价补偿承包人。同时，对于发包人为主合同的履行提供担保的项目，承包人需注意，依据《民法典》的规定，担保合同为从合同，主债权合同无效的，担保合同无效。担保合同被确认无效后，担保人无须依据担保合同约定承担担保责任，债务人、担保人、债权人有过错的，应

① 参见最高人民法院民事审判第一庭编：《民事审判指导与参考》，法律出版社 2009 年版，第 306—307 页。

当根据其过错各自承担相应的民事责任。

三、合同履行法律风险防范

(一)新能源项目应及时办理项目所需的手续

新能源项目所涉手续繁多,具体可分为项目开发手续和项目建设手续,如未及时办理,将使项目存在合规性瑕疵,严重的还可能导致项目停建或无法取得预期电价。

虽然项目手续的法定办理主体通常为发包人,但实务中,发承包双方经常通过合同约定由承包人负责具体办理项目手续。基于此,一方面,各方应注意项目手续法定办理时限,按照法律规定及时办理项目手续。前期未办理的,还应及时进行补办,避免影响项目建设运营。另一方面,应注意完善合同条款,明确手续办理具体负责主体及费用承担方式,避免双方后续因手续办理及费用承担产生"扯皮"。

(二)新能源项目应注意强化对项目工期的管理

近年来,国家大力推动风电、光伏竞价/平价甚至低价上网,[①]如果项目未能在核准有效期内开工或规定的并网时间内并网,则项目是否能够顺利锁定电价或是能否作为保障性并网项目建成并网将存在极大的不确定性,甚至还可能因此被要求配建储能或取消项目建设规模指标。为此,风电项目的开工时间和并网时间、光伏项目的并网时间对项目能否纳入保障性并网目录或取得预期上网电价至关重要。

因此,与其他电力项目相比,新能源项目,尤其是风电、光伏项目,项目投资主体对项目的开工和/或并网时间更为关注,要求也更为苛刻。如工程管理不到位,造成工期延误的,不仅可能会引发承包人的工期索赔,及业主的发电量损失的反索赔,[②]还可能会导致项目无法取得预期的上网电价或无法纳入保障性并网目录,给发包人造成巨大的电费损失,甚至导致核准/备案文件失效,整个项目达不到预期的投资回报率。

---

① 如根据国家发改委《关于2021年新能源上网电价政策有关事项的通知》(发改价格〔2021〕833号)的规定,自2021年起,对新备案集中式光伏电站、工商业分布式光伏项目和新核准陆上风电项目,中央财政不再补贴,实行平价上网。

② 参见江西省高级人民法院(2019)赣民终231号。

（三）新能源项目应强化对工程分包商的管控

新能源项目存在较多的违法转分包的情形，发包人除选定具有相应资质的承包人，确保承包人具有建设项目的能力外，还需要对承包人的分包行为进行管控：承包人的分包行为，特别是分包商的选择，需获得发包人的认可，避免转包和违法分包影响项目建设。

如采用工程总承包模式发包，依据住房和城乡建设部《关于进一步推进工程总承包发展的若干意见》（建市〔2016〕93号）的规定，工程总承包企业不得将项目转包，也不得将项目中设计和施工业务一并或者分别分包给其他单位。工程总承包企业自行实施设计的，不得将项目工程主体部分的设计业务分包给其他单位。工程总承包企业自行实施施工的，不得将工程总承包项目工程主体结构的施工业务分包给其他单位。

承包人转包或违法分包往往会产生工程质量和安全隐患，根据《建筑法》、《建设工程安全生产管理条例》及《总承包办法》的规定，总承包单位依法分包的情况下，总承包单位对施工现场的安全生产负总责，总承包单位需和分包人就分包工程的工程质量和安全承担连带责任，但总承包单位可以在分包合同中明确各自的安全生产方面的权利、义务，如果分包人不服从管理导致生产安全事故，则应由分包人承担主要责任。如果总承包单位进行违法转分包，根据《建筑工程施工发包与承包违法行为认定查处管理办法》（建市规〔2019〕1号）第15条第7款“因违法发包、转包、违法分包、挂靠等违法行为导致发生质量安全事故的，应当依法按照情节严重情形给予处罚”的规定，总承包单位还应当依法按照情节严重情形承担相应处罚。同时，转包和违法分包合同为无效合同，转分包人为实际施工人，可突破合同相对性，直接起诉发包人，增加了发包人被诉的风险。

承包人转分包后，特别是在层层转分包的情形下，容易引发工程款拖欠，发生群体事件，影响工程进度。另外，根据《保障农民工工资支付条例》第30条的规定，如果转分包人未足额支付农民工工资，由承包人先行清偿，再依法进行追偿。承包人可能因此发生工程款超付的风险，同时发包人还应以未结清的工程款为限先行垫付被拖欠的农民工工资。

（四）新能源项目应加强工程款支付的管理

就新能源项目的承包人而言，在签订工程合同时应注意明确约定发包人工程款的付款时间、付款条件，确保发包人支付的工程款能覆盖承包人对下游供应商和分包商的付款。付款时间、付款条件不明确容易产生付款争议，发包人有可能借此拖延付款，还不利于承包人追究发包人的逾期付款责任。此外，承包人还应避免约定严苛的付款条件，特别需避免将发包人可单方决定的事项作为付款条件。

同时，工程合同还应明确约定发包人的支付方式，是现金、电汇还是承兑汇票。除特殊情况外，通常而言，承包人应尽量约定发包人以现金或电汇的方式支付工程款。考虑到贴现的财务成本和兑付风险，一般不建议承包人接受商业承兑汇票的付款方式。

作为新能源项目的承包人，如果出现发包人逾期支付工程款的情况，应及时书面告知发包人，或通过工程例会将逾期付款的情况，以及逾期付款需承担的责任和将导致的停工后果告知发包人，并留存往来函件及会议纪要，作为发生争议后进行索赔或主张工期顺延的证据。经多次催告后，发包人仍逾期付款的，承包人可视情况采取停工或撤场等方式，迫使发包人支付工程款，以减少承包人的损失。

（五）新能源项目应强化对工程结算的管理

工程经竣工验收合格后，发承包双方应及时依据工程合同约定进行结算，并支付工程结算款。

为避免争议，工程合同中应明确适用的计价标准和结算方式，对于约定的计价标准应当列明版本、发布主体等相关信息，防止产生歧义。工程合同中还应明确约定工程结算流程，约定工程竣工验收后承包人提交结算报告的期限，约定发包人收到承包人结算报告后的审核期限，以及逾期未审核的需承担相应的工程款利息。

此外还需要注意，如果工程合同中途解约后，承包人仅完成合同约定的部分工作内容，双方如何结算？为避免争议，发承包双方可在缔约过程中明确约定组价明细，以及中途解约后已完工程的计价方式。中途解约后，应及时邀请监理单位对承包人的已完工程量进行确认，必要时可聘请公证单位对证据进行保全，以此作为结算的依据，原承包人已完工程量和工作界面确定后，方能通知后续施工单位进场，继续进行施工。

实践中,还经常存在发承包双方签订合同的实质性内容与招投标文件、中标通知书的内容不一致的情形,容易产生结算争议。根据《最高人民法院关于审理建设工程施工合同纠纷案件适用法律问题的解释(一)》第22条的规定,另行签订与招投标文件、中标通知书的实质性内容不一致的合同,不能作为结算依据,当事人可请求将招标文件、投标文件、中标通知书作为结算工程价款的依据。

四、结语

新能源项目招投标及工程承包过程中涉及的参与主体众多,相关问题复杂,可能面临诸多法律风险。企业应当在项目招标采购和工程承包过程中,对相关法律风险加以关注,确保届时能够迅速合理地加以应对,减少或避免损失的发生。

新能源项目开发建设中的用地问题

郝 利* 王 威 金 冲

* 作者简介：

郝利，中伦律师事务所杭州办公室公司业务部合伙人，电邮为：haoli@ zhonglun. com。

以风电、光伏项目为代表的新能源项目普遍占地范围较大,且涉及土地类型复杂,用地目的多样,给新能源项目的开发建设带来了不少合规性风险。本文将从风机基础、升压站、管理用房等项目永久用地和光伏阵列等可以租赁取得使用权的土地,以及进场道路、外送线路用地和使用林地、草地等特殊用地的各种角度,全方位分析和解读新能源项目用地的基本要求和需要注意的合规风险。

一、项目用地的基本要求

(一)项目用地的基本原则

作为基础设施建设项目,新能源项目应遵守《土地管理法》所确定的基本用地原则。根据《土地管理法》第 4 条的规定,"国家编制土地利用总体规划,规定土地用途,将土地分为农用地、建设用地和未利用地"。新能源项目用地应当按照功能分区分类管理。通常而言,风电、光伏项目升压站、综合楼及风电项目风机基础的用地应按建设用地进行管理;光伏项目中的复合项目、特定的扶贫项目,其光伏阵列、检修道路等用地不改变原用地性质的,可通过租赁的方式解决用地;风电、光伏项目的进场道路、外送线路用地,严格而言均应符合建设用地的要求,不过实践中亦存在利用农村道路或其他现有道路,或按照要求通过"以偿代征"的方式解决相关用地;如果项目用地涉及林地、草地、永久基本农田、生态保护区等各类特殊用地,还需先行履行相应的审批手续。

(二)违法用地的主要后果

在新能源项目开发建设的过程中,如果发生违法用地情形,则项目投资方不仅可能需要承担民事赔偿责任,而且可能遭受行政处罚,甚至承担刑事责任。

1. 违法用地可能涉及民事索赔

实践中,由于用地问题而引发的侵权案件十分常见。一般的侵权行为主要表现为未批先建、擅自占用他人土地、超出批准范围进行开发建设,或与不享有权利的主体签署用地协议等,如使用集体用地时并未与村集体协商,而是直接与乡镇政府签署用地协议。项目公司还可能涉及因征地补偿而引发的次生诉讼,即土地权利人与地方政府就征地补偿事宜产生争议,转而向项目公司提出诉讼主张。

2. 违法用地可能遭受行政处罚

行政责任是项目公司在实践中因违法用地而承担的主要责任。非法占用土地的，可以由县级以上人民政府自然资源主管部门责令退还非法占用的土地，限期拆除在非法占用的土地上新建的建筑物和其他设施，恢复土地原状。同时，还可能涉及没收项目资产、罚款等处罚。

此外，需要注意的是，一旦发生违法用地情形，项目所在地市、县的国土资源主管部门有权将相关情况通知同级能源主管部门，并逐级上报到国家能源局，将项目投资主体纳入能源领域失信主体名单，组织实施联合惩戒，并有可能影响后续投资。

3. 违法用地可能遭受刑事处罚

严重的违法用地行为需要承担刑事责任，其主要涉及的罪名为非法占用农用地罪。需要注意的是，非法占用农用地罪采用双罚制，即项目公司、单位负责人均有可能构成非法占用农用地罪。根据《刑法》第 342 条的规定，构成非法占用农用地罪，需满足“数量较大，造成耕地、林地等农用地大量毁坏”等条件。

二、风机基础、升压站、管理用房的用地方式

（一）风机基础、升压站、管理用房所涉用地的基本要求

一直以来，我国的项目建设需要永久使用土地的，均须依法申请取得建设用地使用权。[①] 涉及农用地转为建设用地的，应当办理农用地转用审批手续和征地审批手续。因此，对于风机基础、升压站、管理用房等新能源项目涉及的永久用地部分，原则上均应按照建设用地进行管理，办理相应的建设用地手续。

（二）风机基础、升压站、管理用房所涉用地的取得方式

对于风机基础、升压站、管理用房等永久用地的取得流程，一般如图 1 所示。

1. 项目用地应符合国土空间规划

根据原国土资源部《关于严格土地利用总体规划实施管理的通知》（国土资发〔2012〕2 号）的规定，凡不符合法律规定和土地利用总体规划的，不得通过建设项目用地预审。同时，根据《土地管理法》第 18 条第 2 款的规定，经依法批准的国土空间规划是各类开发、保护、建设活动的基本依据。已经编制国土空间规划的，不

① 2020 年 1 月 1 日施行的《土地管理法》已经允许集体经营性建设用地入市，因此理论上项目建设除申请使用国有土地外，还可以尝试利用集体经营性建设用地。但是截至目前，集体建设用地的入市仍处于试点阶段，实践中尚具有一定难度，故具体出让规则仍取决于项目当地的政策要求。

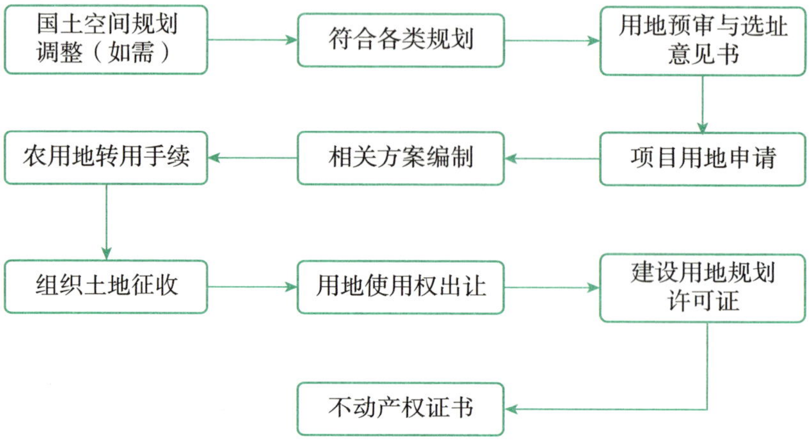

图 1　风机基础、升压站、管理用房所涉用地的取得流程

再编制土地利用总体规划和城乡规划。目前，随着全国各地国土空间规划陆续编制完成并适用，国土空间规划已经逐步取代了土地利用总体规划和城乡规划，作为项目用地合规性的基本依据。而国土空间规划的调整难度通常较大，故新能源项目若不符合规划，则应及时调整项目选址，否则存在无法继续推进项目的风险。

2. 项目选址与用地预审是项目核准/备案阶段的重要文件

用地预审与选址意见书系用地预审与选址意见书合并而成的文件，在国务院办公厅《关于全面开展工程建设项目审批制度改革的实施意见》（国办发〔2019〕11 号，以下简称 11 号文）实施后，不再单独核发选址意见书和用地预审意见。

用地预审与选址意见书作为项目用地的主要文件之一，其能够有效反映项目的用地性质、范围等基本内容。同时，环境影响评价、建设用地规划许可证和建设工程规划许可证等后续文件，也均以用地预审和选址意见为基础。因此，若用地预审和选址意见出现瑕疵，则可能阻碍后续合规手续办理工作的顺利开展，延误项目进度，甚至影响后续审批手续的法律效力。

根据《建设项目用地预审管理办法》第 4 条第 3 款的规定，需核准和备案的建设项目，由与核准、备案机关同级的国土资源主管部门预审。因此，在获取用地预审与选址意见书时应重点关注核发部门的权限。同时，在项目实际建设期间，应严格按照用地预审范围施工，避免发生偏移。对于用地预审有效期而言，虽然自然资源部明确用地预审有效期不影响后续办理用地，但实践中仍存在部分部门要求有效期后重新办理的情况，这将增加用地文件的不确定性。

3. 可通过划拨或出让方式取得项目用地

除常见的出让方式外，《关于支持新产业新业态发展促进大众创业万众创新用地的意见》（国土资规〔2015〕5号，以下简称5号文）规定，新产业项目用地符合《划拨用地目录》的，可以划拨供应。发（变）电主厂房设施及配套库房设施、新能源发电工程电机，厢变、输电（含专用送出工程）、变电站设施，资源观测设施等被纳入《划拨用地目录》。因此，风电、光伏项目永久用地部分，也可以采用划拨方式获得土地使用权。

4. 应完成建设用地批准手续并取得建设用地规划许可证

通常而言，根据《建设用地审查报批管理办法》等规定，用地批准文件是项目永久用地合法性的首要证明及重要节点，项目公司只有至少在取得用地批准文件后，才能实际动工用地，否则将构成未批先建等违法用地行为，可能导致罚款、没收和拆除建筑物等行政处罚，严重的还可能涉及非法占用农用地罪等刑事责任。目前，在11号文公布后，自然资源主管部门已将建设用地规划许可证、建设用地批准书合并，统一核发新的建设用地规划许可证，不再单独核发建设用地批准书。

就其取得流程而言，以划拨方式取得国有土地使用权的，建设单位向所在地的市、县自然资源主管部门提出建设用地规划许可申请，由市、县自然资源主管部门向建设单位核发建设用地规划许可证、国有土地划拨决定书。以出让方式取得国有土地使用权的，建设单位在签订国有建设用地使用权出让合同后，市、县自然资源主管部门向建设单位核发建设用地规划许可证。

三、光伏阵列的用地方式

（一）承包租赁用地的基本要求

5号文规定，光伏、风力发电等项目使用戈壁、荒漠、荒草地等未利用土地的，对不占压土地、不改变地表形态的用地部分，可按原地类认定，不改变土地用途，在年度土地变更调查时作出标注，用地允许以租赁等方式取得。《关于支持光伏扶贫和规范光伏发电产业用地的意见》（国土资规〔2017〕8号，现已失效，以下简称8号文）又进一步明确了：光伏复合项目场内道路用地可按农村道路用地管理；利用农用地布设的光伏方阵可不改变原用地性质；采用直埋电缆方式敷设的集电线路用地，实行与项目光伏方阵用地同样的管理方式。

因此，从光伏项目角度来看，若光伏项目涉及农用地租赁，则项目公司应首先对项目性质进行认定，确保项目系特定扶贫项目或光伏复合项目，且已经体现于备案文件。需注意的是，部分地区（如宁夏）还明文要求光伏复合项目必须编制土地复合利用方案，并向项目所在地发改、自然资源部门报备。同时，光伏复合项目应当在运营中对农用地进行返租或通过其他方式保证农业生产，避免项目所涉农用地抛荒、撂荒。项目完成后不再使用农用地的，还应及时组织复垦，确保被压占土地恢复原土地使用现状。

值得注意的是，8 号文系于 2017 年 9 月 25 日下发，并且明确规定“本文件自下发之日起执行，有效期五年”。因此，目前 8 号文已经处于有效期届满后的失效状态，但是自然资源部、国家能源局等相关部门尚未出台替代性的文件。至于光伏复合项目能否继续参照 8 号文的规定租赁使用农用地，各地存在不同的意见。例如，广东省自然资源厅通过其官网的官方答复，明确光伏项目占用农用地的均需要办理建设用地手续。河南省则发文明确规定，光伏项目使用农用地的，包括光伏方阵在内的所有用地均应当依法办理建设用地审批手续。山东省出台的《关于保障和规范光伏发电产业项目用地管理的通知》（鲁国土资规〔2018〕4 号）则明确，将光伏复合项目允许租赁利用农用地的政策延续到 2023 年 6 月 15 日。因此，目前对于光伏复合项目能否继续参照 8 号文的规定租赁使用农用地，新能源项目投资方需要在用地之前注意查看当地规定并征询地方自然资源主管部门的意见，确保取得允许租赁用地的复函。

（二）光伏项目使用农用地/耕地的管理政策趋严

在遏制耕地“非农化”、防止“非粮化”和加强国土空间用途管制的背景下，2022 年 6 月 15 日，自然资源部办公厅、国家林业和草原局办公室、国家能源局综合司联合印发《关于支持光伏发电产业发展规范用地用林用草管理有关工作的通知》（征求意见稿），要求严格控制光伏发电项目占用耕地和生态保护红线，并明确光伏复合项目不得占用耕地和林地。从规则制定者的倾向性态度来看，光伏项目被允许租赁使用耕地、林地的空间正在逐步缩小。

此外，多地已陆续采取措施严格落实耕地保护制度，并明确禁止和限制光伏项目占用耕地。例如，山东发文明确从 2021 年 11 月 2 日起，停止光伏项目用地占用耕地的备案工作;新疆、河北等地也均明文规定光伏复合项目不得占用耕地。

(三)租赁用地的具体方式

1. 直接发包

直接发包,即由村集体直接向项目投资方进行发包的一种用地方式。因此,项目公司需要明确所涉土地的所有权人,并且与正确的发包方签订土地承包合同,避免仅与当地政府或其他不享有土地权利的主体签署承包合同,除非该主体已经取得书面授权。

同时,项目公司还需要根据《农村土地承包法》第 52 条的规定,要求发包方履行相应的民主决策程序,取得村民会议成员或村民代表 2/3 以上的同意,并明确表示放弃优先权。否则,未经过民主决策程序即对外发包的,项目用地将存在瑕疵,可能导致土地发包无效。

2. 租赁(转包)方式①

当项目土地已经被村集体发包给集体内的村民或单位后,项目投资方可以通过租赁的方式流转项目土地的经营权,也可以直接租赁获得土地的使用权。

对于租赁方式获取项目用地的,项目公司应确定土地承包人并与之签署相关协议。若涉及的主体较多,可以考虑授权委托村集体统一流转承包土地。项目公司应核查承包人出具的书面委托,确认其中是否载明委托事项、权限和期限,并有承包人的签名与盖章。承包人将转包、出租方式流转而得的土地实行再流转的,项目公司还应当要求其取得原承包方的同意。

若项目公司欲通过租赁方式流转土地经营权,则在达成合意后,其应按照分级审查审核的原则,分别向乡(镇)人民政府农村土地承包管理部门或者县级以上地方人民政府农业农村主管(农村经营管理)部门提出申请,并提交流转意向协议书、农业经营能力或者资质证明、流转项目规划等相关材料,由主管部门依法组织相关职能部门、农村集体经济组织代表、农民代表、专家等就土地用途、受让主体农业经营能力,以及经营项目是否符合粮食生产等产业规划等进行审查审核。审查审核通过的,由项目投资方作为受让主体与承包方签订土地经营权流转合同。若未按规定提交审查审核申请或者审查审核未通过,则不得开展土地经营权流转

① 《农村土地经营权流转管理办法》于 2021 年 3 月 1 日正式施行后,对之前的规定进行了变更,其中未对出租、转包作出明确区分。

活动。土地经营权流转合同签署后,项目投资方还应及时提交发包方和乡(镇)人民政府的农村土地承包管理部门备案。流转期限为5年以上的,经营权人还可以向登记机构申请土地经营权登记以对抗第三人。

若项目公司仅欲通过租赁方式取得债权层面的承租权利,则需注意租赁期限不应长于20年,否则根据《民法典》第705条第1款的规定,超过20年的部分存在无效的风险。

四、进场道路、送出线路的用地方式

(一)项目进场道路的用地要求与风险

风电、光伏项目的进场、检修道路是项目整体不可或缺的部分,就进场与检修道路而言,大体可以分为项目场内与场外两部分,场内道路还包含光伏方阵场内道路、风电场内道路和其他场内道路。道路所处的位置不同,用地规则也不同。

以光伏项目为例,一般而言,项目场内及进场用地的分类管理如图2所示。

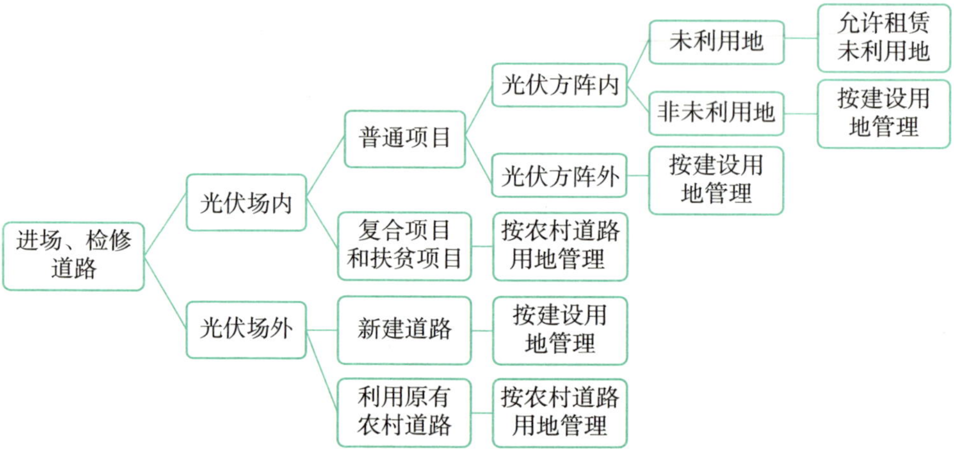

图2 项目场内及进场用地的分类管理

1. 光伏方阵场内道路属于光伏方阵用地

根据《光伏发电站工程项目用地控制指标》(报批稿)第7.1项“光伏方阵用地包括组件用地、逆变器室及箱变用地、方阵场内道路用地等”的规定,光伏方阵场内道路属于光伏方阵用地。因此,光伏方阵场内道路应适用光伏方阵用地的规定。[①]

2. 光伏方阵外的其他场内道路应按照项目性质区分管理

根据8号文的规定，对于普通项目而言，光伏阵列区以外的道路原则上均应当按照建设用地管理并办理相关的手续，而特定扶贫项目与光伏复合项目场内道路可按农村道路用地管理。根据《土地利用现状分类》(GB/T 21010—2017)的规定，农村道路属于农用地，故无须另行办理建设用地转用手续。

3. 进场道路尽量使用原有农村道路，合作共建时需关注道路性质

根据《土地管理法》《光伏发电站工程项目用地控制指标》《电力工程项目建设用地指标(风电场)》等规定，风电、光伏项目的进场道路、运营期检修道路等严格来说应为永久用地，需要按照建设用地进行管理。不过，实践中较多采用租用、共用农村道路、防火通道等作为进场、检修通道的做法。根据《土地利用现状分类》(GB/T 21010—2017)的规定，农村道路为农用地，故使用原有农村道路时，仅需支付相对应的使用费，但项目投资方应注意核查农村道路手续是否完备，签订道路使用协议的主体是否享有权利等。

如项目进场道路采用新建道路的方式，则首先需要明确道路的性质。若为农村道路，其权利主体通常为村集体，项目公司应当与村集体签署合作共建协议，并由其按照原国土资源部《关于促进农业稳定发展农民持续增收推动城乡统筹发展的若干意见》的要求办理设施农用地备案手续。若为农村公路，则权利主体一般为乡级人民政府或县级人民政府交通局等有关部门，项目公司应与其签署合作共建协议，并及时核查农村公路项目的审批文件和权属资料。此外，建设农村公路可能涉及征地问题，项目公司应确保政府部门已针对公路用地完成征地工作。

(二)项目送出线路的用地要求与风险

根据《土地管理法》《光伏发电站工程项目用地控制指标》《电力工程项目建设用地指标(风电场)》等规定，风电、光伏项目送出线路杆塔基础用地为永久用地，应按照建设用地管理，其面积按基础外轮廓尺寸计算。

不过，由于输电线路项目存在一定的公益属性，因此各地可能还存在相关规定，明确项目可以采用“以偿代征”的方式取得项目用地，即对于杆、塔基础占用的

---

① 根据原国土资源部《关于发布〈光伏发电站工程项目用地控制指标〉的通知》(国土资规〔2015〕11号)的规定，《光伏发电站工程项目用地控制指标》自2016年1月1日起实施，有效期5年。

土地不再实行征地，转而由项目公司对土地权利人给予一次性经济补偿，从而豁免其征地流程。例如，《甘肃省电网建设与保护条例》(2023 年修订)(第 18 条第 2 款)、《江苏省电力条例》(第 18 条第 1 款)等地方性法规中均有类似规定。但是，采用此种模式的前提是项目当地存在明确的规定，或项目地发改、国土部门明确以书面函件的方式予以确认或批复。

五、涉及林地、草地、敏感区域的用地问题

(一)涉及林地、草地的用地要求与风险

1. 林地

根据《森林法》《森林法实施条例》等相关规定，风电、光伏项目涉及林地的，均应先行取得省级林业部门核发的使用林地审核同意书，并按照规定的标准预交森林植被恢复费后，再向国土部门提出用地申请。未办理林地批复擅自占用林地的，不仅可能遭受行政处罚，还可能承担刑事责任。

就审核内容而言，则需分析项目拟用林地是否涉及限制或禁止占用的林地类型。根据《建设项目使用林地审核审批管理办法》第 4 条的规定，对不同保护等级林地的限制使用情况总结如表 1 所示。

表 1　不同保护等级林地的限制使用情况

保护等级	限制情况
Ⅰ级	各类建设项目不得使用Ⅰ级保护林地
Ⅱ级	国务院有关部门和省级人民政府及其有关部门批准的基础设施、公共事业、民生建设项目，国防、外交建设项目，县(市、区)和设区的市、自治州人民政府及其有关部门批准的基础设施、公共事业、民生建设项目，战略性新兴产业项目、勘查项目、大中型矿山、符合相关旅游规划的生态旅游开发项目，符合城镇规划的建设项目和符合乡村规划的建设项目，可以使用Ⅱ级保护林地；符合自然保护区、森林公园、湿地公园、风景名胜区等规划的建设项目，可以使用自然保护区、森林公园、湿地公园、风景名胜区范围内Ⅱ级及其以下保护林地；公路、铁路、通信、电力、油气管线等线性工程和水利水电、航道工程等建设项目配套的采石(沙)场、取土场使用林地按照主体建设项目使用林地范围执行，但不得使用Ⅱ级保护林地中的有林地
Ⅲ级	项目送出线路等线路工程在国务院确定的国家所有的重点林区内的，不得使用Ⅲ级以上保护林地中的有林地

续表

保护等级	限制情况
Ⅳ级	无重大限制

另外，根据原国家林业局《关于光伏电站建设使用林地有关问题的通知》(林资发〔2015〕153号)的规定，“光伏电站的电池组件阵列禁止使用有林地、疏林地、未成林造林地、采伐迹地、火烧迹地，以及年降雨量400毫米以下区域覆盖度高于30%的灌木林地和年降雨量400毫米以上区域覆盖度高于50%的灌木林地”。① 根据国家林业和草原局《关于规范风电场项目建设使用林地的通知》(林资发〔2019〕17号)的规定，风机基础、施工和检修道路、升压站、集电线路等，禁止占用天然乔木林(竹林)地、年降雨量400毫米以下区域的有林地、一级国家级公益林地和二级国家级公益林中的有林地。②

2. 草地

根据《草原法》《草原征占用审核审批管理规范》等相关规定，风电、光伏项目涉及草地的，则应先行取得省级草原行政主管部门核发的使用草地审核同意书，之后再向国土部门提出用地申请，未办理草地批复擅自占用草地的，不仅可能遭受行政处罚，还可能承担刑事责任。

就审核主体而言，根据《草原法》《草原征占用审核审批管理规范》的规定，具体权限划分为：(1)征收、征用或者使用草原超过70公顷的，由国家林业和草原局审核；(2)征收、征用或者使用草原70公顷及其以下的，由省级林业和草原主管部门审核。

(二)涉及其他敏感区域的用地要求与风险

对于各类敏感区域，国家层面均有针对性地出台了相关规定，对项目选址、审批手续等事项提出了要求。

就基本农田而言，根据《土地管理法》第35条的规定，“永久基本农田经依法

---

① 《第三次全国国土调查工作分类地类认定细则》对林地类型作出了调整，故应结合新的分类对相关规定进行理解。

② 此外，在该通知下发之前已经核准但未取得使用林地手续的风电场项目，要重新合理优化选址和建设方案，加强生态影响分析和评估，不得占用年降雨量400毫米以下区域的有林地和一级国家级公益林地，避让二级国家级公益林中有林地集中区域。

划定后,任何单位和个人不得擅自占用或者改变其用途。国家能源、交通、水利、军事设施等重点建设项目选址确实难以避让永久基本农田,涉及农用地转用或者土地征收的,必须经国务院批准。禁止通过擅自调整县级土地利用总体规划、乡(镇)土地利用总体规划等方式规避永久基本农田农用地转用或者土地征收的审批”。

就河道、湖泊、水库而言,严格禁止光伏电站、风力发电等项目的建设。在湖泊周边、水库库汊建设光伏、风电项目的,要科学论证,严格管控,不得布设在具有防洪、供水功能和水生态、水环境保护需求的区域,不得妨碍行洪通畅,不得危害水库大坝和堤防等水利工程设施安全,不得影响河势稳定和航运安全。

就湿地而言,各类建设项目应当不占或者少占湿地,经批准确需征收、占用湿地并转为其他用途的,必须按照“先补后占、占补平衡”的原则,依法办理相关手续。对于湿地公园而言,我国明确禁止擅自征收、占用国家湿地公园的土地,确需征收、占用的,应当在征求省级林业主管部门的意见后,方可依法办理相关手续,由省级林业主管部门报国家林业局备案。

就自然保护区而言,在自然保护区的核心区和缓冲区内,不得建设任何生产设施。在自然保护区的实验区内,不得建设污染环境、破坏资源或者景观的生产设施;建设其他项目,其污染物排放不得超过国家和地方规定的污染物排放标准。在自然保护区的实验区内已经建成的设施,其污染物排放超过国家和地方规定的排放标准的,应当限期治理;造成损害的,必须采取补救措施。在自然保护区的外围保护地带建设的项目,不得损害自然保护区内的环境质量;已造成损害的,应当限期治理。

就风景名胜区而言,在风景名胜区范围内进行禁止范围以外的建设活动,应当经风景名胜区管理机构审核后,依照有关法律、法规的规定办理审批手续。

此外,针对其他敏感区域进行风电、光伏项目建设,国家还专门出台了相关规定予以规范。根据原国家林业局《关于光伏电站建设使用林地有关问题的通知》的规定,各类自然保护区、森林公园(含同类型国家公园)、濒危物种栖息地、天然林保护工程区以及东北内蒙古重点国有林区,为光伏电站禁止建设区域。根据国家林业和草原局《关于规范风电场项目建设使用林地的通知》的规定,自然遗产地、国家公园、自然保护区、森林公园、湿地公园、地质公园、风景名胜区、鸟类主要迁徙通道和迁徙地等区域以及沿海基干林带和消浪林带，为风电场项目禁止建设区域。

六、结语

新能源项目用地涉及多种土地类型，相关法律问题非常复杂。在新能源项目开发建设过程中，项目业主应依法办理相应的用地手续，并密切关注项目相关手续的办理情况，避免发生违法用地的情形。

优势、风险与索赔，新能源 EPC 项目工期一文全知道

周兰萍*

* 作者简介：

周兰萍，中伦律师事务所上海办公室公司业务部合伙人，电邮为：laurazhou@ zhonglun. com。

随着国家大力推行能源可持续发展和低碳经济,以及相关产业的技术革新,新能源项目成为投资和建设的热点。基于此类项目资金要求高、市场竞争激烈、需赶在特定时点并网发电等特点,往往对工期要求十分严格。而“设计—采购—施工”即 EPC 模式对于有效缩短项目工期,控制项目投资有明显优势,也因此成为新能源项目经常使用的一种建设模式。在本文中,笔者结合现行法律法规及司法实践经验,对新能源 EPC 项目的工期问题特点、开竣工风险、工期延长的相关索赔等法律问题进行了分析和探讨,以期为新能源 EPC 项目的参与各方提供参考。

一、新能源 EPC 项目工期特点

新能源基础设施项目通常投资金额较大,对业主的项目资金保障和资金周转能力要求较高,并往往需要通过金融机构等进行外部融资,工程未能按时完工和并网发电也将直接导致电费收取时间的延后,资金成本必然随之增加,给业主带来巨大的经济压力。除此以外,新能源设备更新换代较快,市场竞争激烈,工程延期可能导致完工后电网接入困难,并可能面临较低的电费定价。最后,在国家可再生能源补贴逐渐退场的大背景下,很多项目中电费补贴金额随着并网发电时间的延迟而降低甚至取消,能否在特定的日期前完成并网发电对于项目能否获得相应的财政补贴至关重要,甚至引起了市场上的“抢装潮”。

由于新能源项目的上述特点,实践中大部分项目都对工期要求很高。而 EPC 模式集设计、采购、施工为一体,不仅可以控制工程投资、提升工程质量和效率,还可以有效缩短项目工期,因此也成为很多新能源项目所选择的建设模式。EPC 模式的工期优势如图 1 所示。

二、新能源 EPC 项目开工和竣工风险

(一)实际开工日期的确定

1. EPC 模式下的开工日期

新能源 EPC 项目的总工期是涵盖设计、采购、施工等 EPC 总承包范围内各个实施阶段的时间总和,其起算点应为整个项目开始工作的日期,通常为设计开工日期。而另一较为重要的时点是施工开工日期,在该日期前发包人应按合同约定向承包人移交现场并获得施工所需的相关许可,而承包人应完成施工所需的相关

减少招标次数

- 根据《招标投标法》和《必须招标的基础设施和公用事业项目范围规定》等相关规定，新能源项目由于关系社会公共利益、公众安全，其相关工程、货物和服务采购达到规定标准以上的，应依法进行招标。在传统施工模式下，设计、施工、采购等各阶段多需根据项目推进情况分开进行招标，延长了项目周期。
- 而在EPC模式下，最早在项目核准备案后，即可将设计、采购和施工合并进行一次性招标。同时，EPC项目经招标后，可分包的部分（暂估价形式部分除外）可直接发包，进一步减少分阶段招标可能导致的工期延长

设计、施工、采购各阶段可交叉进行

- 在传统施工模式下，由于遵循线性工作流程，需施工图设计阶段完成后才进入施工阶段，工程项目建设周期较长。
- 而在EPC模式下，发包人只需签订一个EPC总承包合同，由总承包人协调安排设计施工采购等各类工作同步交替进行，统筹安排，在确保各阶段合理周期的前提下缩短总建设周期

减少设计施工间协调问题造成的工期延误

- 在传统施工模式下，设计和施工阶段由不同单位独立实施，业主的协调责任较重，且由于设计变更、设计失误、设计图纸未及时到位等原因时常造成设计施工配合问题、返工情形、责任推诿等，对工程正常推进造成不利影响，从而降低工作效率，容易发生工期延误。
- 而在EPC模式下，设计、采购、施工均由总承包人实施并由其负总责，可有效减少设计施工间的协调问题所造成的工期延误

图1 EPC模式的工期优势

设计工作。实践中相比设计而言,施工部分更易因现场条件不具备或未取得相关许可而延迟开工,但需要注意的是,与传统施工模式下工期自现场施工开始起算不同,EPC模式下此时总工期已开始起算,承包人应就施工开工日期延迟按合同约定的时间和程序提起工期索赔,否则可能难以实现竣工日期相应顺延。

2. EPC合同范本中关于实际开工日期的规定

实践中,发承包双方通常会在EPC合同的协议书中约定一个具体的开工日期,但该日期一般仅指计划开工日期,而实际开工日期则需要根据EPC合同的具体约定确定,一般是指发包人或工程师/监理人开工通知中确定的日期。例如,《建设项目工程总承包合同(示范文本)》(GF-2020-0216)所附通用合同条款(以下简称2020版《工程总承包合同》)第8.1款[开始工作]规定:“合同当事人应按

专用合同条件约定完成开始工作准备工作。经发包人同意后，工程师应提前 7 天向承包人发出经发包人签认的开始工作通知，工期自开始工作通知中载明的开始工作日期起算……”FIDIC 组织发布的 2017 版《设计—采购—施工与交钥匙项目合同条件》(以下简称 2017 版 FIDIC 银皮书)第 1.1.4 款规定:“‘开工日期’系指根据第 8.1 款[工程的开工]发出的业主通知中所述的日期。”第 8.1 款规定，“除非合同协议书中说明了开工日期，业主应在不少于开工日期前 14 天向承包人发出说明开工日期的通知。除非专用条款中另有说明，开工日期应在合同根据第 1.6 款[合同协议书]规定全面生效之日后的 42 天内”。

3. 司法解释和相关案例对实际开工日期的认定

当发承包双方就实际开工日期发生争议时，则可能需要通过司法途径进行认定。在司法实践中，实际开工日期的确定较为复杂，需要结合发包人或监理人的开工通知、具备开工条件的日期、承包人的实际开工时间等多种因素进行认定。主要规定包括:《关于审理建设工程施工合同纠纷案件适用法律问题的解释(一)》(以下简称《施工合同司法解释(一)》)第 8 条规定，当事人对建设工程开工日期有争议的，人民法院应当分别按照以下情形予以认定:“(一)开工日期为发包人或者监理人发出的开工通知载明的开工日期;开工通知发出后，尚不具备开工条件的，以开工条件具备的时间为开工日期;因承包人原因导致开工时间推迟的，以开工通知载明的时间为开工日期。(二)承包人经发包人同意已经实际进场施工的，以实际进场施工时间为开工日期。(三)发包人或者监理人未发出开工通知，亦无相关证据证明实际开工日期的，应当综合考虑开工报告、合同、施工许可证、竣工验收报告或者竣工验收备案表等载明的时间，并结合是否具备开工条件的事实，认定开工日期。”

尽管上述司法解释原则上适用于施工合同，但实践中法院根据具体情况也可能在 EPC 项目争议案件中参照适用上述规定。例如，在江西省高级人民法院(2020)赣民终 64 号案中，发包人主张开工日期应为《EPC 合同》签订之日即 2016 年 12 月 5 日，而承包人主张开工日期实际为 2017 年 2 月 6 日。江西省高级人民法院认为，尽管《EPC 合同》约定案涉工程开工日期是合同签订生效日，但监理单位盖章签发的工程开工报审表记载的开工日期是 2017 年 2 月 7 日，依照上述司法解释规定，开工日期应为发包人或者监理人发出的开工通知载明的开工日期，因此结合上述监理签发的开工通知和承包人自述，确认 2017 年 2 月 6 日为开工日期。

（二）实际竣工日期的确定

1. EPC 模式下的竣工日期

新能源 EPC 项目的承包人不仅应负责完成 EPC 合同下的各项工作，还应为工程符合发包人要求和合同预期目的负责。因此工程建成后，还需通过试运行和相关验收，消除缺陷项目后才能正式投入运营，以确保工程性能参数满足合同约定和并网发电要求。故新能源 EPC 项目的竣工阶段可能涉及启动验收、试运行验收、并网验收、竣工验收等多个环节，与民用建筑工程项目一般仅涉及竣工验收具有明显区别。由于此类项目的上述特点，实践中时常会就工程的实际竣工日期发生争议，进而影响工期计算、价款结算、质保期起算、工程风险转移等诸多方面。特别是在相关验收环节中，往往还涉及工程的移交和并网发电等，此时是否视为工程已竣工，实务中尚存在一定争议。

2. EPC 合同范本中关于实际竣工日期的规定

由于新能源 EPC 项目竣工阶段的复杂性，在合同中就实际竣工日期进行明确约定就显得格外重要。实践中，发承包双方通常会在 EPC 合同的协议书中约定一个具体的竣工日期，但该日期一般仅指计划竣工日期，而实际竣工日期则需要根据 EPC 合同的具体约定确定，一般是指发包人签发的接收证书中确定的日期。例如，2020 版《工程总承包合同》第 1.1.4.4 款规定："竣工日期：包括计划竣工日期和实际竣工日期。计划竣工日期是指合同协议书约定的竣工日期；实际竣工日期按照第 8.2 款［竣工日期］的约定确定。"第 8.2 款规定："……除专用合同条件另有约定外，工程的竣工日期以第 10.1 款［竣工验收］的约定为准，并在工程接收证书中写明……"2017 版 FIDIC 银皮书第 1.1.21 款规定："'竣工日期'系指业主签发的接收证书中所述的日期。"第 8.2 款［竣工时间］规定："承包人应在工程或每项区段工程（视情况而定）的竣工时间内，完成整个工程和每个区段工程（如有），包括完成合同规定的，为第 10.1 款［工程和区段工程的接收］下的接收目的，工程和区段工程被视为竣工所需要的全部工作。"

3. 司法解释和相关案例对实际竣工日期的认定

当发承包双方就实际竣工日期发生争议时，则可能需要通过司法途径进行认定。主要规定包括：《施工合同司法解释（一）》第 9 条规定，当事人对建设工程实际竣工日期有争议的，人民法院应当分别按照以下情形予以认定：(1)建设工程经竣工验收合格的，以竣工验收合格之日为竣工日期。(2)承包人已经提交竣工验收报告，发包人拖延验收的，以承包人提交验收报告之日为竣工日期。(3)建设工程未经竣工验收，发包人擅自使用的，以转移占有建设工程之日为竣工日期。

尽管上述司法解释原则上适用于施工合同，但实践中法院也可能在 EPC 项目争议案件中参照适用上述规定，并且由于新能源 EPC 项目往往在最终竣工验收前会进行移交和并网，该行为可能会被认定为“建设工程未经竣工验收，发包人擅自使用”，从而产生工程被视为已竣工的法律后果。

例如，在最高人民法院(2017)最高法民申 4412 号案中，承包人主张，涉案工程已并网发电，应视为工程已竣工验收；而发包人主张工程未经竣工验收，而且存在质量问题，不具备支付工程款的条件。该案一审法院与二审和再审法院就该问题作出了不同认定。一审法院认为，涉案工程属光伏发电工程，依照《光伏发电工程验收规范》(GB/T 50796—2012)的规定，应通过单位工程、工程启动、工程试运和移交生产、工程竣工四个阶段进行全面检查验收。承包人未能提供涉案工程已竣工验收合格的证据，且涉案工程因光伏支架基础出现质量问题，承包人需对光伏支架基础进行修复及支架临时加固，该案审理中该工程项目亦未完工，因此对承包人的主张不予支持。而二审法院则认为，发包人出具的相关函件载明该项目于 2014 年 3 月光伏区全部并网，由此证实工程已转移由发包人占有使用，根据上述司法解释的规定，工程价款结算条件已成就。再审法院——最高人民法院认为，发包人主张光伏行业存在特殊的惯例，并网发电不属于移交生产，但其并未提供充分证据证明其所述惯例。同时，二审判决并未单纯以并网时间作为认定的依据，而是结合了合同约定的计划开工和竣工时间，以及发包人出具的工程并网相关函件，故最终维持了二审判决。

而在最高人民法院(2017)最高法民终 894 号案中，最高人民法院认为，根据一审判决查明的事实，案涉工程虽未经电力主管部门、审计部门、环保、消防、质监等行政主管部门进行综合验收，但发包人已于 2016 年 6 月 30 日接收了涉案工程且实际投入使用，并有发包人盖章的竣工验收签证，以及发包人与供电公司签订的并网调度协议等为证。依据上述司法解释规定，建设工程未经竣工验收，发包人擅自使用的，以转移占有建设工程之日为竣工之日。因此，案涉工程应认定为已经竣工。该案后经最高人民法院再审仍维持原判。

三、新能源 EPC 项目工期延误的相关索赔

(一)承包人向发包人的索赔

新能源 EPC 项目中,虽然按期完成工程是承包人的主要义务,但承包人开展工作也需要发包人和外部条件的配合。实践中,因发包人未能及时支付工程款和提供相关资料,非承包人提供的设备材料延迟到场,以及现场和周边不可预见的物质条件困难,乃至疫情、恶劣天气等不可抗力原因,都可能导致工期延长。而对于此类非承包人原因导致的工期延长,承包人可以根据合同向发包人提起索赔,以顺延工期并就相关损失获得补偿。

1. 索赔内容和主要依据

《民法典》第 803 条规定,"发包人未按照约定的时间和要求提供原材料、设备、场地、资金、技术资料的,承包人可以顺延工程日期,并有权请求赔偿停工、窝工等损失"。《民法典》第 804 条规定,"因发包人的原因致使工程中途停建、缓建的,发包人应当采取措施弥补或者减少损失,赔偿承包人因此造成的停工、窝工、倒运、机械设备调迁、材料和构件积压等损失和实际费用"。

因此,就非承包人原因导致的工期延长,承包人首先需及时提起工期索赔,即要求就竣工时间进行相应顺延。而工期的定量索赔通常较为复杂,所需专业能力较强,并且涉及多种计算方法和技术手段,需要有经验的专业人员进行分析梳理,以形成较为完善的索赔文件。目前国内市场上很多项目都存在工期索赔提起不及时或索赔材料不够完善的问题,容易因此发生争议。而司法实践中进行工期鉴定的案例也相对较少,而且我国目前并未明确规定工期鉴定机构所需的资质,在鉴定机构的确定和专业性上也存在不确定性。

承包人需提起的索赔还包括工期延长带来的停窝工损失,此类损失组成一般较为复杂,在承包人进行索赔时,需要分门别类进行计算和主张,主要包括管理费损失、措施费损失、材料积压损失、机械设备人员停窝工和进出场损失、设备材料涨价损失以及对分包和供应商等产生的违约金等。根据《民事诉讼法》"谁主张,谁举证"的原则,停窝工损失应由承包人进行举证,其难点主要在于固定和证明具体的停工时间,停工期间相关损失的明细,以及两者之间的因果关系和损失费用

的合理性等。在司法实践中，如没有足够的证据证明承包人确实产生了实际损失，法院很可能不会支持承包人的停窝工损失赔偿请求。

例如，在河北省保定市中级人民法院（2020）冀 06 民终 3555 号案中，因发包人未能完成涉案光伏项目所需用地的拆迁补偿等工作，致使施工受阻，最后导致 EPC 合同无法完成，而承包人也因此被其聘请的多个分包索赔，故承包人主张应由发包人赔偿相关损失。法院认为，对于承包人和施工分包的赔偿款，因已在相关案件中经法院生效判决确认，系承包人实际损失，故法院予以采信；而对于承包人和设备分供方的赔偿款，由于仅提交了双方签订的设备采购合同和索赔函，双方对赔偿数额没有进行协商或确认，无法证实其实际损失数额，故法院不予采信。除此以外，考虑到出现阻工亦非发包人的主观意愿，且在违约事实发生后进行了多次协调，故本着公平原则，对发包人应承担的赔偿数额进行了酌定核减。

2. 索赔的程序性要求

即便承包人有权就工期的延长进行工期顺延和停窝工费用索赔，大部分新能源 EPC 项目合同也会约定，承包人仍需按照合同约定的程序提出索赔，特别是需在约定的时限内提交符合要求的索赔文件，包括索赔通知、索赔的法律基础声明、详细的索赔报告和支持性材料等，否则可能面临逾期失权。例如，2020 版《工程总承包合同》第 19.1 款规定："……索赔方应在知道或应当知道索赔事件发生后 28 天内，向对方递交索赔意向通知书，并说明发生索赔事件的事由；索赔方未在前述 28 天内发出索赔意向通知书的，丧失要求追加/减少付款、延长缺陷责任期和（或）延长工期的权利；索赔方应在发出索赔意向通知书后 28 天内，向对方正式递交索赔报告；索赔报告应详细说明索赔理由以及要求追加的付款金额、延长缺陷责任期和（或）延长的工期，并附必要的记录和证明材料……"2017 版 FIDIC 银皮书第 20.2 款规定："索赔应在实际可行的情况下尽快并最晚不超过索赔方察觉或应已察觉该事件或情况后 28 天内提出。如果索赔方未能在上述 28 天期限内发出索赔通知，则索赔方无权获得任何追加付款……竣工时间……不得延长，另一方应免除与引起索赔的事件或情况有关的任何责任。""索赔方觉察或应已觉察引起索赔的事件或情况后的 84 天内……应向业主代表提交一份充分详细的索赔。如在这一时间限制内索赔方未提交（关于索赔的合同和/或其他法律基础的）声明，索赔通知应视为已失效，不再视为有效通知。"

而在司法实践中,上述逾期失权约定原则上也会得到支持,除非另有合理抗辩。主要规定包括:《施工合同司法解释(一)》第10条规定,当事人约定承包人未在约定期限内提出工期顺延申请视为工期不顺延的,按照约定处理。发包人在约定期限后同意工期顺延或者承包人提出合理抗辩的除外。

另外特别需要注意的是,一般来说发包人同意承包人调整施工进度不等于同意工期顺延,承包人还是需要通过正式程序提起工期索赔,即需同时严格遵守索赔的程序性和时限性要求。

(二)发包人向承包人的索赔

新能源EPC项目往往工期较为紧张,对承包人的资源整合和工程管理能力要求很高。实践中承包人和设计、采购、施工等分包自身工作延误或交叉协调不到位,承包人未能及时筹措所需足额资金,设备和施工质量问题导致返工修复等承包人原因,发生工期延误的情况比较常见。此时发包人可以根据合同向承包人提起索赔,要求承包人赔偿相关损失。

1. 索赔内容和主要依据

为促使承包人按时完成项目,弥补承包人未按时完工带来的损失,发包人通常会在合同中设置逾期违约金条款。此类条款一般会约定逾期违约金应照特定数额每日的标准,根据竣工日期和节点工期的实际延误天数计算,并应承包人要求设置索赔上限。但根据《民法典》第585条第2款的规定,"约定的违约金低于造成的损失的,人民法院或者仲裁机构可以根据当事人的请求予以增加;约定的违约金过分高于造成的损失的,人民法院或者仲裁机构可以根据当事人的请求予以适当减少"。因此在司法实践中,如果按照合同约定计算出的逾期违约金数额低于或过分高于造成的损失,则仍可能根据发包人或承包人的请求,参照实际损失予以增加或适当减少。

新能源EPC项目发生工期延误后,发包人除发生工期延长所产生的额外费用等直接损失外,还面临电费收入损失和补贴电价损失等间接损失。根据《民法典》第584条的规定,"当事人一方不履行合同义务或者履行合同义务不符合约定,造成对方损失的,损失赔偿额应当相当于因违约所造成的损失,包括合同履行后可以获得的利益;但是,不得超过违约一方订立合同时预见到或者应当预见到的因违约可能造成的损失"。因此,尽管原则上发包人可以要求承包人赔偿上述预期利益损失，但实践中法院的认定较为严格，很可能不会完全支持发包人提出的损失赔偿要求。

例如，在四川省高级人民法院（2017）川民初 91 号案中，发包人认为承包人未按合同约定日期进行竣工移交，因此要求其赔偿从合同约定的竣工移交日期至实际并网发电日期期间的发电损失，以及因项目未能在 2016 年 6 月 30 日并网发电，导致未能按照国家光伏政策享受到的补贴电价损失。对此，四川省高级人民法院认为：关于发电收入损失的问题，延迟并网发电只是导致电费迟延取得，并非不能取得，其损失应为迟延取得电费收入的利息损失，而非延迟期间的所有电费收入。关于补贴电价损失问题，根据国家发改委《关于完善陆上风电光伏发电上网标杆电价政策的通知》附件注"2016 年以前备案并纳入年度规模管理的光伏发电项目但于 2016 年 6 月 30 日以前仍未全部投运的，执行 2016 年上网标杆电价"，本项目光伏电站总装机容量 20MW，而双方仅对 10MW 发电单元约定了 2016 年 6 月 30 日前实现并网发电，根据该约定，案涉电站在 2016 年 6 月 30 日前本就不能全部投入运营，只能享受 2016 年的上网标杆电价。故发包人要求承包人赔偿其补贴电价损失，没有事实依据。

2. 索赔的程序性要求

与承包人进行索赔的情况相似，发包人进行索赔也需要按照合同约定的程序提出，并且在 2020 版《工程总承包合同》、2017 版 FIDIC 银皮书、2012 版《中华人民共和国标准设计施工总承包招标文件》等新能源 EPC 合同经常使用的合同范本中，发包人和承包人的索赔程序性要求通常是对等的，即如发包人未能按照约定的期限提出索赔的，也将面临逾期失权问题。

但需要注意的是，实践中也有相当一部分合同，如目前国际工程项目上仍广泛使用的 1999 版 FIDIC 银皮书，以及发包人自行编制的合同版本中，设置的发包人和承包人的索赔程序性要求是不对等的，承包人在一定期限内未发出索赔通知的则逾期失权，而发包人只需尽快发出索赔通知即可。因此，发包人索赔的程序性要求通常需要根据具体的合同约定确定。

（刘思俣对本文亦有贡献）

1. 氢能行业聚焦

“氢”风徐来，水波已兴
——中国氢能行业全产业链优惠政策概览

钟俊鹏　侯彰慧*　姚　远

* 作者简介：
钟俊鹏，中伦律师事务所北京办公室公司业务部非权益合伙人，电邮为：zhongjunpeng@ zhonglun. com。
侯彰慧，中伦律师事务所北京办公室公司业务部合伙人，电邮为：houzhanghui@ zhonglun. com。

氢能是指氢在物理与化学变化过程中释放的能量，可用于储能、发电、各种交通工具用燃料、家用燃料等多个领域。相比于传统能源，氢能具有来源丰富、清洁低碳、能量密度大等多项优点。在“双碳”背景下，氢能的地位愈加突出。2022 年 3 月 23 日，国家发展和改革委员会、国家能源局联合印发《氢能产业发展中长期规划（2021—2035 年）》，明确氢能是未来国家能源体系的重要组成部分，是用能终端实现绿色低碳转型的重要载体。在地方层面，上海、北京、广东等城市群也陆续出台了许多支持氢能产业发展的规划和鼓励政策，氢能行业商业化前景可期。本文拟从氢能行业产业链出发，围绕产业链各环节梳理近年来国家与地区层面的主要规划及优惠政策。

一、方兴未艾——氢能产业链简介

氢能产业链主要可以分为上游制氢，中游储氢、运氢和下游用氢三个环节。

（一）上游：制氢环节

氢能产业链上游是制氢环节。目前氢的制取主要有三种技术路线，分别是：

· 以煤炭、天然气为代表的化石能源制氢；

· 以焦炉煤气、丙烷脱氢为代表的工业副产气制氢；

· 电解水制氢。

其中，依据制氢工艺所产生的碳排放程度，从高到低又可以分为灰氢、蓝氢和绿氢三类：

· 以煤炭、天然气、工业副产气等碳基能源制氢的环节中会有二氧化碳等温室气体排放，不符合低碳目标，被称为“灰氢”。当前全球大部分制氢的产能仍是通过灰氢技术实现的。

· 如果在化石燃料制氢的过程中通过碳捕获与储存技术控制、降低碳排放量，则属于“蓝氢”的技术路线。

· 通过水资源等可再生能源的电解工序产生的氢气可以实现碳的零排放，被称为“绿氢”。

（二）中游：储运环节

氢能端产业链中游是储氢、运氢环节，这一环节的关键是提高氢能储运效率、降低氢能储运成本。

氢的储存技术主要包括气态储氢、液态储氢和固态储氢三种方式：

· 气态储氢具有容器结构简单、充放氢速度快等优点，是现阶段主要的储氢方式。

· 液态储氢，具有储氢密度高等优势。

· 固态储氢则是以氢化物等材料作为储氢载体，通过化学吸附和物理吸附的方式储存氢。

氢的运输方式主要有气态输运、液态输运和固体输运三种方式：

· 气态输运包括长管拖车、管道运输两种方式。

· 液态输运指液氢罐车、专用液氢驳船通过铁路、公路、水路的方式输运。

· 固态输运主要是指运输固态储氢材料。

（三）下游：用氢环节

氢能产业链下游是用氢环节。氢被广泛运用于工业、交通、建筑等多个领域。以工业和交通领域为例：在工业领域，氢可以作为冶炼等行业的原料、还原剂和热源。具体运用场景包括氢能冶金、炼油加氢、氢化工等。在交通领域，氢能被运用在汽车、船舶、轨道交通中。氢能通过燃料电池装置实现可移动化、轻量化，为汽车、船舶、轨道交通提供能源。

对氢能产业的全产业链的概括如图 1 所示。

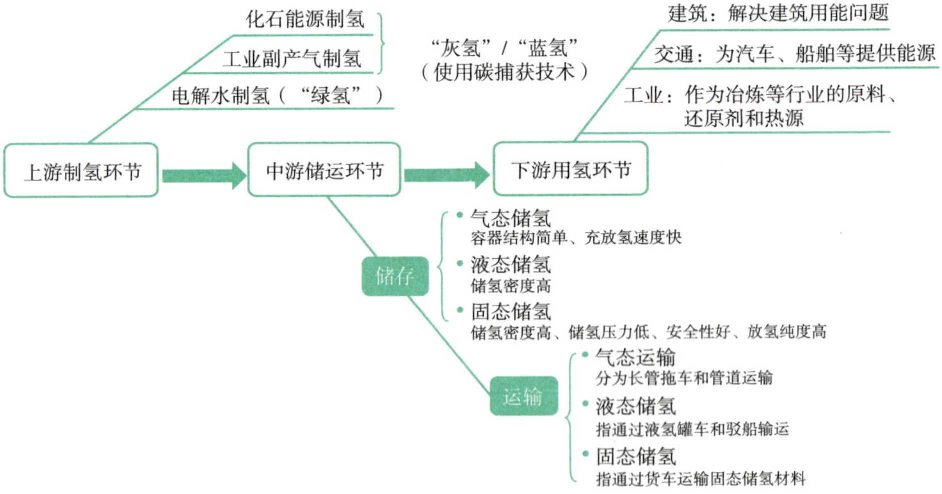

图 1　氢能全产业链概览

二、高屋建瓴——国家氢能产业政策概览

（一）宏观产业政策

国家层面政策内容的出台及演变，体现了氢能产业在宏观规划上的变化：

第一，氢能产业的地位不断提升。2016 年《国家创新驱动发展战略纲要》提出开发氢能等新一代能源技术。2021 年，氢能被写入"十四五"规划，提出要在氢能与储能等前沿科技和产业变革领域，谋划布局一批未来产业。2022 年国家发展和改革委员会、国家能源局联合印发《氢能产业发展中长期规划（2021—2035年）》，明确氢能是未来国家能源体系的重要组成部分，是用能终端实现绿色低碳转型的重要载体。

第二，氢能产业的相关政策具体化，覆盖氢能全产业链。2016 年《国家创新驱动发展战略纲要》提出开发氢能能源技术。2020 年，国务院新闻办公室发布的白皮书《新时代的中国能源发展》提出，从制、储、用等各环节推动绿氢产业链绿氢制取、储运和应用等氢能产业链技术装备的研发，促进氢能燃料电池技术链、氢燃料电池汽车产业链发展。

主要政策概要如表 1 所示。

表 1　国家宏观产业政策

发布时间	文件名	相关内容
2016 年	《国家创新驱动发展战略纲要》	提出开发氢能、燃料电池等新一代能源技术
2020 年	《新时代的中国能源发展》	要加速发展绿氢制取、储运和应用等氢能产业链技术装备，促进氢能燃料电池技术链、氢燃料电池汽车产业链发展
2020 年	《关于加快建立绿色生产和消费法规政策体系的意见》	2021 年将完成研究制定氢能、海洋能等新能源发展的标准规范和支持政策
2020 年	《2020 年能源工作指导意见》	以改革创新和推动新技术产业化发展角度推动氢能产业发展
2021 年	《2021 年能源工作指导意见》	开展氢能产业试点示范，探索多种技术发展路线和应用路径

续表

发布时间	文件名	相关内容
2021 年	《国民经济和社会发展第十四个五年规划和 2035 年远景目标纲要》	在类脑智能、量子信息、基因技术、未来网络、深海空天开发、氢能与储能等前沿科技和产业变革领域，组织实施未来产业孵化与加速计划，谋划布局一批未来产业
2021 年	《关于组织开展“十四五”第一批国家能源研发创新平台认定工作的通知》	国家能源局决定近期聚焦能源安全、“碳达峰、碳中和”目标等重大需求，围绕以新能源为主体的新型电力系统、新型储能、氢能与燃料电池、碳捕集利用与封存（CCUS）、能源系统数字化智能化、能源系统安全等重点领域，开展国家能源研发创新平台（包括国家能源研发中心和国家能源重点实验室）的认定工作
2022 年	《“十四五”现代能源体系规划》	强化储能、氢能等前沿科技攻关。开展新型储能关键技术集中攻关，加快实现储能核心技术自主化，推动储能成本持续下降和规模化应用，完善储能技术标准和管理体系，提升安全运行水平。适度超前部署一批氢能项目，着力攻克可再生能源制氢和氢能储运、应用及燃料电池等核心技术，力争氢能全产业链关键技术取得突破，推动氢能技术发展和示范应用。加强前沿技术研究，加快推广应用减污降碳技术
2021 年	《关于推进中央企业高质量发展做好碳达峰碳中和工作的指导意见》	稳步构建氢能产业体系，完善氢能制、储、输、用一体化布局，结合工业、交通等领域典型用能场景，积极部署产业链示范项目
2021 年	《加快建立健全绿色低碳循环发展经济体系的指导意见》	要推动能源体系绿色低碳转型，提升可再生能源利用比例，大力推动风电、光伏发电发展，因地制宜发展水能、地热能、海洋能、氢能、生物质能、光热发电
2021 年	《关于完整准确全面贯彻新发展理念做好碳达峰碳中和工作的意见》	统筹推进氢能“制储输用”全链条发展
2021 年	《2030 年前碳达峰行动方案》	积极扩大电力、氢能、天然气、先进生物液体燃料等新能源、清洁能源在交通运输领域应用 创新人才培养模式，鼓励高等学校加快新能源、储能、氢能、碳减排、碳汇、碳排放权交易等学科建设和人才培养，

续表

发布时间	文件名	相关内容
		建设一批绿色低碳领域未来技术学院、现代产业学院和示范性能源学院 聚焦化石能源绿色智能开发和清洁低碳利用、可再生能源大规模利用、新型电力系统、节能、氢能、储能、动力电池、二氧化碳捕集利用与封存等重点，深化应用基础研究 加快氢能技术研发和示范应用，探索在工业、交通运输、建筑等领域规模化应用 加大绿色技术合作力度，推动开展可再生能源、储能、氢能、二氧化碳捕集利用与封存等领域科研合作和技术交流，积极参与国际热核聚变实验堆计划等国际大科学工程
2022 年	《2022 年能源工作指导意见》	因地制宜开展可再生能源制氢示范，探索氢能技术发展路线和商业化应用路径 加快新型储能、氢能等低碳零碳负碳重大关键技术研究 围绕新型电力系统、新型储能、氢能和燃料电池、碳捕集利用与封存、能源系统数字化智能化、能源系统安全 6 大重点领域，增设若干创新平台
2022 年	《氢能产业发展中长期规划（2021—2035 年）》	到 2025 年，形成较为完善的氢能产业发展制度政策环境，产业创新能力显著提高，基本掌握核心技术和制造工艺，初步建立较为完整的供应链和产业体系。再经过 5 年的发展，到 2030 年，形成较为完备的氢能产业技术创新体系、清洁能源制氢及供应体系，产业布局合理有序，可再生能源制氢广泛应用，有力支撑碳达峰目标实现。到 2035 年，形成氢能产业体系，构建涵盖交通、储能、工业等领域的多元氢能应用生态
2022 年	《“十四五”国家安全生产规划》	加快电化学储能、氢能、煤化工、分布式光伏发电等新兴领域安全生产标准制修订
2022 年	《贯彻落实〈中共中央、国务院关于完整准确全面贯彻新发展理念做好碳达峰碳中和工作的意见〉的实施意见》	依托交通强国建设试点，有序开展纯电动、氢燃料电池、可再生合成燃料车辆、船舶的试点。推动新能源车辆的应用。探索甲醇、氢、氨等新型动力船舶的应用，推动液化天然气动力船舶的应用

续表

发布时间	文件名	相关内容
2022 年	《工业领域碳达峰实施方案》	推进氢能制储输运销用全链条发展 鼓励有条件的地区利用可再生能源制氢,优化煤化工、合成氨、甲醇等原料结构 部署工业低碳前沿技术研究,实施低碳零碳工业流程再造工程,研究实施氢冶金行动计划 开展电动重卡、氢燃料汽车研发及示范应用 大力发展绿色智能船舶,加强船用混合动力、LNG 动力、电池动力、氨燃料、氢燃料等低碳清洁能源装备研发,推动内河、沿海老旧船舶更新改造,加快新一代绿色智能船舶研制及示范应用
2022 年	《加快电力装备绿色低碳创新发展行动计划》	着力攻克可再生能源制氢等技术装备 完善新型储能、氢能等全产业链标准体系
2022 年	《能源碳达峰碳中和标准化提升行动计划》	加快完善氢能技术标准
2022 年	《"十四五"国家高新技术产业开发区发展规划》	支持国家高新区依托高校优势学科和学科交叉融合的优势,面向类脑智能、量子信息、基因技术、未来网络、氢能与储能等前沿科技和产业变革领域,前瞻部署一批未来产业
2022 年	《"十四五"现代物流发展规划》	加强货运车辆适用的充电桩、加氢站及内河船舶适用的岸电设施、液化天然气(LNG)加注站等配套布局建设,加快新能源、符合国六排放标准等货运车辆在现代物流特别是城市配送领域应用,促进新能源叉车在仓储领域应用 在运输、仓储、配送等环节积极扩大电力、氢能、天然气、先进生物液体燃料等新能源、清洁能源应用。加快建立天然气、氢能等清洁能源供应和加注体系
2022 年	《扩大内需战略规划纲要(2022—2035 年)》	推进汽车电动化、网联化、智能化,加强停车场、充电桩、换电站、加氢站等配套设施建设

续表

发布时间	文件名	相关内容
2023 年	《关于推动能源电子产业发展的指导意见》	把促进新能源发展放在更加突出的位置,积极有序发展光能源、硅能源、氢能源、可再生能源,推动能源电子产业链供应链上下游协同发展,形成动态平衡的良性产业生态 研究突破超长寿命高安全性电池体系、大规模大容量高效储能、交通工具移动储能等关键技术,加快研发固态电池、钠离子电池、氢储能/燃料电池等新型电池 协同推进智能光伏国家标准、行业标准和团体标准,研究制定锂离子电池全生命周期评价体系及安全标准,加强固态电池、钠离子电池、超级电容器、氢储能/燃料电池等标准体系研究
2023 年	《绿色产业指导目录(2023 年版)》(征求意见稿)	燃料电池装备制造、氢能"制储输用"全链条装备制造、氢能基础设施建设和运营被列入清洁能源产业

(二)国家层面针对产业链具体环节的产业政策

1. 制氢、储氢环节

国家在制氢、储氢环节的优惠政策主要表现为将相关领域列入鼓励类产业,从而可获得鼓励类产业的政策支持。

具体政策如表 2 所示。

表 2 国家针对制氢、储氢的产业政策

发布时间	文件名	相关内容
2019 年	《产业结构调整指导目录(2019 年版)》	"氢能、风电与光伏发电互补系统技术开发与应用""高效制氢、运氢及高密度储氢技术开发应用及设备制造,加氢站及车用清洁替代燃料加注站"被列为"鼓励类"
2020 年	《新能源汽车产业发展规划(2021—2035 年)》	攻克氢能储运、加氢站、车载储氢等氢燃料电池汽车应用支撑技术。提高氢燃料制储运经济性

2. 用氢环节

在用氢环节,氢能行业与工业、交通、建筑等领域密切结合。针对氢能在不同行业领域的运用,国家出台了相应的鼓励措施。

以使用氢燃料的新能源电池车这一应用场景为例，产业政策主要从以下三个方面提供支持。

（1）补助与奖励，主要包括购车一次性定额补助、对电池汽车加氢站的补贴、对示范城市的奖励、对燃料电池汽车相关产品和技术的奖励等。

（2）税收优惠，包括对购置的新能源汽车免征车辆购置税等。

（3）科技研发，主要包括对先进燃料电池、燃料电池分布式发电、氢的制取储运及加氢站等方面研发和人才的鼓励与支持。如对关键核心技术配套的燃料电池汽车给予额外奖励，提出加快燃料电池电动汽车、车载氢系统的标准建设，推动建设氢能专业人才队伍等。

具体政策如表 3 所示。

表 3 国家针对用氢环节的政策

类别	发布时间	文件名	相关内容
补贴与奖励	2018 年	《关于调整完善新能源汽车推广应用财政补贴政策的通知》	燃料电池汽车补贴力度保持不变，燃料电池乘用车按燃料电池系统的额定功率进行补贴，燃料电池客车和专用车采用定额补贴方式。鼓励技术水平高、安全可靠的产品推广应用
	2020 年	《关于开展燃料电池汽车示范应用的通知》	将对燃料电池汽车的购置补贴政策，调整为燃料电池汽车示范应用支持政策，对符合条件的城市群开展燃料电池汽车关键核心技术产业化攻关和示范应用给予奖励
	2020 年	《〈关于开展燃料电池汽车示范应用的通知〉的解读》	重点支持电堆、膜电极、质子交换膜、碳纸、催化剂、双极板、氢气循环系统、空气压缩机等关键核心技术研发突破。与此相关的产品和技术在示范城市群配套不低于 500 辆燃料电池汽车，并通过第三方机构综合测试，实车运行验证超过 2 万公里，技术水平和可靠性通过专家委员会评审后，可获得额外奖励
	2020 年	《关于完善新能源汽车推广应用财政补贴政策的通知》	平缓补贴退坡力度和节奏，原则上 2020—2022 年补贴标准分别在上一年基础上退坡 10%、20%、30% 为加快公共交通等领域汽车电动化，城市公交、道路客运、出租（含网约车）、环卫、城市物流配送、邮政快递、民航机场以及党政机关公务领域符合

续表

类别	发布时间	文件名	相关内容
补贴与奖励			要求的车辆，2020 年补贴标准不退坡，2021—2022 年补贴标准分别在上一年基础上退坡 10%、20%。原则上每年补贴规模上限约 200 万辆 将当前对燃料电池汽车的购置补贴，调整为选择有基础、有积极性、有特色的城市或区域，采取"以奖代补"方式对示范城市给予奖励
	2020 年	《关于进一步完善新能源汽车推广应用财政补贴政策的通知》	2021 年，新能源汽车补贴标准在 2020 年基础上退坡 20%；为推动公共交通等领域车辆电动化，城市公交、道路客运、出租（含网约车）、环卫、城市物流配送、邮政快递、民航机场以及党政机关公务领域符合要求的车辆，补贴标准在 2020 年基础上退坡 10%
	2021 年	《关于 2022 年新能源汽车推广应用财政补贴政策的通知》	2022 年，新能源汽车补贴标准在 2021 年基础上退坡 30%；城市公交、道路客运、出租（含网约车）、环卫、城市物流配送、邮政快递、民航机场以及党政机关公务领域符合要求的车辆，补贴标准在 2021 年基础上退坡 20% 2022 年新能源汽车购置补贴政策于 2022 年 12 月 31 日终止，2022 年 12 月 31 日之后上牌的车辆不再给予补贴
税收优惠	2018 年	《关于节能新能源车船享受车船税优惠政策的通知》	对新能源车船，免征车船税 免征车船税的新能源汽车是指纯电动商用车、插电式（含增程式）混合动力汽车、燃料电池商用车。纯电动乘用车和燃料电池乘用车不属于车船税征税范围，对其不征车船税
	2020 年	《关于新能源汽车免征车辆购置税有关政策的公告》	自 2021 年 1 月 1 日至 2022 年 12 月 31 日，对购置的新能源汽车免征车辆购置税。免征车辆购置税的新能源汽车是指纯电动汽车、插电式混合动力（含增程式）汽车、燃料电池汽车
	2021 年	《关于 2022 年关税调整方案的通知》	将对 954 项商品实施低于最惠国税率的进口暂定税率。其中，包含增压器、循环泵、膜电极组件、双极板、碳电极片等 5 种燃料电池关键零部件

续表

类别	发布时间	文件名	相关内容
税收优惠	2022 年	《关于调整享受车船税优惠的节能新能源汽车产品技术要求的公告》	对财税〔2018〕74 号文中节能乘用车、轻型商用车、重型商用车综合工况燃料消耗量限值标准进行更新 对财税〔2018〕74 号文中插电式混合动力（含增程式）乘用车有关技术要求进行调整
	2022 年	《关于延续新能源汽车免征车辆购置税政策的公告》	对购置日期在 2023 年 1 月 1 日至 12 月 31 日内的新能源汽车，免征车辆购置税
科技研发	2016 年	《能源技术革命创新行动计划 2016—2030 年》	提出在先进燃料电池、燃料电池分布式发电、氢的制取储运及加氢站等方面开展研发
	2022 年	《“十四五”新型储能发展实施方案》	开展钠离子电池、新型锂离子电池、铅炭电池、液流电池、压缩空气、氢（氨）储能、热（冷）储能等关键核心技术、装备和集成优化设计研究，集中攻关超导、超级电容等储能技术，研发储备液态金属电池、固态锂离子电池、金属空气电池等新一代高能量密度储能技术
	2022 年	《2022 年汽车标准化工作要点》	全面推进燃料电池电动汽车能耗及续驶里程、低温起动性能、动力性能试验方法等整车标准以及燃料电池发动机性能试验方法、车载氢系统技术条件等关键系统部件标准研究，支撑燃料电池电动汽车关键技术研发应用及示范运行
	2022 年	《关于加快内河船舶绿色智能发展的实施意见》	到 2025 年，液化天然气（LNG）、电池、甲醇、氢燃料等绿色动力关键技术取得突破，船舶装备智能技术水平明显提升，内河船舶绿色智能标准规范体系基本形成 推动甲醇、氢等动力技术应用。加强船用氢燃料电池动力系统、储氢系统、加注系统等技术装备研发，探索氢燃料电池动力技术在客船等应用，鼓励采用太阳能等可再生能源电解水产生的绿氢 完善纯电池动力、甲醇、氢燃料等船舶技术规范，建立电动船舶充（换）电标准体系

在氢能冶金等工业方面,国家出台了鼓励清洁技术发展的一系列政策,如表4所示。

表4 国家针对氢能工业运用的政策

发布时间	文件名	相关内容
2021年	《"十四五"全国清洁生产推行方案》	支持开展煤炭清洁高效利用、氢能冶金、涉挥发性有机物行业原料替代、聚氯乙烯行业无汞化、磷石膏和电解锰渣资源化利用等领域清洁生产技术集成应用示范
2021年	《"十四五"工业绿色发展规划》	加快氢能技术创新和基础设施建设,推动氢能多元利用。支持企业实施燃料替代,加快推进工业煤改电、煤改气。对以煤、石油焦、渣油、重油等为燃料的锅炉和工业窑炉,采用清洁低碳能源替代
2022年	《关于促进钢铁工业高质量发展的指导意见》	支持建立低碳冶金创新联盟,制定氢冶金行动方案,加快推进低碳冶炼技术研发应用
2022年	《关于"十四五"推动石化化工行业高质量发展的指导意见》	提升中低品位热能利用水平,推动用能设施电气化改造,合理引导燃料"以气代煤",适度增加富氢原料比重。鼓励石化化工企业因地制宜、合理有序开发利用"绿氢",推进炼化、煤化工与"绿电""绿氢"等产业耦合示范,利用炼化、煤化工装置所排二氧化碳纯度高、捕集成本低等特点,开展二氧化碳规模化捕集、封存、驱油和制化学品等示范
2022年	《有色金属行业碳达峰实施方案》	支持企业参与光伏、风电等可再生能源和氢能、储能系统开发建设
2022年	《关于深入推进黄河流域工业绿色发展的指导意见》	鼓励氢能、生物燃料、垃圾衍生燃料等替代能源在钢铁、水泥、化工等行业的应用。统筹考虑产业基础、市场空间等条件,有序推动山西、内蒙古、河南、四川、陕西、宁夏等省、区绿氢生产,加快煤炭减量替代,稳慎有序布局氢能产业化应用示范项目,推动宁东可再生能源制氢与现代煤化工产业耦合发展

三、因地制宜——地方产业政策概览

在国家的鼓励政策基础上,各地尤其是东部发达的城市群也结合当地情况出台了氢能的鼓励政策。较国家层面的产业政策,地方层面的政策通常更为具体,在规划上提出了量化目标以及更为细化的补贴条件与数额;同时突出各城市群特色,确定各地的氢能产业发展目标和发展布局。

下文我们以京津冀、长三角、粤港澳大湾区的代表性城市北京、上海和广州为例,梳理比较三地的氢能产业政策。

（一）针对全产业链的产业政策

三地关于氢能产业链的总体发展规划均包括以下三个方面。

第一,发展量化的目标。《北京市氢能产业发展实施方案(2021—2025 年)》(以下简称《北京实施方案》)提出,2025 年前,京津冀区域累计实现氢能产业链产业规模 1000 亿元以上,减少碳排放 200 万吨;上海市发布的《上海市氢能产业发展中长期规划(2022—2035 年)》(以下简称《上海产业规划》)提出,到 2025 年,氢能产业链产业规模突破 1000 亿元,在交通领域带动二氧化碳减排 5 万—10 万吨/年;广州市发布的《广州市氢能产业发展规划(2019—2030 年)》(以下简称《广州产业规划》)提出,到 2025 年,氢能产业实现产值预计 600 亿元以上。

第二,因地制宜进行产业布局。《北京实施方案》提出,统筹规划京津冀区域氢能产业布局,京北全面布局氢能产业科技创新应用示范区,京南打造氢能高端装备制造与应用示范区。《上海产业规划》提出打造“南北两基地、东西三高地”的氢能产业空间布局。其中,“两基地”为金山和宝山两个氢气制备和供应保障基地,“三高地”为临港、嘉定和青浦三个产业集聚发展高地。《广州产业规划》提出打造一核、一枢纽、三基地产业布局,打造黄埔氢能产业创新核心区、南沙氢能产业枢纽及番禺乘用车制造及分布式发电研发基地。

第三,加强科技研发。三地均强调制氢、储氢、用氢等全产业链上的关键技术突破,加强人才队伍建设与产业基础研究。

（二）针对产业链具体环节的支持政策

在制氢、储氢环节,三地从规划氢能供应、加氢站建设的角度,鼓励制氢、储氢环节的产业发展。相关政策如表 5 所示。

表 5　北京、上海、广州针对制氢、储氢的政策

地区	文件名	相关内容
北京	《北京实施方案》	2022 年前,全市氢气产能达到 68.8 吨/天,基本满足应用端用氢需求;到 2025 年用氢量缺口部分,由京津冀统筹布局产能解决,保障氢气供应体系持续稳定,并逐步提升绿氢供给比例 到 2025 年,力争完成新增 37 座加氢站建设
	《北京市"十四五"时期能源发展规划》	聚焦推动氢能与氢燃料电池全产业链技术进步与产业规模化、商业化发展,加快氢气制备(制造)储运加注、氢燃料电池设备及系统集成等关键技术创新研发
	《北京市关于支持氢能产业发展的若干政策措施》	支持加氢站建设运营。对本市行政区域范围内建成(含改扩建)的加氢站,按照压缩机 12 小时额定工作能力不少于 1000 公斤和 500 公斤两档分别给予 500 万元和 200 万元的定额建设补贴。对本市行政区域范围内提供加氢服务并承诺氢气市场销售价格不高于 30 元/公斤的加氢站,按照 10 元/公斤的标准给予氢气运营补贴 支持先进氢能设施建设。按照包容审慎原则,鼓励分布式制氢项目建设,促进氢源就近供应保障;支持开展先进制氢、储运、加氢设施试点建设,对符合新技术新产品小批量验证和规模化推广应用条件的氢能新型基础设施项目,按照项目投资额的一定比例给予资金支持
	《北京经济技术开发区关于促进氢能产业高质量发展的若干措施》	支持加氢站建设。鼓励围绕氢能示范场景建设与阶段性发展目标相适应的加氢站,优先支持区域内加油站以油氢合建方式进行改造。在土地规划、项目审批、经营许可等方面给予支持
	《北京市氢燃料电池汽车产业发展规划(2020—2025 年)》	2025 年前,培育 5—10 家具有国际影响力的氢燃料电池汽车产业链龙头企业,形成氢燃料电池汽车关键零部件和装备制造产业集群,建设 2 家国际一流的氢燃料电池产业研发创新平台,推动科技创新与产业化落地深度融合,力争实现氢燃料电池汽车累计推广量突破 1 万辆、再新建加氢站 37 座(共计 74 座),形成城市公交、旅游客运、重型货运和中型物流相结合的推广结构,氢燃料电池汽车全产业链累计产值突破 240 亿元

续表

地区	文件名	相关内容
北京	《北京市氢燃料电池汽车车用加氢站发展规划(2021—2025年)》	2025年前,立足区域示范成果,紧跟京津冀燃料电池汽车示范城市群建设步伐,力争建成并投运加氢站74座,加氢总能力达到148吨/日,满足126吨/日车用氢能需求,进一步扩大加氢站服务辐射范围,初步形成规划布局合理、结构灵活多样、安全保障优先、滚动有序调控的氢燃料电池汽车车用氢能供给保障体系
上海	《上海产业规划》	到2025年,建设各类加氢站70座左右,培育5—10家具有国际影响力的独角兽企业,建成3—5家国际一流的创新研发平台
	《2022年上海市扩大有效投资稳定经济发展的若干政策措施》	深入推进新能源汽车产业发展实施计划,落实燃料电池汽车产业发展若干政策,推动全市加氢站规划建设,强化"终端带动",持续推进新能源汽车产业发展
	《上海市减污降碳协同增效实施方案》	加大氢能制、储、运基础设施建设力度,不断拓展氢能应用场景 在公交、客运、重型货运、环卫等领域开展氢燃料电池汽车商业性示范应用,到2025年,建成并投入使用各类加氢站超过70座,燃料电池汽车应用总量突破10 000辆
	《上海市加快新能源汽车产业发展实施计划(2021—2025年)》	优先支持可再生能源制氢技术应用,用好工业副产氢资源,保障车用氢气可持续供应。支持管道输氢试点,开展高压气态、深冷气态、低温液态、固态等多种形式氢气储运技术应用,大幅降低氢气储运成本。支持加氢装备制造,推动储氢瓶阀设备材料研发制造
广州	《广州市氢能基础设施发展规划(2021—2030年)》	"十四五"阶段(2021—2025年)规划目标为:新建制氢站1座,累计建成制氢站3座以上;累计建成加氢站50座以上;开展1—2座制氢加氢合建站建设,1—2座储氢站(或依托制氢站、制氢加氢合建站、加氢站统筹考虑储氢)有关工作。形成3.5万公斤/天(1.3万吨/年)燃料电池用氢气制氢能力,形成不低于4.0万公斤/天加氢能力(1.5万吨/年),可以满足6000辆以上氢燃料电池车运行用氢需求 2026—2030年规划目标为:新建加氢站50座以上,累计建成加氢站100座以上,形成5座以上制氢加氢合建站布局,3—4座储氢站布局。形成10万公斤/天(3.6万吨/年)燃料电池用氢气制氢能力,形成10万公斤/天(3.6万吨/年)以上加氢能力,可以满足氢燃料电池车商业化运营需求

续表

地区	文件名	相关内容
广州	《广东省加快氢燃料电池汽车产业发展实施方案》	自政策发布日起,按照"总量控制,先建先得"原则进行补贴,省财政对2022年前建成并投用,且日加氢能力(按照压缩机每日工作12小时的加气能力计算)500公斤及以上的加氢站给予补贴。其中,属于油、氢、气、电一体化综合能源补给站,每站补助250万元;独立占地固定式加氢站,每站补助200万元;撬装式加氢站,每站补助150万元
	《广东省燃料电池汽车加氢站管理暂行办法(征求意见稿)》	鼓励各地市根据实际情况对加氢基础设施建设以及车用氢气供应量给予补贴
	《广州市工业和信息化发展"十四五"规划》	加快氢燃料电池汽车产业化,推进加氢基础设施建设 加快突破电解水制氢技术、光化学制氢技术,推进氢气提纯、液态储氢等技术和产业化,积极布局生物质制氢技术,重点发展氢气制造设备、站用高压储氢罐、高压氢气加注设备,开展氢燃料电池关键技术攻关,有序推进加氢站等基础设施建设
	《关于完整准确全面贯彻新发展理念 推进碳达峰碳中和工作的实施意见》	持续优化交通能源结构。加快推广新能源汽车应用,推进新能源汽车充换电站(桩)、加氢站等建设
	《广东省推动新型储能产业高质量发展指导意见》	发展氢储能等技术。开发质子交换膜电解水、阴离子膜碱性电解水、高温固体氧化物电解水等可再生能源制氢关键技术,提升高压储氢材料与工艺水平,发展低温液态储氢、有机溶液储氢、固体合金储氢等储运技术,研制相关制备、转换、储运设备,提高氢储能的安全性和经济性 培育发展电解水制氢设备产业。结合电解水制氢技术路线发展阶段和应用特点,按照多元布局、梯次发展、引育并重的原则,支持省内碱性电解水制氢装备制造龙头企业提升产能规模,加快推进质子交换膜电解水制氢装置重点项目建设,支持阴离子膜碱性、高温固体氧化物电解水制氢创新性企业装备研制和中试生产

在用氢环节,北京、上海、广州三地均强调氢能产业的多元化和规模化应用。《北京实施方案》强调应推广氢能在交通运输、应急保供、储能调峰、热电联供、分

布式供能领域应用,建设新能源耦合示范园区,推动氢能有序融入经济社会各领域。《广州产业规划》提出打造氢能全产业链,重点发展燃料电池技术研发与装备制造产业、加快发展氢能储运技术研发与装备制造产业、积极发展氢能制备技术研发与装备制造产业、大力推动氢能规模化应用等。《上海产业规划》提出优先打造若干世界级示范场景,如打造国际氢能示范机场、打造国际氢能示范港口、打造世界级氢能产业园等。

尽管各地均强调氢能的多场景运用,但较其他用氢场景,目前针对燃料电池汽车产业这一用氢场景的地方优惠政策总体更为细化,因此本文此处选取三地对燃料电池车的补贴政策进行比较。(如表6所示)

表6 北京、上海、广州针对燃料电池车的补贴政策

地区	文件名	事项	内　容
北京	《北京实施方案》	车辆置换计划	以"宜电则电,宜氢则氢"为推广原则,聚焦冬奥客运、大宗物资运输、渣土运输、港区作业、物流配送、市政环卫、通勤客运、机场快线、公交、乘用车共10类以中远途、中重型为主的应用场景,完成5300辆自主化燃料电池汽车的示范应用 在京津冀区域,往返于各港口至北京的运输线路、重点企业物流专线和以农副产品为重点的生活必需品运输线路上,构建京津冀燃料电池重卡货运走廊,实现氢燃料电池牵引车和载货车的分阶段替换。2021—2025年,共计替换约4400辆(其中牵引车3200辆、载货车1200辆),实现柴油替代约14.5万吨/年,减少碳排放约46万吨/年
	《北京市"十四五"时期能源发展规划》	推广燃料汽车应用	推动建设京津冀燃料电池汽车货运示范专线,到2025年,氢燃料电池牵引车和载货车替换约4400辆燃油车 制定推广新能源车实施方案,大力推动机动车"油换电",推动氢燃料汽车规模化应用。到2025年,全市新能源汽车累计保有量力争达到200万辆
		推动技术攻关	探索氨燃料电池、氨能发动机等关键技术,推动甲醇制氢燃料电池技术攻关及成果应用

续表

地区	文件名	事项	内　容
北京	《北京经济技术开发区关于促进氢能产业高质量发展的若干措施》	支持产业链协同发展	对企业在京津冀燃料电池汽车示范城市群示范期内采购区内单家企业氢能或燃料电池汽车零部件产品(相关零部件产品工业产值须计入经开区),年累计采购金额达到1000万元(含)以上的,按年度实际采购金额的5%给予采购企业资金支持,每家企业每年支持资金最高不超过500万元
		支持燃料电池汽车示范应用	鼓励货运、客运等领域企业采购燃料电池汽车参与示范,对企业在京津冀燃料电池汽车示范城市群示范期内购买燃料电池汽车且纳入北京市燃料电池汽车示范应用项目的,在示范期第一年度至第四年度,分别按照国家奖励资金的40%、30%、20%、10%给予资金支持
		支持关键零部件应用	对燃料电池关键零部件产品应用于国内示范城市群车辆的,按照国家综合评定积分奖励资金的30%给予资金支持
上海	《〈关于支持本市燃料电池汽车产业发展若干政策〉的通知》	财政资金统筹支持力度	2025年年底前,市级财政按照国家燃料电池汽车示范中央财政奖励资金1∶1比例出资
		整车购置奖励	2025年年底前,燃料电池汽车在本市开展示范应用,符合本市有关要求,并取得国家综合评定积分的,本市按照每1积分20万元标准奖励相关车辆生产厂商
		关键零部件奖励	相关企业生产的电堆、膜电极、双极板、质子交换膜、催化剂、碳纸、空气压缩机、氢气循环系统、储氢瓶阀等关键零部件,用于国内示范城市群车辆应用,参照国家综合评定奖励积分,每1积分奖励3万元
		车辆运营奖励	2025年年底前,对每个年度内行驶里程超过2万公里的燃料电池货车、商业通勤客车给予运营奖励,每辆车自取得营运额度起累计最多奖励3个年度。其中,中型卡车(设计总质量12—31吨)每车每年奖励不超过0.5万元,重型卡车(设计总质量超过31吨)每车每年奖励不超过2万元,通勤客车每车每年奖励不超过1万元
		支持公交车运营	支持不少于50辆燃料电池公交车应用。比照同类柴油车成本,对相关车辆增加的综合成本进行补助

续表

地区	文件名	事项	内　容
上海	《上海市加快新能源汽车产业发展实施计划(2021—2025年)》	支持生态主导型企业发展	支持上汽集团发展新能源汽车,至2025年,自主品牌乘用车新能源车型销售占比超过30%,集团新能源汽车销售占比超过20%,实现核心技术自主可控,综合实力国内领先。鼓励国内外技术领先、实力雄厚的企业在沪投资建设整车制造、研发项目
		支持个人使用新能源汽车	完善新能源汽车专用牌照支持政策,自2023年起,对消费者购买插电式混合动力(含增程式)汽车不再发放新能源汽车专用牌照额度。探索在新能源汽车使用环节给予适当支持。消费者将燃油车置换为新能源汽车的,允许其保留持有的非营业性客车额度
		推动公交车示范应用	在不增加公交运营企业负担前提下,积极推动燃料电池公交汽车示范应用,总量不少于50辆
		财税政策支持	用足用好临港新片区重点产业扶持政策,临港新片区内新能源汽车领域相关企业,从事集成电路、人工智能关键领域核心环节相关产品(技术)业务,并开展实质性生产或研发活动,自设立之日起5年内减按15%的税率征收企业所得税
	《上海市减污降碳协同增效实施方案》	推广氢燃料应用	推广零排放重型货车,有序开展中重型货车电动化、氢燃料等示范和商业化运营,开展零排放货车通道试点
中国(上海)自由贸易试验区临港新片区	《关于支持中国(上海)自由贸易试验区临港新片区氢能产业高质量发展的若干政策》	财税政策支持	对临港新片区内符合《中国(上海)自由贸易试验区临港新片区重点产业企业所得税优惠资格认定管理办法》要求的相关领域核心环节生产研发的企业,自设立之日起5年内减按15%税率征收企业所得税。对于符合条件的氢能企业用于生产、研发和经营的银行贷款,给予最高200基点的贷款贴息支持,每年贴息金额规上企业不超过2000万元,规下企业不超过500万元

续表

地区	文件名	事项	内　　容
广州	《广东省加快建设燃料电池汽车示范城市群行动计划(2022—2025年)》	车辆制造补贴	对获得国家综合评定奖励积分1万辆车辆，且不少于5项关键零部件在示范城市群内制造，按照燃料电池系统额定功率补贴3000元/千瓦(单车补贴最大功率不超过110千瓦)
	《广州产业规划》	车辆置换计划	到2025年，公交、环卫领域燃料电池汽车占比不低于30%，燃料电池乘用车实现千辆级规模的商业化推广应用 到2030年，燃料电池动力系统在汽车、轨道交通、船舶、航空等领域的装机量累计超过10万套 依托广汽集团番禺新能源智能生态工厂，打造番禺燃料电池乘用车研发制造基地。2020年开展小批量示范运行(百辆规模)，实现广东省公务用车、出租车、共享租赁等的小批量示范运行。2023年大批量推广应用(千辆规模)，将扩大示范运行区域，逐步向私人用户领域推广应用。2025年后大规模商业化推广(数千辆规模)，将扩大推广应用区域至私人用户领域 支持政府及国有企事业单位公务车辆逐步替换采购或租赁燃料电池汽车；支持燃料电池专用车在环卫、物流等领域规模化应用
	《广州市工业和信息化发展"十四五"规划》	推动氢燃料电池技术发展	发展脱钴动力电池、石墨烯电池、氢燃料电池、下一代电力电子功率器件、分布式驱动控制、制动能量回收系统、多能源动力系统集成、无线充电、动力总成集成控制开发等技术和产品 积极推进新一代氢燃料电池关键材料、碳化硅等核能相关材料、高性能超级电容材料的研发和产业化
	《广州市燃料电池汽车示范应用工作方案(2022—2025年)》	整车购置补贴	示范期内，对投入广州市示范运营的燃料电池汽车进行奖励，按照总量控制、逐步退坡的原则，对符合行驶里程、技术标准并获得国家综合评定奖励积分的燃料电池汽车给予购置补贴 对获得国家综合评定奖励积分，且不少于5项关键零部件在示范城市群内制造的燃料电池汽车，按照燃料电池系统额定功率补贴3000元/千瓦(单车补贴功率不超过110千瓦)

续表

地区	文件名	事项	内容
广州	《广州市燃料电池汽车示范应用工作方案（2022—2025年）》	关键零部件研制奖励	示范期内，对获得国家示范城市群考核“关键零部件研发产业化”积分的企业给予财政资金奖励，参照国家综合评定奖励积分，原则上每1积分奖励5万元，每个企业同类产品奖励总额不超过5000万元
		逐步降低使用成本	对示范期内，符合条件的燃料电池汽车，参照传统燃油车、纯电动汽车，综合考虑购置成本及车型、载重吨、能耗、减排等，适时制定出台在使用环节给予每车每公里0.5—2.5元的综合性补贴政策

四、结语

氢能产业已经成为国家战略性新兴产业，国家与地方均出台多项产业政策鼓励与支持氢能产业的开发与应用。结合以上梳理，我们认为国家氢能政策呈现以下趋势：

· 在“双碳”背景下，相比灰氢和蓝氢，以绿氢技术为核心的装备制造、储运及应用产业更受国家和地方政府的青睐，是新一轮产业政策的主要鼓励对象。

· 政策补贴往上游核心技术开发与氢能基础设施建设集中，对下游消费端的补贴有减弱的趋势。如根据《关于完善新能源汽车推广应用财政补贴政策的通知》的规定，将当前对燃料电池汽车的购置补贴，调整为选择有基础、有积极性、有特色的城市或区域，重点围绕关键零部件的技术攻关和产业化应用开展示范，中央财政将采取“以奖代补”方式对示范城市给予奖励。在技术开发上，国家和地方政策重点支持电堆、膜电极、质子交换膜、碳纸、催化剂、双极板、氢气循环系统、空气压缩机等关键核心技术研发突破，且鼓励公共运输领域实现一定比率的柴油、新能源车替代，为各类核心技术的研发提供更为广阔的验证及应用场景；基础设施建设上，包括北京、上海、广州等核心城市均在氢能规划中提出新建加氢站的具体数量目标，广东省对日加氢能力（按照压缩机每日工作12小时的加气能力计算）500公斤及以上的加氢站给予补贴等。

· 我国氢能产业企业目前集中分布在京津冀、长三角、粤港澳大湾区等区域。

较全国的其他地区,上述三个城市群出台的优惠政策更为体系化和明晰,涉及产业链的多个环节,已经呈现出一定的先发优势。于企业而言,可综合考虑各地不同的政策支持重点与力度,以及当地产业合作伙伴的集聚度等。

(谢雪倩对本文亦有贡献)

氢能产业链中制氢领域的法律合规监管及发展

高 燕[*] 高 雅

[*] 作者简介：

高燕，中伦律师事务所北京办公室公司业务部合伙人，电邮为：gaoyan@ zhonglun. com。

氢能是指氢在物理与化学变化过程中释放的能量，其作为一种来源丰富、绿色低碳、应用广泛的二次能源，正逐步成为全球能源转型发展的重要载体之一，被认为是全球能源转型的重大战略方向。氢能产业链涉及上游制氢—中游储运氢—下游加氢及氢能综合应用等环节。

制氢环节是氢能产业链的上游，亦是关键环节，是整个氢能产业链良好发展的基础。按生产来源划分，氢能源可以分为由化石能源制取的"灰氢"、由化石能源制氢加上碳捕获与封存技术获取的"蓝氢"和由可再生能源(如太阳能、风能、核能)通过电解水等手段获得的"绿氢"三类。其中，"绿氢"因其排放量低且能源转换效率高，成为未来的主要发展方向，是帮助我国实现"碳达峰、碳中和"目标的重要途径。目前，我国已有一定数量的企业抢先布局氢能制造领域，包括国家能源集团、中国石化、华昌化工、隆基股份、东华能源、锦鸿氢源、壳牌①等在内的多家央企、上市公司、知名外资企业等。

本文将从法律合规监管的角度，聚焦氢能产业链的上游制氢领域，简要分析该领域的法律监管目标与现状，并结合域外实践对氢能产业链法律合规监管做出展望。

一、"十四五"新政策中的氢能制造

氢能及氢能制造作为"碳达峰、碳中和"工作中的重要一环，在新能源政策中扮演重要角色。

(一)国家层面：双碳"1+N"中的氢能制造

在近两年出台的能源领域"1+N"政策中，涉及氢能制造的内容主要有以下两方面。一是技术攻关，如集中力量开展低成本可再生能源制氢等技术创新、风电光伏发电制氢示范、制氢系统与光伏耦合技术研究等；二是安全监管，如加强和完善对涉氢特种设备的监管，建立健全氢能政策和制度保障体系，完善制氢

① 参见壳牌(中国)有限公司、张家口市交通建设投资控股集团有限公司：《张家口市交投壳牌新能源有限公司成立，将致力于发展氢能产业链》，载壳牌公司中国官网2020年11月13日，https://www.shell.com.cn/zh_cn/media/press-releases/2020-media-releases/zhangjiakou-city-transport-and-shell-new-energy-co-limited-formed-to-develop-hydrogen-value-chain.html。

标准等。①

同时,在外资准入方面,《鼓励外商投资产业目录》(2022 年版)将氢燃料绿色制备技术(化学副产品制氢、生物制氢、来自可再生能源的电解水制氢等)开发、储存、运输、液化纳入外商投资鼓励类范围,鼓励引入外资先进技术促进制氢产业的快速发展。

(二)地方层面:战略性规划为主

在"十四五"及"碳达峰、碳中和"政策的大背景下,各地的氢能发展意愿高涨、发展势头强劲,北京、河南、吉林、山西、甘肃、山西、湖南等多个省(直辖市)相继出台了地方层面的氢能产业发展规划。然而,各地方政策大多为"十四五"规划相关的战略布局,具体针对氢能制造的专项实施细则较少。从地区分布看,广东、浙江、河北、江苏等地由于氢能产业发展较早,氢能产业政策较为丰富。

整体而言,上述政策主要以宏观性、鼓励性规定为主,下文将进一步从实践视角,梳理分析制氢企业在制氢业务发展过程中适用的具体法律合规监管要求。

二、制氢领域法律合规监管要求

作为氢能发展顶层设计的《氢能产业发展中长期规划(2021—2035 年)》多次提及安全,把安全作为氢能产业发展的内在要求,强调建立健全氢能政策和制度保障体系,完善氢能产业标准,加强全链条安全监管。可见相关安全管理规制是合规监管的主要着眼点。但从具体实践中看,当前氢能产业链、特别是制氢领域的监管仍缺乏统一的专项法规政策来配合诸多顶层设计文件的落实。

(一)制氢法律合规监管体系

1. 国家层面:在危化品框架下监管

2020 年 4 月,国家能源局发布《能源法(征求意见稿)》,明确氢能属于能源范围,为氢能被列入能源范畴进行监督管理奠定了基调。总体来说,目前氢能制造主要需要遵守危险化学品领域的规定。具体见表 1:

---

① 参见《关于完整准确全面贯彻新发展理念做好碳达峰碳中和工作的意见》,中发〔2021〕36 号,2021 年 9 月 22 日;《2030 年前碳达峰行动方案》,国发〔2021〕23 号,2021 年 10 月 24 日;《智能光伏产业创新发展行动计划(2021—2025 年)》,工信部联电子〔2021〕,2021 年 12 月 31 日;《"十四五"现代能源体系规划》,发改能源〔2022〕210 号,2022 年 1 月 29 日;《氢能产业发展中长期规划(2021—2035 年)》,2022 年 3 月 23 日。

表 1 氢能制造主要需要遵守危险化学品领域规定

项目	法律依据	主要内容	备注
总体要求[1]	《安全生产法》	应急管理部门以及交通运输、住房和城乡建设、水利、民航等有关部门在各自的职责范围内分工实施监督管理，对涉及安全生产的事项进行审查批准或者验收	指导氢气生产制造领域的安全监管，如规定相关监管部门
	《能源法（征求意见稿）》	氢能属于能源范围	能源属性
	《危险化学品目录（2022调整版）》	“1648. 氢/氢气”被列为危险化学品	危险化学品属性
企业登记[2]	《公司法》 《市场主体登记管理条例》 《市场主体登记管理条例实施细则》	有危险化学品经营等前置许可经营项目的，需要先取得相应资质后再向登记机关申请相应经营范围的登记	制氢企业经营范围前置要求
生产资质[3]	《危险化学品安全管理条例》 《安全生产许可证条例》 《工业产品生产许可证管理条例》	危险化学品安全生产许可证； 工业产品生产许可证； 危险化学品生产企业安全生产许可证	危险化学品相关资质要求
	《特种设备安全法》	特种设备生产许可证	制氢设备相关资质要求
项目建设[4]	《城乡规划法》 《消防法》 《建筑法》 《建筑工程施工许可管理办法》 《危险化学品安全管理条例》	建设用地规划许可证； 建设工程规划许可证； 建设工程施工许可证； 特殊工程消防设计审查； 危险化学品生产、储存的建设项目相关安全审查； 竣工验收备案	审批流程基本可参照一般建设项目的相关规定

续表

项目	法律依据	主要内容	备注
项目建设	《化工园区建设标准和认定管理办法(试行)》	入园项目评估与审批(发展改革、工业和信息化主管部门); 环境影响评价(生态环境主管部门); 整体性安全风险评价(应急管理部门)	需建在化工园区中的制氢厂,还要遵守相关化工园区建设标准和管理规定

[1] 参见《安全生产法》(2021 年修正),中华人民共和国主席令第 88 号,2021 年 9 月 1 日;《能源法(征求意见稿)》,国家能源局,2020 年 4 月 10 日;《危险化学品目录(2022 调整版)》,2015 年 2 月 27 日。

[2] 参见《公司法》,中华人民共和国主席令第 15 号,2018 年 10 月 26 日;《市场主体登记管理条例》,国务院令第 746 号,2022 年 3 月 1 日;《市场主体登记管理条例实施细则》,国家市场监督管理总局令第 52 号,2022 年 3 月 1 日。

[3] 参见《危险化学品安全管理条例》,国务院令第 344 号,2013 年 12 月 7 日;《安全生产许可证条例》,国务院令第 397 号,2014 年 7 月 29 日;《工业产品生产许可证管理条例》,国务院令第 440 号,2005 年 9 月 1 日;《特种设备安全法》,中华人民共和国主席令第 4 号,2014 年 1 月 1 日。

[4] 参见《城乡规划法》,中华人民共和国主席令第 29 号,2019 年 4 月 23 日;《消防法》,中华人民共和国主席令第 81 号,2021 年 4 月 29 日;《建筑法》,中华人民共和国主席令第 29 号,2019 年 4 月 23 日;《建筑工程施工许可管理办法》,住房和城乡建设部令第 42 号,2021 年 3 月 30 日;《危险化学品安全管理条例》,国务院令第 344 号,2013 年 12 月 7 日;《化工园区建设标准和认定管理办法(试行)》,工信部联原〔2021〕220 号,2021 年 12 月 28 日。

总体而言,国家层面对制氢领域的法律合规监管主要是在危化品监管框架下进行。

2. 地方层面:个别地区出台专项规定

目前国家层面暂无关于制氢监管的专项统一规定,但部分省市近年来已陆续发布了一些具体要求。例如,河北省张家口市自 2015 年被设立为国家级可再生能源示范区以来形成了较为完备的氢能产业规划政策体系,主要政策包括《张家口市加氢、制氢企业投资项目核准和备案实施意见》《张家口市支持氢能产业发展的十条措施》《张家口市氢能产业安全监督和管理办法》等;山西省大同市印发《大同市氢能产业安全监督和管理实施意见(试行)》,规范大同市氢能产业安全监督和管理;江苏省无锡市应急管理局印发《无锡市氢能企业安全管理暂行规定》

（2022 年 1 月 18 日印发，2022 年 2 月 1 日施行，2022 年 5 月 5 日公开发布），更为详细地对氢能制造领域的管理提出明确要求。以下将简要梳理上述 3 个地区的制氢相关规定。

（1）监管模式和监管主体（如表 2 所示）

表 2 监管模式和监管主体

地区	法律依据	监管模式	监管主体
河北省张家口市	《张家口市氢能产业安全监督和管理办法》	①制氢项目按照注册属地原则，由县（区）核准或备案 ②对于氢能装备制造企业实现行政审批"一站式"服务 ③对于制氢储氢项目按照单一项目实施安全监管，列入县区批准的新能源产业园区	行政审批、市场监管、生态环境、交通运输、住建、城市管理、应急管理等 13 个相关监督管理部门
山西省大同市	《大同市氢能产业安全监督和管理实施意见（试行）》	①大同市行政区域内建设的制氢固定资产投资项目建设必须符合大同市氢能产业总体规划要求，按照行业发展规划管理 ②涉氢企业投资建设项目应当依法履行项目核准或者备案及其他相关手续，并依法办理城乡规划、土地使用、环境保护、资源利用、安全生产、消防等相关手续	①市、县（区）应急管理局：对氢能生产企业负有安全监管职责，对企业主体安全责任的落实情况进行监督、监管 ②市、县（区）行政审批局：具体实施行政区域内的制氢项目建设立项、选址、用地、规划、施工许可、安全、环保等各项审批，核发氢能生产、储存、经营、运输企业营业执照
江苏省无锡市	《无锡市氢能企业安全管理暂行规定》	①在本市投资建设氢能产品生产项目，应当充分考虑本市氢能产业发展规划要求，依法履行项目核准或者备案，以及城乡规划、土地使用、生态环境、资源利用、安全生产、消防、特种设备等相关手续 ②氢能产品生产企业，应当按照规定依法领取危险化学品生产企业安全生产许可证	明确了 8 个部门的安全生产监督管理职责，与制氢相关的包括： ①市应急管理部门：对新建、改建、扩建生产建设项目进行专家安全审查，以及安全设施竣工验收监督核查工作 ②市自然资源规划局：项目选址和规划许可技术审查 ③市住房城乡建设部门：项目施工许可审查；项目消防设计审查、验收、备案和抽查；氢能建筑工程的质量管理

续表

地区	法律依据	监管模式	监管主体
			④市行政审批局：氢能建设工程项目立项审批（核准、备案）、施工许可审批；新建、改建、扩建生产建设项目安全审查申请的受理和审查意见书的核发 ⑤市市场监管部门：特种设备监管

（2）具体要求

以江苏省无锡市为例，以公布较完整、规定较详细的《无锡市氢能企业安全管理暂行规定》为依据，企业在无锡市开展氢能制造相关业务，应遵照执行以下规定（见表3）。

表3　企业应遵照执行规定

内容	法律依据	具体要求
投资建设项目	《无锡市氢能企业安全管理暂行规定》第3条	依法履行项目核准或者备案，以及城乡规划、土地使用、生态环境、资源利用、安全生产、消防、特种设备等相关手续
	《无锡市氢能企业安全管理暂行规定》第9条	新建、改建、扩建氢能建设工程项目的安全设施，必须与主体工程同时设计、同时施工、同时投入生产和使用，并采用自动化、信息化手段提升本质安全水平
		新建、改建、扩建氢能产品生产建设项目，应当依法办理危险化学品建设项目安全审查手续
企业资质	《无锡市氢能企业安全管理暂行规定》第6条	应当按照规定依法领取危险化学品生产企业安全生产许可证
企业安全生产要求	《无锡市氢能企业安全管理暂行规定》第4条	应当具备《安全生产法》等有关法律法规和国家标准或者行业标准规定的安全生产条件，建立健全全员安全生产责任制和安全生产规章制度，落实安全生产主体责任，加强安全生产标准化建设，确保安全生产
	《无锡市氢能企业安全管理暂行规定》第6条	应当依法对本企业的安全生产条件每3年进行一次安全评价

续表

内容	法律依据	具体要求
企业安全生产要求	《无锡市氢能企业安全管理暂行规定》第 7 条	应当依照法律、法规规定设置安全生产管理机构或者配备专兼职安全生产管理人员，依照有关规定设置安全总监
	《无锡市氢能企业安全管理暂行规定》第 8 条	企业主要负责人和安全生产管理人员，应当具备相应的安全生产知识和管理能力，并经考核合格。涉及的特种作业人员、特种设备操作人员，必须按照国家有关规定经专门的安全作业培训，取得相应资格后方可上岗作业
	《无锡市氢能企业安全管理暂行规定》第 10 条	企业构成危险化学品重大危险源的，应当依法对重大危险源进行辨识、评估、登记建档、备案、核销和安全管理，建立并执行包保责任制，建立安全监测监控体系并接入无锡市重大危险源监测预警系统
	《无锡市氢能企业安全管理暂行规定》第 11 条	建立安全风险分级管控机制，按照《江苏省工业企业安全生产风险报告规定》报告安全生产风险
	《无锡市氢能企业安全管理暂行规定》第 12 条	依照有关法律法规和国家标准或者行业标准的规定，结合氢能产品泄漏爆炸风险管控措施，建立隐患排查治理机制
	《无锡市氢能企业安全管理暂行规定》第 13 条	制定氢能产品应急救援预案，并至少每半年组织一次应急预案演练

（二）初步结论

1. 法律合规监管现状

结合前述监管要求，涉及制氢业务的法律合规监管规定主要有以下两方面特征：一是监管主体方面，无论是国家层面的法律法规，还是地方层面的规定，均为行政审批、市场监管、生态环境、交通运输、住建、城市管理、应急管理等多个相关部门按照职责分工合作，联合进行制氢领域的监管。二是企业资质方面，制氢企业应取得危险化学品安全生产许可证、工业产品生产许可证、特种设备许可证、危险化学品生产企业安全生产许可证等，并且需在工商登记中的经营范围里明确体现制氢业务。

2. 监管归属模糊:危化品监管体系还是能源监管体系?

如前所述,在现有法律框架内,制氢领域乃至氢能管理应遵守危险化学品管理体系。这可能导致管理部门不统一、审批手续不明确、标准检测障碍和市场准入壁垒等问题,给氢能产业链发展造成阻力。2022 年出台的《氢能产业发展中长期规划(2021—2035 年)》虽然明确了氢能的战略定位,但仍存在监管归属模糊的问题,即没有明确主要监管责任部门以及具体监管方式。

2023 年 3 月,国家能源局综合司印发《2023 年能源行业标准计划立项指南》(国能综通科技〔2023〕20 号),其中"新型储能、氢能"将作为一个单独的专业方向,氢能的基础与安全、氢制备、氢储存和输运、氢加注、氢能应用和其他等方面将作为重点方向进行标准计划立项。这也在一定程度上体现了国家监管机构对氢能管理方向的态度。

3. 监管政策空白地带较多

虽然"十四五"前后相关氢能政策大批涌现,支持性政策为氢能产业链发展保驾护航,但仅凭规划类的宏观文件无法具体解决现存制度层面的缺失,尚需对产业规制法规进行衔接填补与系统梳理。结合上述梳理和分析,目前国家层面和地方层面的监管规定中,专门针对制氢(乃至整体氢能领域)的空白之处较多,存在监督责任主体分散、制氢业务开展过程中相关资质许可要求不明确以及制氢标准体系规定不足等问题,企业如希望开展制氢业务,可能因制度不明确导致合规风险。因此,对于制氢领域的发展,有待在监管法规制度层面进一步完善。

三、国外制氢领域监管经验与发展方向

(一)国外制氢领域监管政策概览

在全球性的新能源发展浪潮下,作为公认的"未来能源",氢能产业在各国都有着诸多政策支持,基于氢能发展的先发优势,欧美日韩等国的相关法规较为健全,或可为我国制氢领域监管提供思路借鉴。例如,欧洲更新制定的"共利项目"(PCI)清单中规定了氢能相关项目获资金支持或快速通道许可的资格,此外,为给氢能开发腾出空间,还取消了天然气项目的该种资格。再如,韩国的《促进氢经济和氢安全管理法》,作为全球首部氢法,该法对制氢监管做出了详细规定,包括对氢安全专门机构、制氢用品的经营许可、制氢项目的申报审批、氢用品制造设施的

完工检验等的要求。

(二)我国发展方向展望

虽然国外制氢领域监管可供借鉴之处众多,但考虑到各国资源禀赋、能源品种发展成熟度、氢能发展诉求存在较大差异,我国目前发展氢能产业、制定相关规范仍需从自身实际出发。

一方面,氢能监管可采用或兼采能源监管体系,打破危化品管理单一模式对企业发展的束缚。另一方面,可尽快出台针对氢能产业链发展分环节的具体规定和办事指引,细化监管方式与监管责任等,从法律监管层面推动氢能产业的发展。例如,在监管方式上可以学习欧盟的“共利项目”管理模式,打造跨地域、跨部门的制氢项目审批绿色通道;在监管责任上,可考虑设立专门的政府机构专职负责。

综上所述,本文从氢能产业链中制氢环节切入,简析其相关法律合规监管要求。从宏观政策角度看,氢能作为未来新能源发展的重要领域,其战略目标于近两年政策中得到了强调,发展势头向好,但在相关领域具体监管中仍存在诸多空白亟待填补,可借鉴外国的成熟经验,助推氢能产业链的稳定发展。

(时悦对本文亦有贡献)

新能源的次时代风向标
——氢燃料电池产业概述

丁 恒*

* 作者简介：
丁恒，中伦律师事务所上海办公室公司业务部合伙人，电邮为：dingheng@ zhonglun. com。

清洁能源和生态环境是当下全球热点话题之一,两会召开以来,“碳达峰”“碳中和”成为国家的重点工作,“十四五”规划已将推动绿色低碳发展列入重点任务。在众多的新能源形式中,全球主要国家陆续把发展氢能提升到能源发展的重要战略位置。就氢能的商业化利用方面,氢燃料电池因其燃料可并入生态圈在自然界中循环再生而被视为最具成长潜力的清洁能源形式,抓住氢燃料电池的发展也成为引领新能源发展、转型的关键节点。

虽然当前氢燃料电池的整个相关行业仍处于初期起步阶段,但氢燃料电池性能的优秀之处不容否认。对比发动机、铅酸电池、锂离子电池和燃料电池这四种动力系统,氢燃料电池汽车可以真正实现零排放,还综合了续航长、加氢快、热值高、噪声低等诸多优点,被视为新能源汽车领域的终极方案。我国每年产氢约超过 4100 万吨,是世界第一产氢国,具有全球最大规模的氢能源,因此,氢燃料电池的使用具有极大待开发潜力。①

一、国家及地方产业支持政策

我国高度重视氢燃料电池产业的发展,一系列的产业政策及国家各部门、各地区的相关规定均从宏观政策层面引导氢燃料电池产业的发展,对关键技术的研发给予支持,并以财政补贴、税收减免等方式多方面、多角度推动氢燃料电池技术和氢燃料电池汽车行业的发展。其中,部分主要政策的内容如表 1 所示:

表 1　我国关于氢燃料电池产业的部分主要政策

地域	政策名称	发布日期	颁布部门	主要内容
国家	《关于 2016—2020 年新能源汽车推广应用财政支持政策的通知》(财建〔2015〕134 号)	2015 年 4 月 22 日	财政部、科学技术部、工业和信息化部、国家发展和改革委员会	中央财政对购买新能源汽车(纯电动汽车、插电式混合动力汽车和燃料电池汽车)的消费者给予补助。其中燃料电池乘用车的补助标准为 20 万元/辆;燃料电池轻型客车、货车的补助标准为 30 万元/辆;燃料电池大中型客车、中重型货车的补助标准为 50 万元/辆

① 参见《我国氢能产量全球第一　可再生能源制氢有望在 2030 年实现平价》,载新浪财经网,https://finance.sina.com.cn/chanjing/cyxw/2021-04-22/doc-ikmyaawc1092680.shtml。

续表

地域	政策名称	发布日期	颁布部门	主要内容
国家	《关于完善新能源汽车推广应用财政补贴政策的通知》(财建〔2020〕86号)	2020年4月23日	财政部、科学技术部、工业和信息化部、国家发展和改革委员会	将当前对燃料电池汽车的购置补贴,调整为选择有基础、有积极性、有特色的城市或区域,重点围绕关键零部件的技术攻关和产业化应用开展示范,中央财政将采取"以奖代补"方式对示范城市给予奖励。争取通过4年左右时间,建立氢能和燃料电池汽车产业链,关键核心技术取得突破,形成布局合理、协同发展的良好局面
	《关于开展燃料电池汽车示范应用的通知》(财建〔2020〕394号)	2020年9月16日	财政部、工业和信息化部、科学技术部、国家发展和改革委员会、国家能源局	对燃料电池汽车的购置补贴政策,调整为燃料电池汽车示范应用支持政策,对符合条件的城市群开展燃料电池汽车关键核心技术产业化攻关和示范应用给予奖励,形成布局合理、各有侧重、协同推进的燃料电池汽车发展新模式。示范期暂定为4年,示范城市群采取地方自愿申报、专家评审方式确定
	《关于印发〈新能源汽车产业发展规划(2021—2035年)〉的通知》(国办发〔2020〕39号)	2020年10月20日	国务院办公厅	力争经过15年的持续努力,燃料电池汽车实现商业化应用,高度自动驾驶汽车实现规模化应用,充换电服务网络便捷高效,氢燃料供给体系建设稳步推进,有效促进节能减排水平和社会运行效率的提升
长三角	《长三角氢走廊建设发展规划》	2019年5月24日	长三角区域合作办公室	上海、南通、如皋在2025年规划联合完成10条氢能高速公路、200座加氢站的建设,并合计推广5万辆燃料电池汽车

续表

地域	政策名称	发布日期	颁布部门	主要内容
北京	《关于印发〈北京市氢燃料电池汽车产业发展规划（2020—2025年）〉的通知》	2020年10月29日	北京市经济和信息化局	2023年前，做好冬奥会和冬残奥会重大示范工程保障，培育3—5家具有国际影响力的氢燃料电池汽车产业链龙头企业，力争推广氢燃料电池汽车3000辆、建成加氢站37座，氢燃料电池汽车全产业链累计产值突破85亿元
广州	《关于印发广州市氢能产业发展规划（2019—2030年）的通知》（穗发改〔2020〕67号）	2020年7月3日	广州市发展和改革委员会	到2022年，完成氢能产业链关键企业布局，落实一批核心技术研发项目，推动氢能基础设施建设及示范应用。环卫领域新增、更换车辆中燃料电池汽车占比不低于10%；公交、物流、工程服务、仓储、港口等领域燃料电池汽车示范运行不低于3000辆；燃料电池乘用车在公务用车、出租车、共享租赁等领域示范应用达到百辆级规模。氢能及燃料电池在电力、热力等领域实现示范应用。建设绿色氢电综合调峰示范应用电站1座，建成加氢站不少于30座。氢能产业实现产值预计200亿元以上
上海	《关于印发〈上海市推进新型基础设施建设行动方案（2020—2022年）〉的通知》（沪府〔2020〕27号）	2020年4月29日	上海市人民政府	适度超前布局燃料电池汽车终端设施，3年内建设20个左右加氢站，力争氢燃料电池汽车商业化率先应用落地
山东	《关于印发〈山东省新能源产业发展规划（2018—2028年）〉的通知》（鲁政字〔2018〕204号）	2018年9月17日	山东省人民政府	把积极推动氢能与燃料电池核心技术突破作为山东省超前布局先导产业、抢占能源技术制高点的重点任务。到2028年，全省氢能产业产值力争突破500亿元。以济南、青岛、潍坊为重

续表

地域	政策名称	发布日期	颁布部门	主要内容
				点，立足前沿、打造尖端，综合推广利用氢能源
江苏	《关于印发〈江苏省氢燃料电池汽车产业发展行动规划〉的通知》（苏工信产业〔2019〕513号）	2019年8月27日	江苏省工业和信息化厅、江苏省发展和改革委员会、江苏省科学技术厅	至2021年，产业规模与技术水平处于全国领先地位，产业政策体系逐步建立，技术标准持续完善，示范应用不断扩大，初步建立完整的氢燃料电池汽车产业体系，成为我国氢燃料电池汽车发展的重要基地。产业规模持续扩大。氢能及氢燃料电池汽车相关产业主营收入达到500亿元，整车产能超过2000辆，电堆产能达到50万kW以上
武汉	《关于印发〈武汉市氢能产业突破发展行动方案〉的通知》（武政办〔2020〕88号）	2020年9月14日	武汉市人民政府办公厅	强化氢能产业基础研发，突破燃料电池膜电极、燃料电池电堆、燃料电池发动机系统、整车系统集成与控制、常温常压有机液态储氢等关键环节，在氢能产业领域形成国内领先的关键核心技术。力争燃料电池系统的额定功率达到120kW，燃料电池堆功率密度达到4.5kW/L，燃料电池汽车纯氢续驶里程达到500公里，集聚一批国家、省、市级氢能与燃料电池研发和检测、认证机构
成都	《成都市氢能产业发展规划（2019—2023年）》（成氢新汽办〔2019〕2号）	2019年7月8日	成都市氢能暨新能源汽车产业推进工作领导小组办公室	到2023年，全市在客车、物流车、环卫车、出租车、公务车、共享汽车等领域推广应用燃料电池汽车2000辆以上；建设燃料电池有轨电车示范线2条，示范线路总长30公里以上；燃料电池在无人机、分布式能源、船舶、各类电源等领域开展示范应用；建设覆盖全域成都的加氢站30座以上

总体而言，目前国内氢燃料电池系统的下游应用场景主要集中在氢燃料电池汽车行业，且氢燃料电池企业的发展高度依赖于氢燃料电池汽车行业的产业支持政策及补贴政策。因此，在投资和开展氢燃料电池产业业务时，需要对国家及地方层面的相关产业政策的具体内容及影响进行详细评估。

二、产业链概况

氢能产业链，包括上游制氢、中游储运及下游应用。而进一步扩展至下游应用中的车用燃料电池产业，产业链上游主要为膜电极、双极板、各类管阀件与传感器、车载高压储氢瓶等发动机零部件生产制造行业，产业链中游主要为燃料电池发动机系统及电堆集成行业，产业链下游主要为燃料电池整车制造行业[①]。车用燃料电池产业链结构见图 1。

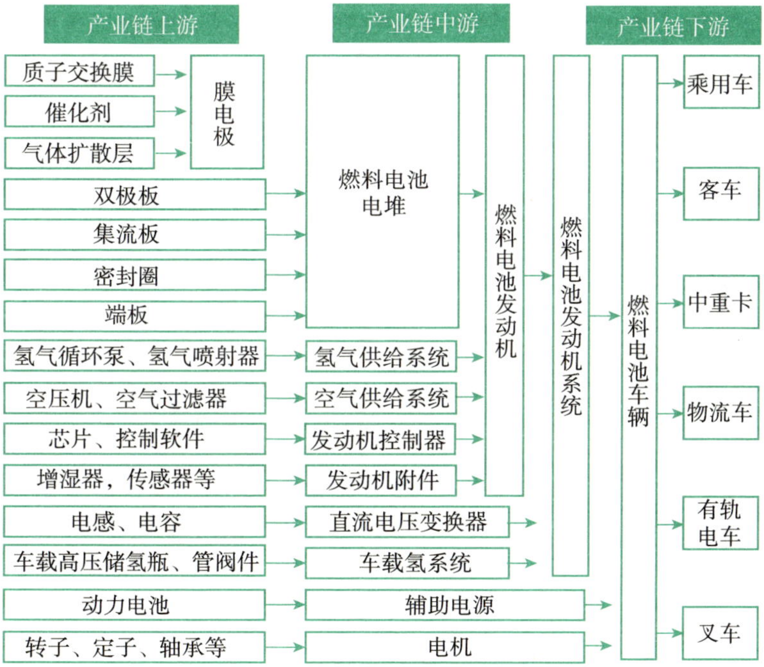

图 1　车用燃料电池产业链

数据来源：北京亿华通科技股份有限公司招股说明书。

---

① 参见北京亿华通科技股份有限公司：《首次公开发行股票并在科创板上市招股说明书》，载巨潮资讯网，http://static. cninfo. com. cn/finalpage/2020-08-04/1208120188. PDF。

三、外资限制

在新能源汽车整车制造方面,《外商投资准入特别管理措施(负面清单)》(2018年版)正式取消了新能源汽车制造的外资股比限制。此后,根据《外商投资准入特别管理措施(负面清单)》(2020年版),除专用车、新能源汽车、商用车外,汽车整车制造的中方股比不低于50%,同一家外商可在国内建立两家及两家以下生产同类整车产品的合资企业(2022年取消乘用车制造外资股比限制以及同一家外商可在国内建立两家及两家以下生产同类整车产品的合资企业的限制)。而在《外商投资准入特别管理措施(负面清单)》(2021年版)中已无针对汽车整车制造的外资股比限制。

而在新能源汽车零部件制造方面,根据《鼓励外商投资产业目录(2022年版)》,燃料电池汽车及其关键零部件、燃料电池的研发与制造列为鼓励类项目。具体如表2所示。

表2 《鼓励外商投资产业目录2022年版》相关内容展示

《鼓励外商投资产业目录(2022年版)》序号		内 容
全国鼓励外商投资产业目录	(十九)汽车制造业 274.汽车发动机制造及发动机研发机构建设	燃料电池和混合燃料等新能源发动机
	(十九)汽车制造业 277.新能源汽车关键零部件研发、制造	燃料电池发动机(质量比功率≥350W/kg)、燃料电池堆(体积比功率≥3kW/L)、膜电极(铂用量≤0.3g/kW)、质子交换膜(质子电导率≥0.08S/cm)、低铂催化剂、碳纸(电阻率≤3mΩ·cm)、空气压缩机、氢气循环泵、氢气引射器、增湿器、燃料电池控制系统、升压DC/DC、70MPa氢瓶、车载氢气浓度传感器
	(二十一)电气机械和器材制造业 313.高技术绿色电池制造	燃料电池
中西部地区外商投资优势产业目录	山西省 19.汽车零部件制造	燃料电池系统及零部件

实践中,已有不少氢燃料电池企业与外国公司通过设立合资公司等方式开展合作。如潍柴动力股份有限公司(以下简称潍柴动力)与全球氢燃料电池领军企业巴拉德(Ballard)成立潍柴巴拉德氢能科技有限公司(以下简称潍柴巴拉德,潍柴动力持股 51%),由潍柴巴拉德与加拿大巴拉德动力系统有限公司(以下简称加拿大巴拉德)联合开发下一代质子交换膜燃料电池电堆,以及应用于客车、商用卡车和叉车的下一代质子交换膜燃料电池模组。潍柴巴拉德为联合开发提供工程服务、市场需求信息等相关支持,加拿大巴拉德为联合开发提供技术研发服务①。除潍柴动力外,国鸿氢能也与巴拉德合资成立了广东国鸿巴拉德氢能动力有限公司(国鸿氢能持股 90%)从事电池堆生产经营,并向巴拉德独家采购膜电极。

四、国内主要氢燃料电池企业的布局

虽然国内氢燃料电池产业链逐步完善,技术水平正在迅速提高,但多数企业仍然需要通过与国外企业的合作来进一步完善产业链和技术。同时,国内氢燃料电池产业的发展也引起了国外资本和技术的广泛关注。国内企业之间及国际的合资公司设立、产业链合作、战略投资等节奏也不断加快。部分具有行业影响力的投资案例介绍如下。

(一)合资、并购

除上文提到的设立合资公司的模式外,还有国内企业认购国外企业股份的模式。如美锦能源进一步受让佛山市汽车运输集团有限公司持有的佛山飞驰汽车制造有限公司 15%股权,从而合计拥有 51.2%的股权。潍柴动力认购巴拉德 19.9%股权成为巴拉德第一大股东,达成战略合作协议,同时支付 9000 万美元获得巴拉德下一代燃料电池电堆在中国独家生产和组装权利。此外,雪人股份投资 1.3 亿元收购意大利的压缩机知名品牌“Refcomp”(莱富康)公司的资产,掌握了压缩机设计和制造的核心技术,此后,该公司旗下的并购基金投资 4 亿元收购瑞典 OPCON 核心业务两大子公司 SRM 和 OES100%股权,获得先进的螺杆膨胀发

① 参见长江证券:《燃料电池系列报告之一:燃料电池步入快车道,产业链优质环节迎发展机遇》,载新浪财经网,https://finance.sina.com.cn/stock/stockzmt/2021-06-14/doc-ikqcfnca0985777.shtml。

电机技术和氢燃料电池空气循环系统核心技术，正式介入氢能领域①。

（二）技术授权、战略合作

例如，亿华通与北汽福田、丰田汽车签署合作备忘录，三方合作开发燃料电池大巴作为北京 2022 年冬奥会用车。鲍斯股份与雄韬股份、华熵能源签订《战略合作三方协议》，三方将充分发挥自身优势，共同打造氢燃料电池汽车用的空压机、回氢泵等产品，并为新平台的良好发展提供帮助②。此外，大洋电机在 2016 年认购巴拉德 9.9%股份，2017 年获得巴拉德氢燃料电池技术授权，快速切入氢能产业链中游环节，向东风特汽、中通客车、上汽大通、北汽福田、佛山飞驰等客户供应氢燃料电池③。

五、环保问题

（一）关于污染物的排放

氢燃料电池在生产过程中主要涉及的污染物包括含铅废渣、含铅废水、含铅（尘）烟气、含铅（尘）废气、含酸废水及酸雾等。对于各类废水、废气、固废、噪声的处理，氢燃料电池生产企业应当采取有效的防治措施或委托有处理资质的企业统一处理，使污染物的排放可以满足法律法规以及相关标准的要求。

另外，我国依法实行排污许可管理制度。根据《固定污染源排污许可分类管理名录（2019 年版）》第 2 条第 1 款的规定，“国家根据排放污染物的企业事业单位和其他生产经营者污染物产生量、排放量、对环境的影响程度等因素，实行排污许可重点管理、简化管理和登记管理”。其中，氢燃料电池制造行业属于排污许可简化管理的范畴。因此，氢燃料电池的生产企业应当根据《环境保护法》《排污许可管理条例》等相关规定的要求取得排污许可资质。

---

① 参见民生证券：《燃料电池行业深度报告：产业化进程加速，国内供应商将充分受益》，载东方财富网 2020 年 11 月 2 日，https://data.eastmoney.com/report/zw_industry.jshtml?infocode=AP202011021425672233。

② 参见民生证券：《燃料电池行业深度报告：产业化进程加速，国内供应商将充分受益》，载东方财富网 2020 年 11 月 2 日，https://data.eastmoney.com/report/zw_industry.jshtml?infocode=AP202011021425672233。

③ 参见中泰证券：《燃料电池行业 2021 年年度策略：产业化提速，关注电堆系统及关键零部件国产化机会》，载东方财富网 2021 年 1 月 22 日，https://data.eastmoney.com/report/zw_industry.jshtml?encodeUrl=/MuR7uVzDXZh1qqtJYXe9vXa2QrXwNlOKpmnuA3pyvQ=。

根据《排污许可管理条例》第 33 条、第 34 条，对于未取得排污许可证排放污染物或超出许可排放浓度、许可排放量排放污染物的排污单位，由生态环境主管部门责令改正或者限制生产、停产整治，处 20 万元以上 100 万元以下的罚款；情节严重的，吊销排污许可证，报经有批准权的人民政府批准，责令停业、关闭。

（二）关于环境影响评价

根据《建设项目环境影响评价分类管理名录（2021 年版）》的规定，氢燃料电池的生产属于应当制作环境影响报告表的建设项目。因此，企业在开工建设前应对氢燃料电池生产建设项目编制环境影响报告表，并经设区的市级以上人民政府生态环境主管部门审批。

根据《环境影响评价法》第 31 条的规定，建设单位未依法报批建设项目环境影响报告表，或者未依照本法第 24 条的规定重新报批或者报请重新审核环境影响报告表，擅自开工建设的，由县级以上生态环境主管部门责令停止建设，根据违法情节和危害后果，处建设项目总投资额 1%以上 5%以下的罚款，并可以责令恢复原状；对建设单位直接负责的主管人员和其他直接责任人员，依法给予行政处分。

六、结语

在“碳中和”“碳达峰”大背景下，氢燃料电池在国家政策的大力支持下有着较大的发展空间。但是目前关于氢燃料电池产业的相关规定主要停留在国家及各地区的政策文件中，因此，具体的法律法规及监管体系有待进一步完善，产业链中的各个参与者的合规建设也有待进一步加强。

2. 新能源电动汽车热点

新能源汽车产业跨境知识产权交易框架设计与关键条款安排

张　鹏*

* 作者简介：

张鹏，中伦律师事务所南京办公室高级顾问，电邮为：zhangpeng@ zhonglun. com。

2018 年 7 月 10 日,在中德两国总理的见证下,长城汽车股份有限公司(以下简称长城汽车)与宝马(荷兰)控股公司(以下简称宝马)于柏林签署合资经营合同,双方拟在中国共同设立合资公司"光束汽车有限公司"(以下简称合资公司),并在新能源汽车领域开展深度合作。据报道,该合资项目是宝马在全球范围内首个纯电动车合资项目,也是长城汽车国际化战略的重要安排。长城汽车与宝马的本次合作,建立在双方多轮沟通、互惠互利的基础上,双方通过在品牌建设、管理体系、生产制造和技术研发等多方面的深度合作,聚焦新能源汽车领域,面向全球市场开发新一代纯电动汽车,进一步加快双方的全球化进程和新能源领域发展步伐。在该跨境交易项目中,笔者团队作为长城汽车的独家法律顾问为双方合作提供全程法律服务,从方案设计、所有项目文件起草、审阅和修改、商务谈判、信息披露等方面提供了全方位的法律支持和协助。笔者结合该项目以及其他项目就知识产权交易内容进行总结梳理,在不涉及具体项目商业安排的前提下,共同探讨跨境交易中知识产权部分的框架设计与关键条款安排。

一、知识产权在跨境交易中的关键作用

随着知识经济的深入推进,知识产权已经成为企业发展的战略性资源和核心竞争力,也成为跨境交易的主要内容,在跨境交易中发挥着关键作用。

一方面,知识产权日益成为以合资为例的跨境交易的主要考虑内容。由于无形资产的价值日益提升,甚至在一定程度上超过了有形资产,所以,"大多数投资者认同技术与创新不仅已经改变商业的运行,而且代替了其赖以生存的基础"①。从而,"外资法上的资本构成,一般除包括现金、设备、机器、土地、厂房、交通运输工具等有形资产外,还包括专利权、商标权、技术资料、专有技术、劳务等无形资产"②。对于合资项目而言,基于知识产权所具有的经济价值和巨大利益,应当在交易框架设计、交易条款安排等方面予以重点关注,结合交易谈判策略,保障核心利益的实现和合资双方的互利共赢。

另一方面,知识产权具有客体非物质性,从而其在跨境交易中成为重要难点。

---

① Bruce Berman(ed.), *From Ideas to Assets: Investing Wisely in Intellectual Property*, New York: John Wiley & Son, Inc, 2002, p. xxv. 转引自张乃根:《国际投资相关知识产权及其争端解决》,载《法治研究》2020 年第 1 期。

② 姚梅镇:《国际投资法》(第 3 版),武汉大学出版社 2011 年版,第 105 页。

知识产权具有客体非物质性，作为其保护客体的“知识产品”不像有形财产那样边界明确，从而在跨境交易中成为重要难点。由于知识产权客体具有非物质性，其价值缺乏统一的客观评价机制；加上知识产权通常没有同种类物可以比较，不像我们从市场中购买的有形财产那样可以有相对一致的种类物价格，知识产权价值难以完全客观地加以评价。知识产权的价值随着技术研发的推进、相关产品的迭代、市场情况的变化而动态变化，难以给出稳定的价值评价，就知识产权的利益分享需要设计相应的机制。与此同时，由于知识产权客体具有非物质性，其法律风险相对于有形资产而言更高。以技术秘密为例，技术秘密一旦泄露（包含非法泄露），那么很难通过法律手段“恢复原状”。其他知识产权类型同样如此，其在研发活动开展、中试小试进行、产品生产销售等过程中，面临相关信息泄露、知识产权被侵权或者自身产品侵犯他人知识产权的法律风险，需要在跨境交易设计之初通过条文加以明确，以避免未来法律风险出现时各方利益不同难以达成一致，从而影响交易行为进一步开展。

二、跨境知识产权交易的框架设计

跨境知识产权交易的实务操作中，需要知识产权律师和交易律师、交易主体商务团队相互配合，首先要明确包括知识产权交易在内的整体跨境交易的总体框架。

一方面，知识产权尽职调查是确定跨境交易目标与策略的前提。在跨境交易开始之初甚至开始之前，有必要开展全面的知识产权尽职调查，“摸清家底”，确定我方和交易对方的知识产权实力状况，结合各自知识产权实力状况明确跨境交易的目标，探讨如何通过跨境交易实现技术合作、技术共享与技术提升，从而确定跨境知识产权交易的基本策略。通常来说，针对有利于未来技术改进者和赶超者、当下技术先进者与优势者在跨境知识产权交易总体框架方面存在不同的需求，需要首先通过尽职调查的方式明确我方属于哪种类型以及与交易对方处于何种对比态势。针对未来技术改进者和赶超者而言，更多关注的是“前景知识产权”（Future IP 或者 Forward IP）的归属与“背景知识产权”（Background IP）的使用空间；针对当下技术先进者与优势者，更多关注的是“当前知识产权”带来的收益权与“未来知识产权”的共同享有。

另一方面,知识产权交易需要服务于和服从于整体跨境交易的目标,同时需要考虑知识产权交易自身的特点和需求。知识产权交易是整体跨境交易的组成部分,有的时候需要在整体跨境交易谈判中做出牺牲换取砝码,有的时候需要在整体跨境交易谈判中予以坚持保障核心利益。这一过程中,就需要知识产权律师、交易律师、交易主体商务团队进行充分的内部沟通,根据共同确定的整体跨境交易总体目标,明确谈判过程中可以采取的最优立场、中等立场、底线立场,确定谈判策略,必要时在交易过程中“丢车保帅”,避免在整体交易过程中“丢了西瓜捡芝麻”。特别需要注意的是,通常情况下交易各方的知识产权律师、交易律师、交易主体商务团队会分别进行知识产权、交易法务、交易商务等层面的谈判,建议务必保障我方知识产权律师、交易律师、交易主体商务团队之间信息实时共享,确保知识产权律师、交易律师、交易主体商务团队之间实现谈判立场的协调与谈判策略的配合。

三、跨境知识产权交易的关键条款

在确定跨境知识产权交易的整体框架后,需要拟定跨境知识产权交易的关键条款。这些条款包括:知识产权范围的确定与分类、知识产权权利归属、知识产权权利使用、知识产权相关的责任划分与转移、知识产权权利保证以及其他一般性条款等。从实务操作角度而言,存在交易一方草拟条款、交易另一方修改确认,交易双方分别撰写不同条款、交易双方共同修改确认等不同方式。总体而言,撰写相关条款具有一定的先发优势,建议尽量争取草拟相关条款的机会。下面分别对相关条款的撰写要点加以介绍。

首先,在知识产权范围的确定与分类条款、知识产权权利归属的条款中,从交易各方的整体利益角度而言,知识产权范围的确定条款关键在于“全面”,确保未来交易推进过程中可能出现的知识产权全部落入范围确定条款之中,以免未来产生争议。这需要结合前期知识产权尽职调查的情况,分析我方和交易对方的主要知识产权形式,以此为基础拟定知识产权范围确定条款。从交易目标的实现角度而言,知识产权的分类条款主要需要考虑知识产权权利归属条款和知识产权权利用条款的衔接性,分类的目的在于更好地确定权利的归属,以及权利利用过程中对权利加以运用,根据不同分类设计相应的权利归属与权利利用规则。通常而言,根据知识产权法定类型(根据《民法典》第123条的规定,专利权、商标权、著作权、植物新品种权、集成电路布图设计专有权等)来设计通常不是适宜的选择,因为在整体跨境交易过程中形成的知识产权类型通常不会按照法律规定的知识产权类型形成,可以考虑上述的背景知识产权、前景知识产权的分类,或者共有知识产权、专有知识产权以及委托知识产权、职务科技成果等分类方式。

其次,在知识产权权利利用条款、知识产权相关的责任划分与转移条款、知识产权权利保证条款中,需要考虑的是知识产权相关权能的分离以及与之配合的利益分享、责任承担等问题。知识产权权利利用条款通常致力于促进知识产权利用效益最大化,实现对知识产权利用效益的合理分享,其中主要涉及知识产权权利利用的决定权(或者说决策机制)、获利权(或者说利益分享机制),还会涉及该知识产权或者说该创新成果的出资方与创造方之间的利益平衡问题。知识产权责任划分与转移条款,主要涉及使用知识产权制造的产品一旦侵犯他人知识产权,产生的责任划分问题以及责任转移问题,包括哪一方应当就使用知识产权的产品进行尽职调查以确定是否存在知识产权侵权风险等。知识产权权利保证条款主要涉及交易各方对其所投入的知识产权有效性进行保证,如果其投入的知识产权并非有效知识产权,将如何承担法律责任、如何分配法律风险等。由于知识产权具有权利的推定有效性,这一条款尤为重要。

最后,其他一般性条款主要涉及争议解决方式以及适用法律等。争议解决方式和适用法律等问题,通常是整体跨境交易一并加以考虑的条款内容。同时,我们建议,需要考虑知识产权交易在其中的特殊之处。知识产权交易争议解决面临司法裁判、商事仲裁、和解调解这三大国际商事争议解决主要方式的选择问题。就司法裁判而言,2019年7月2日海牙国际私法会议第二十二次外交大会签署确认的《承认与执行外国民商事判决公约》谈判文本(会议最后文件)将知识产权作为别除事项。这一点曾经是该公约草案讨论过程中的焦点问题。该公约草案区分与侵权无关的知识产权有效性裁决与认定侵权是否成立以及如何承担侵权法律责任的知识产权侵权裁决,将前者纳入承认和执行的适用范围。如此,将产生外国法院相关裁决对被请求国知识产权保护产生实体性影响的结果,这与《保护文学和艺术作品伯尔尼公约》和《巴黎公约》确立的知识产权地域性原则相冲突。[1] 我们理解,外交大会签署确认的《承认与执行外国民商事判决公约》明确将知识产权作为别除事项,删除了草案将知识产权有效性裁决纳入承认和执行的适用范围的规定,也是主要考虑到这一因素。由此,国际知识产权争议解决的司法裁判途径仍有较大局限性。同时,调解途径、仲裁途径在国际知识产权争议解决方面具有独特优势。商事仲裁途径获得了非常广泛的适用,已成为国际商事争议解决的主渠道,这与 1958 年 6 月 10 日《承认和执行外国仲裁裁决公约》、1985 年联合国国际贸易法委员会《国际商事仲裁示范法》具有非常重要的关系。"仲裁真正无可争议的优势在于仲裁裁决根据《纽约公约》在几乎全球范围内的可执行性。"[2]同时,"除了仲裁之外,调解作为更加柔性的纠纷解决方式,以高效率、低成本等优势在国际上越来越受到当事人的重视"[3]。2018 年 12 月,联合国国际贸易法委员会通过《关于调解所产生的国际和解协议公约》,对国际和解协议的执行力、执行地主管机关对和解协议当事人的审查权、拒绝执行的限制等作出了规定,旨在解决调解产生的国际和解协议的跨境执行。该公约的签署,将大大促进经过调解形成的国际和解协议的执行,让缔约国公权力为和解协议提供"保险柜"[4]。同时,适用法律涉及是否具有证据开示程序等程序性差异和职务发明权利归属等实体性区别,也需要慎重加以分析。

四、跨境知识产权交易的谈判策略

上述跨境知识产权交易的基本框架与关键条款最终需要通过交易谈判的方式加以落实,因此跨境知识产权交易谈判非常重要,通过交易谈判明确交易各方的关切,根据交易各方的利益诉求,形成共同认可的交易文本。因此,这一过程也决定了交易的成败。针对跨境知识产权交易的谈判策略,本文主要强调两个方面。

---

① 参见王迁:《〈承认和执行外国判决公约〉(草案)中知识产权条款研究》,载《中国法学》2018 年第 1 期。

② 万鄂湘:《〈纽约公约〉在中国的司法实践》,载《法律适用》2009 年第 3 期。

③ 时任中国国际贸易促进会副会长卢鹏起在"联合国《纽约公约》六十年和《和解协议公约》国际学术研讨会"上的发言,参见张莉:《〈纽约公约〉六十年 为国际贸易和投资保驾护航》,载《中国对外贸易》2018 年第 11 期。

④ 参见《有关〈新加坡调解公约〉的八个问题》,载法治网,http://www.legaldaily.com.cn/Arbitration/content/2019-04/09/content_7824457.html。

一方面,注重谈判策略,通过“做减法”的方式在求同存异的同时坚持核心利益。通常而言,谈判中的重要方面在于,注重利益而不是立场,并且在达成协议之前为共同利益寻求方案。① 因此,通常在条款讨论之前就关键问题进行讨论,根据对关键问题的讨论形成对条款的指引意见,并根据指引意见形成条款,然后再对条款本身的表述进行讨论。这个过程中,需要注重言之有据,深入全面了解相关法律制度以及司法判例,同时有进有退,确保核心利益的实现。为了准备这一谈判过程,前期对相关法律制度以及司法判例的研究非常重要,除了知识产权制度之外,还需要特别注意其他与知识产权相关的制度,如技术合同有关制度、技术进出口管制有关制度等。另一方面,注重英文表达,通过双语同步推进,保障准确表述。跨境知识产权交易相关法律文本通常需要英文撰写,以便交易各方进行讨论。这一过程中,建议中英文双语版本同步推进,以确保相应表述的一致性,实现准确表述。

① 参见[美]费希尔、尤里、巴顿:《寸土必争——无需让步的说服艺术》,王燕、罗昕译,外语教学与研究出版社 2005 年版,第 7—9 页。

未来在云端：电动汽车 OTA 技术法律合规探析

季亨卡[*]　朱剑楠

[*] 作者简介：

季亨卡，中伦律师事务所北京办公室公司业务部合伙人，电邮为：henryji@zhonglun.com。

OTA 全称“Over the Air”，译为“远程”或者“无线”，是指通过移动或蜂窝网络提供空中接口，实现远程下载应用程序、服务和配置的能力，[①]最早发端于消费电子业，在手机、个人电脑等智能终端的升级和维护中被广泛使用。车载系统的空中升级是 OTA 技术最早介入、最为常见的应用场景，随着电动汽车行业的高速发展，该技术也在整车升级、功能订阅、远程召回等领域发挥愈加重要的作用。

在软件定义汽车（Software-Defined Vehicles）的趋势下，OTA 技术在汽车行业尤其是电动汽车中的渗透进一步加深。本文将梳理这一变化带来的合规挑战，跟踪立法和监管的动态，探讨 OTA 技术场景下的合规对策。

一、电动汽车中的 OTA 技术与合规重心变化

就 OTA 技术而言，燃油—机械结构决定了燃油车仅凭软件较难进行整车升级。而电动汽车将诸子系统整合入简洁统一的全电架构，厂商设计与制造汽车时在硬件方面如有滞后，也可通过 OTA 在后期完成升级。从渗透率看，纯电车中 OTA 技术渗透率已达 40%，远高于汽车行业整体的 7%。[②]

市场数据显示，汽车电动化和智能化趋势使得单车价值组成比例发生显著改变：包括车架、动力、安全与传动系统的硬件占比从 80%下降到了 62%，软件占比则从 20%提升到了 38%。据预测，2030 年全球汽车软件市场规模将达到 500 亿美元，麦肯锡将这一趋势称为“软件定义汽车”。[③] 软件和硬件一样需要维护，当其在汽车价值中占比持续提高时，OTA 技术就成为汽车生命周期中必不可少的要素，在世界范围内引起越发广泛的监管关注。

从合规重心角度看，传统车企以行业准入、安全性与制造工艺、召回与事故处理、汽车金融、环境保护为主要议题。而数字化转型下 OTA 模式的兴起带来的新业务场景，将汽车行业的数据合规与电子商务合规拔高到前所未有的高度。在下

---

① 参见 Rambus 报告，*What is OTA in Automotive? Over the Air Updates Explained*，https://www.rambus.com/blogs/ota-updates-explained/。

② 参见东兴证券：《汽车行业新趋势系列报告之三——汽车行业：OTA 催化乘用车消费大变革》，载东方财富网 2021 年 1 月 13 日，http://data.eastmoney.com/report/zw_industry.jshtml?infocode=AP202101131450281704。

③ See Ondrej Burkacy, *Rewiring Car Electronics and Software Architecture for the "Roaring 2020s"*, McKinsey & Company, https://www.mckinsey.com/industries/automotive-and-assembly/our-insights/rewiring-car-electronics-and-software-architecture-for-the-roaring-2020s.

文中，我们就 OTA 技术在电动汽车领域的几个典型应用场景进行法律分析。

二、OTA 升级合规

目前，通过 OTA 实现车载系统乃至整车升级仍是业内 OTA 技术最为广泛的应用点，一些电动汽车甚至以整车 OTA 为重要卖点。而早期 OTA 升级程序在电动车企高速扩张的背景下，普遍存在触发门槛低、告知程序简陋、容易误操作等问题。例如，2019 年，北京市一位新能源汽车车主在堵车时挂上 P 档，却意外启动 OTA 升级进程，车载操作系统进入黑屏和反复重启的状态，导致车主无法操控和驾驶汽车。该车最终在长安街路口滞留一个多小时，直至升级进程结束。①

为限制 OTA 升级的无序运作，2021 年 7 月，工业和信息化部（以下简称工信部）发布的《关于加强智能网联汽车生产企业及产品准入管理的意见》（工信部通装〔2021〕103 号，以下简称《准入意见》），在“规范软件在线升级”的部分，专门要求具有在线升级（OTA 升级）功能的汽车生产企业建立与汽车产品及升级活动相适应的管理能力，并具有在线升级安全影响评估、测试验证、实施过程保障、信息记录等能力，确保车辆进行在线升级时处于安全状态，并向车辆用户告知在线升级的目的、内容、所需时长、注意事项、升级结果等信息。

2022 年 4 月，监管要求进一步细化。工信部装备工业发展中心通过发布《关于开展汽车软件在线升级备案的通知》（装备中心〔2022〕229 号，以下简称《备案通知》）建立了分级备案制度：（1）对于不涉及产品安全、环保、节能、防盗等技术性能变化的相关升级活动，企业在备案后可直接开展升级；（2）涉及上述事项的技术性能变化的相关升级活动，则应提交验证材料，保障产品符合国家法律法规、技术标准及技术规范等相关要求；（3）涉及汽车自动驾驶功能（驾驶自动化分级的 3 级及以上）的相关升级活动，应经工信部批准。

《备案通知》是 OTA 升级监管的一个重要文件，其确立的评估与备案机制基本覆盖了此业务中的主要风险点，并且对企业设定 3 年的备案有效期以及阶段性报告义务，对一度乱象丛生的 OTA 升级进行了有效治理，也是企业在下一个阶段开展 OTA 升级需要参考的重要依据。

---

① 参见蔡妍霏：《蔚来 ES8 北京长安街“趴窝”，官方称司机误操作所致》，载新京报官网，https://www.bjnews.com.cn/auto/2019/02/01/544800.html。

三、OTA 推送内容合规：以自动驾驶为例

早期车用 OTA 推送内容多为娱乐、导航、人车交互等功能的更新，并不涉及汽车的核心系统以及行驶功能。随着新能源车企的子系统整合能力增强，OTA 推送也开始涉足包括智能刹车、自动化驾驶等功能。

2020 年，美国某电动车企发布了一项 OTA 更新，称为完全自动驾驶（Full Self-Driving，FSD）Beta。FSD Beta 测试的参与者驾驶车辆在各道路上行驶，记录测试日志并回传。这一事件招致加州机动车管理局（DMV）的介入，要求车企立即澄清 FSD Beta 功能，以确保不会在没有获得相关许可的情况下在加州道路上进行测试。该公司法律部门在答复 DMV 时称，城市街道上的汽车在目标、事件检测和响应子任务等方面的能力"十分有限"，尚无法对部分情况和事件系统进行识别或做出响应，该测试并不是 DMV 所定义的自动驾驶。该厂商同时承诺：真正的自动驾驶功能（SAE 3 级以上）开发将遵循迭代过程，在完全验证并获得必要的监管许可或批准之前，任何此类功能都不会向公众发布。

国内方面，《准入意见》要求，"未经审批，不得通过在线等软件升级方式新增或更新汽车自动驾驶功能"。如前文所介绍，《备案通知》还明确，"涉及汽车自动驾驶功能（驾驶自动化分级的 3 级及以上）的相关升级活动，应经工业和信息化部批准"。

在消费电子领域，部分厂商为尽快向市场铺设产品线抢占先机，在出厂机器上预装推送完成度未满百分之百的操作系统并不鲜见。厂商在发售后一般会通过 OTA 技术以首日补丁、首次重大更新等方式修补故障并完善系统。然而这一做法并不适合照搬至汽车行业。消费电子设备出现故障通常仅会导致用户的不便，而升级包括自动驾驶在内的行车功能如出现故障，则可能直接使驾驶人、乘车人生命健康乃至公共安全受到直接威胁。

从立法动态上看，自动驾驶功能还包含隐藏的责任风险。以深圳地区为例，《深圳经济特区智能网联汽车管理条例（征求意见稿）》（以下简称《特区条例草案》）中的"控制人"，即高度自动驾驶和完全自动驾驶的智能网联汽车，在不配备驾驶人的情况下，运用自动驾驶系统持续执行全部动态驾驶任务和动态驾驶任务接管的民事主体。因此我们认为，开发和维护自动驾驶系统的车企应当被认为

“控制人”。2022 年 6 月 30 日发布的《深圳经济特区智能网联汽车管理条例》第 53 条第 2 款同时规定,“完全自动驾驶的智能网联汽车在无驾驶人期间发生交通事故造成损害,属于该智能网联汽车一方责任的,由车辆所有人、管理人承担赔偿责任”。第 54 条规定,“智能网联汽车发生交通事故,因智能网联汽车存在缺陷造成损害的,车辆驾驶人或者所有人、管理人依照本条例第五十三条的规定赔偿后,可以依法向生产者、销售者请求赔偿”。因此,通过 OTA 向市场发布自动驾驶功能,若发生事故,车企还可能面临由其承担交通违法行为及事故责任的风险。

四、OTA 下功能订阅的电子商务合规

在“软件即服务”(Software as a Service,SaaS)理念大行其道的当下,订阅制因能够提供更低的获客门槛和长期稳定现金流受到越来越多的科技巨头的青睐。在 OTA 的加持下,付费解锁、按年月计费的订阅制也在“席卷”汽车行业。美国某电动汽车厂商所提供的辅助驾驶系统以及上文提及的 FSD 功能 OTA 升级,通过收取订阅年费每年获得数十亿美元的额外收入,使得电动汽车成为一项细水长流的长线业务。除此之外,业内常见的付费订阅内容还包括“高级媒体应用”“座椅加热”等。我们认为,车企在开展订阅制业务时,需要注意以下三个合规要点。

(一)非歧视算法与自动化决策

“用户画像”与“精准推荐”是互联网营销中常见的策略。对于车企而言,遍布全车的各类传感器可以收集丰富的数据,这些数据在导入 AI 驱动的机器学习模型后,可以自动、批量对车主的使用习惯做出更加精准的画像,推送相应订阅解锁功能,从而提高商业转化率。然而,相关法律法规对这一商业模式亦有严格的规定。

例如,《个人信息保护法》第 24 条第 1 款、第 2 款规定,“个人信息处理者利用个人信息进行自动化决策,应当保证决策的透明度和结果公平、公正,不得对个人在交易价格等交易条件上实行不合理的差别待遇。通过自动化决策方式向个人进行信息推送、商业营销,应当同时提供不针对其个人特征的选项,或者向个人提供便捷的拒绝方式”。因此车企应注重保护用户的个人信息隐私,且不得基于所收集的个人信息对用户进行不合理的差别对待。

(二)收集、使用消费者个人信息的合规

《网络交易监督管理办法》(以下简称《管理办法》)所称网络交易经营者,“是

指组织、开展网络交易活动的自然人、法人和非法人组织，包括网络交易平台经营者、平台内经营者、自建网站经营者以及通过其他网络服务开展网络交易活动的网络交易经营者”。我们倾向于认为，通过 OTA 推送订阅功能并收取费用的车企，应该属于网络交易经营者，其应注意包括《管理办法》在内的电子商务法规的监管要求。

《管理办法》第 13 条在一定程度上与《个人信息保护法》的思路保持一致，并就网络交易场景对个人信息和敏感信息保护的相关规定做出细化，在收集、使用消费者个人信息以及用户授权的有效性等方面进行了规制。例如，厂商不得同时采用一次概括授权、默认授权、与其他授权捆绑、停止安装使用等方式，强迫或者变相强迫消费者同意其收集、使用与经营活动无直接关系的信息。

（三）自动展期、自动续费服务要求

《管理办法》第 18 条明确，自动展期、自动续费等日期前 5 日，网络交易经营者应以显著方式提请消费者注意，由消费者进行选择。在服务期间内，其应当为消费者提供显著、简便的随时取消或者变更的选项，且不得收取不合理费用。

值得一提的是：一些车企正在尝试将行车相关功能加入订阅制，如驾驶辅助、自动泊车等功能；2022 年，某品牌旗下的电动轿车更是推出了定价约 5000 元年费的“后轮转向 10 度”订阅。但在用户未选择自动展期时，这些功能如果因到期而突然被远程关停，除产生使用上的不便外还暗含安全隐患；如果在驾驶期间频繁通过车机弹窗等方式提醒，则可能分散驾驶人注意力，造成行车风险。因此，车企进行订阅制自动展期、自动续费等操作时，除需满足《管理办法》的基本要求，还应与汽车行业的实际情况相匹配。

五、OTA 技术带来的网络安全防护义务

OTA 技术将汽车与厂商的数据中心相连接，改变了汽车数据孤岛的状态，成为智联网汽车中重要的一个环节。同时应注意，OTA 技术在终端—云端—传输三个节点均存在安全隐患。① 以终端为例，虽然电动汽车大大提升了系统的集成度，

① 参见丛聪、孙潇、史家涛：《基于 OTA 场景的电控信息安全研究》，载《电子技术与软件工程》2020 年第 18 期。

但在目前汽车开发流程中,处理不同软件堆栈的技术人员开发活动协调度仍然不高,跨模块调整更新和补丁颇为困难。随着子系统数量和复杂程度与日俱增,潜在“攻击面”数量也相应增加。OTA 技术依赖的通信模块在很多情况下容易被当作攻击的直接目标,或者成为攻击其他联网车辆的跳板。

在技术更新带来的安全挑战的同时,法规对相关主体附加了日益严格的安全防护义务。《网络安全法》第 10 条规定,“建设、运营网络或者通过网络提供服务,应当依照法律、行政法规的规定和国家标准的强制性要求,采取技术措施和其他必要措施,保障网络安全、稳定运行,有效应对网络安全事件,防范网络违法犯罪活动,维护网络数据的完整性、保密性和可用性”;该法在第 21 条、第 25 条对网络安全保护义务做了具体的规定。

此外,根据《关键信息基础设施安全保护条例》第 2 条对“关键信息基础设施”的阐释,控制和支持 OTA 的服务器作为车联网中的重要节点,有可能被认为是关键信息基础设施。由于无论是《网络安全法》、《个人信息保护法》还是《数据安全法》,均将关键信息基础设施运营者与一般网络服务运营者区分对待,因此,倘若相关 OTA 厂商被认定为关键信息基础设施运营者,其将负担更加严格的网络安全保护义务。

六、OTA 召回合规

相比传统返厂召回,OTA 召回极大降低了响应时间和召回成本。例如,2021 年 6 月 26 日,国家市场监督管理总局(以下简称市场监管总局)发布通知,由于主动巡航控制系统问题易造成驾驶员误激活,决定召回合计高达约 28 万辆的某品牌电动汽车。[①] 与传统的返厂召回不同,此次召回采取 OTA 的方式进行,由厂商免费为用户升级主动巡航控制软件,用户无须到店即可完成软件升级。虽然 OTA 召回被视为智能汽车的一个重要优势,但是在进行 OTA 召回时仍需注意不能将其作为逃避传统返厂召回的手段。

---

① 参见《特斯拉汽车(北京)有限公司、特斯拉(上海)有限公司召回部分进口和国产 Model 3、国产 Model Y 电动汽车》,载国家市场监督管理总局缺陷产品管理中心官网 2021 年 6 月 26 日,https://dpac.samr.gov.cn/qczh/gnzhqc/202106/t20210626_98628.html。

近年来,多家中外电动车企均卷入了“锁电”事件的风波。[①] 锁电即通过 OTA 远端修改汽车电池管理系统,重新定义电池的电压范围,继而影响电池的容量与充放电性能,最为直接的影响即是电动汽车续航里程的显著下降。虽然锁电可以防止过充导致锂离子堆积,避免电池升温引发燃烧和爆炸从而在一定程度上保障安全,但是许多消费者认为,部分车企借 OTA 升级,制造电池衰减慢的假象以满足相关汽车电池质保要求。一些汽车电池使用了安全性较低的三元锂材质,车企在频繁的起火事故压力下,试图以 OTA 锁电的方式逃避召回责任。

在我国,市场监管总局在 2020 年发布《关于进一步加强汽车远程升级(OTA)技术召回监管的通知》,初步建立起 OTA 召回的备案制度。如果 OTA 方式未能有效消除缺陷或造成新的缺陷,生产者应当再次采取召回措施。此外,该文件亦关注到汽车生产者采用 OTA 方式隐瞒车辆缺陷、规避召回责任的问题,规定消费者、零部件生产者、软件与系统或数据服务商等获知此类行为的可以直接向市场监管总局质量发展局报告。

2021 年 6 月市场监管总局质量发展局《关于汽车远程升级(OTA)技术召回备案的补充通知》将 OTA 召回备案进一步规范化,要求生产者备案采用 OTA 方式的技术服务活动或召回时,需提交《汽车远程升级(OTA)安全技术评估信息表》。同年,某合资汽车品牌通过 OTA 对车辆进行锁电引发大规模消费者维权,最终招致市场监管总局对其进行调查。[②]

在域外,关于“锁电”事件的法律纠纷亦并不鲜见。例如,挪威某法院在“锁电”相关诉讼中宣布车主胜诉,美国某电动汽车厂商被判违法,需要赔偿每位车主 13 万克朗。在加州的另一桩集体诉讼中,该厂商花费 150 万美元与消费者达成和解。[③]

从各国“锁电”事件我们可以看到,虽然 OTA 为修补部分汽车软件故障提供了便捷方案,但在存在硬件缺陷时则不可使用 OTA 的方式代替传统召回。采用 OTA 方式对存在问题的硬件施加使用限制,可能会造成更严重的市场反弹和监管

---

① 参见罗克研:《威马 OTA 升级引发的“锁电”事件持续发酵》,载中国质量万里行官网 2022 年 1 月 25 日,http://www.315online.com/survey/409476.html。

② 参见车哥们:《摊上事了! 监管局介入调查广汽丰田 iA5“锁电门”》,载凤凰网,https://auto.ifeng.com/qichezixun/20210922/1641025.shtml。

③ 参见 CourtListener:https://www.courtlistener.com/docket/16030151/rasmussen-v-tesla-inc/。

关切。

七、结语

OTA技术是汽车智能化进程中重要的一环,同时蕴含多层次的合规挑战。在数字化进程中,车企抓住OTA合规这把“未来之钥”,能够帮助其在新能源和数字化的赛道上稳健向前。

(邱程航对本文亦有贡献)

新能源汽车电池租赁相关问题浅析

刘新宇* 葛 舒

* 作者简介：
刘新宇，中伦律师事务所上海办公室知识产权部合伙人，电邮为：jeffreyliu@ zhonglun. com。

众所周知，自从我国开始大力发展新能源汽车，充电作为新能源汽车主流的能源补给方式，其充电耗时长、速度慢、充电桩分布不均衡、补能体验差等诸多问题被市场所诟病。为了突破新能源汽车的发展瓶颈，早在2011年与2012年，国务院在《工业转型升级规划(2011—2015年)》(2011年12月30日发布，现已失效)、《节能与新能源汽车产业发展规划(2012—2020年)》(2012年6月28日发布)中就分别提出要稳步推进节能和新能源汽车试点示范，加快充、换电设施建设，探索新能源汽车及电池租赁、充换电服务等多种商业模式。

相较于充电型新能源汽车，换电模式下的新能源汽车带动了车电分离、电池租赁等新的新能源汽车销售与运营业态。本文将结合相关政策，简要分析新能源汽车该等新型业态的相关概念以及电池租赁所涉的主要法律问题。

一、条分缕析，追根溯源

在分析相关法律问题之前，首先应厘清“换电”“车电分离”“电池租赁”几个概念之间的内在逻辑。

(一)“换电”——新能源汽车的能源补充方式

“换电”与“充电”是新能源电动汽车的两种能源补充方式。相较于传统的充电模式，换电模式一方面可以降低消费者的初始购车成本，另一方面可以解决传统充电模式项下耗时长、速度慢等痛点，可以一定程度上缓解消费者的里程焦虑。《电动汽车换电安全要求》(GB/T 40032—2021)明确了“换电”这一概念的具体内涵，即“通过专用装置或人工辅助快速更换动力蓄电池实现电动汽车电能补充的过程”。要达到通过换电的方式补给能源，从技术层面而言，换电需要符合与之对应的技术标准、安全要求等，如《电动汽车换电安全要求》《电动汽车充换电设施接入配电网技术规范》《电动汽车快换电池箱架通用技术要求》《电动汽车快速更换电池箱通用要求》等国家标准、行业标准。

早在2011年年底，国务院在《工业转型升级规划(2011—2015年)》(现已失效)“节能和新能源汽车”部分提出要稳步推进节能和新能源汽车试点示范，加快充、换电设施建设，积极探索市场推广模式。之后，《“十二五”国家战略性新兴产业发展规划》《“十三五”国家战略性新兴产业发展规划》等文件均提倡大力发展换电技术、加快建设充电站、完善换电相关标准等。

2019年7月31日，工业和信息化部装备工业司赴浙江实地调研新能源汽车换电有关情况，并组织中国汽车工业协会等行业组织及国家电网公司、伯坦科技、时空电动、北汽新能源、蔚来汽车等相关企业召开专题座谈会，对不同换电技术发展及实际运营情况进行了分析，对换电解决方案、商业模式创新等方面的经验进行了交流，并对目前存在的制度、标准等问题及下一步工作方向进行了研讨。① 此后便迎来了换电相关政策的密集出台，以及换电相关服务的进一步实践与发展。

近几年来，随着电动汽车的高速发展，换电模式从政策层面得到了更多的支持与关注。2020年10月20日，国务院办公厅印发《新能源汽车产业发展规划（2021—2035年）》，再次强调“加快充换电基础设施建设。科学布局充换电基础设施……鼓励开展换电模式应用，加强智能有序充电、大功率充电、无线充电等新型充电技术研发，提高充电便利性和产品可靠性”。同时，国务院还提出了“力争经过15年的持续努力……充换电服务网络便捷高效”的发展愿景，以及“加快充换电基础设施建设。科学布局充换电基础设施……鼓励开展换电模式应用”等任务。在相关政策引导下，新能源汽车的换电运营、车电分离销售、电池租赁等新的细分业态逐步建成，汽车制造商、电池供应方、换电站设备企业、换电站运营企业、金融资本等各方参与的“换电模式”生态圈也正在加速构建。

财政补贴层面，2020年4月23日，财政部会同工业和信息化部、科学技术部、国家发展和改革委员会发布《关于完善新能源汽车推广应用财政补贴政策的通知》，明确支持“车电分离”等新型商业模式发展，鼓励企业进一步提升整车安全性、可靠性，研发生产具有先进底层操作系统、电子电气系统架构和智能化网联化特征的新能源汽车产品；并在《2020年新能源汽车推广补贴方案及产品技术要求》中对新能源乘用车补贴标准进行了调整，明确“换电模式”不受“补贴前售价应在30万元以下”的限制，也即“换电模式”下的新能源乘用车售价在30万元以上的也可以享受补贴。该政策也为高端新能源汽车的终端消费者提供了有力的补贴支持。

（二）“车电分离”——新能源汽车销售的新模式

我们在谈及传统汽车时，通常使用汽车“整车”的概念，而在新能源汽车的发

---

① 参见《工信部装备工业司开展新能源汽车换电专题调研》，载《上海证券报》、中国证券网2019年8月2日，https://news.cnstock.com/news,bwkx-201908-4410852.htm。

展中，为了解决行业痛点，换电模式应运而生。换电在技术上的逐步成熟，顺势带起了新能源汽车“车电分离”的新型业态模式。

根据相关报道①，2020 年 6 月，在第 333 批《道路机动车辆生产企业及产品公告》中有 3 款蔚来品牌的换电型纯电动多用途乘用车。作为首次进行产品公告的换电型纯电动多用途乘用车，蔚来在公告中首次注明了“车电分离”的字样。在个人乘用车领域，随着蔚来推出车电分离业务，2020 年 9 月，中国汽车工业协会等行业协会联合一汽、上汽、东风、北汽、蔚来等车企，以及宁德时代、东软睿驰、华鼎国联、华鼎资本、润晖投资等共计 20 家单位签署了《构建新能源汽车“车电分离”模式生态圈联合声明》，共同成立车电分离生态圈，其致力于根据市场需求组织开展换电平台、换电箱等相关标准的研究与修订，通过商业模式创新和资本助力，促进电池银行、电池资产公司等新型商业实体建立，联合营造和推动新型商业模式的推广与落地。

在工业和信息化部公布的《道路机动车辆生产企业及产品公告》（第 356 批）新产品公示（2022 年 5 月 12 日发布）中，安徽江淮汽车蔚来股份有限公司生产的蔚来牌“换电式纯电动多用途乘用车”（产品型号为：HFC6494ECSEV1-W）在详情页注明了“该产品销售时可采用车电分离模式”。根据工业和信息化部的相关答复，截至 2021 年 8 月 23 日，《道路机动车辆生产企业及产品公告》内已有 32 家企业、85 款换电车型产品；在 2023 年 3 月 9 日公布的《享受车船税减免优惠的节约能源　使用新能源汽车车型目录》（第 48 批）中，相较于上一期目录，我国汽车市场新增了 9 个企业生产的 12 款换电车型。车电分离的销售新模式已经初具规模。

在车电分离的模式下，消费者不用在购车之始为购买电池支付对价，大幅降低了购车门槛，促进了新能源汽车的销售；同时由于消费者并未购买较易损耗的电池部分，剥离了电池部分的换电式车型对消费者而言有更好的保值效果和性价比。

（三）“电池租赁”——“车电分离”催生的电池运营新业态

早在 2010 年 5 月 31 日，财政部、科学技术部、工业和信息化部、国家发展和改革委员会在《关于开展私人购买新能源汽车补贴试点的通知》（已失效）中规定，私人购买和使用新能源汽车包括私人直接购买、整车租赁和电池租赁三种形式；

---

① 参见《Li+研究｜第 333 批公告：换电车型首次申报》，载微信公众号“电池中国 CBEA”2020 年 5 月 23 日，https://baijiahao.baidu.com/s?id=1667457132245099760&wfr=spider&for=pc。

其中电池租赁，是指中央财政对电池租赁企业给予补助，电池租赁企业按扣除补助后的价格向私人用户出租新能源汽车电池，并提供电池维护、保养、更换等服务。《“十二五”国家战略性新兴产业发展规划》中，国务院明确以“探索新能源汽车整车租赁、电池租赁以及充换电服务等多种商业模式，形成完善的市场推广体系”作为“十二五”期间的重大行动。2019 年 6 月 3 日，国家发展和改革委员会、生态环境部、商务部共同发布《推动重点消费品更新升级　畅通资源循环利用实施方案（2019—2020 年）》，要求大幅降低新能源汽车成本，引导企业创新商业模式，推广新能源汽车电池租赁等车电分离消费方式，降低购车成本。

电池租赁，顾名思义，是指消费者在购买新能源汽车时仅购买除电池外的车身部分，并通过向电池租赁企业租赁电池的方式获得新能源汽车电池的使用权。电池租赁是车电分离销售模式项下衍生形成的电池运营方式，对于消费者而言也更具灵活性。2020 年 8 月 20 日，在个人乘用车领域，蔚来推出了首个电池租用服务（Battery as a Service，BaaS）的具体方案，消费者选择以 BaaS 的方式购买车辆的，车辆首付立减 7 万元，消费者每月支付电池租赁费用和保险费用（如 70 kWh 的动力电池月租费用为 980 元，电池保险费用为 80 元）。随后小鹏、一汽、智己等多个车企均推出了自己的电池租用产品。

二、电池租赁的典型模式

（一）蔚来模式

根据香港证券交易所公布的蔚来《2021 年年度报告》，2020 年 8 月 20 日，蔚来推出 BaaS 模式，允许用户分开购买电动汽车车身，并租用电池。蔚来通过车辆与电池的物理分离，将电池价格与车辆购买价格分离，在 BaaS 模式下，用户可以在原始车辆购买价格上享受车价立减的优惠，并通过订购 BaaS 每月支付电池租用费以租用电池。图 1 为蔚来在《2021 年年度报告》中披露的不同销售模式下不同车型的价格。

为了搭建完善的 BaaS，2020 年 8 月 18 日，蔚来与宁德时代新能源科技股份有限公司、湖北省科技投资蔚来有限公司，以及国泰君安国际控股有限公司的子公司等共同投资成立了武汉蔚能电池资产有限公司（以下简称武汉蔚能）。目前蔚来持有武汉蔚能约 19.8%的股权。

	es8		ec6		es6	
	75kWh	100kWh	75kWh	100kWh	75kWh	100kWh
整车购车价	￥468,000 起	￥526,000 起	￥368,000 起	￥426,000 起	￥358,000 起	￥416,000 起
补贴后售价	￥456,660 起	￥513,400 起	￥356,660 起	￥414,100 起	￥346,660 起	￥403,400 起
选择BaaS购车价	￥386,660 起	￥385,400 起	￥286,660 起	￥285,400 起	￥276,660 起	￥275,400 起

图 1　2021 年蔚来不同销售模式中的价格(2022 年 6 月)

在 BaaS 模式下,(1)就蔚来与武汉蔚能之间,蔚来向作为电池资产公司的武汉蔚能出售电池;年报披露,将电池组控制权转让给电池资产公司是蔚来与电池资产公司签订的电池组销售合同中蔚来唯一的履约义务;财务上,当车辆(连同电池组)交付给 BaaS 用户时,蔚来确认向武汉蔚能销售电池组的收入,然后将电池组的控制权转移给武汉蔚能。(2)就用户与蔚来及武汉蔚能之间,蔚来将车辆出售给 BaaS 用户,双方签署《汽车购买协议》;用户向武汉蔚能租用电池并支付租赁费用,用户与武汉蔚能签署《动力电池租用及服务协议》,即电池的所有权属于武汉蔚能,用户通过租赁电池获得电池使用权。在 BaaS 模式中,根据用户与蔚来签署的《汽车购买协议》,“蔚来合作伙伴将提供健康可用,但可能不是全新的动力电池”以及“您在转让蔚来汽车时明确告知买方该车不包含动力电池,并同时遵守《动力电池租用及服务协议》关于转让的约定”。具体法律关系可见图 2。

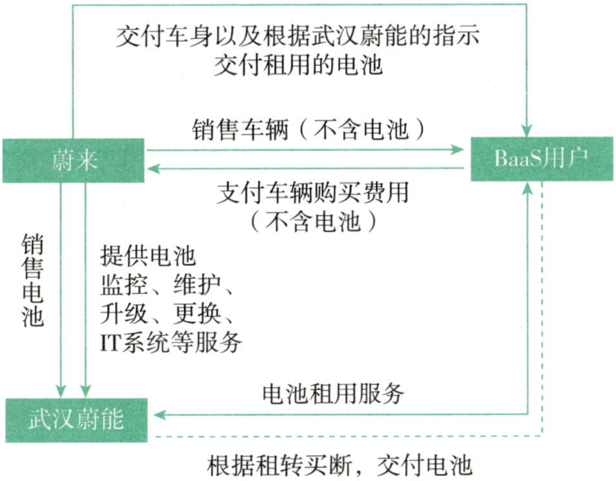

图 2　蔚来 BaaS 模式的法律关系

此外，在出售电池组的同时，蔚来与武汉蔚能签订了服务协议。根据该协议，蔚来向武汉蔚能提供服务，包括电池组监控、维护、升级、更换、IT 系统支持等，并向武汉蔚能收取每月服务费。如果用户拖欠电池租金，武汉蔚能也有权要求蔚来跟踪并锁定用户的电池，以限制其使用。同时，为促进 BaaS 的发展，蔚来向武汉蔚能提供担保，以防止用户拖欠电池租金，担保金额不高于蔚来从武汉蔚能收到的服务费。

随着电池技术的发展，用户可以灵活选择升级更高容量的电池，或升级其他电池型号。在 BaaS 模式下，由于最初安装的电池的所有权属于电池资产公司，当用户请求电池升级时，蔚来实际升级的是属于电池资产公司的电池。电池升级后，BaaS 用户将进一步向电池资产公司支付更高的租赁费用，以租用容量更大的电池。

法律关系上看，BaaS 模式项下，用户只购买车身，不购买电池，用户需要一直租赁电池。若用户出售该等车辆，该等车辆也并不包含电池部分，二手车购买者需要继续租赁电池，即需要由用户、二手车购买者与武汉蔚能签署电池转租协议。BaaS 模式虽然总体上更为灵活，但对二手车购买者而言，其必须继续租用电池，这可能一定程度上限制了该等车辆的二手流通。为解决该等问题，蔚来推出了 BaaS 电池租用转买断的方案。根据该方案，蔚来 BaaS 用户可以终止电池租用协议，在蔚来服务中心更换全新电池，标准续航电池包（75/70kWh）的费用为 70 000 元，长续航电池包（100kWh）的费用为 128 000 元，除此之外，车主购买全新电池还需要支付 3000 元的服务费，主要包含电池仓储物流、拆装、检测等。如果用户无须更换新电池，则可以免除 3000 元服务手续费。除去服务费，新方案的收费与蔚来官方宣称的租用方案“车价立减”相当。对于选择租用转买断电池方案的用户，蔚来会出具一张电池买断发票作为电池物权凭证。但此前用户已经支付的租金蔚来不予退还，而用户原本每月支付的 80 元电池保障费亦无须再交。

（二）其他模式

蔚来推出 BaaS 模式后，小鹏汽车也推出了电池租赁计划。与蔚来相同，小鹏汽车的电池租赁服务也是将车与电池进行分别定价，消费者在购买时只需要支付除去电池的车价，并按月支付电池的租金。根据小鹏汽车 App，电池租赁计划下，电池融资金额分为 60 000 元和 75 000 元两种，电池融资期限均为 84 个月，电池租赁计划由小鹏融资租赁提供服务。但小鹏汽车与蔚来存在两点不同:第一,小鹏汽车项下电池租赁分期付款结束后,用户即可完全拥有电池,而在蔚来的 BaaS 方案中消费者通过租赁电池而拥有电池的使用权,而非电池的所有权;第二,小鹏汽车并无如武汉蔚能这样的电池资产公司,而是由融资租赁公司提供电池租赁服务。根据香港证券交易所公布的小鹏汽车《2021 年年报》,其使用了“电池分期款项”(battery installment payments)的表述。我们也通过向小鹏汽车销售人员咨询了解到,即便是在小鹏汽车电池租赁计划项下,用户所拿到的购车发票也是一张整车发票,而非车电分离的两张发票。

由上汽集团、张江高科、阿里巴巴集团投资的智己汽车科技有限公司也推出“电池分期计划”。其官方 App 显示,“电池分期计划”是针对车身与电池的不同贷款方案,是一种纯金融模式,这种模式下电池产权归属于用户。这种模式项下,从法律关系而言,可能并不构成电池租用的法律关系,其只是由车企或其他机构向用户提供了电池分期付款或电池部分贷款的一种资金支付方案。

三、电池租赁相关法律问题分析

(一)电池是否可以作为租赁物

普通的电池作为民法意义上的物,一般并无争议。但在新能源汽车语境下,电池是否可以作为租赁物,则需要向上追溯新能源汽车与电池之间的关系。根据工业和信息化部于 2020 年 7 月 24 日发布的《新能源汽车生产企业及产品准入管理规定》(2020 年修订,2020 年 9 月 1 日生效),该规定所称汽车,是指《汽车和挂车类型的术语和定义》(GB/T3730. 1—2001)第 2. 1 款所规定的汽车整车(完整车辆)及底盘(非完整车辆),不包括整车整备质量超过 400 千克的三轮车辆;新能源汽车,是指采用新型动力系统,完全或者主要依靠新型能源驱动的汽车,包括插电式混合动力(含增程式)汽车、纯电动汽车和燃料电池汽车等。《汽车和挂车类型的术语和定义》第 2. 1 款所规定的汽车是指由动力驱动,具有四个或四个以上车轮的非轨道承载的车辆,主要用于:载运人员和/或货物、牵引载运人员和/或货物的车辆、其他特殊用途。《道路交通安全法》(2021 年修正)规定,“机动车”是指以动力装置驱动或者牵引,上道路行驶的供人员乘用或者用于运送物品以及进行工程专项作业的轮式车辆。根据上述规定的表述,新能源汽车指的是“采用”新型动力系统的汽车,强调了其与传统汽车在动力驱动上的不同。而根据《电动汽车术语》(GB/T 19596—2017)的体例,从结构、部件的构成角度看,“电动汽车整车”包括“驱动、行驶装置”“车身、底盘”“电气装置及部件”“指示器、信号装置”四大部分。虽然“电动汽车整车”概念包括“电气装置及部件”(含储能装置,即电池),但并未明确新能源汽车不能将车身与储能装置(电池)进行分离。

传统概念中,我们一般将汽车看作一个独立的物,并以整个汽车为整体进行权属登记。但在能源补给上,新能源汽车具有传统燃油汽车不具备的特殊形态。因此,在法理上,实务界对新能源汽车的车身和电池是否分别是独立的物,以及是否分别具有独立物权等问题,存在不同的观点。有观点认为,参照德国民法“不能在设立物的所有权之余对物的主要组成部分另行设立所有权”的理论,“发动机之于汽车就不应当再设立所有权”①,同理,电池之于电动车也不应当另设所有权。也有观点认为,民法上的物是一个不断发展的概念②,新能源汽车是新兴发展的行业,对其在发展过程中产生的新型业态应以更加开放的姿态进行理论探讨与分析,并在符合基本法理的情况下,保障其能受到法律的保护。凡是存在于人身之外,能够为人力所支配和控制、能够满足人们的某种需要的物,都能够成为物权的客体。③ 新能源汽车在车电分离的模式下,电池宜被认定为单独的物。还有观点认为,新能源汽车的电池可以被拆卸下来,独立于新能源汽车存在。就新能源汽车及其电池而言,虽然两者在所有权上会发生分离,但当它们被出售给同一主体时,两者之间即构成了主物与从物的关系,电动车是主物,电池是从物,电动车因转让、抵押权处置而发生所有权变动时,从物随之变动。新能源汽车的电池应当被认定为从物,而非添附物。④

我们认为,通常概念中我们并不会把汽车与发动机分开看待,这主要是因为汽车的发动机与汽车之间具有紧密联系,从技术上无法实现通过更换发动机为汽车补充能源。而在车电分离的模式下,在具备相对成熟的换电技术的情况下,新能源汽车的电池可以实现通过换电补充能源,电池之于发动机,具备技术上、价值

---

① 尹田:《物权法》(第2版),北京大学出版社2017年版,第239页。

② 参见王利明:《物权法研究》,中国人民大学出版社2002年版,第26页。

③ 参见王利明:《物权法研究》,中国人民大学出版社2002年版,第27页。

④ 参见张伟华、陶灏婷:《评析新能源汽车融资租赁之“车电分离”模式》,载君悦律师事务所网2019年4月28日,https://www.mhplawyer.com/CN/0500-11412.aspx。

上的独立性。同时,电池基于生产型号、生产编号等的不同,具备特定性。从法理上,电池符合物权的客体应为独立物、特定物的一般要求。同时需要注意的是,目前部分车企在非换电型新能源汽车上也提供相应的"电池租用计划",从新能源汽车生产许可的角度,相关部门并未准许该等新能源汽车按照"车电分离"模式销售。则在这种情况下,我们倾向于认为,电池并不是民法上的独立物,不具备单独租赁的法理基础。

(二)电池租用计划的法律关系

1. 电池租赁

根据上述电池租赁的模式分析,部分车企是将电池销售给特定的电池资产公司,由电池资产公司向消费者出租电池;也有部分车企在自行拥有电池的情况下,直接向消费者收取电池租金。这种情况下,笔者认为,电池资产公司或车企与用户之间本质上是电池所有权人与用户之间达成的电池租赁法律关系,是一种经营性租赁。电池所有权人可能是电池资产公司,也可能是融资租赁公司,也可能是车企本身。

电池租赁模式中,笔者理解,车企仅对电动汽车的制造、研发以及推广负责;电池生产商在提供电池、回收电池中获得利益;电池资产公司及换电站运营商则可以从用户所用电费、电池租赁费用、旧电池回收费用和相关补贴中获得利润,同时需要为电池购买、电池更换站建设、维护、运营承担费用。

2. 电池融资租赁

还有一种可能的法律关系是对电池进行融资租赁。《民法典》第735条规定,融资租赁合同是出租人根据承租人对出卖人、租赁物的选择,向出卖人购买租赁物,提供给承租人使用,承租人支付租金的合同。典型的融资租赁交易涉及出租人、承租人和出卖人三方,并包括两个合同:出租人与承租人之间的融资租赁合同,以及出租人与出卖人之间的买卖合同。出卖人虽然不是融资租赁合同的缔约方,但一般而言,融资租赁合同的履行却有赖于出卖人基于买卖合同的交货义务的履行。

融资租赁法律关系与一般租赁法律关系相比较,主要区别有五方面:第一,租赁物的来源不同。租赁法律关系中,租赁物一般为出租人自有或出租人自行购买,并非基于承租人的选择或意志;融资租赁法律关系中,租赁物一般是基于承租人的选择和意志,由出租人出资进行购买。第二,租金拟定基础不同。租赁法律关系中,租金是承租人占有、使用租赁物的对价;融资租赁法律关系中,租金是出租人向承租人提供融资以实现融物目的的对价,而非承租人占有、使用租赁物的对价。第三,承租人能否解除合同的考量因素不同。租赁法律关系中,租赁物本为出租人所有,即便租赁合同解除后,出租人仍可使用或再次出租租赁物,因此一般不会特别限制承租人解除租赁合同;融资租赁法律关系中,出租人本不持有租赁物,而系基于承租人的选择进而购买了租赁物,并提供给承租人专属使用。考虑到该等"融物"特性,若融资租赁合同被承租人随意解除,回收的租赁物对出租人并无实际价值,所以融资租赁合同一般禁止承租人随意解约。第四,租赁物瑕疵担保责任和维修义务不同。租赁法律关系中,租赁物瑕疵担保责任和维修义务由出租人承担;融资租赁法律关系中,鉴于租赁物系承租人选定,由出租人出资购买,出租人承担的是"融资"的功能,因此出租人一般不承担租赁物瑕疵担保责任和维修义务,而是由承租人承担妥善保管、使用租赁物以及占有租赁物期间的维修义务。第五,租赁期满后的租赁物归属不同。租赁法律关系中,租赁物所有权属于出租人;融资租赁法律关系中,通常出租人与承租人会对租赁物期满后的权属进行约定,如约定期满后租赁物归承租人。

从实操层面看,融资租赁主要包括直租和售后回租两种模式。

直租,是指出租人根据承租人对出卖人、租赁物的选择,向出卖人购买租赁物,提供给承租人使用,承租人支付租金的融资租赁方式,涉及三方当事人,即出租人、承租人、出卖人。在新能源汽车电池直租中,可能的法律关系如图 3 所示。

售后回租,是指承租人为了实现融资的目的,将自有物出售给出租人,同时与出租人签订融资租赁合同,再将该物从出租人处租回使用,并按期向出租人支付租金的模式。这时,承租人和出卖人为同一人。根据资金路径的不同,售后回租有两种方式(见图 4):一种是用户先向车企支付购买电池的款项,再将电池出售给融资租赁公司,融资租赁公司将购买电池款项支付给用户;融资租赁公司取得电池所有权后,将电池出租给用户,用户向融资租赁公司支付租赁费用。另一种是车企向用户出售车身和电池,用户先支付车身部分价款,然后由用户将电池出售给融资租赁公司,融资租赁公司将购买电池款项按照用户的指示支付给车企;融资租赁公司取得电池所有权后,将电池出租给用户,用户向融资租赁公司支付租赁费用。

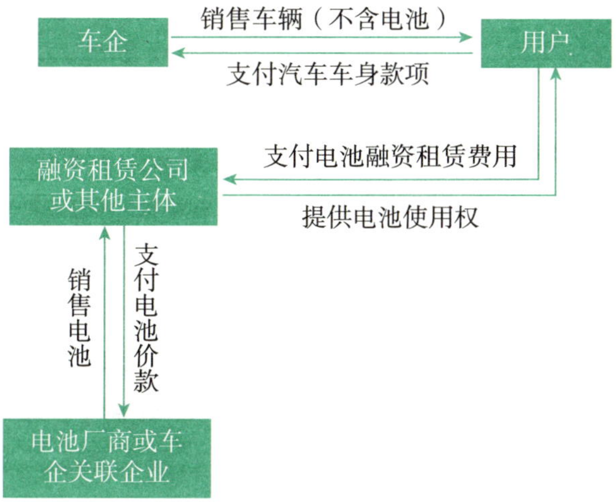

图 3　新能源汽车电池直租的法律关系

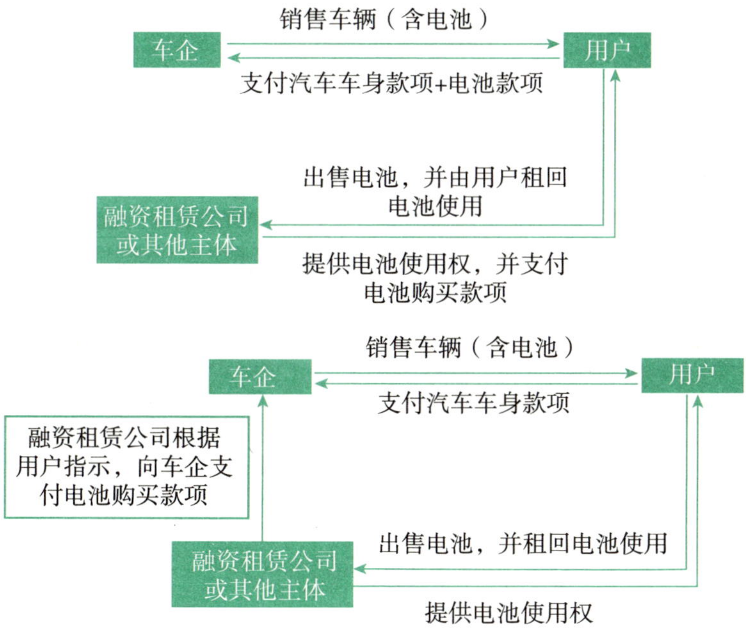

图 4　售后回租的法律关系

就售后回租合同在司法实践中的认定，值得注意的是，虽然《最高人民法院关于审理融资租赁合同纠纷案件适用法律问题的解释》(2020 年修正）规定，承租人将其自有物出卖给出租人，再通过融资租赁合同将租赁物从出租人处租回的，人民法院不应仅以承租人和出卖人系同一人为由认定不构成融资租赁法律关系。但是，并非所有名为售后回租的合同实质上均构成法律意义上的融资租赁关系。实践中，不乏以售后回租为名订立合同，但其交易实质并不符合融资租赁法律关系特点的情形，比如，没有明确的租赁物，或租赁物设有权利负担，或出租人不能取得所有权等。该等情形可能对合同效力及法律关系的认定产生实质影响，极端情况下名为售后回租的合同可能被认定为无效。

3. 其他

我们在对市面上的新能源汽车电池租赁计划进行梳理的过程中发现，部分车企告知消费者其提供的“电池租用计划”本质上是一种金融方案，电池的所有权从消费者购车之时就是属于消费者的。这种情况下，我们理解，车企与消费者之间并不构成电池租赁法律关系（见图5），而可能是电池买卖关系下的一种分期付款安排，或是由相关金融机构就电池部分向消费者提供了贷款（见图6）。

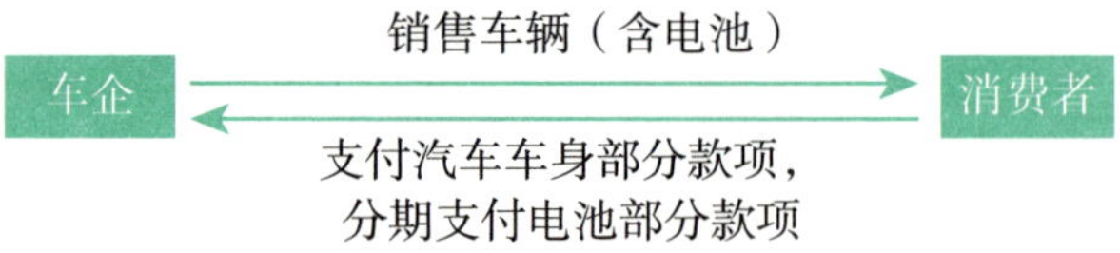

图5　电池买卖的法律关系

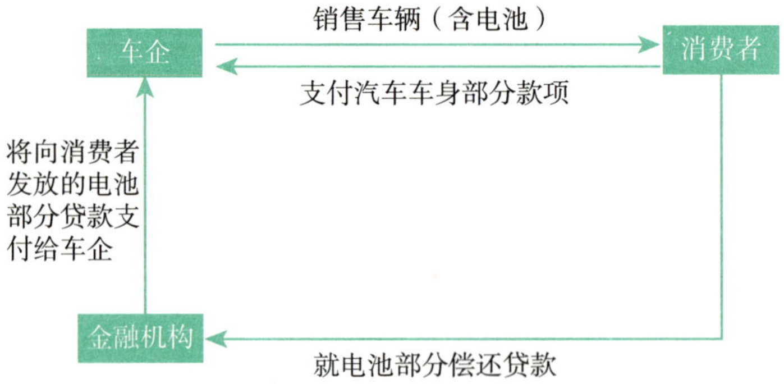

图6　电池贷款的法律关系

（三）相关法律制度和标准亟待完善

2021年11月，国家市场监督管理总局批准发布了《电动汽车换电安全要求》，对支持换电模式的新能源汽车安全标准做出规定，包括制定了整车的换电操作、道路行驶和车辆防水要求，以及动力电池包的震动、机械冲击及电气要求，并规定了换电模式的使用极限工况。此前，国家标准委与工信部还联合发布了《电动汽车安全要求》《电动客车安全要求》《电动汽车用动力蓄电池安全要求》等强制性国家标准。为了配合新能源汽车发展的新业态，相关法律制度和标准均亟待修订完善。

第一，新能源汽车的登记制度。《道路交通安全法》第 8 条规定，我国对机动车实行登记制度。机动车经公安机关交通管理部门登记后，方可上道路行驶。尚未登记的机动车，需要临时上道路行驶的，应当取得临时通行牌证。根据《机动车登记规定》的相关规定，申请机动车注册登记时，应当提交机动车整车出厂合格证明或者进口机动车进口凭证、车辆购置税、车船税完税证明或者免税凭证等资料。在车电分离销售的模式下，相关部门应当与时俱进，修订或增补适用于车电分离销售的新能源汽车的注册登记标准和程序，以实现车身与电池的独立注册登记，扫清行政程序上的障碍。

第二，新能源汽车的抵押登记制度。根据《机动车登记规定》第 31 条的规定，机动车作为抵押物抵押的，机动车所有人和抵押权人应当向登记地车辆管理所申请抵押登记；抵押权消灭的，应当向登记地车辆管理所申请解除抵押登记。在换电型新能源汽车中，物理上、法律上车身与电池均是分离的状态，但该等新能源汽车车主是否可以单独抵押车身，又或者电池资产公司是否可以单独抵押电池，这些都已成为新业态下的实操问题，甚至可能会对电池所有权人产生权属上的法律风险。我们建议，相关部门有必要尽快完善车辆抵押登记制度，对车电分离模式下的新能源汽车的车身、电池是否可以单独抵押，单独抵押的程序，以及单独抵押对抵押人、抵押权人的相关影响进行细化。

第三，新能源汽车产品准入的公告机制。《新能源汽车生产企业及产品准入管理规定》(2020 年修订)第 6 条规定，汽车生产企业在已列入《道路机动车辆生产企业及产品公告》的新能源汽车整车或者底盘基础上改装生产新能源汽车产品，改装未影响底盘、车载能源系统、驱动系统和控制系统的，不需要申请新能源汽车生产企业准入。然而，在车电分离模式下，随着电池的升级换代，一个换电车型可能会匹配多种电池,而当一款新能源汽车搭载的电池发生变化时,可能需要进行多次公告,这将大大增加车企和有关部门申报和审批的工作。我们建议,进一步对换电型新能源汽车的公告规则进行改变,对车电分离下的车身与电池进行分开公告认证,以进一步优化相关行政流程。

3. LNG 观察

LNG 接收站法律尽职调查要点简析

高　燕* 　王弈林　李伟诚

* 作者简介：

高燕，中伦律师事务所北京办公室公司业务部合伙人，电邮为：gaoyan@ zhonglun. com。

随着我国城市燃气用气人口的持续增长、燃气发电装机量的持续增加，天然气需求量逐年攀升。国家能源局石油天然气司等单位联合编写的《中国天然气发展报告（2022）》显示，我国天然气消费快速增长，在一次能源结构中占比稳步提升。目前我国天然气供给由国产气、进口管道气、进口液化天然气（LNG）三部分组成，而这三者中进口 LNG 被认为是最灵活的天然气来源①。LNG 自身超低温、需加压保存的物理特性决定其需要在专门的液化天然气接收站（以下简称 LNG 接收站）进行接收和转运。截至 2022 年年底，国内已投入运营沿海 LNG 接收站共计 20 余座。随着我国在建与运营 LNG 接收站的数量不断增加以及天然气需求量的增长，针对 LNG 接收站运营公司的股权或资产收购项目也随之增加。LNG 接收站由码头、储罐、管道及 LNG 场站等多种工程项目组成且通常分期建设，对其进行法律尽职调查具有一定特殊性。本文拟从 LNG 接收站业务资质与许可、项目建设合规手续、重大合同履行情况等方面对 LNG 接收站法律尽职调查要点进行分析。

一、LNG 接收站简介

在国际天然气贸易中需要在气源地将气态天然气进行处理后液化成 LNG，然后通过海运送往全球各地。LNG 接收站的作用在于，LNG 运输船到达 LNG 码头后，运输船上的 LNG 通过接收站的装置输送到陆地实现 LNG 或天然气外输。LNG 接收站在进口 LNG 产业链中主要担任中游储运的重要角色，也是进口 LNG 转入陆上输送的重要衔接点。LNG 接收站在天然气产业链中的具体环节如图 1 所示。

---

① 参见于洋：《用数据说话，洞悉 LNG 接口产业链的模式、机遇与挑战》，载《中信建投证券研究报告》2018 年版。

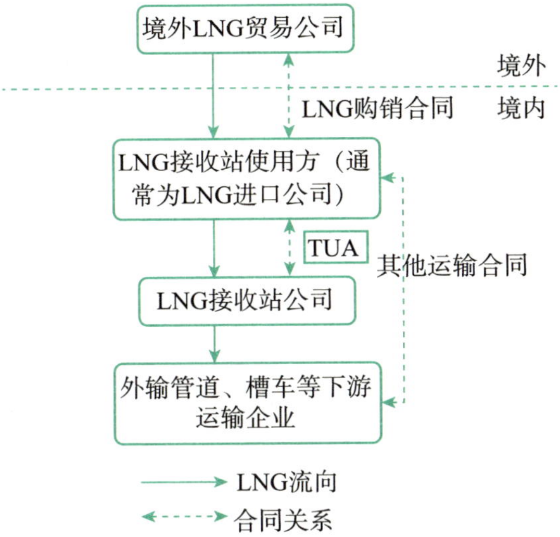

图 1　LNG 接收站在天然气产业链中的具体环节

二、LNG 接收站项目运营所需资质与许可

LNG 接收站本质上为用于卸运 LNG 这类危险化学品的特殊用途码头，故其合规运营需要取得一系列港口码头与 LNG 运营外输相关资质许可，包括但不限于以下重要资质与许可：

（一）港口码头相关资质与许可

1. 中华人民共和国港口经营许可证与港口危险货物作业附证

《港口经营管理规定》第 6 条第 1 款规定，“从事港口经营，应当申请取得港口经营许可”。《港口危险货物安全管理规定》明确，从事危险货物港口作业的经营人除满足《港口经营管理规定》规定的经营许可条件外，还应当具备危险货物港口经营人资质，向所在地港口行政管理部门申领港口危险货物作业附证。LNG 接收站涉及港口码头经营，且涉及接收和存储 LNG，而 LNG 属于危险化学品，在运营前 LNG 接收站需要取得中华人民共和国港口经营许可证与港口危险货物作业附证。

实践中，也存在部分地方的行政主管部门将 LNG 接收站陆地储罐部分的危险化学品安全监管纳入应急管理部门而非港口行政主管部门的情况，在此情形下,经营人需就使用储罐存储 LNG 或天然气取得危险化学品经营许可证。我们建议企业结合项目具体所在地的监管要求办理相应的危险化学品经营资质。

2. 港口设施保安符合证书

《港口设施保安规则》第 79 条第 1 款规定,"未按规定取得有效《港口设施保安符合证书》且不符合本规则第三十六条规定的港口设施,不得为航行国际航线船舶提供服务"。实践中,LNG 接收站接收卸运的 LNG 船为国际航线船舶,因此 LNG 接收站正常运营需要取得港口设施保安符合证书。

3. 港口对外开放批复

《港口法》第 59 条规定,对航行国际航线的船舶开放的港口,由有关省、自治区、直辖市人民政府按照国家有关规定商国务院有关部门和有关军事机关同意后,报国务院批准。LNG 接收站在投产接驳航行国际航线的船舶前,应按上述规定取得国务院关于允许港口对外开放的批准。

4. 海关监管作业场所企业注册登记证书

《海关监管区管理暂行办法》(2018 年修正)第 10 条规定,"进出境货物应当在海关监管区的海关监管作业场所集中办理进出、装卸、储存、集拼、暂时存放等海关监管业务"。在 LNG 接收站卸运的 LNG 货物为进口货物,按照要求 LNG 接收站需要进行海关监管作业场所注册登记。需要注意的是,2019 年 4 月,海关总署发布《海关监管作业场所(场地)设置规范》,取消了《海关监管作业场所设置规范》(现已失效)有关液体罐区作为海关监管场所的规定,2021 年修订版依旧如此。因此在实际操作中可能需要与当地海关进一步确认关于 LNG 储罐罐区是否需要设立海关监管场所,取得海关监管作业场所企业注册登记证书。

(二)其他资质与许可

1. 计量检定证书

《强制检定的工作计量器具检定管理办法》规定,计量器具强制检定是指"由县级以上人民政府计量行政部门所属或者授权的计量检定机构,对用于贸易结算、安全防护、医疗卫生、环境监测方面,并列入本办法所附《中华人民共和国强制检定的工作计量器具目录》的计量器具实行定点定期检定"。国家市场监督管理总局《关于发布实施强制管理的计量器具目录的公告》中涉及与 LNG 接收站相关强制管理的器具包括流量计等,在实际操作中需要核查相关器具是否取得计量检定证书。

2. 移动式压力容器充装许可证

《特种设备安全法》第 49 条规定,移动式压力容器、气瓶充装单位经负责特种设备安全监督管理的部门许可,方可从事充装活动。LNG 接收站液态外输需要向槽车中加注 LNG,故需要取得移动式压力容器充装许可证后方能合规开展液态外输业务。

三、LNG 接收站项目建设合规手续

LNG 接收站建设由码头、储罐、管道及 LNG 场站等工程组成。LNG 运输船停泊在码头旁,由码头上的卸料臂连接船上卸货泵将 LNG 输送至储罐进行保存;储罐中的 LNG 进入 LNG 场站上的气化装置再气化后通过输气管道实现天然气输送。LNG 接收站项目的核准与建设主要涉及的文件见表 1:

表 1　LNG 接收站项目的核准与建设主要涉及的文件

序号	文件类别	具体文件
1	一、立项审批文件	固定资产投资项目核准 用地预审与选址意见书 用海预审 可研报告核准批复
2	二、设计批复	初步设计报告批复 施工图设计批复 防雷装置设计审核
3	三、开工前及建设期主要许可文件	港口岸线使用批复或使用意见 水土保持方案批复 压覆矿意见 节能评估审查 建设用地规划许可证 建设工程规划许可证 建筑工程施工许可证 海域使用批复 临时用地批复 水上水下活动许可证 输气管线穿越、跨越公路、河流等的穿越批复

续表

序号	文件类别	具体文件
4	四、健康安全环境消防(Health Safety Environment and Fire Control, HSEF)相关文件	环境影响评价批复 职业病危害预评价批复 职业病防护设施设计审查意见 安全条件审查意见 安全预评价批复 消防设施设计审查意见
5	五、专项验收文件	环境保护设施竣工验收报告 安全设施竣工验收审查意见 职业病防护设施竣工验收审查意见 消防设施竣工验收审查意见 防雷装置竣工验收意见 港口工程竣工验收证书(如适用) 填海项目竣工验收审查意见(如有围填海工程)

受篇幅限制,下文主要对 LNG 接收站项目核准、用地用海等部分接收站建设所需文件进行简要介绍。

(一)LNG 接收站项目核准

《政府核准的投资项目目录(2016 年本)》及《市场准入负面清单》(2022 年版)对 LNG 接收站建设核准的主管部门进行了规定,由国家发展和改革委员会负责对新建 300 万吨及以上项目的核准,国家能源局负责对新建 300 万吨以下项目的核准,省级发展和改革委员会负责改扩建等项目的核准。

此外,根据《关于建立油气项目核准工作绿色通道有关事宜的通知》的要求,未取得规划选址意见、用地预审意见或用海预审意见的 LNG 接收站项目可先行向国家发展和改革委员会或能源局提交其他材料,未提交材料的可暂缓最多 50 个工作日提交,这一定程度上提高了项目审批效率。但需注意该文件有效期至 2020 年 12 月 31 日,目前主管机关暂未发布替代性政策文件。

(二)LNG 接收站建设所需重要文件

1. 建设用地使用权

取得核准后的 LNG 接收站项目,需要使用国有土地时,建设单位应当向有批准权的自然资源主管部门提出建设用地申请。如果项目涉及经批准后有偿使用国有土地的,在招拍挂出让结束后中标人应与相应的土地行政主管部门签订国有土地有偿使用合同。与以往需单独申请建设用地批准书不同的是,根据自然资源部《关于以"多规合一"为基础推进规划用地"多审合一、多证合一"改革的通知》的规定,目前建设用地批准书与建设用地规划许可证合并,自然资源主管部门将不再单独核发建设用地批准书,签订国有土地有偿使用合同后自然资源主管部门将向建设单位同步核发建设用地规划许可证。土地受让人依照国有土地使用权出让合同付清全部土地出让价款后,方可申请办理土地登记,领取国有建设用地的不动产权证。

需要注意的是,根据《土地管理法》的规定,对于建设项目施工需要临时使用国有土地或者农民集体所有的土地的,应由县级以上人民政府自然资源主管部门批准并与土地使用权人签订临时使用土地合同,不得使用临时用地修建永久性建筑物。

2. 海域使用权

LNG 接收站建设往往需要围海造陆以形成平整土地,从而进行码头、储罐等接收站设施的建设,此外,码头回旋水域也需要占用大片海域。上述建设特点决定了海域使用权的取得是 LNG 项目建设的核心问题之一。对于取得发展和改革委员会核准的 LNG 接收站项目,依据《海域使用权管理规定》第 16 条规定,应由国家海洋行政主管部门受理海域使用申请,审查通过后由审核机关作出项目用海批复,海域使用申请人按照项目用海批复的要求缴纳海域使用金,办理海域使用权证,针对围海造陆形成的土地后续还需要换发国有建设用地的不动产权证。

3. 岸线使用权批复

依据《港口工程建设管理规定》第 12 条的要求,港口工程建设项目需要使用岸线的,项目单位如未取得岸线使用批准文件或者交通运输部关于岸线使用的意见,不得开工建设。LNG 接收站码头可靠泊船舶吨位均超万吨,根据《港口深水岸线标准》的要求,应申请深水岸线使用。根据《港口岸线使用审批管理办法》的规定,港口岸线使用审批由交通运输部会同国家发展和改革委员会作出审批决定,而对于国务院或者国家发展和改革委员会审批、核准的港口建设项目,可不单独取得岸线使用审批文件,在报送可行性研究报告或项目申请时,同时抄报交通运输部,由交通运输部一并提出岸线使用意见。

4. 环境影响评价

《建设项目环境保护管理条例》第 9 条规定，依法应当编制环境影响报告书、环境影响报告表的建设项目应在开工建设前取得有审批权的环境保护行政主管部门审批。《建设项目环境影响评价分类管理名录(2021 年版)》将 LNG 接收站规定在“157 海上和海底物资储藏设施工程”类别，要求 LNG 接收站项目也应当编制环境影响报告书。对于 LNG 接收站环评审批机关的问题，根据《生态环境部审批环境影响评价文件的建设项目目录(2019 年本)》、各省环保厅制定的审批环境影响评价文件的建设项目目录及 LNG 项目环评批复，新建年吞吐能力 1000 万吨及以上的油气专用泊位由生态环境部审批环评报告书①，年吞吐能力 1000 万吨以下的 LNG 接收站环评报告书由省级生态环境厅审批②。

5. 安全条件审查

LNG 属于危险化学品和《港口危险货物安全管理规定》中规定的危险货物，其接收、存储与运输设施建设需要进行安全条件审查。由于 LNG 接收站由码头、储罐、管道等不同工程组成，不同工程安全审查涉及的主管部门也各不相同。

四、LNG 接收站项目重要业务合同

LNG 接收站使用协议(Terminal Usage Agreement，TUA)是接收站公司生产运营的主要收入类合同，是由接收站使用方与接收站公司签署，约定接收站使用方使用接收站设施事宜的协议。在 TUA 项下，接收站使用方向接收站公司购买 LNG 接卸、加工、槽车装车与气化外输等服务，并向接收站公司支付服务费用。

在 LNG 接收站尽调过程中，建议重点审阅 TUA 以下五项条款。

(一)服务期限

TUA 服务期限一般与上游 LNG 购销合同期限相挂钩，可能有长期服务期限安排，在尽调时应重点关注中长期 TUA 的合同机制，并在尽调报告中提示相关风险。

---

① 设计接卸能力 1200 万吨/年的唐山 LNG 项目环评报告书由生态环境部受理。

② 河北省生态环境厅《审批环境影响评价文件的建设项目目录(2019 年本)》中规定 LNG 接收储运项目由省生态环境厅负责。值得注意的是，目前多省环评文件建设项目目录没有进行更新，但实践中已由省级生态环境厅负责 LNG 接收站项目环评的审批(如广东生态环境厅对潮州华瀛 LNG 接收站环评报告书进行批复)。

（二）服务合同量

TUA 中服务合同量一般指在某一合同年接收站使用方承诺使用的 LNG 服务能力。如接收站使用方在某一合同年未能足额使用相应服务合同量，则可能会触发 TUA 中的照付不议机制，支付照付不议费用。

（三）服务费率

根据国家发展和改革委员会《关于完善进口液化天然气接收站气化服务定价机制的指导意见》（发改价格〔2022〕768 号），气化服务价格实行政府指导价管理，由省级价格主管部门制定省（自治区、直辖市）内接收站最高气化服务价格。各接收站可在不超过最高气化服务价格的前提下，结合自身建设运营成本和市场供需情况，自主确定具体服务价格。在尽调时应重点关注 TUA 中约定的气化服务费率是否高于 LNG 接收站所在省（自治区、直辖市）所要求的最高气化服务价格，并在尽调报告中进行相应风险提示。

（四）照付不议机制

TUA 是 LNG 接收站收入的主要来源。为保障接收站公司收益，TUA 中通常会约定照付不议机制，即无论接收站使用方是否实际使用接收站公司的 LNG 服务，接收站使用方均应向接收站公司支付照付不议量对应的服务费。通常接收站使用方需要支付的照付不议费用为“［（照付不议基准值－扣减量）×照付不议系数－实际使用量］×服务费率”，如计算结果为负数，则照付不议费用为零。其中，照付不议基准值一般等于年服务合同量，通常在合同签署时确定具体数值，扣减量一般为因不可抗力、接收站公司原因导致接收站使用方未能使用的服务合同量。

在尽调时应重点关注 TUA 中是否存在照付不议机制以及照付不议量的计算基数、相应照付不议系数以及结算周期，并在尽调报告业务合同部分对照付不议机制进行提示。

（五）责任与赔偿

LNG 接收站公司作为基础设施运营商，对外承担更多运营风险，特别是其对接收站使用方的赔偿责任，通常与单位服务费率以及加工量挂钩。在尽调时应重点关注 TUA 中的责任和赔偿条款，并在尽调报告业务合同部分对是否存在赔偿责任限额以及计算方式进行说明。

五、总结

随着越来越多 LNG 接收站的获批与投产运营,以及沿海岸线资源的紧缺,国内能源企业取得 LNG 接收站的方式更多从“绿地投资”转向“股权收购”。LNG 接收站项目作为码头、储罐、管道及 LNG 场站等多种工程项目构成的复合体,对律师法律尽职调查涉及范围与重点关注事项提出了特殊要求。本文结合 LNG 接收站项目法律尽职调查实际操作经验对 LNG 接收站项目法律尽职调查关注要点进行了梳理与介绍,以供相关项目参与方参考交流。

LNG 加气站经营企业合规之行政处罚风险大数据分析

邹　鲲* 姚　甸

* 作者简介：

邹鲲，中伦律师事务所武汉办公室合规与政府监管部合伙人，电邮为：zoukun@ zhonglun. com。

“碳达峰”与“碳中和”目标的提出,开启了我国应对气候变化的新征程。实现“双碳”目标的关键在于减少人类生产生活中温室气体的排放,因而节能减排、新能源替代等有效措施逐步推广。液化天然气(LNG)被公认为可替代能源之一,LNG加气站作为经营主体在市场运营过程中面临被行政监管部门处罚的法律风险。本文收集了相关行政处罚案例进行大数据分析,供相关市场主体规范运营参考。

一、大数据来源

时间:2015 年 1 月 1 日至 2023 年 3 月

数据来源:alpha 案例库

关键字:LNG 加气站

案例数量:33 件

二、行政处罚案件大数据分析

(一)案由整体分布分析

如图 1 所示,LNG 加气站行政处罚风险主要涉及类别为未经许可擅自从事气

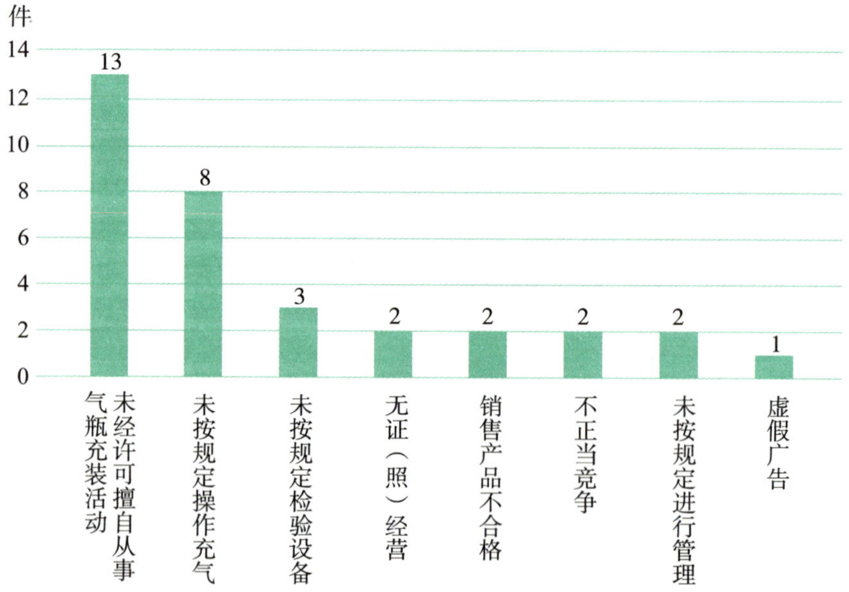

图 1　行政处罚案由分布

瓶充装活动(13 件,39. 40%)、未按规定操作充气(8 件,24. 24%)、未按规定检验设备(3 件,9. 09%)、未按规定进行管理(2 件,6. 06%)、无证(照)经营(2 件,6. 06%)、销售产品不合格(2 件,6. 06%)、不正当竞争(2 件,6. 06%)、虚假广告(1 件,3. 03%)八大类。全部案例均涉及处以罚款,罚款金额整体分布见表 1。

如表 1 所示,罚款金额分布从 650 元至 500 000 元不等,主要分布于 10 000 元至 200 000 元。

表 1 罚款分布

金额/元	件数/件
650	1
2600	1
5000	1
8400	1
10 000	2
12 928	1
20 000	1
28 000	2
30 000	4
35 000	1
50 000	1
52 000	1
60 000	1
70 000	1
74 000	1
95 000	1
100 000	4
150 000	1
200 000	3
300 000	1
400 000	1

（二）具体案由分析

具体行政处罚事由、处罚金额见表2。

表2 具体行政处罚事由和处罚金额

序号	行政处罚决定书编号	风险类别	违法行为表现	处罚措施	处罚依据
1	温州综执罚决字〔2022〕第16-0001号	未按规定进行管理	1. 未采取措施及时消除燃气安全事故隐患； 2. 未将燃气工程竣工验收情况报备案； 3. 未制定燃气事故应急预案	1. 责令改正违法行为； 2. 罚款158 000元	《城镇燃气管理条例》第41条、第48条
2	京昌市监处罚〔2022〕328号	未经许可擅自从事气瓶充装活动	未取得气瓶充装许可证，擅自从事气瓶充装活动	1. 责令关闭所有充装站点，不得继续从事充装活动； 2. 罚款400 000元	《特种设备安全法》第49条第1款、第85条
3	余市监处罚〔2022〕860号	未经许可擅自从事气瓶充装活动	1. 具备天然气销售资质； 2. 未取得充装许可，擅自向槽罐车充装液化天然气	罚款300 000元	《特种设备安全法》第49条第1款、第85条
4	乌市监处〔2021〕0006号	未经许可擅自从事气瓶充装活动	未取得气瓶充装许可证，擅自从事气瓶充装活动	罚款100 000元	《特种设备安全法》第49条第1款、第85条
5	自市监处〔2021〕51030021000198号	未经许可擅自从事气瓶充装活动	未取得气瓶充装许可证，擅自从事气瓶充装活动	1. 罚款220 000元； 2. 没收违法所得503 627.58元	《特种设备安全法》第49条第1款、第85条

续表

序号	行政处罚决定书编号	风险类别	违法行为表现	处罚措施	处罚依据
6	京石市监罚字〔2021〕73 号	未按规定操作充气	未按照规定对车用气瓶实施充装前后检查	罚款 100 000 元	《特种设备安全法》第 49 条第 2 款、第 85 条第 1 款第 1 项
7	阿拜市监特处〔2021〕50 号	未按规定操作充气	未按照规定实施气瓶充装前后检查、记录制度	1. 责令改正违法行为； 2. 罚款 60 000 元	《特种设备安全法》第 49 条第 2 款、第 85 条第 1 款第 1 项
8	宜珙市监处〔2021〕51152621000072 号	未按规定操作充气	未按照规定实施气瓶充装前后检查、记录制度	1. 责令改正违法行为； 2. 罚款 35 000 元	《特种设备安全法》第 49 条第 2 款、第 85 条第 1 款第 1 项
9	石鹿市监处〔2021〕36 号	未按规定操作充气	1. 充装车辆进行（LNG）充装未能提供气瓶使用登记证； 2. 未按照规定实施充装前后检查、记录制度	罚款 30 000 元	《特种设备安全法》第 49 条第 2 款、第 85 条第 1 款第 1 项
10	攀仁市监处〔2021〕51041121000156 号	未按规定进行管理	1. 充装未经使用登记注册的车载 LNG 气瓶； 2. 现场操作人员无特种设备作业证（气瓶充装）	1. 责令改正违法行为； 2. 罚款 52 000 元	《特种设备安全法》第 14 条、第 49 条、第 86 条
11	扬市监处字〔2020〕10-7 号	不正当竞争	利用自身行业垄断地位指定价格服务	1. 没收多收价款 37 150 元； 2. 罚款 70 000 元	《江苏省价格条例》第 13 条

续表

序号	行政处罚决定书编号	风险类别	违法行为表现	处罚措施	处罚依据
12	常高新市监处字〔2020〕10079号	未经许可擅自从事气瓶充装活动	未取得液化天然气充装许可证，擅自从事气瓶充装活动	1. 罚款 200 000 元； 2. 没收违法所得 317 015 元	《特种设备安全法》第 49 条第 1 款、第 85 条
13	甬海市监处〔2020〕276 号	未经许可擅自从事气瓶充装活动	未取得液化天然气充装许可证，擅自从事气瓶充装活动	1. 罚款 100 000 元； 2. 没收违法所得 9540 元	《特种设备安全法》第 49 条第 1 款、第 85 条
14	冀市监邯处〔2020〕13040620000023 号	虚假广告	发布虚假广告，诱导客户进行消费	罚款 10 000 元	《广告法》第 8 条第 2 款
15	南市监处字〔2020〕稽查 20 号	销售产品不合格	加气机密度参数设置与气体质量检验报告不符，影响销售商品商品量的量值准确性	罚款 2600 元	《商品量计量违法行为处罚规定》第 3 条第 1 款
16	渝大足市监处字〔2020〕42 号	销售产品不合格	加工销售经检验严重不合格的车用天然气	1. 责令停止生产、销售不合格产品； 2. 罚款 8400 元	《产品质量法》第 49 条
17	黔东南工商行处〔2020〕35 号	未经许可擅自从事气瓶充装活动	1. 已取得气瓶充装许可证，备注为压力容器（限车载气瓶）； 2. 实际擅自从事移动式压力容器（低温绝热气瓶）充装	1. 没收违法所得 7364 元； 2. 罚款 28 000 元	《特种设备安全法》第 49 条第 1 款、第 85 条

续表

序号	行政处罚决定书编号	风险类别	违法行为表现	处罚措施	处罚依据
18	黔东南市监处〔2020〕34 号	未经许可擅自从事气瓶充装活动	1. 已取得气瓶充装许可证，备注为压力容器（限车载气瓶）； 2. 实际擅自从事移动式压力容器（低温绝热气瓶）充装	1. 没收违法所得 16 144.17 元； 2. 罚款 28 000 元	《特种设备安全法》第 49 条第 1 款、第 85 条
19	宿豫市监处字〔2020〕20009 号	未经许可擅自从事气瓶充装活动	未取得气瓶充装许可证，擅自在公司内部进行气瓶充装活动	罚款 100 000 元	《特种设备安全法》第 49 条第 1 款、第 85 条
20	泸江市监处〔2020〕51050220000207 号	未经许可擅自从事气瓶充装活动	未取得气瓶充装许可证，擅自从事气瓶充装活动	1. 没收违法所得 1200 元； 2. 罚款 30 000 元	《特种设备安全法》第 49 条第 1 款、第 85 条
21	洪市监处字〔2020〕406 号	未按规定检验设备	使用未办理使用登记的压力管道（质量合格）	罚款 5000 元	《特种设备安全法》第 83 条
22	崇市监处字〔2020〕00098 号	未按规定操作充气	未按规定对充装车辆充装前后进行检查、记录制度	1. 责令改正违法行为； 2. 罚款 30 000 元	《特种设备安全法》第 49 条第 2 款、第 85 条
23	渝綦江市监处字〔2020〕47 号	未按规定操作充气	1. 未按照规定建立并实施充装前后检查、记录制度； 2. 对两台不符合安全技术规范要求的移动式压力容器进行充装	1. 责令改正违法行为； 2. 罚款 74 000 元	《特种设备安全法》第 49 条第 2 款、第 85 条

续表

序号	行政处罚决定书编号	风险类别	违法行为表现	处罚措施	处罚依据
24	江市监案字〔2020〕124号	未按规定操作充气；未按规定检验设备	1. 使用未经登记、检验的4只车用气瓶及安全附件；2. 使用2只超期未检的车用气瓶；3. 未执行充装记录制度	1. 责令改正违法行为；2. 罚款30 000元	《特种设备安全法》第83条
25	阿拜市监综处〔2020〕86号	未按规定检验设备	液化天然气加气机上未粘贴有效期内的检定合格标志，现场无法提供有效期内的检定合格证书	罚款10 000元	《新疆维吾尔自治区计量监督管理条例》第8条第1款、第28条
26	三市监工商处字〔2019〕第66号	未按规定操作充气	LNG加气站充装LNG气瓶前后未对车载气瓶进行安全检查	1. 责令改正违法行为；2. 罚款20 000元	《特种设备安全法》第81条、第85条
27	甬仑市监处〔2019〕369号	未经许可擅自从事气瓶充装活动	1. 已取得气瓶充装许可证，许可备注充装介质为LNG（车用气瓶）；2. 实际擅自从事工业气瓶的充装	1. 没收违法充装的气瓶2只；2. 没收违法所得603.4元；3. 罚款50 000元	《特种设备安全法》第49条第1款、第85条
28	邢县市监处字〔2018〕14号	未经许可擅自从事气瓶充装活动	未取得气瓶充装许可证，擅自从事气瓶充装活动	罚款200 000元	《特种设备安全法》第49条第1款、第85条
29	三市监罚字〔2017〕032号	未按规定检验设备	加气机强检检定证书已过期	罚款650元	《计量法》第9条第1款、第25条；《计量法实施细则》第46条

续表

序号	行政处罚决定书编号	风险类别	违法行为表现	处罚措施	处罚依据
30	镇工商案〔2017〕00043 号	不正当竞争	以限制条件的方式强制销售产品	罚款 95 000 元	《江苏省实施〈中华人民共和国反不正当竞争法〉办法》第 9 条第 2 项
31	铜市监案〔2016〕00187 号	无证(照)经营	加气站未取得合法有效的营业执照及移动式压力容器充装许可,便从事加气业务	1. 没收非法所得 17 072 元; 2. 罚款 12 928 元	《无照经营查处取缔办法》第 2 条、第 4 条
32	(浙衢)质监罚字〔2015〕20 号	未经许可擅自从事气瓶充装活动	未取得气瓶充装许可证,擅自从事气瓶充装活动	1. 依法取缔,罚款 150 000 元; 2. 没收违法所得 7449.06 元	《特种设备安全法》第 49 条第 1 款、第 85 条
33	杭西市管罚处字〔2015〕77 号	无证(照)经营	加气站未取得合法有效的营业执照及移动式压力容器充装许可	罚款 200 000 元	《特种设备安全法》第 49 条、第 85 条

1. 不当经营类

此类处罚事由为 LNG 加气站利用自身的特殊地位进行不正当竞争,以高于市场价的价格销售产品、强迫交易,或销售不合格产品、发布虚假广告等。销售的不合格产品包括质量不合格产品以及计量方法不合格产品,即依据《计量法》《产品质量法》的规定应当被认定为不合格的产品。

全部案例均处罚款,罚款金额从 2600 元到 95 000 元不等,其中以利用市场支配地位进行不正当竞争的处罚力度最大,罚款数额在 7 万元以上。

2. 无经营许可类

无经营许可属于常见违法类型,处罚事由主要为未取得营业执照或相关许可便擅自从事 LNG 加气业务,包括:未取得任何许可;已取得燃气经营许可证但未取得液化天然气充装许可证；已取得液化天然气充装许可证，但备注许可事项为车载气瓶充气，而加气站擅自给移动气瓶充气等情形。

行政处罚一般为没收全部违法所得并处罚款，通常由市场监督管理人员根据社会影响、涉案 LNG 数量、违法所得等因素综合认定，其中违法所得数额最低为零，最高为 503 627.58 元，处罚金额从 1.29 万元到 40 万元不等。需要注意的是，此类处罚认定标准不一。其中 1 例无证营业的案例，行为人尚未实际开展经营业务，亦无违法所得，但仍被处罚款 20 万元。

3. 未按规定规范管理类

此类行为为未按规定操作充气、未按规定定时检验设备或未按规定进行管理，具体为充气过程前后未按规定进行安全检查、加气设备未按规定定期进行检验、未按规定对人员进行管理以及未按规定消除安全隐患并制作应急预案。全部案例均未造成任何事故后果，仅为市场监督管理人员在对加气站进行突击或例行检查中发现问题从而依法进行处罚。其中，鉴定设备是否按规定定期进行检验的标准为该设备上是否存在检验合格标志或合格证书，鉴定是否按规定操作充气，需管理人员现场或根据监控进行认定，人员管理是否合规标准为操作人员是否持证上岗。

行政处罚均为勒令整改并处罚款，罚款金额从 650 元到 158 000 元不等，未按规定检验设备类的处罚低于未按规定操作充气类的处罚。

三、实务要点

LNG 加气站项目主要行政主管部门为市场监督管理局，行业内部相关规范较多，经总结，主要有如下三项需要注意的行政处罚风险。

（1）注意避免不正当竞争的问题。LNG 加气站作为在相关市场具有一定市场支配地位的特殊单位，应当注意在经营中避免随意调整价格、对交易对象有所限制或在交易时附加其他条件（如需另外购买燃油券等），以规避不正当竞争的风险。

（2）注意经营许可问题。LNG 加气站与普通加油站、加气站不同，除危险化学品经营许可证外，还需气瓶充装许可证等专项经营的各项许可，其中气瓶充装许可证还分为车载气瓶业务许可及移动气瓶业务许可。此外，同样在未取得气瓶充装许可证的情况下非法经营相关业务，涉案金额在 6 万元以上的，可能因为具体业务和情节方面的差异而被追究不同的责任：部分单位被认定为非法经营罪而被追究刑事责任，部分单位被认定为违反市场管理条例而被处以行政处罚。因此企业需严格按照各项许可范围规定开展业务，以规避各项行政处罚乃至刑事风险。

（3）注意日常管理中提升合规能力的问题。LNG 加气站基于自身的特殊性，受到严格的监管，存在大量需遵守的法律法规及规范，如《特种设备安全法》、《计量法》、各地区计量监督管理条例等。违反上述规定的，即使未造成严重后果或无任何影响，亦有可能受到行政处罚。因此建议企业提前梳理合规管理清单，并对员工进行系统性的培训，以避免行政处罚风险。

4. 新能源发电企业的挑战

新能源项目的合规大考

——国补核查给新能源发电企业带来的合规挑战

朱　颖　胡愔子*　谢嘉庭

* 作者简介：

朱颖，中伦律师事务所上海办公室资本市场合伙人，电邮为：juliazhu@ zhonglun. com。

胡愔子，中伦律师事务所上海办公室资本市场权益合伙人，电邮为：tedhu@ zhonglun. com。

历经两个五年计划，新能源电力装机容量实现爆发式增长，为保障能源安全、实现“双碳”目标夯实了基础。据行业统计，截至2022年年底，我国可再生能源装机达到12.13亿kW，占全国发电总装机的47.3%，较2021年提高2.5个百分点。其中，风电3.65亿kW、太阳能发电3.93亿kW、生物质发电0.41亿kW，均居世界首位。①

新能源发电行业实现飞跃发展的背后，离不开国家可再生能源电价补贴政策的强力驱动，通过补贴退坡机制逐步引导行业朝向市场化转变。2021年年底是最后一批风电新能源项目电价补贴政策关门的时间节点，至此，风电、光伏新能源发电全面进入平价上网时代。尽管如此，电价补贴时代的存量项目仍然基数巨大且项目生命周期仍将存续十几年，这些项目由于投资开发时间较早、成本较高，其盈利甚至维持收支平衡基本均严重依赖国家可再生能源电价附加补助资金的补贴（以下简称国家补贴），由此导致国家财政拨付国家补贴的压力仍将持续较长时间。21世纪经济报道，行业统计及预测，截至2021年年底，可再生能源发电补贴拖欠累计约4000亿元，预计2028年电价补贴缺口会达到峰值。② 由于补贴资金缺口巨大，补贴资金的到位严重滞后。以光伏为例，根据国家能源局发布的《2017年度全国光伏发电专项监管报告》（监管公告〔2018〕4号），光伏发电项目从并网发电到正式纳入补贴目录历时2—3年，从列入补贴目录到实际获得拨付资金滞后6—8个月。

为加强可再生能源发电补贴资金使用管理，促进可再生能源行业高质量发展，2022年3月24日，国家发展和改革委员会办公厅、财政部办公厅以及国家能源局综合司联合下发《关于开展可再生能源发电补贴自查工作的通知》（以下简称324通知），决定在全国范围内开展可再生能源发电补贴核查工作，要求可再生能源发电企业从项目的合规性、规模、电量、电价、补贴资金、环境保护（仅生物质发电）六个方面进行自查，直击行业痛点。324通知下发以来，在企业自查的基础上，地方能源主管部门、审计局等相关部门也对新能源发电企业开展了外部核查。可再生能源发电补贴核查工作已在全国范围内全面铺开，尽管相关核查尚在进行

---

① 参见《2022年我国可再生能源发展情况》，载国家发展和改革委员会网，https://www.ndrc.gov.cn/fggz/hjyzy/jnhnx/202302/t20230215_1348799_ext.html。

② 参见21世纪经济报道：《两网着手解决数千亿新能源补贴拖欠　三峡能源们的好日子要来？》，载微信公众号“新浪财经”2022年8月19日，https://baijiahao.baidu.com/s?id=1741579891701448732&wfr=spider&for=pc。

中,总体核查结果以及最终处理方式尚未完全公布,但随着该项工作的不断深入,根据各个地方大批存量项目在核查过程中所暴露的合规性问题以及相关核查部门或主管部门的反馈,国补核查所发现的不同程度的问题将有可能导致可再生能源发电项目的电价批复被撤销、补贴资格被取消、补贴资金被核减、已收取国补资金被要求退还等不利结果。这次的国补核查,无异于是对新能源发电企业在开发、建设、运营过程中的合规性进行的“大考”,考核结果不理想,将对新能源发电企业的未来收益产生重大影响,严重的将导致相关发电企业面临生死存亡。324通知及其后续进行的国补核查,对新能源项目投资并购的影响也相当巨大,笔者作为长期从事于新能源投资并购的法律工作者,现就本次补贴核查的相关实际操作情况以及对新能源发电企业的挑战进行梳理,以期提供实务参考。

一、国补核查内容概要

根据笔者的观察,本次国补核查将会是新能源发电领域有史以来最全面、最彻底、最严格的一次执法实践,是对以往含补贴可再生能源发电项目开发投资建设的全面摸排与审核。从现有实际操作情况来看,本次国补核查后,将进一步摸清可再生能源发电补贴的底数,以确定补贴资金规模,并严厉打击可再生能源发电骗补等不合法不合规行为。324 通知文件要求的国补核查范围既包括发电企业自查,也包括电网企业自查,其对所需核查的具体内容进行了详细列举,而这些事项也是国家相关部门在自查基础上进行外部核查的关注要点。我们理解,在新能源投资并购项目中,拟收购项目公司被实施国补核查的情况以及国补核查相关要点的核查结论,应是新能源投资并购项目中需充分核查的关键。根据 324 通知文件所载内容,我们特梳理国补核查如下相关内容(见表 1)。

表 1 国补核查事项和内容

事项	内容	
核查对象	电网企业和发电企业	要点
核查范围	电网企业自查范围:截至 2021 年 12 月 31 日已并网,有补贴需求的全口径可再生能源发电项目 发电企业自查范围:截至 2021 年 12 月 31 日已并网,有补贴需求的风电、集中式光伏发电和生物质发电项目	核查范围广,所有存在补贴需求的可再生能源项目均为本次核查的范围

续表

事　项	内　容	
核查内容	项目合规性 项目是否纳入计划、规模或者规划等管理文件相应的名单或清单，以及项目是否依法依规核准（备案）等	项目是否取得建设规模指标，立项是否合法合规
	项目规模 项目并网容量是否大于核准容量或年度建设规模；项目分批并网时间和对应容量以及全部容量并网时间与实际是否一致。在补贴退坡的关键时间节点，是否存在以少量机组并网代替全部机组并网投产的情况等	项目是否存在"以小建大"、"以少代全"及"以全容量并网时间点核定电价"
	项目电量 项目补贴电量、补贴年限是否超过政策要求；项目实际年利用小时数与所在区域同类同期项目相比是否存在异常偏高情况等	核心要素项目补贴资金规模恒定，项目是否涉及"批小建大"
	项目电价 项目实际执行的上网电价，是否超过国家价格政策明确的上网电价（指导价），或是招投标或竞价确定的标杆上网电价。是否存在项目在补贴退坡关键时间节点之后投产，却享受退坡之前的补贴强度等	项目所执行的电价是否可具备合规可验证性
	项目补贴资金 项目实获补贴资金是否超过应获得的补贴资金；项目完成绿色电力证书交易的电量是否扣减国家补贴；是否存在未列入补贴清单范围仍拨付补贴资金的情况等	项目补贴资金是否违规发放

二、国补核查实操关注点

根据德勤于 2022 年 9 月发布的《2022 年上半年新能源行业投资并购交易分析》，在能源转型政策导向下，国企参与新能源行业投资并购交易数占同期全部交易比重在 2021 年上半年达到最高值（46.1%，83 笔），主要集中在清洁能源发电领域[①]。尽管清洁能源发电项目并购交易市场火爆,但在史上最严国补核查,且核查结果尚未正式公布、存在重大不确定性的大背景下,面对新能源发电项目普遍存在的合规性问题,市场并购主力军国企也主动收起节奏、放慢脚步,在并购交易决策上谨小慎微。根据我们的执业经验,主管机关在本次国补核查的执法行动中聚焦如下四方面内容。

(一)项目是否纳入计划、规模或者规划等管理文件相应的名单或清单

324 通知将"项目合规性"列为本次国补核查的首位,其中项目是否取得建设规模指标或者列入相应年度的建设计划,与判断项目是否合法并网、应当享受的电价标准以及是否能够享受国家补贴息息相关。《关于印发〈可再生能源电价附加资金管理办法〉的通知》(财建〔2020〕5 号)第 6 条规定,取得建设规模指标是纳入项目补贴清单并取得补贴资格的前提条件。因此,根据行业投资开发过往的逻辑,通常认为项目列入国补目录,即代表项目已经取得了建设规模指标。然而,根据我们的执业经验,实操中存在某些项目未取得建设规模指标,但也被列入了国补目录或者项目补贴清单,或存在分批取得建设规模指标但享受统一电价的情形。形成该等情形的原因复杂多变,而很多存量新能源发电项目存在多次转手交易或项目开发人员离职更替的情形,导致有些项目建设规模指标取得的历史情况难以得到全面解释。在本次国补核查中,若新能源发电企业所提供的核查证据材料无法清晰充分说明相关规模指标,将有可能导致项目建设规模指标取得的合法性以及所享受的电价的合法性面临重大挑战。

(二)项目是否依法依规核准(备案)

324 通知对"项目合规性"核查的第二项关注要点即是项目是否依法依规核准(备案)。从当前国补核查的实操情况来看,项目是否依法依规核准(备案)的核查重点便是严查"倒卖路条"。根据相关法律法规的规定,项目投资主体发生变更后需重新核准或者备案,因此新能源电源在项目立项后全容量并网投产前不得擅自变更投资主体,这已被国家能源局与地方能源投资主管下发的诸多规范性文件所明定,行业内通俗称为"不得倒卖路条"。在新能源发电行业发展初期,由于

---

① 参见《2022 年上半年新能源行业投资并购交易分析》,载德勤官网 2022 年 9 月 26 日,https://www2.deloitte.com/cn/zh/pages/finance/articles/investment-ma-in-new-energy-industry-first-half-of-2022-part-a.html。

存在诸多非市场化的因素，新能源项目建设规模指标资源配置尚不能实现最优化，由此导致项目投资开发环节出现了资源配置不公正、管理不规范和不同程度的投机获利现象，给新能源电站建设造成了不良影响。在上述背景下，为加强新能源电站项目管理，杜绝投资开发中的投机行为，保持新能源电站建设规范有序进行，国家能源局自 2014 年下半年起陆续出台了多份文件严令禁止“倒卖路条”，并对“倒卖路条”行为进行了专项核查。根据我们的观察，在目前的国补核查实操中，对“是否构成投资主体变更”的核查深入程度远甚于 2014 年的核查，不仅局限于对核准/备案文件上所载的投资主体及其股权变更的核查，还聚焦夹层公司股权转让、投资主体的实际控制人变更，甚至会要求被审查对象提供项目合作协议、股权质押协议、EPC 合同、经营托管协议等，以及核查是否存在融资、项目合作等多种形式转让项目。因此，如果新能源发电企业无法就国补核查所发现的相关情况提供合法依据或进行合理解释，其将面临被认定为“买卖路条”“违规变更投资主体”的风险，进而对项目核准备案文件的有效性，以及后续的电价批复、国补资格等事项构成重大不利影响。

（三）全容量并网时间及是否存在“以少代全”

根据国家能源局下发的相关政策文件以及新能源电站开发的过往实操，上网电价通常以项目核准时间或者项目并网时间进行核定，但由于对并网标准缺乏统一的指引，各地能源主管部门以及电网公司对并网时间的认定标准在实操中宽严不一，有些地方还存在以发电企业承诺的并网时间来认定的情形。2020 年 11 月 18 日，财政部办公厅发布《关于加快推进可再生能源发电补贴项目清单审核有关工作的通知》（财办建〔2020〕70 号，以下简称 70 号文），明确上网电价以项目全容量并网时间核定。因此本次国补核查中关于项目并网时间的判断延续 70 号文的全容量并网标准。此外，由于新能源发电项目的建设周期与项目前期手续、征地进展、设备组建采购进展、资金筹集进度等密切相关，故有些新能源发电项目会根据实际情况在核准/备案容量范围内进行分批并网。关于该等分批并网的情形，70 号文亦规定，对于履行程序分批次并网的项目，除国家另有明确规定以外，应按每批次全容量并网的实际时间分别确定上网电价，亦即如项目未能在电价退坡的时间节点实现项目全容量并网，而系分批次并网的，应按照分批次并网时间点的电价政策确定上网电价，前提为需履行分批次并网的手续。易言之，如未履行分批次并网手续，已于电价退坡时间节点前实现并网的容量无法执行电价退坡前的上网电价，应最终以项目全容量并网时的电价政策核定上网电价。

尽管70号文对分批并网进行了如上规范要求，但到底什么是分批次并网手续，目前尚无统一的规范性文件出台，但从河南省地方性文件中可以略知一二。河南省发展和改革委员会《关于确认光伏电站并网容量的通知》（豫发改办能源〔2016〕39号）指出："为保障国家下达我省的年度指导规模能用尽用，严格执行国家有关价格管理规定，对于部分容量并网的光伏电站项目，须按照2016年6月30日实际并网容量申请列入2015年以前年度指导规模。"上述文件显示，除国家及地方另有文件规定外，如项目公司未能于电价退坡时间节点实现全容量并网，未实现并网的部分容量应申请纳入下一年度建设计划，并按照实际并网时的电价政策核定上网电价。实践中，存在部分风力、光伏发电企业为了抢"630、1231"电价，未能在补贴退坡的关键时间节点完成全容量并网，对于分批次并网手续，行业也知之甚少。如在国补核查过程中，新能源发电企业无法就其项目分批并网事项提供合法依据并说明合理理由，其全容量并网时间将受到国补核查工作组的重大挑战。

此外，根据我们的经验，监管部门在核查项目的全容量并网时间时，不仅是形式检查，还会通过各种途径进行核实，具体途径包括核查项目施工日志、电网发电曲线、风机或光伏板组件、箱变等采购、运单、安装记录、监理日志、监理周报、监理月报、财务资料、工程量清单、运行日志、操作票、竣工验收报告、并网调试运行意见书，部分项目甚至还会调看卫星图片来确定是否在规定时间内完成了全容量并网。

324通知将项目实际并网容量小于核准备案容量或已取得建设规模容量界定为"以少代全"。如经核实存在"以少代全"，直接后果便是项目未能实现全容量并网。鉴于全容量并网时间与项目可享受的电价直接相关，故此，如果项目实际全容量并网的时间晚于承诺时间，按照以项目全容量并网时间核定上网电价的政策文件规定，可能导致调减补贴标准等重大风险，甚至可能会沦为平价项目，同时以往历史年份所受领的国补还存在被追回的风险。

（四）是否存在"批小建大"

"批小建大"，是指项目并网容量大于核准备案容量或已取得建设规模容量，即俗称的"超装"。目前国内已建成光伏电站普遍存在"批小建大"的行业不成文惯例,因为电站建设规模指标较难获得,且电站额定容量通常无法实现全负荷运行,发电企业为了获得更大的收益,普遍会对电站超装10%左右,即在电站交流侧容量不超过政府核定批复容量。2020年,国家能源局发布了《光伏发电系统效能规范》(NB/T 10394—2020),允许容配比的范围从1到1.8不等,一些发电企业据此认为国家对电站超装持宽容态度。但从本次核查早期的情况来看,大部分地区是以项目直流侧装机容量来判断是否存在超装,但依据2022年11月30日国家能源局发布的《光伏电站开发建设管理办法》,光伏电站项目备案容量原则上为交流侧容量。

2022年10月13日,业内广泛传阅了一份文件——国家发展改革委办公厅、财政部办公厅及国家能源局综合司联合发布的《〈关于明确可再生能源发电补贴核查认定有关政策解释的通知〉》(发改办运行〔2022〕853号),该通知为判定项目是否存在"批小建大"提供了指引,即依照《光伏发电系统能效规范》(NB/T 10394—2020),备案容量指交流侧容量。若备案机关无特殊说明(如备案容量的单位使用特别标识光伏组件的单位"MWp"),备案容量按交流侧容量认定,需核查逆变器容量、无须核查项目容配比;若备案文件中装机规模的单位是"MWp",备案容量按直流侧容量认定,应核查组件安装容量。据此,在项目尽职调查过程中,核验项目实际并网容量需依赖于技术尽调的手段。

根据《关于〈关于促进非水可再生能源发电健康发展的若干意见〉有关事项的补充通知》(财建〔2020〕426号)的规定,项目纳入可再生能源发电补贴清单时,项目业主应对项目实际容量进行申报。如在核查中发现申报容量与实际容量不符的,将按不符容量的2倍核减补贴资金。因此,如存在"批小建大"的情形,企业将会被核减补贴资金。

三、结语

本次国补核查直击行业痛点,对可再生能源发电企业造成较大冲击,并在一定程度上传导至新能源项目并购领域的决策者,影响深刻。尽管本次国补核查的结果尚未完全公布,但部分地区已经出现能源主管部门根据国补核查结果废止部分可再生能源电价批复的情形,对行业造成巨大的震动。对新能源发电业内人士，尤其是参与该行业投资并购的主体而言，在最终核查结论以及处理方式出台之前，面对存在建设规模指标、“倒卖路条”、全容量并网时间、以少代全或者“批大建小”等问题的项目，将直接影响项目收益率，投资者应审慎对待，在尽职调查中充分挖掘和识别相关风险，并设计适当的交易结构以把控交易风险。

浅析电力市场改革对于新能源发电企业的影响

高　燕* 王弈林

* 作者简介：
高燕，中伦律师事务所北京办公室公司业务部合伙人，电邮为：gaoyan@ zhonglun. com。

一、新能源电力在电力市场改革中的机遇

在过去的二十年中,我国经历了两轮电力市场化改革:一次是基于2002年国务院出台的《电力体制改革方案》,该轮改革改变了我国当时电力行业政企不分、厂网不分的情况,奠定了我国电力行业迈入市场化的基础;另一次是2015年提出的第二轮电力市场化改革,旨在应对市场化改革过程中出现的交易机制缺失、市场定价机制缺乏等问题。

历经两轮改革,我国电力市场建设稳步有序推进,多元竞争主体格局初步形成,市场化交易机制及电力资源配置规则经历了从无到有的发展。与此同时,我国电力市场体系交易规则不统一、跨省跨区交易存在市场壁垒、新能源发电消纳难等问题也逐渐浮现。为了解决市场化改革中的问题,2022年1月18日,国家发展改革委、国家能源局发布《关于加快建设全国统一电力市场体系的指导意见》(发改体改〔2022〕118号,以下简称《指导意见》),明确指出"到2025年,全国统一电力市场体系初步建成""到2030年,全国统一电力市场体系基本建成"的阶段性目标。《指导意见》发布短短六个月之后,2022年7月23日,南方区域电力市场启动试运行,覆盖范围包括广东、广西、云南、贵州、海南五个省(自治区),涵盖电力中长期、现货、辅助服务交易。南方区域电力市场的启动试运行,率先实现了全国统一电力市场体系在南方区域的落地,标志着我国全国统一电力市场体系正在加速构建,也体现了国家推动电力市场体制改革的决心。

值得注意的是,《指导意见》在"有序推动新能源参与电力市场交易"以及"完善统一电力市场体系的功能""健全统一电力市场体系的交易机制""构建适应新型电力系统的市场机制"等方面都提出了与新能源电力相关的指导性意见。其中,就"构建适应新型电力系统的市场机制"而言,《指导意见》强调市场机制调整的四大思路,即"提升电力市场对高比例新能源的适应性""因地制宜建立发电容量成本回收机制""探索开展绿色电力交易""健全分布式发电市场化交易机制"。

由此,新一轮电力体制改革即全国统一电力市场体系的建设正在加速推进,全国统一电力市场体系的建设将进一步促进电力资源的优化配置和推动形成有更强新能源消纳能力的新型电力系统,新能源电力作为电力市场的重要组成部分,在电力市场改革中也将迎来新的机遇。

此外,2022 年 1 月 12 日国家能源局发布《2022 年能源监管工作要点》(国能发监管〔2022〕4 号),指出“积极支持新能源参与市场交易,以市场化机制促进新能源消纳”;2022 年 1 月 30 日,国家发展改革委和国家能源局发布《关于完善能源绿色低碳转型体制机制和政策措施的意见》(发改能源〔2022〕206 号),指出“鼓励新能源发电主体与电力用户或售电公司等签订长期购售电协议”;同月,国家发展改革委等部委联合发布《促进绿色消费实施方案》(发改就业〔2022〕107 号),指出进一步激发全社会绿色电力消费潜力,统筹推动绿色电力交易、绿证交易。

二、电力市场改革在新能源电力领域的改革要点

全国统一电力市场体系,是“统一开放、竞争有序、安全高效、治理完善”的电力市场体系。根据《指导意见》的规定,全国统一电力市场体系具备五大特征,体现了对中国未来电力市场体系的整体设想:第一,构建多层次协同的市场体系,即强调全国市场与地方市场的协调性;第二,构建基础功能健全的市场体系,即建设以中长期市场为基础,现货、辅助服务市场有序协同,多元市场主体充分参与的市场体系;第三,构建组织运行规范的交易机制,即建设基本交易规则和技术标准统一、各地电力市场价格统一规范、市场化运行与调度运行高效衔接的交易机制;第四,构建政府有效有为的监管体系,即强调市场监管与政策支持的有效性;第五,构建支撑新型电力系统的市场机制,即建设新能源电力、容量成本回收机制、绿色电力交易、分布式发电等符合新型电力系统特征的市场机制。

就新能源电力领域而言,其改革要点主要如下。

(一)新能源发电企业作为市场主体参与电力市场交易

《指导意见》指出:“培育多元竞争的市场主体……分类推动燃气、热电联产、新能源、核电等优先发电主体参与市场……推动将优先发电、优先购电计划转化为政府授权的中长期合同。”与此同时,《关于完善能源绿色低碳转型体制机制和政策措施的意见》则进一步提出:“鼓励新能源发电主体与电力用户或售电公司等签订长期购售电协议。支持微电网、分布式电源、储能和负荷聚合商等新兴市场主体独立参与电力交易。”由此可见,新能源发电企业作为市场主体参与电力市场交易并签订长期购售电协议是电力市场交易机制的改革要点之一。

此外,目前部分省市已经着手出台相关电力市场规则,以支持新能源发电企

业参与电力市场交易。以浙江省发展改革委 2022 年 5 月出台的《浙江省电力现货市场基本规则(征求意见稿)》为例,该规则在“市场成员”一节规定:“非统调电厂、光伏、风电站等新能源发电企业原则上以场站为单位注册一个机组。一个场站有多个法人的,根据法人分别注册。”

(二)新能源电力交易适应统一多层次的电力市场体系

1. 优化现货交易机制

就新能源电力的现货交易机制而言,《指导意见》指出:“鼓励新能源报量报价参与现货市场,对报价未中标电量不纳入弃风弃光电量考核。在现货市场内推动调峰服务。”即通过完善调峰机制与弃风、弃光电量考核机制等方面,实现对于新能源电力交易机制的优化完善。

2. 建立中长期交易机制

就新能源电力的中长期交易机制而言,《指导意见》明确推动将优先发电、优先购电计划转化为政府授权的中长期合同。2022 年 12 月 2 日,国家发展改革委、国家能源局下发《关于做好 2023 年电力中长期合同签订履约工作的通知》(发改运行〔2022〕1861 号),其中提出,鼓励电力用户与新能源企业签订年度及以上的绿电交易合同,为新能源企业锁定较长周期并且稳定的价格水平。鼓励新能源发电主体参与签订中长期购售电合同,是新能源电力交易市场化的要求,也通过提供更稳定的收益机制促进项目的开发与投融资。

3. 南方区域电力市场对《指导意见》的落实

在现货交易方面,根据《中国南方区域电力市场运营规则(征求意见稿)》(以下简称《运营规则》)的规定,现货交易将受到编制好的电力市场现货交易出清约束条件的规制。当新能源发电价格有优势时,市场竞争出清结果自动实现新能源发电的消纳;当新能源发电不具备价格优势时,将结合出清约束条件中关于清洁能源消纳约束的要求,对新能源发电进行强制出清,保障新能源发电的消纳。

在中长期电力交易中,根据《运营规则》的规定,售电主体可根据国家指令性计划、地方政府间送电协议、电力供需形势申报跨省优先发电计划,经购电主体确认后,形成跨省中长期交易结果,解决了新能源发电的市场限制问题。同时,通过双边协商交易形成的跨省优先发电计划交易合同,允许购售双方在协商一致的前提下,对交易计划电量及分时曲线进行调整,能够适应新能源发电具有的随机性、波动性、间歇性等特点。

总体上来讲,南方区域电力市场的逐步完善,将为新能源发电企业参与电能市场交易提供更灵活、通常及便利的交易渠道,帮助新能源发电企业打破原有的市场壁垒。

(三)探索开展绿色电力交易

《指导意见》指出:"开展绿色电力交易试点,以市场化方式发现绿色电力的环境价值,体现绿色电力在交易组织、电网调度等方面的优先地位。引导有需求的用户直接购买绿色电力,推动电网企业优先执行绿色电力的直接交易结果。"绿色电力交易特指以绿色电力产品为标的物的电力中长期交易,用以满足电力用户购买、消费绿色电力需求,并提供相应的绿色电力消纳认证。《指导意见》则进一步强调绿色电力在交易组织、电网调度等方面的优先地位,通过引导用户直接购买绿色电力与推动电网优先执行交易的方式继续探索绿色电力交易。

以南方区域电力市场为例,南方区域电力市场还是国家绿色电力交易试点平台,国家发展改革委、国家能源局于 2021 年 9 月正式批复国家电网公司、南方电网公司制定的《绿色电力交易试点工作方案》,开启了全国性绿色电力交易的试点。南方区域各电力交易中心根据该批复,联合编制了《南方区域绿色电力交易规则(试行)》,并于 2022 年 2 月 25 日开始实施。根据《南方区域绿色电力交易规则(试行)》的规定,风电、光伏等新能源发电企业可以采用直接交易或通过电网企业代理的认购交易方式,与有使用绿电需求的企业达成绿电交易;现阶段,绿电交易标的主要为电量,暂不安排合同交易,主要包括:(1)未享受国家政策性补贴的风电、光伏等电量,自愿承诺退出国家政策性补贴的电量可视同为未享受国家政策性补贴。(2)已享受国家政策性补贴,在全生命周期合理利用小时数之外的风电、光伏等电量;绿色电力交易按照"年度(含多月)交易为主、月度交易为补充"的原则开展交易,鼓励年度以上多年交易。

北京电力交易中心于 2022 年 5 月 24 日发布了适用于国家电网经营区域的《北京电力交易中心绿色电力交易实施细则》。根据该细则的规定,除集中式风电和光伏可参与绿色电力交易外,分布式新能源也可以通过聚合的方式参与绿色电力交易;优先组织未纳入国补范围的风电和光伏电量参与交易,已纳入国补范围的风电和光伏电量可自愿参与绿色电力交易,其绿色电力交易电量不计入合理利用小时数，不领取补贴。

在2023年2月15日，国家发展改革委、财政部、国家能源局下发《关于享受中央政府补贴的绿电项目参与绿电交易有关事项的通知》（发改体改〔2023〕75号），进一步提出扩大绿电参与市场规模。根据该通知的规定，除平价项目外，要稳步推进享受国补的绿电项目参与绿电交易；由电网企业保障性收购并享受国补的绿电可由电网企业统一参加绿电交易或由承担可再生能源发展结算服务的机构将对应的绿证统一参加绿证交易；不再由电网企业保障收购、或由项目单位自主选择参加电力市场的带补贴绿色电力，可直接参与绿电交易，也可参与电力交易（对应绿证可同时参与绿证交易）。

（四）健全分布式发电市场化交易机制

《指导意见》指出："鼓励分布式光伏、分散式风电等主体与周边用户直接交易，完善微电网、存量小电网、增量配电网与大电网间的交易结算、运行调度等机制，增强就近消纳新能源和安全运行能力。"分布式发电的产品中很大一部分是新能源电能。

三、新能源发电企业在电力改革中面临的问题和相关举措

（一）与既有政策的衔接问题

1. 绿色电力交易与统一电力市场交易、绿证交易、碳交易等清洁能源制度的衔接问题

《关于完善能源绿色低碳转型体制机制和政策措施的意见》指出，要建立全国统一电力市场体系，并开展绿色电力交易试点。就绿色电力交易与统一电力市场交易的关系而言，目前绿色电力交易机制处于不断完善的状态，但就绿色电力交易是一种电力中长期交易的交易性质而言，绿电交易会与统一市场中的电力中长期交易相结合，并与电力现货交易和辅助服务市场交易相统一协调。就新能源发电企业而言，绿色电力交易制度与统一的电力市场的交易体系的衔接问题应当重点关注。

此外，绿电交易制度与绿证交易制度、碳交易制度在适用上也存在环境价值重复计算、价格传导机制不畅、绿电零碳属性不清晰等问题，各种清洁能源制度之间的协调机制不够完善。就新能源发电企业而言，不同市场间的合规事务都要共

同关注。

2. 已经享受补贴的新能源项目与市场化交易的衔接问题

自2019年国家能源局印发了《关于2019年风电、光伏发电项目建设有关事项的通知》以来，我国新建光伏及风电项目进入平价上网时代，但是有一部分新能源发电项目已经获得可再生能源补贴资格，其参与当地电力市场交易中心通常是采用部分电量市场交易与部分电量保障性收购的模式。该交易模式与电力市场交易的衔接是新能源发电企业需要关注的问题之一。通常而言，参与市场交易的部分电量通常按照电力市场的交易价格结算，保障性收购的部分电量就按照原有补贴后确定的标杆价格出售给电网企业。

（二）如何作为市场主体独立参与电力交易的问题

过去，新能源发电企业主要通过与电网企业签订购售电合同的方式出售所发电量。《指导意见》鼓励新能源发电企业作为市场主体签订长期购售电合同，一种情况是跟过去一样与电网企业直接签订合同，按照固定价格出售电力，另一种情况则是与电力用户直接签订合同进行电力市场交易。下游市场的开放对新能源发电企业来说既是机遇也是挑战，通过直接交易可以释放消纳端的市场活力，直接交易的模式下，交易双方对电量、电价、结算等交易规则拥有更多的协商空间，这就要求发电企业要更加了解电力市场的交易规则与价格机制，通过科学测算提高决策水平。

此外，统一电力市场中的市场交易主体变得更加多元，以南方区域电力市场为例，南方区域电力市场由中长期电能量交易、现货电能量交易和电力辅助服务交易“三大支柱”组成，面向发电企业、售电公司、电力用户以及负荷聚合商、独立储能等新兴市场主体开放，新能源发电企业面对的合作对象可能不仅局限于电网企业或终端电力用户，如果新能源发电企业能够具备匹配多元化市场主体需求的能力，将能够在更大范围内参与市场竞争、获得交易机会。

（三）中长期交易调整机制中的适应问题

1. 完善新能源电力中长期合约市场化的调整机制的适应问题

新能源电力以风能、光伏发电为主，其物理特性决定了新能源的电力的供求可预测性低，并且在技术层面上难以在短时间内解决。因此对于新能源发电企业而言，缩短电力中长期交易的周期、增加新能源交易的频次才能增强交易的灵活性,并降低合约的风险性。

2. 完善新能源跨省跨区交易机制的适应问题

《指导意见》指出,要构建多层次的统一电力市场,其中就包括跨省跨区的电力交易市场。就新能源电力而言,完善跨省跨区的电力交易机制可能会优先安排新能源交易占总交易的一定比例,并加大跨省跨区替代量中新能源发电权的规模,可能还会配合其他市场化的手段来促进新能源电力交易的市场化的积极性。如果跨区域交易机制的调整涉及前述方面,新能源发电企业就应及时调整适应。

(四)适应统一电力市场体系的交易机制将要面临的问题

1. 价格机制的变化

新能源电力的价格机制已经走过标杆电价阶段、竞价阶段以及平价阶段,未来将完全地进入市场竞争、自由竞价的阶段。《指导意见》鼓励新能源发电企业进入电力市场之后,既可以直接与电网企业、售电公司订立购售电合同,又可以直接与电力用户订立购售电合同,且电力的价格也是由交易主体双边协商或者集中竞价等市场化方式确定,不再由政府部门对其进行定价。新能源发电企业未来应提前对价格设定做好相关财务测算,并注意在购售电合同中对价格条款进行明确约定。

以南方区域电力市场为例,根据《运营规则》的规定,在中长期电力交易中,如果采用双边协商交易,则成交价格将由双方根据合同约定确定,如果采用集中交易,则还将分别通过集中竞价交易、滚动撮合交易、挂牌交易三种不同的形式确定成交价格。而在现货交易中,采用分时节点电价作为市场价格,分时节点电价取每小时内的各时段节点电价的算术平均值,跨省送受电价格和省内价格都将受到节点价格的影响。统一电力市场体系为各个发电企业提供了公平公开的竞争环境,在参与电能交易中,新能源发电企业需要关注市场价格变化和需求,制定合理的价格策略。

2. 售电合约与交易品种的变化

从售电合约的结构来看,原有的电力交易要求发电企业与电网公司订立《购售电合同》和《并网调度协议》,执行政府定价,属于政府授权合约。市场化背景下的电力交易中,除与电网企业签订政府授权合约外,发电企业还可以与电力用户自主签订《电力中长期交易合约》《电力现货交易合约》等市场化交易合约。

从交易品种的类型上看,《指导意见》鼓励新能源发电主体与交易相对方签订中长期购售电合同,但是发电企业实际上在市场环境中也可以通过协商等方式合意选择交易产品的类型,除中长期电力交易产品外,电力现货市场交易、电力辅助服务交易也可以成为新能源发电企业的交易品种选择。

3. 输电线路的限制

输电线路主要从三个方面限制电力的市场化交易。

首先是输电线路容量的限制。市场化的电力交易理论上对于电力的交易标的数量没有任何限制,但是电网客观上是存在负荷限制的,发电企业与交易对象需要根据这个限制调整交易数量并提交电力调度机构统一核对。

其次是并网规则的限制。出于安全性与稳定性的要求,发电企业需要遵守电网统一的并网规则,服从统一安排。

最后是输电成本的限制。新能源发电企业等发电主体固然能够与电力用户直接进行电力的市场化交易,但是电力的运输成本、运输线路在远距离运电中产生的维护与损耗费用也是发电企业需要考虑的问题。

4. 配置储能

近年来,为了纾解“弃风”“弃光”问题,国家开始大力支持储能技术的发展和鼓励配置储能设施,多个省市相继要求新能源发电项目“强制”配置储能。为了获得发电项目的核准/备案,投资者可能不得不被动接受配置储能的要求。但是,随着统一电力市场的逐步形成,电力交易市场化程度的进一步提高,储能设施提供的调峰能力、应对市场需求变化的适应能力在新能源发电项目中的价值可能会被越来越多的投资者主动接受。

四、结语

《指导意见》是我国“双碳”目标下在电力市场体制改革方面的阶段性顶层设计文件,适应碳达峰、碳中和目标的要求,旨在健全多层次统一电力市场体系,推进适应能源结构转型的电力市场机制建设,其中“构建适应新型电力系统的市场机制”是本轮电力市场改革的一项重要内容。

对于新能源发电企业来说,统一的市场交易体系的建立健全,为新能源发电行业长久以来面临的消纳问题提供了多种解决方案,为新能源发电企业参与市场交易提供了更便利、更倾斜的交易环境和政策支持。当前，统一电力市场交易规则、新能源电力交易机制都在不断完善与发展，南方区域电力市场的试运行、绿电交易的持续推广也将为新能源发电企业提供更多“试水”机会，我们认为，新能源发电企业应对新型电力系统的构建报以积极乐观的态度，在改革中抓住实现增长的新机遇。

（徐龙怀志对本文亦有贡献）

屋顶光伏项目涉及房屋征收拆迁的若干法律问题

郝 利* 王 威

* 作者简介：

郝利，中伦律师事务所杭州办公室公司业务部合伙人，电邮为：haoli@ zhonglun. com。

近年来,屋顶分布式光伏项目的争议焦点逐渐由建设期转向运营期,与“屋顶变动”相关的纠纷层出不穷,而其中又以房屋征收拆迁所导致的争议最为复杂,对光伏项目投资人的影响也最为重大。然而,对于房屋征收拆迁时光伏项目投资人如何获得补偿,目前尚无统一规定,实践层面也存在诸多不确定性,导致光伏投资人面对屋顶拆迁时,难以直接参与谈判,无法直接开户获得补偿,或者补偿款根本不足以覆盖前期的开发建设成本,遭受重大经济损失。鉴于此,本文将结合相关实践经验,重点就前述问题进行分析,以明确主要法律风险及应对措施。

一、屋顶光伏投资人在房屋拆迁时是否属于“被征收人”

屋顶分布式光伏不同于户用光伏,前者主要由光伏投资人租赁房屋业主的屋顶进行光伏项目开发,项目并网后采用“全额上网”或“自发自用、余电上网”的方式进行消纳;后者则主要是房屋业主利用自己的屋顶建设小型光伏项目自发自用。因此,就屋顶分布式光伏项目而言,光伏投资人和屋顶业主大多数情况下会被认定为租赁关系,即光伏投资人系屋顶的承租人。也正是因为光伏投资人的承租人身份,直接导致其在房屋征收拆迁时处于弱势地位。

对此,《国有土地上房屋征收与补偿条例》(以下简称《征收与补偿条例》)第 2 条规定:“为了公共利益的需要,征收国有土地上单位、个人的房屋,应当对被征收房屋所有权人(以下称被征收人)给予公平补偿。”其中,该条对于《城市房屋拆迁管理条例》(已失效)第 13 条的规定进行了变动,删除了“拆迁人应当与被拆迁人、房屋承租人订立拆迁补偿安置协议”的要求,导致房屋承租人无法直接参与征收补偿的相关流程。

因此,作为承租人的光伏投资人,难以被界定为“被征收人”,故在房屋征收拆迁过程中,光伏投资人往往无法直接单独与政府部门进行谈判,也无法独立签署协议并获得补偿款,导致光伏投资人在征收拆迁过程中,其谈判地位较为弱势,难以掌控谈判话语权,常常受制于屋顶业主。

二、屋顶光伏投资人在屋顶拆迁时如何获得补偿

依据《征收与补偿条例》第 17 条第 1 款第 2 项、第 3 项之规定,作出房屋征收决定的市、县级人民政府对被征收人给予的补偿包括“因征收房屋造成的搬迁、临

时安置的补偿”和“因征收房屋造成的停产停业损失的补偿”。而原则上,上述搬迁费用、停产停业损失补偿均针对被征收人,而非承租人。因此,光伏投资人作为承租人,其在房屋征收拆迁过程中能否获得补偿,以及具体的补偿额度,各地实践中仍存在不同的规定和做法。

通常情况下,政府在进行房屋征收时,仅与被征收人产生征收法律关系,而承租人与征收补偿行为不具有直接的利害关系,故相关补偿均由征收部门依法向被征收人进行支付。因此,在实际缔约和支付补偿款时,可以只有房屋所有权人(屋顶业主)参与,而无须光伏投资人参与。对于光伏投资人的停产停业损失,系基于屋顶业主无法继续履行租赁合同而产生,故可以通过民事法律关系解决,由屋顶业主在实际取得征收补偿款项的情况下,根据合同约定向光伏投资人给予相应补偿。

对此,各地均存在相关规定,如《河南省实施〈国有土地上房屋征收与补偿条例〉若干规定》第16条规定:“生产经营者承租房屋的,依照与被征收人的约定分配停产停业损失补偿费;没有约定的,由被征收人参照本规定相关内容对生产经营者给予适当补偿。”同时,《北京市国有土地上房屋征收停产停业损失补偿暂行办法》第9条也存在类似规定。

三、屋顶光伏投资人是否可以单独开户并直接从政府处获得补偿款

虽然大部分地区仍按照《征收与补偿条例》中的条款,直接规定补偿主体为房屋所有权人,但据我们了解,亦存在江苏、河北、新疆等部分地区规定,明确允许承租人单独获得补偿。例如,《河北省国有土地上房屋征收与补偿实施办法》第15条规定:“生产经营者依法承租房屋进行生产经营且租赁合同未到期所承租房屋被征收的,其停产停业损失补偿费应当依照生产经营者与被征收人的约定分配;无约定的,房屋征收部门可将生产经营者的停产停业损失直接补偿给生产经营者。”再如,《新疆维吾尔自治区实施〈国有土地上房屋征收与补偿条例〉办法》第36条第2款规定:“被征收房屋的生产经营者不是被征收人的,停产停业损失补偿应当支付给生产经营者,需要提供停产停业损失证明材料的由生产经营者承担。被征收人与生产经营者对停产停业损失补偿分配另有约定的,从其约定。”

除前述明确规定可以直接将补偿款项支付给承租人的地区外,还有部分省

市,虽然没有明确规定承租人有权独立签约并获得补偿,但是对其获得补偿的权益进行了肯定,没有否认承租人取得停产停业损失的能力,此类地区如湖北、陕西、重庆、浙江等。

四、屋顶光伏投资人的补偿标准和范围如何确定

目前,对于屋顶光伏项目而言,并不存在全国统一的、明确的征收拆迁补偿标准。在实践中,屋顶光伏项目的补偿标准可能需要"一事一议",获得补偿的金额也在一定程度上取决于光伏投资人的谈判能力,以及政府部门和屋顶业主的配合、支持力度,故实际的补偿金额往往相差巨大。

根据笔者了解的情况,就屋顶光伏项目的补偿标准而言,低的可能仅为1—2元/瓦,较高的可达7—9元/瓦。例如,浙江省诸暨市某公司的5MWp分布式光伏项目,在2018年的房屋征收补偿安置中获得补偿款5 845 904元(约1.17元/瓦)。再如,山东沂水县出台《关于城区房屋征收及棚改中相关政策的补充规定》(沂棚改字〔2019〕1号),其中明确光伏项目补偿按照"当年度安装单价×[(25-已使用年限)÷25]"计算,按照不同的安装年份,补偿单价以4.5元/瓦至9.2元/瓦不等,越早并网的光伏项目,补偿单价越高。

对于补偿款的构成,由于光伏投资人系承租人身份,故光伏项目资产往往不会被纳入征收拆迁范围,而是被认定为"由于房屋被征收,从而导致光伏项目需要搬迁",故即便政府同意进行补偿,光伏投资人也难以直接按照电站评估价值进行全额补偿,一般仅向其补偿搬迁费,金额通常为评估价格的10%—15%,无法覆盖光伏投资人的投资成本及发电量损失,搬迁重建的难度也比较大。而且,即便拆除重建,屋顶光伏项目也存在无法获得原补贴电价的风险。因此,除搬迁费之外,光伏投资人还可以尝试争取停产停业损失补偿费。比如,以浙江为例,屋顶光伏项目业主可以直接或通过屋顶业主向房屋征收部门提供被征收前三年的效益(如电费结算单、发电量统计表等)、纳税凭证、停产停业期限等相关证明材料,以便委托评估机构对停产停业损失进行评估,并按照评估结果支付补偿费。停产停业损失最终能否获得政府部门认可,并将其纳入评估范围,仍取决于当地规定(如前文所列的规定),尚具有一定的不确定性。

五、屋顶光伏投资人获得补偿时需要满足什么前提

首先，无论当地是否存在承租人能够独立受偿的规定，若没有合法有效的租赁关系，光伏投资人仍无法取得补偿。因此，租赁关系是获得补偿的必要条件，光伏投资人若无租赁合同或合同存在瑕疵或争议的，则必须先行通过民事诉讼的方式确认租赁关系，拿到生效判决后才能取得补偿。

其次，在确认存在合法有效租赁关系的情况下，光伏投资人可以检索项目所在地的相关规定，若存在承租人有权单独获得补偿等类似规定的，则光伏投资人可据此主张单独开户并取得补偿款。若不存在此类规定的，则光伏投资人只能与政府部门进行充分沟通，以取得政府部门的支持。若无法取得政府部门认可的，则光伏投资人只能获取屋顶业主同意后与其一同参与征收流程。

最后，若项目当地存在明确的屋顶分布式光伏补偿标准的，则光伏投资人可以主张适用。若不存在屋顶分布式光伏补偿标准，但存在户用光伏补偿标准的，光伏投资人可以尝试主张参照适用。若均不存在相关规定的，则可以在搬迁费的基础上，另行在征收评估之前，及时沟通并提供完善的停产停业损失证明材料，以便同时进行评估，争取获得停产停业损失的相关补偿。

六、屋顶光伏投资人未获得补偿时应如何提起诉讼

若最终无法取得相关补偿的，光伏投资人则需要分析是否存在明确的租赁合同关系。若存在租赁合同关系的，可以考虑先行提出行政诉讼，若行政诉讼无法获得支持的，则可以再向屋顶业主提出民事诉讼。若不存在租赁合同关系的，则光伏投资人可以考虑直接向屋顶业主提出民事诉讼。

对于行政诉讼而言，司法实践中，诸多法院会以承租人与具体行政行为不具有利害关系或者不属于适格主体，直接驳回起诉，不对其进行保护，如湖南省湘西土家族苗族自治州中级人民法院(2021)湘31行终28号案、江苏省镇江市中级人民法院(2019)苏11行终130号案等。但是，在最高人民法院的相关案例中，已经有限度地赋予了经营性承租人相关行政诉权，例如，在最高人民法院在(2019)最高法行申13115号案中认为："在房屋征收补偿案件中，通常而言，补偿的对象是被征收人，即房屋的所有权人，承租人与征收补偿行为不具有利害关系，因而不能

成为行政诉讼的适格原告。但如果承租人在租赁的房屋上有难以分割的添附，且以其所承租房屋依法进行经营活动，那么在该房屋被征收时，对于承租人提出的室内装修、机器设备搬迁、停产停业等损失，依法应予考虑，此时承租人与征收补偿行为之间应视为具有利害关系，可以作为原告提起诉讼。”此外，部分地方高院也对此作出了具体规定，例如，《江苏省高级人民法院关于国有土地上房屋征收与补偿行政案件若干问题审理指南》第 10 条规定：“营业用房承租人对房屋补偿决定以及补偿安置协议中涉及的停产停业损失等自身权益争议提起诉讼，具有原告主体资格。但租赁合同约定，因征收自动解除租赁合同，营业用房承租人不享有停产停业损失等补偿的除外。”

对于民事诉讼而言，原则上需要依据出租人和承租人之间的合同约定进行判决。若不存在约定或约定不明的，则需要基于法律法规和前文所列的各类地方性规定进行判决，或直接由人民法院自行酌定，结果较为灵活。值得注意的是，若光伏发电设施未予评估并非屋顶业主过错造成，或屋顶业主并未实际获得屋顶光伏项目相关补偿的情况下，光伏投资人直接要求屋顶业主进行赔偿或补偿的，则获得支持的难度较大。

七、屋顶光伏投资人可以针对征收拆迁采取哪些预防措施

为了从根本上避免光伏投资人陷入无法获得补偿的困境，光伏投资人应在开发项目时，预先对后续可能发生的征收拆迁事宜作出合理安排。

首先，就行政征收角度而言，《民法典》第 327 条规定：“因不动产或者动产被征收、征用致使用益物权消灭或者影响用益物权行使的，用益物权人有权依据本法第二百四十三条、第二百四十五条的规定获得相应补偿。”因此，若光伏投资人采用地役权方式取得屋顶使用权的，则可以将承租人转化为用益物权人，从而在征收拆迁时依法获得补偿。同时，光伏投资人也可以和屋顶业主预先在租赁合同或能源管理协议中约定回购条款，即发生征收拆迁时，则由屋顶业主接手光伏项目，并将其作为屋顶业主的资产纳入征收范围，由屋顶业主获得补偿款后再进行合理分配，具体比例双方可以自行约定。

其次，就民事赔偿或补偿的角度而言，光伏投资人可以与屋顶业主在租赁合同或能源管理协议中约定征收拆迁时的具体处理方式，明确屋顶业主具有赔偿补

偿的义务,双方可以列明计算公式,以便款项数额能够最大限度地覆盖光伏投资人的投资成本。并且,光伏投资人也可以要求屋顶业主先行授权,明确其有权参与征收拆迁的谈判,在未经光伏投资人确认前,不得擅自与征收拆迁部门签署补偿协议,否则承担相应的违约责任。

境外天然气管输实践的浅析与借鉴

高　燕[*]　高　雅　李伟诚　李卓慧

* 作者简介：

高燕，中伦律师事务所北京办公室公司业务部合伙人，电邮为：gaoyan@zhonglun.com。

天然气作为一种清洁的化石燃料，近年来在我国能源消费体系中所占比例逐年提高。根据2022年6月发布的《BP世界能源统计年鉴》①显示，2021年我国②与其他国家天然气消费量、产量及其同比2020年变化量情况对比如图1、图2所示。

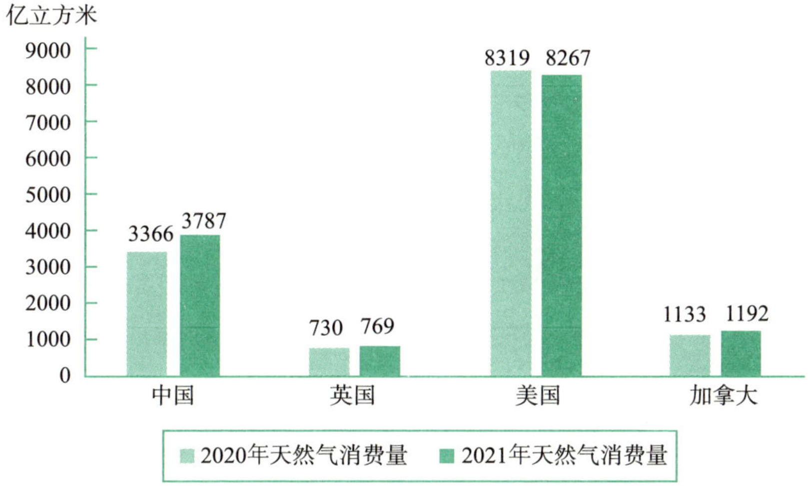

图1　2021年中英美加天然气消费量及其变化量

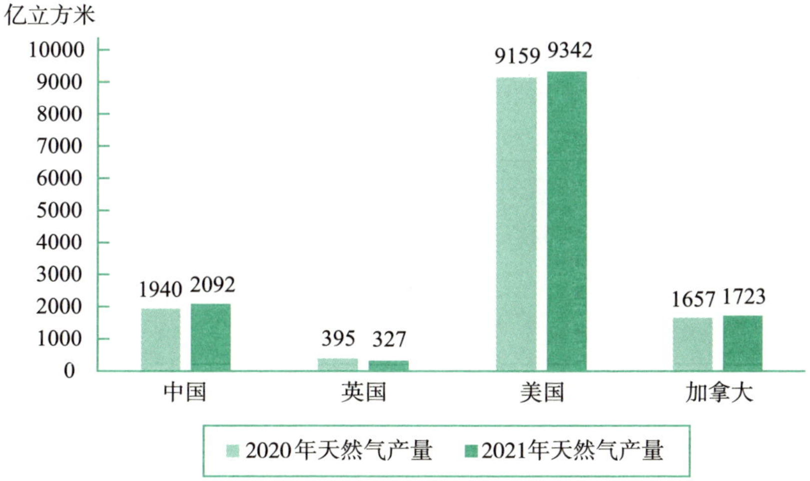

图2　2021年中英美加天然气产量及其变化量

---

① BP Statistical Review of World Energy 2022.

② 此处为我国内地（大陆）地区数据，暂不包括我国香港特别行政区、澳门特别行政区以及我国台湾地区数据。

从以上数据可以看出，作为天然气生产和消费大国，我国2021年天然气消费量较2020年上升421亿立方米，是全球增长的主要贡献者之一；英国与加拿大天然气消费量与产量较为稳定；美国2021年天然气消费量虽较2020年下降52亿立方米，但其仍然是全球最大的天然气消费国和生产国。

天然气的消费与生产离不开运输，管道运输是天然气运输的主要方式。曾经，我国天然气主干管线由不同油气公司控制，互联互通能力较差且天然气运销一体，不利于向第三方公平开放。这些问题也曾出现在境外的天然气行业发展过程中，而经过近百年的发展与改革后，部分国家已形成相对成熟和完善的监管体系和运营模式，对我国天然气行业的进一步改革和发展具有借鉴和参考价值。

本文拟以英国、美国及加拿大为例浅析其他国家在监管发展、定价机制和合同安排方面的天然气管输实践，探究境外经验对于我国天然气管输行业的借鉴意义。

一、监管发展

（一）20世纪50年代之前

英国：监管机构形成，管网未互联互通。

1948年英国《天然气法案》[①]规定，天然气委员会以及12个地区委员会[②]为天然气行业的监管机构。彼时英国不同地区的输气管网还未互联互通。

美国：进入监管阶段，核发许可管理。

1938年美国国会颁布《天然气法》[③]并成立了美国联邦电力委员会（Federal Power Commission，FPC），负责州际天然气管输的监管，标志着美国天然气产业进入监管阶段。该法规定，联邦政府对天然气运输事项进行监管并核发许可。

（二）20世纪70年代

英国：成立天然气国企独家经营全国管网。

1972年英国《天然气法案》[④]规定，成立英国国家天然气公司（British Gas，

---

① Gas Act 1948.

② 地区委员会作为独立机构，负责区域内天然气管网的计划与管理工作。

③ Natural Gas Act.

④ Gas Act 1972.

BG)[①],并授予该公司独家建设与经营全国天然气管网和配售业务的权利。

美国:成立联邦能源管理委员会行使监管职能。

1978 年美国国会颁布《天然气政策法》[②]并成立了联邦能源管理委员会(Federal Energy Regulatory Commission,FERC),替代美国联邦电力委员会行使监管职能。

(三)20 世纪 80 年代

英国:天然气国企私有化,成立天然气独立监管办公室。

1986 年英国《天然气法案》[③]规定,对英国国家天然气公司实行私有化,并放松对天然气市场供应的管制。同时,该法设立了相对独立的管制机构——天然气供应办公室,后并入天然气与电力市场办公室[④]。

美国:管输企业销售和运输职能开始分离。

1985 年联邦能源管理委员会颁布《436 号法令》[⑤],促使州际管输企业将销售和运输职能分离,并给予了托运商更多的选择自由。

(四)20 世纪 90 年代

英国:推进第三方准入、出台《管网准则》。

1995 年英国《天然气法案》[⑥]颁布,规定凡是符合国家资质要求的经营者都有权向监管机构申请承运商、托运商和供应商许可证,通过许可证制度实行天然气管道行业的第三方准入,确保天然气输送与供应领域的竞争。

1996 年英国出台《管网准则》,以确保所有天然气市场参与者在同一管输制度条件下进行竞争。《管网准则》是英国天然气交易发展最根本的助推器,同时为管网正常运营和市场公平交易提供了有力保障,成为管网第三方准入的基础。

美国:运销完全分离、管输费受监管。

---

① 后拆分为英国天然气集团(BG Group, National Grid Gas)与森特理克公司(Centrica)三家公司,其中 BG Group 主要业务为天然气生产,Centrica 主要业务为向终端托运商供应天然气,National Grid Gas 为天然气管道输送商。

② Natural Gas Policy Act.

③ Gas Act 1986.

④ OFGEM: the Office of Gas and Electricity Markets.

⑤ Order No. 436.

⑥ Gas Act 1995.

1992 年联邦能源管理委员会颁布《636 号法令》[①],将管输企业从销售和运输主体变成单一的运输主体,并在联邦能源管理委员会的监管下收取管输费。

(五)21 世纪后

英国:出台《统一管网准则》、保障公平开放。

在总结 1995 年《天然气法案》与 1996 年《管网准则》施行经验的基础上,2005 年天然气托运商联合办公室在《管网准则》的基础上制定出台了《统一管网准则》(Uniform Network Code,UNC),以明确英国天然气管网系统所有用户的权利与责任,保障所有用户公平使用天然气管输服务的权利。

美国:促进管容自由交易、管容公平分配。

2005 年联邦能源管理委员会颁布《2005 号法令》[②],提出了为确保托运商平等参与开放季,管道项目开发企业在开放季通知中应详细说明相关注意事项,公平透明、无歧视地分配开放季的管输容量。

2011 年联邦能源管理委员会颁布《894 号法令》[③],为管输企业的管输费率设定上限,并禁止同一企业的多家分公司参与同一管道系统开放季,除非各分公司能够提供独立商业运营的证明。[④]

境外天然气行业的监管发展历程表明,天然气管道基础设施的公平开放是天然气行业改革的必经之路。天然气管道基础设施的公平开放有利于打破传统油气企业对于"生产—运输—销售"的全产业链垄断,在引入市场竞争机制的同时有利于降低天然气终端价格,从而最终使天然气消费者受益。

二、定价机制

(一)英国定价机制

英国天然气管输费采取的是"注—提点定价"模式,注气点的管输费用由两部

① Order No. 636.

② Order No. 2005.

③ Order No. 894.

④ 参见梁严、郭海涛、王发展、周淑慧:《美国天然气管网设施管输容量分配探析》,载《国际石油经济》2018 年第 7 期。

分组成:容量费①和商品费②。容量费表示对管输容量的预定,与实际输送的气量无关。各个注气点的容量费不固定,通过拍卖形成定价。如果拍卖形成的价格不足以收回目标成本③,则加收商品费。提气点的收费标准与注气点类似,不同的是其容量费按照公布的固定费率表执行。

(二)美国定价机制

1. 机制与原则

美国管输企业的管输费按服务成本法来定价,联邦能源管理委员会通过组织价格听证会确保管输费的合理与非歧视性。在价格听证过程中,联邦能源管理委员会要求管输企业提供详细的成本和管输服务资料,以证明其管输定价合理性。同时,托运商和相关单位也可以向联邦能源管理委员会陈述管输企业提供的成本和管输服务资料是否合理。④

在保护托运商利益不受侵害的同时,须确保管输企业获得合理的回报,以便提供长期稳定的石油天然气运输和配送服务,并在市场需求增加的情况下,具备提高运输量和扩大服务范围的经济实力。

2. 费率结构

对于管输一级市场,即托运商与管输企业的交易中,州际固定输气服务的管输服务费采取"两部制"费率结构,即"管容使用费用+运输费用"。在此模式下,无论是否使用运输服务,均向托运商收取管容费用,而运输费用以实际发生为准。如果托运商最终未使用全部或部分管输服务,则管输企业仅收取管容使用费,不收取运输费用。

(三)加拿大定价机制

加拿大恩桥天然气⑤公司(Enbridge)在其管输固定服务价目表中,将月度费

---

① Capacity Charge.

② Commodity Charge.

③ 目标成本由英国天然气管网公司通过长期边际成本(LRMC)计算得出。(参见徐婧、孙泽生:《国外三种天然气交割模式比较研究》,载《国际石油经济》2015 年第 10 期。)

④ 参见吕淼:《美国天然气管网基础设施运营与监管经验》,载搜狐网,https://www.sohu.com/a/332767981_240923。

⑤ 是北美第三大天然气公用事业公司,总部位于加拿大。该公司输送的天然气约占美国天然气消费总量的 20%,其运营的天然气管道覆盖美国 30 个州、加拿大 5 个省和墨西哥湾近海区域,总里程数约 118 763 公里。

用主要分为"预定费"与"使用费"两部分①,预定费根据合同签约量固定收取,而使用费根据实际发生量计算收取。

加拿大能源②公司(TC Energy)在其多种类型的管输服务价目表中,约定收取的月度费用主要包括:(1)需求费用③;(2)交付压力服务需求费④;(3)接收点附加费⑤;(4)燃料费用;(5)废弃费用⑥。其中,除燃料费外的其他所有费用⑦均适用"最低账单"⑧条款,且明确规定:即使托运商由于任何原因(包括不可抗力或托运商在合同项下产生的违约事件)未能实际托运经管网公司审批的天然气量⑨,托运商仍应根据合同签约量支付对应的需求费用等管输费用。

分析上述境外定价机制可以发现,无论是英国、美国和加拿大恩桥天然气公司采用的"两部制"管输服务定价机制,还是加拿大能源公司约定的"最低账单"条款,均将托运商在签订管输合同、预定管输容量后的付款义务进行了明确约定,预定管容部分的费用支付义务已经根据合同生效而确定地产生,不因实际托运天然气量的变化甚至是不可抗力事件的发生而变化。该种定价机制实质是国际能源行业实践中"照付不议"规则在天然气管输行业的具体表现。

2019年5月24日,《油气管网设施公平开放监管办法》(发改能源规〔2019〕916号,以下简称《监管办法》)正式实施,明确规定"用户未按照合同约定充分使用油气管网设施服务能力的,应当按照国家有关规定和合同约定支付服务费用",为我国天然气管输行业适用境外"照付不议"规则提供了制度基础。

对于我国而言,结合境外定价机制经验,以下几点可作为进一步完善管输服

---

① 与美国类似,加拿大管输公司同样有权收回其为建设、运行和维护设施所付出的成本,作为管道废弃成本附加费(Pipeline Abandonment Cost Toll Surcharge)在月度费用中进行收取。

② 原名TransCanada,在加拿大建设和运营长约93 300公里的天然气管道网络。在北美每日用于家庭供暖、燃料工业和发电消耗的天然气量中,超过25%由该公司供应。

③ Demand Charge. 需求费用=月度需求费率(Monthly Demand Toll,经监管机构核定后的费率)×托运商合同需求量(Customer's Contract Demand,签订合同时双方约定的管道容量)。

④ Demand Charge for Delivery Pressure Service.

⑤ Union Dawn Receipt Point Surcharge.

⑥ Abandonment Charge.

⑦ 主要以需求费用为主,包括如适用的其他费用:交付压力服务需求费、接收点附加费和废弃费用。

⑧ Minimum Bill.

⑨ 指经过托运商日指定提报程序,最终由管网公司的天然气管理部门根据管网运行能力等多种因素考量后,最终批准的托运商当日可运输天然气量。

务费定价机制的考量因素:(1)丰富价格构成,根据天然气管道"非用即失"的特点将容量预定费用与使用费用分别计算;引入境外管输合同的"照付不议"机制以明确托运商在管输合同项下承担的付款义务;(2)根据管输实践中服务产品的逐渐发展丰富,针对不同类型管输产品分别制定不同价格,以反映不同管输服务产品的侧重点与优先级;(3)增加政府定价中市场主体的参与度,促使管输定价更具合理性和灵活性,在防止垄断与激发市场活力之间找到平衡点。

三、天然气管道运输服务合同

(一)合同体系

1. 英国天然气管输合同体系

在英国天然气管输合同体系中,核心文件是《统一管网准则》。该文件由七部分文件组成,包括(1)一般术语①;(2)过渡文件②;(3)修改规则③;(4)运输核心文件④;(5)提气安排文件⑤;(6)欧洲互联文件⑥;(7)独立气体运输商安排文件⑦。

每一个申请使用管输服务的托运商需要与承运商签署框架协议,从而接受不同承运商制定的《管网准则》。在实践中,为了确保不同管网系统之间条款与定义的一致性,《统一管网准则》包含管输服务的所有细节,承运商的《管网准则》仅简单载明其包含《统一管网准则》内容。在托运商与承运商签署框架协议后,《统一管网准则》在两者之间产生合同约束力。⑧

2. 美国天然气管输合同体系

美国管输企业依据法律法规和联邦能源管理委员会相关法令规定,可以自行

① 主要内容为汇总整理专有名词,便于查找定义。

② 规定了《统一管网准则》生效之前的管输安排如何与《统一管网准则》进行衔接。

③ 规定了《统一管网准则》的修改通过修改委员会进行。修改委员会中包含托运商与承运商代表,由气体承运商联合办公室(每月至少召集一次)会议讨论对《统一管网准则》的修改意见。

④ 《统一管网准则》核心文件,详细规定了承运商与托运商之间的天然气管输安排细则。

⑤ 规定了主干线管网系统与配气管网,以及配气管网相互之间的连接安排(如连接点的所有权归属、相关计量标准等)。

⑥ 规定了洲际连接点容量获取与释放、日指定提报等与国内管输不同的安排。

⑦ 规定了承运商与独立承运商之间连接与运行的相关规则。

⑧ See Adam Brown et al., *At a Glance*: *Natural Gas Pipeline Transportation and Storage in United Kingdom*, https://www.lexology.com/library/detail.aspx? g=c90890b9-a0ad-4c07-ae58-0c12bbe5fe17 [Last Access Date: 2023/03/20].

制定费率价格表以及合同通用条款文本，但应根据《天然气法》规定报送联邦能源管理委员会备案。

美国天然气管输服务合同一般分为以下部分：费率价格表①、通用条款②以及服务合同③。美国管输企业提供的每一类管输服务均有相对应的服务合同，根据托运商选择的管输服务类型进行适用。服务合同④中明确了费率价格表和通用条款为管输服务合同的一部分。

（二）合同机制

1 关于管道容量

英国《统一管网准则》将管道容量区分为系统进入容量⑤与系统输出容量⑥，系统输出容量又分为平稳输出容量和灵活输出容量。对于托运商超出事先预定范围的容量，英国天然气管网公司（National Grid Gas，NGG）将向其按照特定方式额外收费。托运商可以转让其可用的系统进入容量以及不可中断的系统输出容量。

美国管输合同⑦约定，如果多个托运商均有超额交付/接受气体的需求且管输企业的接收/交付能力不能满足所有需求，则管输企业有权按比例安排接收/交付。

2. 关于日指定

英国《统一管网准则》规定，日指定是指托运商申请每日运输天然气量的请求。承运商根据不同托运商的日指定综合安排每日运行。日指定可提前一个月提出并在此期间内修改，最终在供气日前一天下午经承运商批准后确定。从输气日前

---

① Rate Schedule.

② General Terms and Conditions.

③ Service Agreement.

④ 主要约定和明确了托运商名称、权利义务概述、合同有效期、合同终止、通知、适用法律等内容；服务合同的附件包含了管输企业和托运商协商一致确定的首选接收点及其最大日接收义务、首选交付点及其最大日交付义务以及运输量的具体约定。

⑤ 管网托运商预定不同时长容量的方式有所不同。托运商可以通过年度拍卖或者与英国天然气管网公司签署《计划与预先预定协议》的方式取得季度系统进入容量；可以通过年度拍卖或月度拍卖的方式取得月度系统进入容量；可以通过参加每日容量竞标的方式取得每日系统进入容量。

⑥ 托运商可以通过与英国天然气管网公司签署《计划与预先预定协议》以及向英国天然气管网公司申请的方式预定一年期、两年期与三年期的系统输出容量；通过每日向英国天然气管网公司申请的方式取得每日的系统输出容量；通过在每年英国天然气管网公司发布《提气能力声明》后申请的方式取得系统灵活输出容量。

⑦ 由于美国并无类似《统一管网准则》的统一管网规范，且美国企业可以自行制定合同文本并报送联邦能源管理委员会备案，因此本部分以美国某公司（适用于其州际管道）的天然气管输服务合同（固定输气服务）为例介绍美国天然气管输合同机制。

一天的18:00至输气日当天的3:59,托运商可以修改确定的日指定或者提出新的日指定,此时修改或提出的日指定称为再指定,再指定同样需要获得承运商批准。

美国管输合同约定,如果托运商希望管输企业在任何一天交付天然气,则应向管输企业发出通知,根据管输服务合同对每一天具体的天然气量作出指定。托运商一般应通过LINK系统①或电子数据交换平台提交指定。管输企业允许托运商修改日指定,如果在固定输气服务合同项下,修改成功的前提是该修改必须经过管输企业合理判断对其他选择固定输气服务的托运商没有损害,且该修改应被上游运营商、下游运营商及其他连接设施方等及时确认。

3. 关于管容释放

美国管输合同约定,对于选择固定输气服务的托运商来说,可以依据管输服务合同释放其订购的全部或部分管输容量,并可将多个管输服务合同项下的管容打包释放。释放仅可以通过管输企业进行,但拟释放管容的托运商对释放享有撤回权。

4. 关于管网平衡

英国《统一管网准则》规定,英国天然气管网公司可以通过利用运行余量②和采取符合条件平衡措施③的方式进行管网平衡。符合条件平衡措施主要指市场平衡措施,而市场平衡主要通过现货市场④实现。现货市场由英国天然气管网公司指派美国洲际交易所(Intercontinental Exchange,IEC)运行。

美国管输合同约定,在保持管输平衡方面,托运商应尽到的义务并承担的责任包括:(1)根据管输服务合同确定的接受/交付气量作出准确且及时的指定;(2)在单个服务合同项下的实际运输量和计划运输量应尽可能保持一致;(3)根据管输服务合同,在交付气量和接收气量之间保持平衡。

5. 关于赔偿责任和限额

英国《统一管网准则》规定了赔偿责任限额条款,对于每一事件,在《统一管网准则》项下一方对另一方承担的赔偿金不超过:(1)承运商对任意托运商或任意托

---

① LINK Ⓡ System:LINK系统是美国管输行业常用的网络平台,由第三方服务商开发,管输企业和托运商均可注册使用。

② Operational Margin.

③ Eligible Balancing Actions.

④ On-the-Day Commodity Market.

运商对承运商的赔偿金限额为 1 000 000 英镑；(2) 承运商对所有托运商或所有托运商对承运商的赔偿金限额为 20 000 000 英镑。

加拿大管输合同约定，管网公司和托运商对彼此承担的责任仅限于直接损害赔偿。除重大过失或故意违约的情况外，管网公司和托运商在任何情况下均不承担侵权、合同或其他方面的利润损失以及结果性、偶然性、惩罚性或间接性的损害赔偿。

美国管输合同约定：(1) 管网公司对间接损失不承担责任；(2) 除故意违约外，管网公司因任何原因未能按照管输合同约定接收或交付天然气，均不对托运商承担损害赔偿责任；(3) 无论由于任何原因托运商未能接收或交付天然气，托运商均应按照管输合同约定的金额、方式和时间向管网公司付款。

结合我国的天然气管道运输服务特点，国内承运商可以在管道容量分配方式、管网平衡措施、管容释放、日指定规则、赔偿责任限额等核心机制和条款上形成符合国内实践和法律法规的管输合同架构和体系。

四、结语

境外天然气管输行业相对完善的监管体系、成熟和充分市场化的定价机制以及规范详尽的合同安排均体现了境外天然气行业多年发展的正向成果。

对于我国而言，国家石油天然气管网集团的成立并运营，标志着深化天然气体制改革已迈出关键一步，“X+1+X”的市场格局已初步形成。在天然气行业改革不断推进的同时，我国也将面临更多挑战。结合上文介绍，国内天然气管输行业可在以下方面参考境外国家的成熟经验进一步推进改革成果。

(一) 健全能源/天然气法律体系

目前，我国与天然气相关的法律法规主要为《石油天然气管道保护法》，但暂未出台相关配套实施细则；2020 年 4 月，国家能源局就《能源法(征求意见稿)》向社会公开征求意见，但目前这部能源行业的基础性法律仍在讨论和制定当中，尚未正式颁布。

我国可以考虑借鉴境外相对完善的天然气法律体系，加快行业相关法律法规的制定，在法律和行政法规层面赋予和固化管输企业的市场地位、监管机构的监管权力、市场参与主体的权责以及相应的激励和奖惩措施等，为我国天然气行业的改革和发展提供法律基础。

（二）深化天然气管网设施公平开放

《监管办法》明确规定，油气管网设施运营企业是油气管网设施公平开放的责任主体，应当无歧视地向符合开放条件的用户提供油气输送、储存、气化、装卸、转运等服务。《监管办法》的出台强化了能源监管，营造了天然气管网设施公平开放的制度环境，但管网运营机制改革不可能一蹴而就，深化天然气管网设施的公平开放仍需要管输行业各市场主体持续不断的共同努力。

相关行业主管部门还可以考虑强化对开放服务的公平性监管，通过对合同协商、合同签订、合同履约等不同阶段行为的强化监管，促进管输企业和托运商形成平等的市场地位，公平合理地约定条款内容，提高市场主体的自主性和管道的利用效率，保障不同市场主体的共同利益，进一步深化完善天然气管网设施的公平开放。

（三）完善管输服务合同

据前所述，英国通过政府制定统一的管网准则文件厘清系统中所有用户的权利与责任边界；而美国采取“企业自主制定+政府备案”模式确保在高度市场化的同时维持对天然气管网的政府监管。

我国可以根据自身不断积累的丰富天然气管输实践，逐步探索出一套适合自身的管输服务合同及相关法律文件，吸收管输实践经验的同时进一步促进管输实践的发展完善，从而高效有力地推动我国天然气行业的改革与发展。

欧美碳关税对中国企业的影响和建议

王卫东* 赵艺璇

* 作者简介：

王卫东，中伦律师事务所北京办公室公司业务部合伙人，电邮为：paulwang@ zhonglun. com。

2022年11月,笔者在埃及沙姆沙伊赫参加了第27届气候大会,此前还曾参加过第21届巴黎气候大会。此次气候大会众多参与企业的关注点之一,即为欧盟碳关税及美国碳关税。本文就欧美碳关税最新的提案及进展进行了解析、对比,分析两项法案落地对中国企业的影响,并提出了相应的建议。

一、欧盟碳关税

(一)欧盟碳关税立法进程及主要内容

2022年3月15日,欧盟理事会宣布,欧盟碳边境调节机制(Carbon Border Adjustment Mechanism,CBAM)(以下简称欧盟碳关税)获得通过。2022年6月22日,欧洲议会投票表决通过欧盟碳关税草案的修正案①。2022年12月13日欧洲议会与欧洲理事会达成临时协议,正式确定建立欧盟碳关税,并将于2023年10月1日起正式生效②。2023年2月9日,欧洲议会环境、公共卫生和食品安全委员会(ENVI)正式通过了欧洲碳关税。

欧洲议会环境、公共卫生和食品安全委员会对欧盟碳关税的通过意味着欧盟碳关税立法进程再进一步,欧盟碳关税的决议案已于2023年4月欧洲议会上投票通过。

根据欧盟碳关税的决议案③:(1)欧盟碳关税应覆盖欧盟排放交易体系涵盖的所有进口至欧盟的产品和商品(包括中间产品和最终产品);(2)欧盟碳关税需要以反映欧盟生产商支付的碳成本的方式对进口产品的碳含量进行收费,所有进口产品的单位碳排放成本低于欧盟产品的单位碳排放成本就要补差价;(3)在欧盟碳关税下的碳定价应根据欧盟排放交易体系下的欧盟配额价格的动态变化而变化。

---

① 欧盟:《"碳边境调节机制"条例草案(修正案)》,载 https://www.europarl.europa.eu/doceo/document/TA-9-2022-0248_EN.pdf。注:该修正案所对比的原文件为2021年7月欧盟委员会草拟的"碳边境调节机制"条例提案。

② European Commission, https://commission.europa.eu/index_en.

③ 欧盟:《"碳边境调节机制"条例草案》,载 https://data.consilium.europa.eu/doc/document/ST-7226-2022-INIT/en/pdf。

（二）欧盟碳关税的设定意义

欧盟国家严格要求本地企业做减排，通过碳市场支付绿色溢价①。一方面，如果本地产业为了躲避生产成本而转移到其他地区生产产品再进口到欧洲，这个过程就会有碳泄漏（指碳排放从严格限制排放的地区转移到气候相关法规较为宽松的地区）的风险。

另一方面，若其他国家出口到欧洲的产品没有进行碳减排，进入市场后将会对本地产品的竞争力产生影响，欧盟通过设置碳关税的形式，增加本地产品的竞争力并促使其他国家共同进行碳减排。

（三）欧盟碳关税设定的争议

1. 贸易保护主义的风险

发达国家在过往的工业革命中已经完成了“用环境换发展”的阶段，但发展中国家/欠发达地区现在正是经济发展与碳排放高度挂钩的时期，碳排放很难达到发达国家的标准。

对于一些不发达地区来说，即使再用十年时间，也很难从化石能源彻底改用可再生能源。欧洲碳关税对于这些国家/地区而言是一笔不小的额外成本，即使土地价格和劳动力的价格相对较低，但是新增的碳关税会一定程度限制不发达地区的经济发展。

2. 影响欧洲部分本地产业链

欧盟碳关税并没有得到欧洲当地全部行业的认可。如欧洲的铝业行业，大量的铝仍需要从欧洲以外的地区进口，欧盟的碳关税机制，可能会影响到欧洲铝业下游的生产商成本升高，从而破坏整个产业链。

欧洲钢铁联盟此前也站出来公开发声，表示欧洲的钢铁企业在欧盟碳市场的框架下，面临高达数十亿欧元的碳税成本。“进一步实施‘碳边境调节机制’，欧洲钢企在市场竞争中的劣势将更加明显”②。

---

① 邱晓芬：《欧盟碳关税凌晨通过，中国商品出口成本更高了》，载 36Kr 网 2022 年 6 月 23 日，https://36kr.com/p/1778832256764806。

② 《欧盟强推“碳关税”持续引发争议》，载光明网，https://m.gmw.cn/2021-04/08/content_1302217447.htm。

二、美国碳关税

(一)《清洁竞争法》的提出

2022 年 6 月,美国参议员在国会上提出了《清洁竞争法》(Clean Competition Act,CCA),通过对国外进口商与国内生产商超过行业平均水平的碳排放征收碳税,以促进产品制造商积极应对气候变化,也加强美国企业在全球市场上的竞争力。

目前该法案仅处于提出阶段,并未获得美国国会通过。

(二)美国碳关税与欧盟碳关税的主要内容对比

《清洁竞争法》一定程度上构建了碳关税壁垒,被认为是美国版碳边境调节机制(US CBAM)的雏形。但与欧盟碳关税相比,《清洁竞争法》在机制上存在明显差异。

1. 征收标准

欧盟在计算边境碳税时的计算方式为:应付碳税=嵌入式排放量×每个日历周 EU-ETS 配额的平均拍卖价格-在原产国支付的显性碳价,即进口商要扣除进口产品在本国已支付的碳价。所以只要中国的碳价与欧盟的碳价相同,那么不论中国钢铁的碳含量是高还是低,都可以完全免交碳关税。

而《清洁竞争法》则是对每个行业设置碳排放基准线,生产者碳强度超过基准线的部分需要缴纳碳税。碳税的计算方式为:征税金额=(产品碳含量-碳含量基准线)×碳价。行业基准线根据覆盖行业平均碳排放强度设置,2024 年基准线为平均强度的 100%,随后逐年按比例降低,2025—2028 年每年下降 2.5%,2029 年以后每年下降 5%①。

欧盟对欧盟碳关税范围内的产品在碳成本缴纳方面力求持平,而美国对高出基准线的碳排放强度则是施加惩罚性征税,以促进企业的减碳。

2. 适用对象

欧盟碳关税仅适用于进口商品,而《清洁竞争法》机制不但适用于进口商品,也适用于国内生产商,国内初级产品在出口其他国家时可以退税,并对国内产品

---

① 参见王康:《警惕美国碳关税成绿色贸易壁垒》,载人民网,http://paper.people.com.cn/zgnyb/html/2022-11/14/content_25949621.htm。

的原材料已支付的碳费用进行免税。

整体上,美国经济的碳强度比其贸易伙伴低近50%,其中,中国的碳强度是美国的三倍多,印度碳强度几乎是美国的四倍。基于美国生产商的碳排放强度平均值低于大多数国外竞争对手,美国的征税方式会构建起来一定程度的国内保护。

3. 覆盖行业

在2022年6月22日通过欧盟“碳边境调节机制”条例草案修正案中,将水泥(Cement)、电力(Electricity)、化肥(Fertilisers)、钢铁(Iron and Steel)、铝(Aluminium)、化学品(Chemicals)、聚合物(Polymers)行业纳入了征收范围。

而《清洁竞争法》机制启动时覆盖行业较全,从2024年起,覆盖以下碳密集行业初级产品:化石燃料、精炼石油产品、石化、肥料、氢、己二酸、水泥、钢铁、铝、玻璃、纸浆和造纸、乙醇等,覆盖面较欧盟碳关税初期纳入行业更加广泛。2026年开始,扩大至包含至少500磅(226公斤)覆盖范围内原材料的进口商品。2028年,覆盖范围原材料的最低数量将降至100磅①。

(三)对中国企业的影响

1. 出口成本增加

欧盟、美国分别是我国第二、第三大产品出口市场。

根据高盛集团的预计,如果按照每吨100美元征收碳税,那么中国每年向欧盟出口的商品将被征收高达350亿美元的碳边境调节税,这笔碳税占了中国对欧盟出口总额的7.7%。

同时,清华大学能源环境经济研究所的数据显示,在碳关税下,钢铁、铝业的出口将会为我国企业增加6.8%的出口成本。综上,欧盟、美国碳关税制度的施行,将直接影响我国企业的生产成本,特别是对中国化工、铝、塑料等碳排放量大且出口量高的行业。与此同时,生产成本的提高也会间接影响中国企业的国际竞争力。

2. 竞争格局改变

欧盟、美国碳关税制度落地,将改变很多行业的竞争格局。与碳效率高的欧盟、美国企业或其他竞争对手相比,碳排放强度高的生产企业将处于极其不利的

---

① 参见王康:《警惕美国碳关税成绿色贸易壁垒》,载人民网,http://paper.people.com.cn/zgnyb/html/2022-11/14/content_25949621.htm。

地位。我们以钢铁行业的各国的碳效率现状为例。

中国和乌克兰的钢铁企业主要采用高炉和氧气顶吹转炉炼钢法,碳排放量大,生产每吨钢材约排放 2 吨二氧化碳当量。加拿大和韩国的钢铁行业主要采用小型电弧炉炼钢厂,此类小型炼钢厂生产每吨钢材排放 1.5 吨二氧化碳当量。俄罗斯既有高炉和氧气顶吹转炉炼钢厂,也有电弧炉炼钢厂。反观拟设立碳关税制度的美国也主要采用小型电弧炉炼钢厂炼钢,但美国的碳效率相较于加拿大与韩国更高,生产每吨钢材排放约 1 吨二氧化碳当量。而欧盟钢材生产商早已在过去几年通过投入大量资源发展能效科技,降低了高炉炼钢法的碳足迹,相比于其他许多仍然使用高炉炼钢厂的国家,已经领先了一大步。

首先,对于只能通过高炉炼钢法生产的平轧钢材等级别较高的产品,在高炉炼钢法生产的钢铁领域,欧洲钢材生产商拥有较大优势。

其次,对于其他既可以通过高炉也可以通过电弧炉生产的钢材产品,印度和土耳其等国的电弧炉炼钢厂占比更高,碳效率更高,需支付的税款要少得多。他们可能因此挤压中国、俄罗斯和乌克兰的企业出口欧美国家的市场份额。与此同时,单位碳排放量最小的美国本土企业生产制造商,也将在欧洲及美国本土市场具有更大的竞争力。

三、建议

(一)意识改变及风险评估

对于中国企业而言,改变对碳中和、碳排放的意识是第一步,也是最重要的一步。在欧美国家的同领域、同行业的企业已经投入成本进行节能减排并取得初步成效的时候,碳关税的施行,将把其他国家的企业拉到同一个“擂台”中。在这个擂台中,碳排放无疑成为新的一项企业不可忽视的成本,“游戏规则”较之以前将发生重大改变。

同时,根据欧盟碳关税第 9 条的规定,授权申报者应保留认证核证机构核证过的文件,用于需要时证明被申报的内含排放量在货物原产国已承担显性碳价的义务,并保留证据用于证明该等碳价已实际支付且未享有出口退费或出口环节的其他形式直接或间接补偿。而我国颁布的《关于完整准确全面贯彻新发展理念做好碳达峰碳中和工作的意见》、《2030 年前碳达峰行动方案》和《关于加快建立统一规范的碳排放统计核算体系实施方案》同样要求企业妥善记录产品的碳足迹。

综上所述,企业应当将碳排放作为成本重视起来,并迅速获得监测自身碳排放效率的能力,建立相应的核算和报告能力。中国政府过去对企业碳排放报告要求有限,企业需要在短期内迅速获得此类能力。与此同时,对碳排放的监测还应体现在将碳成本纳入采购和运营决策中。

(二)提高碳排放效率

基于前文所述竞争格局的改变,生产效率、价格及产量稳定性将不再是企业的主要竞争力,亦不再是欧美国家采购的主要考量因素。企业要加大减排力度,才能提升其竞争力。企业需要转型投入低碳排的研发成本,并对生产技术进行升级。与此同时,可以积极引入境外的绿色减排工艺及减排经验,迅速成长,保证与欧盟、美国企业相比获得相近的竞争力,具体的减排措施可以参考同行业欧美国家的 ESG(Environment, Social and Governance, 即环境、社会责任、公司治理)报告。

在提高自身碳排放效率的同时,还应优化企业供应链、更多地使用绿电。鉴于碳关税征收的核算基础将追踪、溯源产品生产的全过程,企业需在欧盟、美国法规落地之前,在综合考虑生产成本的前提下,减少与高碳排供应商之间的合作,或者与带来额外碳成本的核心供应商一起联合制定减排方案。

(三)保证数据安全

根据欧盟碳关税第 10 条生产商登记条款的规定,企业通过申请将经核查的碳排放量等信息登记在欧盟的相关数据库中,欧盟进口商可以直接使用该数据库内信息购买欧盟碳关税证书,简化进口商申报程序。

此处生产商登记涉及对境外提供信息,应注意防范信息安全风险。如涉及信息服务、能源、公共通信、交通等关键信息基础设施行业的,则应根据《网络安全法》第 37 条规定,"关键信息基础设施的运营者在中华人民共和国境内运营中收集和产生的个人信息和重要数据应当在境内存储。因业务需要,确需向境外提供的,应当按照国家网信部门会同国务院有关部门制定的办法进行安全评估;法律、行政法规另有规定的,依照其规定"。如果对境外提供的信息遭到篡改、破坏、泄露或者非法获取、非法利用,可能危害国家安全、公共利益或者个人、组织合法权益,依据我国《数据安全法》和《数据出境安全评估办法》的规定,还应通过所在地省级网信部门向国家网信部门申报数据出境安全评估。综上，在中国企业拟向欧盟进行进口商申报程序并登记企业信息前，应就数据出境的合法性做好风险自评估和合规检查。

综上所述，欧盟碳关税机制的相关规定越发严格，适用产品及范围也在不断增加及扩大；而《清洁竞争法》的严格程度也不逊于欧盟碳关税。鉴于欧盟碳关税与《清洁竞争法》均仍在立法进程中，尚未完成最终立法，各项规定仍有不确定性。相关企业需要保持密切关注，以确保在相关规定发生变化时，能迅速了解相关情况、及时研究对策、调整企业定位、寻求转型契机。

（孙桐对本文亦有贡献）

从北溪管道泄漏事件看国际天然气贸易法律问题

王　勇*

* 作者简介：

王勇，中伦律师事务所广州办公室公司业务部合伙人，电邮为：waynewang@ zhonglun. com。

2022年9月26日，北溪1号与2号天然气管道在波罗的海海底附近于同一日发生多处爆炸，导致大量天然气泄漏到附近海域，引发全球关注。我国已有五条投入使用的跨境天然气进口管道，包括三条中亚天然气管道（ABC线）、中缅油气管道与中俄东线天然气管道。2021年，我国管道进口天然气约580亿立方米，约占进口天然气总量的35%。[①] 2022年，我国管道进口天然气量份额占比提升至42.7%。[②] 另外，我国目前正在谈判或建设的跨境天然气管道还有中俄远东、中俄中线、中亚D线和中巴天然气管道。[③] 因此，北溪天然气管道泄漏事件对有关企业的合同权利义务可能带来的影响，值得我国企业研究。

本文无意讨论北溪项目合同的具体条款，而仅以此事件作为引子，基于笔者参与过的其他国际天然气贸易合同的一般性规定，讨论此类事件可能引发的不可抗力、所有权与风险转移、下游合同风险传递等法律问题，供有关企业参考。

一、国际天然气贸易合同中的不可抗力条款

《民法典》第180条将不可抗力定义为“不能预见、不能避免且不能克服的客观情况”。除非法律另有规定，因不可抗力不能履行民事义务的，不承担民事责任。

根据学界观点，[④]所谓客观情况，强调的是其独立于人的行为之外；不能预见，即当事人在现有技术水平下对此种客观情况的发生没有预知能力；不能避免且不能克服，即当事人尽到最大努力和采取一切措施仍不能避免其发生，也不能克服其造成损害后果。较常见的不可抗力有自然灾害、战乱、罢工等社会事件。

但是，国际天然气贸易合同（以下简称天然气合同）一般约定以英国法或美国法作为准据法。英美法对于不可抗力没有类似中国《民法典》那样的成文法的定

---

① 参见《中国油气进口管道共8条，其中石油进口管道3条，天然气进口管道5条》，载微信公众号“华气能源猎头”2022年9月19日，https://mp.weixin.qq.com/s/iHKrncEwftnlSIJ3_fbQNw。

② 参见王俪锦：《去年我国LNG进口量近7年首次下滑》，载中国石油石化工程信息网2023年2月3日，http://www.cppei.org.cn/cygc/detail.asp?categoryId=1911&articleId=210157。

③ 参见《中国油气进口管道共8条，其中石油进口管道3条，天然气进口管道5条》，载微信公众号“华气能源猎头”2022年9月19日，https://mp.wcixin.qq.com/s/iHKrncEwftnlSIJ3_fbQNw。

④ 参见徐涤宇、张家勇：《〈中华人民共和国民法典〉评注》，中国人民大学出版社2022年版，第181页。

义，其内涵和外延主要取决于合同的约定。虽然英国普通法有"合同落空原则"[①]，美国《统一商法典》也规定了"意料之外的履行不实际"[②]，即在这些情形下可以不履行，但这些原则和规定与中国法下的不可抗力还是有区别的，且适用范围较窄。

因此，天然气合同一般都会约定不可抗力条款，而且会列举具体的不可抗力事件（一般只是举例而非穷尽性列举）。虽然每份天然气合同都有其独特的约定或措辞，但实践中大多数合同都会有类似下文的约定。

首先，不可抗力事件的定义一般包括以下要件（或类似表述）：(1) 该事件超出一方的合理控制或采取合理措施也不能消除影响；(2) 该事件阻止（prevent）、阻碍（hinder）或阻止（impede）一方履行合同下的义务。

以下两项（或类似的表述）一般都会被约定为不可抗力事件：(1) 任何设施或设备的故障或失效、损坏、失灵或事故；(2) 任何管道的损失、损坏、无法进入或无法使用。

此外，管道使用协议中的不可抗力条款一般也与上述的天然气合同的条款类似。

二、北溪项目法律架构

俄罗斯天然气输欧有多条线路。北溪项目属于一条输气线路中的局部管道。通过该管道输气至欧洲的过程是：(1) 主要从俄罗斯境内位于西伯利亚的气源地博瓦年科沃（Bovanenkovo）开采天然气并输送至俄罗斯西部临海城市维堡（Vyborg）[③]；(2) 从维堡的压缩站（compression station）通过北溪管道输气至坐落于德国卢布明（Lubmin）的接收站（receiving station）；(3) 气体到达德国接收站后，再经由波罗的海海底管道连接线（OPAL）与北欧天然气管道（NEL）到达欧洲各

---

① Ben Longworth & Victoria Atkins, *Frustration in Contract Law: A Rare Remedy*, https://www.farrer.co.uk/news-and-insights/frustration-in-contract-law-a-rare-remedy/.

② § 2-615. Excuse by Failure of Presupposed Conditions, https://www.law.cornell.edu/ucc/2/2-615.

③ 北溪管道运营方北溪公司（Nord Stream AG）官网，https://www.nord-stream.com/the-project/pipeline/。

国。[①] 北溪管道穿越俄罗斯、芬兰、瑞典、丹麦和德国的专属经济区,以及俄罗斯、丹麦和德国的领海。[②]

根据公开信息,我们判断及推测俄罗斯天然气输欧的交易结构如下。

1. 天然气贸易

(1)取得开采波瓦伦科沃地区天然气许可的公司为 Gazprom Dobycha Nadym LLC(Gazprom DN)。该公司为俄罗斯天然气工业股份公司(PJSC Gazprom)(俄气)的全资子公司。[③]

(2)Gazprom DN 可能通过特定架构将开采到的天然气转给俄气出口公司(Gazprom Export)。[④]

(3)俄气出口公司将天然气卖给欧洲各大能源贸易公司(欧洲买方),例如丹麦的 Dong Energy,德国的 E. ON Ruhrgas 与 Wingas,法国的 Gaz de France,英国的 Gazprom Marketing & Trading 等。[⑤]

(4)欧洲买方可能又将天然气转卖给各级经销商、零售商及其他下游厂商,例如发电企业,并签署了一系列的下游协议。

2. 管道使用及运输

(1)Gazprom DN 及/或俄气出口公司可能与俄罗斯境内天然气管道运营方签订了管道使用协议。

(2)俄气出口公司与北溪管道运营方北溪公司(Nord Stream AG)签订了管道使用协议。[⑥] 北溪公司是一家注册在瑞士苏黎世的企业,由俄罗斯俄气子公司(Gazprom International Projects LLC)持股 51%,德国公司 Wintershall Dea AG 以

---

① 北溪管道运营方北溪公司(Nord Stream AG)官网,https://www.nord-stream.com/operations/。

② 北溪管道运营方北溪公司(Nord Stream AG)官网,https://www.nord-stream.com/operations/。

③ 北溪管道运营方北溪公司(Nord Stream AG)官网,https://www.nord-stream.com/operations/。

④ *Nord Stream: Secure Gas Supply for Europe*, p. 13. Meeting of the Energy Charter Trade and Transit Group-Amsterdam, 14 May 2009, https://www.energycharter.org/fileadmin/DocumentsMedia/Presentations/CBP-NordStream.pdf.

⑤ *Nord Stream: Secure Gas Supply for Europe*, p. 13. Meeting of the Energy Charter Trade and Transit Group-Amsterdam, 14 May 2009, https://www.energycharter.org/fileadmin/DocumentsMedia/Presentations/CBP-NordStream.pdf.

⑥ *Nord Stream: Secure Gas Supply for Europe*, p. 13. Meeting of the Energy Charter Trade and Transit Group-Amsterdam, 14 May 2009, https://www.energycharter.org/fileadmin/DocumentsMedia/Presentations/CBP-NordStream.pdf.

及 PEGI/E. ON 各持股 15.5%，荷兰公司 N. V. Nederlandse Gasunie 以及法国公司 ENGIE 各持股 9%。①

(3)欧洲买方可能与 OPAL 管道的运营公司 OPAL Gastransport GmbH & Co. KG② 或 NEL 管道的运营公司 NEL Gastransport GmbH③ 签订了管道使用协议，将接收到的天然气输送到欧洲各地。这两家运营公司均为俄气公司与德国公司 Wintershall Dea GmbH 的合资公司④。

3. 压缩站/接收站使用

(1)俄气出口公司可能与俄罗斯维堡的压缩站签订了站点的使用协议。

(2)欧洲买方可能与德国卢布明的接收站签订了站点的使用协议。

基于以上复杂的结构，天然气贸易双方或管道沿线遭遇突发事件都可能一石激起千层浪，引起多层法律关系的变动，影响多个合同方的利益。

三、北溪管道泄漏是否构成不可抗力事件?

根据大多数媒体的报道和分析，此次北溪管道泄漏事件系人为原因造成的可能性较大。

上述事件是否构成不可抗力，应根据涉及的有关合同的具体约定来确定。但根据国际天然气贸易的一般惯例，其大概率会构成有关的天然气合同以及北溪管道使用协议下的不可抗力事件。

假设有关的天然气合同的约定符合上文分析的惯例，管道爆炸事件当然属于设施/设备的故障/失效/损坏/事故/无法使用。但问题是不可抗力事件所要求的"故障/失效/损坏/事故/无法使用"是否也包括了"人为造成"的以上情形?

首先，如果"人为原因"是合同方(如天然气贸易合同的供气方、管道使用协议的管道方)的故意不当行为造成的，就要看有关合同的不可抗力条款是否明确约定"因一方故意不当行为导致的损失，不适用不可抗力规定"。但实践中受害方要证明对方有"故意不当行为"难度较大。

---

① 北溪管道运营方北溪公司(Nord Stream AG)官网，https://www.nord-stream.com/about-us/。

② 参见维基百科(wikipedia)，https://en.wikipedia.org/wiki/OPAL_pipeline。

③ 参见维基百科(wikipedia)，https://en.wikipedia.org/wiki/NEL_pipeline。

④ 参见维基百科(wikipedia)，https://en.wikipedia.org/wiki/OPAL_pipeline，https://en.wikipedia.org/wiki/NEL_pipeline。

其次,如果"人为原因"是合同主体以外的其他方(包括政府)造成的,根据惯例,大概率也属于不可抗力。因为一般不可抗力条款都会将"政府行为"列入不可抗力事件之一。即使是除政府以外的第三方(如恐怖组织)造成的,这种事件也是作为合同主体一方无法采取合理措施进行控制或消除的,所以符合"不可抗力"的定义。有的合同也会将"恐怖袭击"列为不可抗力事件。

最后,根据英美法合同解释的"客观性"原则,单纯从字面意思解读,如果条款没有特别指明是人为的还是自然原因所造成的故障/失效/损坏/事故/无法使用,也可理解为包括人为原因(合同方故意不当行为除外)。

同理,这类事件应该也会构成管道使用协议下的不可抗力事件。

四、不可抗力事件能否免除相关方的义务?

天然气合同一般约定买方有照付不议、卖方有照供不议的义务,但在不可抗力等情形下除外。

一般不可抗力条款都会约定发生不可抗力事件后,受影响的一方应当遵循的程序与履行的义务,即通知对方,告知详情并定期报告,采取合理努力减少损害并在可行的时候恢复履行。合同一般会约定必须在多长时间内向对方发出通知,有的还约定只有在通知送达后才能引用不可抗力暂停或终止其义务的履行。不可抗力持续一段时间后(较常见的是 12 个月),任何一方都可以解除合同。

假设北溪项目的相关协议符合上述惯例,此事件可能会导致卖方暂停天然气合同下的照供不议义务,且管道方在管道使用协议下有责任采取合理努力进行维修。但如果在约定的时间内无法修复,则受影响方可以解除合同。

五、不可抗力对下游合同的风险传递

在国际天然气贸易产业链中,管道天然气的买方未必是最终用户。如上文所述,北溪项目的欧洲买方可能会将天然气转卖给各级经销商、零售商及其他下游厂商,例如发电企业。

在很多项目中,买方与其下游经销商、零售商和发电企业的合同都会约定上游合同(买方与通过管道供气的卖方的天然气合同)的不可抗力事件也自动构成下游合同的不可抗力事件,并且会层层传递这样的风险。

例如以下就是某管道天然气买方与其下游电厂之间的合同条款:“在上游的天然气购买安排中被主张的任何不可抗力事件均将构成本合同项下的不可抗力事件,只要该等不可抗力事件符合本合同对不可抗力的规定。”

所以,北溪管道爆炸事件可能会对下游天然气经销商、零售商、发电企业的经营构成多米诺骨牌式的连锁风险。如果下游某个环节的经营主体与其客户签订的合同不能将其上游的不可抗力风险继续往下传递,可能就需要对其自己的下游客户承担违约责任。

六、所有权与风险转移：谁来承担泄漏气体的损失?

天然气合同通常都会对于所有权及风险转移的时间地点予以明确。一般的约定是天然气的所有权与风险都在经过交付点(delivery point)后发生转移。

管道天然气贸易中,交付点存在两种可能的模式。第一种是经过计量检验后且通过卖方的压缩站进入运输管道的那个点;第二种是通过输气管道进入连接下游接收站的那个点。

假设北溪管道供气合同约定的是第一种模式,天然气从俄罗斯维堡的压缩站进入“北溪 1 号”管道的那个点,其所有权和风险就应转移给了买方。北溪管道在瑞典、丹麦附近水域发生爆炸和气体泄漏,买方仍然有义务向卖方支付价款。

如果买卖双方采用的是第二种交易模式的话,由于气体泄漏尚在丹麦、瑞典附近海域,还没有进入下游接收站,那么气体的所有权与风险仍属卖方,买方就泄漏气量无须再向卖方支付价款,卖方将承担损失。

由此可见天然气合同中“交付点”的设置对于买卖双方的风险分配非常重要。

不可抗力事件只能暂停或免除卖方在爆炸事件发生后的继续供气义务,对于已经发生的权利义务,如对已经通过交付点的气量的支付义务,不可抗力事件无法免除。因此,该事件可能造成承担天然气风险一方的损失。

考虑到天然气商品本身及运输过程都会存在一定的风险,交易双方通常都会在买卖合同或/及管道使用协议中约定特定或所有的缔约方应当针对相关的设施、设备购买特定的商业保险。对于此次爆炸事件造成的损失,买卖双方以及管道方如果有购买相关的商业保险,可能有权向保险公司申请理赔(受制于保险合同的约定)。但如果该事故被确定为人为原因造成,那么根据一般的意外险条款,该事故可能不属于理赔范围。

七、结论

北溪管道泄漏事件对参与国际天然气贸易的企业是个警示,基于当前国际政治经济局势的不确定性,企业谈判有关合同时对于上述有关条款应更加重视,做好各种风险的预判和评估,并尽可能提前准备好应对方案。

(王望伟、王金鑫、张力华对本文亦有贡献)

“双碳”目标下新能源企业 ESG 风险管理的三个维度

周兰萍* 孟 奕

* 作者简介：
周兰萍，中伦律师事务所上海办公室公司业务部合伙人，电邮为：laurazhou@ zhonglun. com。

2020 年 9 月,习近平主席在第 75 届联合国大会提出我国实现 2030 年前碳达峰、2060 年前碳中和目标(以下简称“双碳”目标),得到了国际社会高度赞誉和广泛响应。“双碳”目标下,“新能源投资”和“ESG”逐渐成为当前市场的两大关键词,同时两者也在相互促进和影响。本文即以 ESG 投资为视角,从环境、社会和公司治理三个维度探索新能源企业实现 ESG 风险管理的有效措施和可持续发展路径。

一、“双碳”目标背景下新能源投资和 ESG 的兴起

2023 年,第十四届全国人民代表大会第一次会议在《政府工作报告》中提出要统筹能源安全稳定供应和绿色低碳发展,科学有序推进碳达峰碳中和。但是,作为全球最大的发展中国家和碳排放国,在推进发展的同时实现快速减排对于我国来说仍是非常艰巨的任务。从我国“十四五”规划要点来看,通过调整当前能源结构,大力发展清洁能源以控制和减少碳排放,以及通过大力发展降碳、零碳和负碳技术,利用技术手段实现产业转型已成为实现“双碳”目标的必然路径选择。未来,新能源将在我国能源系统中占据主体地位,新能源产业及企业也将具有更加广阔的发展空间。

而“双碳”目标的提出,不仅对我国应对气候变化、推进生态文明建设提出了更高要求,同时也对建立以绿色发展为价值引领和增长动力的现代经济体系,实现经济社会发展与生态环境保护可持续的协同发展赋予了更深远的意义。在此背景下,绿色投资和 ESG 理念也在近年来逐步兴起并引起了业内的广泛关注。

ESG,是环境(Environment)、社会(Social)、公司治理(Corporate Governance)的缩写,其起源于社会责任投资(Socially Responsible Investing,SRI)的概念,是一种以人与自然和谐共生为目标的可持续发展价值观。与关注企业盈利能力及财务状况的传统指标不同,ESG 投资更着眼于从非财务角度考察企业价值与社会价值,是一种追求长期价值增长、兼顾经济和社会效益的投资方式。显然,ESG 投资与“双碳”背景下我国深入实施可持续发展战略,促进生产生活方式绿色转型的目标不谋而合。

因此,新能源战略的全面实施和 ESG 投资理念的有效落实是促进“双碳”目标早日实现的两项重要手段,两者相辅相成,相互促进。而积极引入 ESG 投资理

念，加强 ESG 风险管理将成为“双碳”目标下，特别是新能源企业实现高质量和可持续发展的重大课题。

二、ESG 理念下新能源企业的环境风险管理维度

国际研究机构的成果表明，ESG 评价较高的公司比同行更具竞争力，这种竞争优势可能源于其对资源更有效的利用、更好的人力资本发展或者更好的创新管理。而环境因素作为 ESG 投资过程中的核心要素，对于新能源企业而言也是关键竞争力所在。

从环境风险管理维度，新能源企业应重点关注以下几个方面。

（一）持续关注新能源项目的环境合规

1. 项目立项审查阶段的环境合规

在该阶段内，主要应关注环境影响评价制度对于项目立项的影响，且随着我国环评制度的不断改革，评价标准应逐渐向项目后端进行全生命周期的覆盖和延伸。

以受到社会高度关注的“云南绿孔雀”公益诉讼案为例，法院认为由于戛洒江一级水电站的淹没区是绿孔雀栖息地，一旦淹没很可能会对绿孔雀的生存造成严重损害；且由于《环境影响报告书》中未对陈氏苏铁进行评价，也未对陈氏苏铁采取任何保护性措施，若项目继续建设，将使该区域的上述珍稀动植物的生存面临重大风险，因此判决立即停止基于现有环境影响评价下的水电站项目建设。① 可见，如企业在新能源项目前期缺少对于环境风险的全面评估，对于新能源项目的正常开展将会造成严重的影响。

2. 项目实施阶段的环境合规

针对项目实施阶段，我国已相继出台《建设项目环境保护管理条例》《排污许可管理条例》《水污染防治法》等一系列法律政策，建立了严格的环境监管和处罚机制，避免项目建设过程中“无证排污”、“未验先投”、违反“三同时”验收制度等环境风险的发生。同时，我国也开始适用项目环境影响后评价制度，用以评估项

---

① 参见刁凡超、王万春：《“云南绿孔雀”公益诉讼案一审宣判：立即停止水电站建设》，载澎湃新闻网 2020 年 3 月 20 日，https://m.thepaper.cn/newsDetail_forward_6604431?from=singlemessage&isappinstalled=0。

目实施阶段对环境的影响，并根据评价结果对项目后续运营和生态环境修复、保护开展进一步工作。

在生态环境部于 2020 年通报的监督执法正面清单实施期间第一批 8 个环境执法典型案例中，就存在辽宁沈阳国润低碳新能源科技有限公司利用雨水井以逃避监管的方式直接排放水污染物的违法行为，并被处以 100 万元的行政处罚金。[①]可见，新能源企业在正常项目经营过程中应当持续关注环境相关的风险因素，避免因被行政处罚使得企业遭受经济损失，甚至影响到企业声誉和社会地位。

（二）采取多样化措施积极减少企业碳足迹

“双碳”目标的实现依赖于控制和减少各重点行业领域内企业的碳排放以及促进和增加碳吸收技术的利用，因此对于新能源企业而言，无论是加大水电、风电、太阳能、氢能、生物质能等清洁能源领域项目的投资，还是加大对于碳捕集、利用与储存（CCUS）等固碳技术的研究开发，都将有巨大的成长空间和市场机会。

同时，在技术较为成熟的光伏等项目中，新能源企业也可以通过创新性的建设模式减少企业的碳足迹。例如，由于光伏项目所需占用的土地面积较大，但通常受制于土地指标、土地性质和所有权等问题，无法取得相应的建设用地。为此，多数企业已在积极采用“农光互补”“渔光互补”等新型建设模式，通过在农业大棚或鱼塘上方建设光伏工程实现清洁能源发电，同时在棚下将光伏科技与现代农业或渔业养殖有机结合。该模式既具有无污染零排放的发电能力，又不额外占用土地，在实现了土地立体化增值利用的同时，也实现了低碳经济和农业发展的双赢局面。

（三）利用新型投融资模式实现新能源和区域环境治理的融合

为实现“双碳”目标，加大生态修复和污染防治领域的投资开发必将是国家政策趋势所在，而新能源企业参与该类项目也具有天然的优势。但是，由于该类项目公益性较强、收益性较弱等特点也使得社会资本望而却步。对此，生态引领的城市可持续发展模式（Eco-environment-oriented Development，EOD）模式提供了一条解决路径，该模式以生态文明建设为引领，以特色产业运营为支撑，采取产业链延伸、联合经营、组合开发等方式，将公益性较强、收益性较弱的项目与可利用

① 参见《生态环境部通报监督执法正面清单实施期间第一批环境执法典型案例》，载生态环境部官网，http://www.mee.gov.cn/xxgk2018/xxgk/xxgk15/202005/t20200508_778165.html。

的区域性资源和产业融合,带动区域环境、经济、社会价值提升,实现可持续发展。

以“亿利集团库布其治沙保黄项目”为例,依托“十四五”期间规划建设的内蒙古库布其“两山”实践创新基地1000万千瓦绿色能源及外输项目,亿利集团将其中3GW光伏采用EOD模式进行建设,打造3GW沙漠光伏生态数智化产业园,形成规模化、市场化、产业化的可持续生态治理模式,实现“以生态治理营造绿色产业发展的基础条件,以绿色产业反哺沙漠生态建设”的良性生态循环发展模式。

(四)根据新能源产品的实际市场需求合理确定投资规模

“十三五”阶段,在国家政策大幅激励下,市场主体踊跃参与新能源的投资建设。但是在初期阶段,由于用电增速大幅降低和新能源开发布局过于集中,局部调节能力和外送互济能力未能匹配新能源的发展速度等原因,导致新能源消纳问题突出,并成为影响新能源发展布局的重要因素之一。

“十四五”期间,新能源发电将迎来巨大的发展机遇,但是由于我国电力系统调节能力建设总体还处于相对滞后状态,跨省区新能源电力配置水平也有待进一步提升,“十四五”新能源的消纳问题依然面临着严峻形势。2022年1—4月,因消纳能力增长难以匹配装机规模增速等原因,青海、蒙西等局部地区已出现弃风弃光增长苗头。① 因此,新能源企业在投资过程中,应高度关注新能源的消纳问题,对于新能源市场需求进行合理研判后再确定投资规模,避免因弃风弃光等原因导致资源浪费。

三、ESG理念下新能源企业的社会风险管理维度

新能源项目的投资建设本身就能带来较高的社会效益,能够有效减少传统能源使用带来的污染排放和环境破坏,提升居民的生活环境和质量,同时也有利于解决各地区之间的能源资源不平等,减少因能源缺口问题导致的人口流动。

因此,为进一步提升新能源企业的社会风险管理能力,可重点关注以下几个方面。

(一)通过新能源项目投资带动产业扶贫和乡村振兴

我国中西部地区和偏远农村地区土地广袤,自然条件优越,具有丰富的风能

---

① 参见王璐、王铭禹:《弃风弃光局地抬头 新能源堵点待通》,载经济参考报网,http://www.jjckb.cn/2022-06/06/c_1310614914.htm。

和光热资源,但是经济发展和产业结构相对落后。因此,将新能源利用、节能减排和产业扶贫、乡村振兴进行有机结合,助推中西部地区以及农村经济发展和产业结构调整也已成为新能源项目落地的关键。

以淄博市淄川区昆仑镇磁村为例,该地区一度因农业产业落后,村集体收入薄弱导致经济发展困难。得益于近年引进的两个清洁能源发电项目,使得年处理农作物秸秆14.25万吨、生活垃圾5万吨,装机发电规模达到90兆瓦,同时为村民用电和集中供热用能提供了保障,实现了资源利用的良性循环。2019年12月,昆仑镇还成功入选"山东省首批绿色能源示范村镇"。如今,光伏发电等新能源产业的发展已成为助推乡村振兴的重要支撑。

(二)减少对项目周边社区和居民的影响

虽然光伏发电等新能源产业作为新兴的环保产业为百姓熟知,并为居民生活,特别是电力资源相对匮乏的城镇居民带来了便利。但是,新能源项目可能带来的负面影响也值得被关注。目前,例如在光伏发电项目的推广过程中,已有多起因影响采光、安全等问题遭到居民或业委会投诉,而被迫终止项目的案例发生。因此,新能源企业在项目实施前,特别是在城镇地区,还应注意采取必要措施尽可能减少对周边社区和居民生活的不利影响。

(三)项目实施过程中承担更多社会公益责任

在产业开发和项目投资过程中,新能源企业还应通过采取多样化手段创造更多社会价值,以提升企业形象和社会影响力。新能源企业在项目实施过程中,应重点注重对周边社区和居民权益的保障,积极承担公益责任。例如,参与区域公共设施投资建设(建造公共活动空间、公共基础设施等);对周边受影响人群进行培训;创造就业岗位;等等。

再以上述"亿利集团库布其治沙保黄项目"为例,亿利集团在发掘库布其经济价值的同时,还积极追求社会效益,与当地政府共建集幼儿园、小学、初中为一体的亿利东方学校,图书馆、舞蹈房、多功能网络中心一应俱全,为当地儿童提供了新的希望。

四、ESG理念下新能源企业的公司治理风险管理维度

公司治理对企业的经营发展至关重要,且表现在公司治理结构、透明度、独立

性、管理层和股东权利等多个方面，其相应的风险包括腐败与贿赂，违规罚款，负面新闻等。因此，与环境和社会风险相比，公司治理绩效对企业的财务绩效影响相对更大。

因此，从公司治理风险管理维度，新能源企业应重点关注以下几个方面。

（一）规范公司治理尤其是董监高履职合规

尽管新能源作为国家支持的战略新兴产业获得了极大的政策支持和市场关注，但从发展之初其行业丑闻也在不断发生，例如2013年，由于多个光伏企业通过虚构合同、建后再拆和以次充好的方式“骗补”，导致国家级的金太阳示范工程草草收场；2019年，15家新能源车企集体舞弊，为数据接入合规行贿上海某机构等。这些个例的背后无不体现着企业治理规范的不足以及合规意识的淡薄。

因此，为由上而下地促进企业的ESG整合，创建以ESG理念为核心的企业指导原则、价值观和道德氛围，董事会和高级管理层应先理解ESG对企业的价值和关系，并重视员工履职合规。具体方式包括：（1）确保董事会拥有具备相关ESG专业知识和经验的董事，以尽可能降低潜在的ESG风险和危机产生；（2）组建专业的ESG风险合规及管理委员会，明确相应的职责和问责机制；（3）制定并执行与ESG相关的政策、指引和其他要求，以指导管理层和各业务职能有效实施ESG战略以及处理关键ESG议题；（4）招聘委聘请第三方顾问，协助提升董事会的ESG能力等。

（二）将ESG理念融入企业经营决策机制

除对企业的公司治理架构和企业文化进行审视之外，更重要的是应该将ESG理念和风险管理机制纳入企业的投资决策机制和对第三方的管理流程当中，为企业创造更具持续性的价值。具体包括：（1）将ESG风险和管理考虑因素纳入规划和运营决策流程，并建立正面和负面投资清单；（2）将ESG风险应对纳入日常管理决策并形成管理指引；（3）将企业的ESG风险应对措施应向关联方、合作方或供应商层面转化，避免出现因上下游环节的ESG合规问题导致对企业自身的经营管理和社会形象造成影响。

（三）提高企业的ESG披露水平

ESG能够反映传统财务报表难以向管理层和投资者传递的企业声誉、品牌价值、战略规划、产品安全、气候变化应对等企业可持续发展的内在价值，能够帮助投资者全面评估企业信用品质和风险管理能力。因此，境外资本市场对于上市企业的 ESG 信息披露具有严格的要求，而 2019 年上海证券交易所发布的《上海证券交易所科创板股票上市规则》（现已失效）中，也曾明确提出了 ESG 相关信息强制披露要求。

经笔者检索，宁德时代、盛新锂能、佛燃能源等众多新能源上市企业也都已经披露了 2022 年度的 ESG 或社会责任报告。因此，对于广大新能源企业，特别是境内外上市公司而言，建立能够体现企业特色的 ESG 信息披露机制，促进与利益相关方沟通，对于推动公司可持续经营和发展具有深远的意义。

五、结语

在"十四五"规划和"双碳"目标的双重背景下，未来新能源企业必然会迎来更多的市场机遇和发展空间。相应地，注重 ESG 理念，防范 ESG 风险，规范 ESG 合规管理也将成为新能源企业在新时期业务转型和深化发展过程中的必然选择。唯有提前准备，充分部署，方能实现企业更高质量和可持续的发展。

“双碳”背景下新能源碳减排项目的机遇与风险应对

周亚成　周　旋*

* 作者简介：

周亚成，中伦律师事务所北京办公室公司业务部顾问，电邮为：zhouyacheng@ zhonglun. com。

周旋，中伦律师事务所北京办公室公司业务部合伙人，电邮为：zhouxuan@ zhonglun. com。

从全球应对气候变化的角度来看,运用零碳技术的新能源行业,自《京都议定书》下的清洁发展机制(Clean Development Mechanism,CDM)时期以来,就为全球减少二氧化碳排放作出了巨大贡献。现今我国要实现"2030 年碳达峰、2060 年碳中和"的"双碳目标",必须从能源结构转型入手,提高新能源在能源结构中的占比。在实现双碳目标的百万亿级别资金需求下,新能源行业将迎来新的发展机遇。本文将通过对新能源行业在不同时期、不同市场环境下参与减排量项目的发展历程进行总结,分析在我国双碳目标背景下,新能源行业如何通过国家核证自愿减排量(Chinese Certified Emission Reduction,CCER)项目,以及运用碳金融工具为实现双碳目标作出贡献,提出规避法律风险、合规风险的建议,为开发新能源自愿减排量项目,助力双碳目标提供切实可行的实施方向。

一、我国新能源碳减排项目的发展历程

从我国新能源行业参与碳减排项目的不同阶段,可以划分为《京都议定书》阶段的清洁发展机制时期、中国碳交易试点时期以及 2021 年正式启动的全国碳交易时期。

(一)清洁发展机制时期

清洁发展机制是《京都议定书》中引入的灵活履约机制之一,是指发达国家通过购买发展中国家的碳减排项目产生的经核证的碳减排量(Certified Emission Reduction,CER),并将其计入自身碳减排完成指标的交易机制。

新能源项目在清洁发展机制项目类型中的比例很高,截至 2021 年 4 月 1 日,已注册备案的项目主要集中于风能、水力、生物质能、甲烷发电、太阳能等领域,前五大类型共计 6645 个,占比达 79%①。我国在清洁发展机制时期的新能源碳减排项目,一方面,促进了发达国家履行强制性减排义务的同时,也通过碳减排量交易为我国新能源事业的发展提供了资金支持,尤其是风能、水力、太阳能等领域的迅速发展。另一方面,为新能源减排项目的融资、商业模式创新提供了全新的视角,也为后续建立中国本土的碳交易和自愿减排实践提供了参考样本,积累了宝贵经验,进而形成了中国碳交易制度框架。

① 参见华宝证券研究团队:《全球 CDM 项目概况:CDM 项目聚焦可再生能源领域,中国占据全球首位》,载碳排放交易网 2021 年 5 月 12 日,http://m.tanpaifang.com/article/77838.html。

（二）碳交易试点时期

1. 清洁发展机制过渡时期

2012年后，各国间未能就《京都议定书》的下一个履行期达成一致，导致包括新能源项目在内的清洁发展机制项目从2013年开始几乎完全停滞。2012年6月，国家发展改革委印发《温室气体自愿减排交易管理暂行办法》（以下简称《自愿减排暂行办法》），建立自愿减排机制，创设自愿减排量交易平台，①作为强制减排机制清洁发展机制的补充，这使清洁发展机制后期的一些新能源项目及时转化为了国内自愿减排项目。

2. 全国开启碳交易试点

2011年10月，国家发展改革委公布了《关于开展碳排放权交易试点工作的通知》，同意北京市、天津市、上海市、重庆市、湖北省、广东省及深圳市开展碳排放权交易试点。

试点时期的自愿减排量注册项目中，仍然以新能源项目为主。作为碳交易试点市场的重要补充，各试点省市都允许自愿减排量的抵销机制，比如2013年北京市发展和改革委员会《关于开展碳排放权交易试点工作的通知》（现已失效）规定，重点排放单位可用核证自愿减排量抵销其排放量，使用比例不得高于当年排放配额数量的5%。

碳交易试点阶段开展的新能源减排项目，通过自愿减排量平台保证了新能源减排项目的可持续发展，并通过抵销制度，为重点排放单位履约提供了更经济的选择，让自愿减排量项目在试点阶段得以继续发挥作用，并为接下来的全国碳交易市场建设积累经验，同时，为非重点排放单位且有意参与碳减排的业主提供机会，增加了双碳背景下自愿减排行动的碳减排量来源。

（三）全国碳交易时期

2020年12月31日，生态环境部发布《碳排放权交易管理办法（试行）》（以下简称《碳排放权交易办法》），明确规定重点排放单位每年可以使用国家核证自愿减排量抵销碳排放配额的清缴，抵销比例不得超过应清缴碳排放配额的5%。该办法于2021年2月1日起开始施行。生态环境部2022年12月发布的《全国碳排放权交易市场第一个履约周期报告》显示，全国碳市场第一个履约周期在发电行

---

① 国家核证自愿减排量交易平台，https://www.ccer.com.cn。

业重点排放单位间开展碳排放配额现货交易,共有 847 家重点排放单位存在配额缺口,缺口总量约为 1.88 亿吨,第一个履约周期累计使用国家核证自愿减排量约 3273 万吨用于配额清缴抵销。

需要说明的是,尽管自 2017 年 3 月 17 日以来,国家发展改革委暂缓受理自愿减排项目的备案,但随着我国"双碳"目标的确立,尤其是 2021 年 7 月 16 日全国碳交易市场正式开市交易后,国家正逐步推进重启自愿减排量市场。2022 年 12 月,中国生态环境部应对气候变化司司长李高在国际金融论坛(IFF)2022 年全球年会上发表主旨演讲时表示,从覆盖温室气体范围的排放量来讲,中国是世界上最大的碳市场,下一步中国将争取尽早重启国家核证自愿减排量市场。① 新能源自愿减排量项目将通过抵销配额、获取项目开发收益以及创新运用碳金融工具等方式,为减少碳排放发挥积极作用。

二、新能源自愿减排量项目的机遇及风险应对

随着国家核证自愿减排量项目备案逐步重启,作为国家核证自愿减排量项目类型的主要构成部分新能源自愿减排项目将有更多新的发展机会。但同时,各参与方也应当关注其中的风险,做到合法合规。最高人民法院于 2023 年 2 月 16 日发布了《关于完整准确全面贯彻新发展理念　为积极稳妥推进碳达峰碳中和提供司法服务的意见》(法发〔2023〕5 号)(以下简称《双碳司法服务意见》),其中在第五节专门规定了"推进完善碳市场交易机制",在针对新问题、新挑战为司法机关提供指引的同时,客观上也为碳市场各参与方给予了更明确的规范。各参与方应时刻关注监管动态,以确保自愿减排量市场的长久发展,助力双碳目标的实现。

(一)国家核证自愿减排量项目开发

1. 开发国家核证自愿减排量获取额外收益

新能源国家核证自愿减排量项目开发收益,是指在新能源项目产生能源、取得发电收益的同时,还能产生碳减排量并通过交易取得发电收益的额外收益。根据《自愿减排暂行办法》的规定,参与温室气体自愿减排交易的项目和项目产生的减排量在国家主管部门备案和登记,并在经国家主管部门备案的交易机构内交

① 参见《国家核证自愿减排量何时重启——零碳研究院碳报(第二十九期)》,载百度百家号"新京报"2022 年 12 月 30 日,https://baijiahao.baidu.com/s?id=1753629571047635864&wfr=spider&for=pc。

易。根据《碳排放权交易办法》的规定，新能源国家核证自愿减排量项目产生的减排量可用于重点排放单位配额履约的抵销，即项目业主可以通过在自愿减排量交易机构出售国家核证自愿减排量获得额外收益。

2. 国家核证自愿减排量项目开发风险及应对

新能源国家核证自愿减排量项目虽然可以获得额外收益，但由于从项目开发、运行、项目管理和备案、减排量备案到最终交易，整个项目过程时间跨度较大，涉及流程较复杂，如果处理不当，可能导致项目无法获得预期的收益，甚至面临承担违约责任的风险。本文对相关风险进行了初步梳理，并提出了应对建议。

(1)项目合规风险

根据《自愿减排暂行办法》的规定，国家核证自愿减排量交易是指符合条件的项目业主，基于额外性，根据已经备案的方法学①，通过向主管部门申报备案，并在经过核查及核证后，取得经核准的减排量，在国家批准的交易机构进行交易的行为。

项目合规性是确保项目最终获取减排量的关键，这不仅体现在项目备案管理和减排量备案管理中的项目审定、减排量核证、申请备案、评估、审查等环节，例如，首先应对照方法学，判断其是否符合开发国家核证自愿减排量的项目类型，其次判断项目是否具有“额外性”，即项目所带来的减排量相对于基准线是额外产生的，而额外性也需要对照已备案的方法学进行论证。另外，还体现在对各个项目参与主体的合规要求。例如，审定及核证机构的不合规行为可能会面临处罚，一旦发生势必会影响项目的进展。随着全国碳市场的建立和发展，相关监管规定不断完善，合规性要求将会更加趋于严格。

(2)流动性与交易风险

国家核证自愿减排量交易与碳配额交易具有联动性，受碳配额交易影响较大。《碳排放权交易办法》第 29 条规定，重点排放单位每年可以使用国家核证自愿减排量抵销的比例不超过应清缴碳排放配额的 5%，具体的比例仍有待交易细则进行明确。国家核证自愿减排量抵销的比例限制，实际是限制了国家核证自愿减排量市场的需求量，而且国家核证自愿减排量交易需要通过专门交易机构，根据交易规则进行，具有很强的市场属性。未来随着全国碳交易市场的发展而重启

① 方法学，是指用于确定项目基准线、论证额外性、计算减排量、制订监测计划等的方法指南。

国家核证自愿减排量项目备案后，国家核证自愿减排量交易价格可能会随着供求状况出现波动风险，国家核证自愿减排量项目业主应根据全国碳配额市场及国家核证自愿减排量交易的市场动态提前统筹安排，合理确定交易时间，明确哪些项目的国家核证自愿减排量更容易完成交易并取得较高的价格，甚至做好短期内无法完成交易或者低价出售的准备。

(3)违约风险

新能源项目的国家核证自愿减排量开发，开发周期长，且涉及新能源项目主体和自愿减排量项目主体两类参与主体，包括项目业主、建设方、EPC 总包方、投资机构、融资机构、咨询机构、审定机构、核查核证机构等多个主体，任一主体在项目过程中的某一环节出现问题，都可能会导致违约风险。最高人民法院在发布《双碳司法服务意见》时，同时发布 11 起双碳典型案例，例如"案例六　北京某清洁能源咨询公司诉某光电投资公司服务合同纠纷案"就是由项目服务费等引起的争议，法院依法对提供技术服务的第三方提出的已完成国家核证自愿减排量的项目服务费及利息的诉讼请求予以支持，确保项目各方主体的利益受到保护。

类似争议在国家核证自愿减排量开发项目过程中很常见，应当引起各参与方的重视。建议由具备新能源和国家核证自愿减排量项目开发及交易经验的顾问，充分评估从项目意向阶段开始，到谈判、起草项目开发协议、咨询协议等文件，再到选择融资方式、交易、收益分成等各个环节的风险。

(4)审批流程及政策风险

新能源国家核证自愿减排量项目，除了项目是否符合审批条件等基础风险外，还存在审批流程及政策变动风险。司法实践中也有相关案例，在"江西丰林投资开发有限公司与厦门肃正资产管理有限公司买卖合同纠纷案[(2017)赣 01 民终 800 号]"中，因申请文件提交时间、国家发展改革委审核、备案等原因，导致卖方未能按期交付国家核证自愿减排量，后产生争议诉诸法院。

由于审批流程及政策风险并非人为可控，而新能源国家核证自愿减排量项目又是在国家政策主导下开展的，受审批流程、政策及法律的影响较大，这就要求项目业主在遵守最新的政策、法律规定的同时，根据市场发展动向，随时保持对未来监管要求及流程的关注，进行提前预测和布局。同时应当在签署合同时关注相关风险并进行明确约定。

（二）国家核证自愿减排量碳金融实践

从碳金融业务角度来看，碳债券、碳资产证券化和碳基金等金融产品，可以大幅提高碳交易市场的流动性和碳价格的有效性。广义的碳金融分为碳配额和国家核证自愿减排量两类，前者适用于强制履约市场，后者则适用于自愿市场，本文仅讨论国家核证自愿减排量相关碳金融的问题。

1. 碳债券与国家核证自愿减排量

碳债券在新能源国家核证自愿减排量项目中的实践始于 2014 年 5 月，中广核发行了国内首单碳债券，募集资金用于发行人的风电场项目建设，项目运行获得的国家核证自愿减排量碳交易产生的利润将作为碳债券的附加收益。①

在确定双碳目标的大背景下，中国银行间市场交易商协会于 2021 年 3 月 18 日发布了《关于明确碳中和债相关机制的通知》，提出了碳中和债是指募集资金专项用于具有碳减排效益的绿色项目的债务融资工具这一核心概念，以及四大核心要素，即满足绿色债券募集资金用途、项目评估与遴选、募集资金管理和存续期信息披露等。

双碳背景下的碳债券主要具有以下特点：一是资金用途更聚焦，碳中和债募投领域主要为包括光伏、风电及水电等清洁能源类项目等；二是环境效益需定量，由第三方专业机构对项目碳减排等预期环境效益进行测算，出具报告；三是信息披露更严格，发行人需定期披露碳减排效益等相关内容。随着未来国家核证自愿减排量项目重启，有望与全国碳配额市场实现联动，通过碳债券等融资工具，可实现取得经济收益和取得良好示范的双重作用。

碳债券的风险点主要体现在四个方面：一是项目主体信用风险。例如，由于项目周期长，在债券存续期内，国家核证自愿减排量项目主体可能出现信用状况恶化、丧失清偿能力甚至破产等情形。因国家核证自愿减排量具备财产属性，可能被债权人采取保全措施，用于清偿债务。在“陈自立、重庆吴泰实业有限公司诉前财产保全案[（2019）鄂 1321 财保 171 号]”中，法院将被申请人重庆吴泰实业有限公司在四川联合环境交易所的国家核证自愿减排量权益收益 150 万元予以冻结。二是信息披露不合规风险。企业应依法及时披露信息，且相关信息与国家核

---

① 参见《中广核风电成功发行国内首单“碳债券”》，载深圳碳排放权交易所 2014 年 5 月 12 日，http://www.cerx.cn/inews/1689.htm。

证自愿减排量项目审批、新能源项目审批中提交的信息应当一致,否则不仅会受到监管机关的处罚,如果因提供虚假信息导致国家核证自愿减排量项目未获备案,还可能因对投资者收益影响巨大而引发虚假陈述纠纷,导致巨额索赔。三是资金用途不合规风险。债券募集投资项目必须符合《绿色债券支持项目目录》,聚焦于碳减排领域且应符合双碳目标,但是目前碳债券发行类型可能存在"打擦边球"的情况,①部分发行人将原本不符合条件的项目违规"漂绿"。随着配套法律的完善和市场的发展,未来监管预计会逐渐趋于严格。四是债券到期兑付风险。国家核证自愿减排量开发周期长,且由于抵销比例限制,受碳交易市场价格波动影响显著,流动性风险高,债券到期能否兑付本息存在不确定性,应当适当安排内外部增信措施。

2. 国家核证自愿减排量质押融资

新能源项目国家核证自愿减排量质押融资,是指企业以其持有的国家核证自愿减排量作为质押物,获得金融机构融资的业务模式。

国家核证自愿减排量质押融资从碳交易试点期间就已经开始了相关实践,是较为成熟的碳金融实践类型。2014 年 12 月 11 日,S 银行和上海宝碳新能源环保科技有限公司签署了国内首单国家核证自愿减排量质押贷款协议,以国家核证自愿减排量做质押担保,参照全国七个碳交易所的加权平均交易价,以 70%的质押率申请贷款。② 2021 年 7 月 15 日,广东埃文低碳科技股份有限公司向海峡股权交易中心提交其与 J 银行国家核证自愿减排量质押登记的申请,质押物为金岩水电站等两个项目国家核证自愿减排量。③《双碳司法服务意见》第 18 条指出,人民法院要依法审理核证自愿减排量担保纠纷案件,最大限度维护以核证自愿减排量作为担保财产的合同的效力。该条表明司法机关对国家核证自愿减排量质押融资合同总体采取的是鼓励和保护的态度。未来随着法律制度的不断完善,国家核证自愿减排量法律属性明确后,国家核证自愿减排量质押融资的发展前景值得期待。

---

① 参见后歆桐:《疫情为全球绿色债券加温,真绿还是"漂绿"? 质疑涌现》,载第一财经网 2020 年 8 月 20 日,https://www.yicai.com/news/100741624.html。

② 参见东方早报:《碳排放量也能质押贷款全国第一笔放出 500 万元》,载网易财经网 2014 年 12 月 12 日,https://www.163.com/money/article/AD8RV78H00253B0H.html。

③ 国家核证自愿减排量质押登记公告,https://carbon.hxee.com.cn/xxzx/50683.htm。

国家核证自愿减排量质押融资主要存在两个方面的风险：一是国家核证自愿减排量的法律性质在立法上还没有明确，《双碳司法服务意见》的规定是“最大限度维护合同效力”，尽管部分试点地区曾颁布国家核证自愿减排量质押的具体操作规定，但能否产生国家层面的质押登记的物权效力还存在一定争议①，并且国家核证自愿减排量质押需要通过交易所办理国家核证自愿减排量冻结手续，而目前交易所层面并没有统一的质押登记管理规定；二是相比于碳配额，国家核证自愿减排量还缺乏一个完善的价格发现机制，对于质押的国家核证自愿减排量资产评估较为复杂，国家核证自愿减排量的变现能力受市场影响较大，具有流动性和交易风险。

3. 碳信托与国家核证自愿减排量

国家核证自愿减排量碳信托，是指信托公司通过开展信托业务，为国家核证自愿减排量项目或相关技术进行融资、投资的金融活动。

2021 年 4 月 21 日，H 信托股份有限公司与 H 股份有限公司成立全国首单以国家核证自愿减排量为基础资产的碳中和服务信托——“某 CCER 碳中和服务信托”，以其持有的国家核证自愿减排量作为信托基础资产设立财产权信托，再将信托受益权通过信托公司转让信托份额的形式募集资金投入减排等产业。② 2021 年 7 月 11 日，R 信托设立了“某碳交易 CCER 投资集合资金信托计划”，由 R 信托作为受托人，募集信托资金将投资国家核证自愿减排量，该信托产品亮点一是产品期限设置较长，并有锁定期，引导“长期主义”投资。二是锁定期后，客户可以灵活选择赎回或继续持有。③ 碳信托不但可以引导社会资金参与碳交易，为企业提供多元融资支持，而且国家核证自愿减排量资产的特殊性也可以为信托公司转型提供新的发展契机。

碳信托的风险点主要包括：一是国家核证自愿减排量的定价机制尚不成熟，信托公司开展此类业务应该注意对碳资产价格有较准确的研判；二是若信托计划

---

① 参见苏萌、吕雅妮：《我国碳金融市场的机会与挑战》，载北极星大气网，https://huanbao.bjx.com.cn/news/20210707/1162464.shtml。

② 参见《Z 信托成功发行全国首单 CCER 碳中和服务信托》，载中国清洁发展机制基金网 2021 年 4 月 23 日，http://www.cdmfund.org/28572.html。

③ 参见刘晓婷：《全国碳市场正式启动，看信托公司如何参与?》，载金融界网，http://trust.jrj.com.cn/2021/07/20083633122462.shtml。

到期日尚有未卖出的国家核证自愿减排量，对于这部分资产是否进行现状分配，还是持续变现至全部卖出为止，尚无确定的操作办法。

4. 碳基金与国家核证自愿减排量

碳基金，是指由政府、金融机构、企业或个人投资设立的专门基金，其致力于在特定范围投资于碳市场或新能源等温室气体减排项目，给予投资者市场收益回报，以帮助应对全球气候变化。

世界银行于1999年发起的原型碳基金是世界第一个碳基金，是一种封闭式的、政府和企业多投资方的基金，通过政府、公共、私营部门进行合作，基于清洁发展机制时期温室气体排放交易为发展中国家的可持续发展项目提供融资。

中国人民银行、财政部、发展改革委等联合发布的《关于构建绿色金融体系的指导意见》(银发〔2016〕228号)中提出，有序发展包括碳基金在内的碳金融产品与衍生工具，为支持和促进生态文明建设提供融资工具。2021年7月15日，B集团有限公司与L股份有限公司等机构设立某碳中和股权投资基金，总规模500亿元，将聚焦清洁能源等方向，挖掘风、光等清洁能源潜在发展地区和投资市场上优质的碳中和产业项目①。

除了碳配额之外，国家核证自愿减排量项目也可能成为“碳中和”主题基金重要的投资方向之一。如果投资建设新能源项目获得国家核证自愿减排量，并参与碳交易，一旦形成规模或者具备竞争优势，就有可能获得私募基金的投资支持，甚至未来能够上市，在资本市场中获得更高的估值。不过，碳中和投资短期可能会受到资本追捧，但监管部门未来可能会对名称中含有“碳中和”基金的投资范围进行明确和规范，“碳中和”主题基金会随之减少，一旦相关主题基金盈利不佳或者上市公司业绩不达预期，“碳中和”基金热可能会退潮，企业的融资难度和成本可能会增加。综上所述，由于全国碳市场尚在发展初期，新能源项目投资周期较长，一方面，国家核证自愿减排量项目的备案、减排量的核证、备案都存在风险；另一方面，价格风险因素不可避免，随着项目开发数量的快速增加，长远看可能出现供大于求的情况，导致将形成的碳资产进行交易时价格下跌，因此应谨慎处理对赌条款(如业绩承诺、上市计划)等事项。

---

① 参见《B公司发起设立总规模500亿元碳中和主题基金》，载新华财经网，http://stock.xinhua08.com/a/20210715/1993902.shtml。

5. 其他碳金融实践

除上述分析外,其他碳金融业务主要应用于碳配额领域,例如碳期货、碳期权、碳掉期等。随着全国碳市场的发展,尤其是自愿减排量项目恢复备案后,通过碳配额与国家核证自愿减排量市场的联动,碳金融会有更大发展。

三、总结

目前全国碳交易市场已经开市,国家核证自愿减排量市场亦在稳步重启中,作为碳市场重要组成的自愿减排量项目已经被证明是减少碳排放量的有力补充。新能源项目作为自愿减排项目的主要类型之一,项目开发周期较长,涉及主体众多,法律关系复杂,容易发生相关风险。因此,新能源项目企业应当早做准备,在项目开发和交易过程中控制风险,聘请相关的专业机构为项目的开发建设保驾护航,形成固定有效的开发、交易模式,为实现"双碳"目标贡献力量。

新型储能商业模式：共享储能发展政策及合规要点前瞻

朱 颖 胡愔子* 程 平

* 作者简介：

朱颖，中伦律师事务所上海办公室资本市场合伙人，电邮为：juliazhu@ zhonglun. com。

胡愔子，中伦律师事务所上海办公室资本市场权益合伙人，电邮为：tedhu@ zhonglun. com。

随着“双碳目标”的深入推进与贯彻落实，新能源行业迎来跃升式发展期，势将成为中国经济发展的新引擎。国家能源局于 2023 年 1 月 18 日发布的 2022 年全国电力工业统计数据显示，截至 2022 年 12 月底，全国累计发电装机容量约 25.6 亿千瓦，同比增长 7.8%。其中，风电装机容量约 3.7 亿千瓦，同比增长 11.2%；太阳能发电装机容量约 3.9 亿千瓦，同比增长 28.1%。[①]

然而，新能源行业的快速发展致使新能源消纳和电网调峰压力日益凸显，并给新型电力系统的安全稳定运行带来更加严峻的挑战。在此背景下，作为新型电力系统建设的关键组成部分，储能不仅是“源网荷储一体化”的重要环节，而且是提升新能源消纳量的一种重要手段，“新能源+储能”已经成为“十四五”期间新能源发展的主流趋势。作为新型储能的创新型商业模式，共享储能[②]近年呈异军突起之势，其以调度运行更高效、经济效益更凸显、运营路径可持续等优势，成为促进新能源配置储能高质量发展的重要途径。

因此，基于笔者在新能源领域的相关实务经验，对共享储能的发展支持政策、实践发展现状、建设运行的合规要点等进行梳理和总结，以期为业内人士提供参考和指引。

一、共享储能的运行机制特点

中国电力企业联合会于 2022 年 11 月发布的《新能源配储能运行情况调研报告》显示，全国已有近 30 个省份出台了“十四五”新型储能规划或新能源配置储能文件，大力发展“新能源+储能”。在这些已公布强制配储政策的省市地区，新能源配储比例多集中在 10%—15%，主流的储能时长为 2 小时。然而，新能源强制配储在利用效率、配储规模、成本疏导、商业模式等方面存在一定的局限性。[③] 在此背景下，共享储能作为“双碳目标”下新一代的新型储能理念，已经备受市场关注，并呈快速发展之势。

---

① 参见《国家能源局发布 2022 年全国电力工业统计数据》，载国家能源局官网，http://www.nea.gov.cn/2023-01/18/c_1310691509.htm。

② 根据 2023 年 2 月 13 日下午举行的国家能源局新闻发布会，从 2022 年新增装机技术占比来看，锂离子电池储能技术占比达 94.2%，仍处于绝对主导地位。因此，本文所述“共享储能”“新型储能”“独立储能电站”，主要指以锂离子电池为主要存储单元的电化学储能电站。

③ 参见中国电力报：《新能源配储能运行情况调研报告》，载中国电力网，http://www.chinapower.com.cn/zx/zxbg/20221220/180378.html。

共享储能最早由青海电力于 2018 年提出①，即由新能源发电企业、电网相关企业或者第三方单独或者共同投资及建设的集中式大型独立储能电站，该电站除了满足自身电站需求外，也为风电、光伏等新能源电站提供容量租赁、调峰辅助等服务。具体而言，共享储能主要有两层含义：第一，作为新型储能电站，共享储能可以像传统储能一样，参与电力交易和辅助服务市场，发挥功率调节作用；第二，突出能力共享属性，共享储能以电网为桥梁和纽带，可为多个新能源电站提供综合服务。共享储能的运行机制如图 1 所示②：

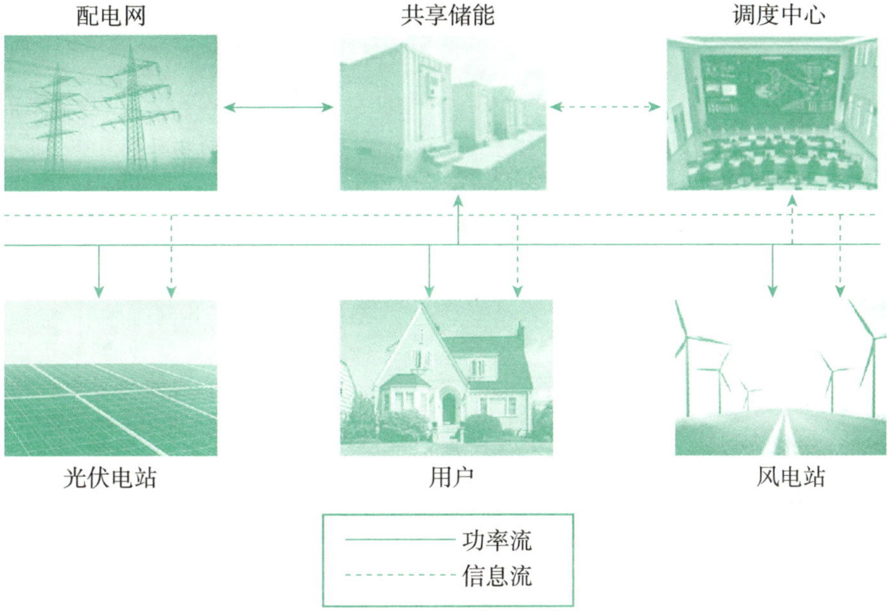

图 1　共享储能的运行机制

共享储能以电网为纽带，将独立分散的电网侧、电源侧、用户侧储能电站资源进行全网的优化配置，交由电网进行统一协调，推动源网荷各端储能能力全面释放，提高储能资源利用率。共享储能模式不仅有利于促进新能源电力消纳、缩短投资回收周期，提高项目收益率，而且有利于促进储能形成独立的辅助服务提供

---

① 参见科技日报：《探索市场化道路、让"共享"成就储能产业的明天》，载《中国能源》杂志社网 2022 年 4 月 2 日，http://www.zhgny.org.cn/Detail.aspx? newsId=8700。

② 参见张剑辉、王琤：《深度|共享储能的商业模式与发展机遇分析》，载北极星储能网，https://news.bjx.com.cn/html/20220411/1216465.shtml。

商身份。①

二、共享储能的发展支持政策

自2021年7月起至2022年12月末，国家和相关省级主管部门先后出台一系列关于鼓励和促进共享储能发展的政策或者规范性文件（见表1、表2）。

（一）国家层面

表1 鼓励和促进共享储能发展的政策或者规范性文件（国家层面）

序号	发布时间	发文主体	文件名称	主要内容
1	2021年7月15日	国家发展改革委、能源局	《关于加快推动新型储能发展的指导意见》（发改能源规〔2021〕1051号）	鼓励探索建设共享储能。健全“新能源+储能”项目激励机制，对于共享模式落实新型储能的新能源发电项目、动态评估其系统价值和技术水平，可在竞争性配置、项目核准（备案）、并网时序、系统调度运行安排、保障利用小时数、电力辅助服务补偿考核等方面给予适当倾斜
2	2021年7月29日	国家发展改革委、能源局	《关于鼓励可再生能源发电企业自建或购买调峰能力增加并网规模的通知》（发改运行〔2021〕1138号）	从国家层面提出鼓励可再生能源发电企业以自建或购买的形式满足储能配额要求，实质上从政策层面给予储能租赁商业模式的保障
3	2022年1月29日	国家发展改革委、能源局	《“十四五”新型储能发展实施方案》（发改能源〔2022〕209号）	加大“新能源+储能”支持力度。在新能源装机占比高、系统调峰运行压力大的地区，积极引导新能源电站以市场化方式配置新型储能。对于配套建设新型储能或以共享模式落实新型储能的新能源发电项

① 参见韩逸飞：《共享储能遍地开花》，载中国化学与物理电源行业协会网2023年1月27日，http://cesa.escn.com.cn/news/show-1539868.html。

续表

序号	发布时间	发文主体	文件名称	主要内容
				目,结合储能技术水平和系统效益,可在竞争性配置、项目核准、并网时序、保障利用小时数、电力服务补偿考核等方面优先考虑
4	2022年5月24日	国家发展改革委办公厅、国家能源局综合司	《关于进一步推动新型储能参与电力市场和调度运用的通知》(发改办运行〔2022〕475号)	新型储能可作为独立储能参与电力市场。具备独立计量、控制等技术条件,接入调度自动化系统可被电网监控和调度,符合相关标准规范和电力市场运营机构等有关方面要求,具有法人资格的新型储能项目,可转为独立储能,作为独立主体参与电力市场。加快推动独立储能参与电力市场配合电网调峰。加快推动独立储能参与中长期市场和现货市场

(二)省级层面

表2 鼓励和促进共享储能发展的政策或者规范性文件(省级层面)

序号	发布时间	发文主体	文件名称	主要内容
1	2021年7月14日	宁夏回族自治区发展改革委	《关于加快促进储能健康有序发展的通知》(宁发改能源(发展)〔2021〕411号)	鼓励采用发电侧储能、电网侧、区域联合共享、第三方独立储能等多种投资方式建设储能电站。鼓励优先在新能源富集、电网送出断面受限地区,建设电网区域性共享储能设施,创造共享储能电站盈利模式
2	2021年8月9日	山东省人民政府	《山东省能源发展“十四五”规划》(鲁政字〔2021〕143号)	支持建设运营共享储能设施,鼓励风电、光伏项目优先租赁共享储能设施。建立

续表

序号	发布时间	发文主体	文件名称	主要内容
				健全储能配套政策,完善储能市场化交易机制和价格形成机制,支持储能设施参与辅助服务市场和电力现货市场
3	2021 年 10 月 13 日	湖南省发展改革委	《关于加快推动湖南省电化学储能发展的实施意见》(湘发改能〔2021〕786 号)	积极推动电网侧储能合理化布局,以建设大规模集中式共享储能为主,统筹项目选点,优先在新能源资源富集的地区建设一批电网侧独立储能项目,解决新能源消纳困难、系统调节能力不足、安全稳定水平不高等问题
4	2021 年 11 月 3 日	浙江省发展改革委、能源局	《关于浙江省加快新型储能示范应用的实施意见》(浙发改能源〔2021〕393 号)	支持“微网+储能”“新能源+共享储能”等电源侧储能项目建设。鼓励电源、电网、用户侧租赁或购买独立储能设施提供的储能服务
5	2021 年 12 月 24 日	内蒙古自治区人民政府办公厅	《关于加快推动新型储能发展的实施意见》(内政办发〔2021〕86 号)	探索推广独立共享储能模式。在新能源资源较丰富、系统消纳能力较差或电网调峰需求较为集中的地区,因地制宜布局建设独立共享式新型储能电站。鼓励发电企业、电网企业和电力用户租赁、购买储能电站服务,发挥储能“一站多用”的共享作用。积极支持各类主体开展独立共享储能应用示范。独立共享式新型储能电站应集中建设,电站功率原则上不低于 5 万千瓦,时长不低于 4 小时

续表

序号	发布时间	发文主体	文件名称	主要内容
6	2022年3月10日	广西壮族自治区发展改革委	《广西壮族自治区加快推进既有陆上风电、光伏发电项目及配套设施建设方案》(桂发改新能规〔2022〕229号)	积极开展以集中共享式电化学储能为重点的新型储能示范应用,鼓励多种方式建设共享储能设施,鼓励电网企业及有实力的新能源投资企业在系统需要的区域建设集中共享储能设施
7	2022年7月20日	青海省发展改革委	《青海省"十四五"能源发展规划2022年度实施方案》(青发改能源〔2022〕519号)	探索开展共享储能建设模式,研究制定新型储能电站规划布局方案,开工建设吉瓦级源网共建共享储能示范项目
8	2022年8月8日	江苏省发展改革委	《江苏省"十四五"新型储能发展实施方案》(苏发改能源发〔2022〕831号)	鼓励新能源电站以自建、租用或购买等形式配置储能,发挥储能"一站多用"的共享作用。积极支持各类主体开展共享储能、云储能等创新商业模式的应用示范。新能源发电企业与储能企业签订租赁协议,由新能源发电企业按年度支付储能租赁费用,储能企业按照容量提供调峰服务,鼓励签订长期协议或合同
9	2022年8月18日	安徽省能源局	《安徽省新型储能发展规划(2022—2025年)》(皖能源新能〔2022〕60号)	探索共享模式。积极支持各类主体开展共享储能等创新商业模式的应用示范,营造开放共享的储能生态体系。鼓励有配置储能需求的新能源发电企业就地就近、长期租赁共享独立储能电站

续表

序号	发布时间	发文主体	文件名称	主要内容
10	2022年9月14日	天津市人民政府	《天津市碳达峰实施方案》(津政发〔2022〕18号)	推动新型储能应用,积极发展“可再生能源+储能”、源网荷储一体化和多能互补,支持新能源合理配置储能,鼓励建设集中式共享储能
11	2022年5月20日	河北省发展改革委	《全省电网侧独立储能布局指导方案》《全省电源侧共享储能布局指导方案(暂行)》	按照集约化、共享化原则,通过统筹设计、科学布局,规划到“十四五”末,在全省23个重点县区,新建共享储能电站27个,建设规模约500万千瓦
12	2022年12月13日	山西省能源局	《2023年全省电力市场交易工作方案》(晋能源规〔2022〕2号)	根据实际运行情况,持续优化独立储能、虚拟电厂等新兴市场主体参与现货市场机制。研究出台新型储能共享容量租赁交易机制

三、共享储能的实践发展现状

(一)共享储能的发展现状

2019年4月,全国首个共享储能电站,即鲁能海西州多能互补集成优化国家示范工程储能电站在青海试运营,该市场化模式打破了单个电站独享模式,为共享储能提供了解决方案。① 根据中关村储能产业技术联盟统计,截至2022年,为贯彻落实《“十四五”新型储能发展实施方案》,陕西、山东、浙江、河北、安徽、湖南、青海、河南等十省市先后布局新型储能示范项目216个,规模合计22.2GW/53.8GWh。在这些已发布的储能示范项目中,以独立储能或集中共享储能项目为主,功率规模占比高达92%,百兆瓦级以上项目达148个,总规模达

① 参见北极星风力发电网讯:《让储能从独享到共享 青海“共享储能”市场化之路》,载全国能源信息平台2021年2月22日,https://baijiahao.baidu.com/s?id=1692362493008513360&wfr=spider&for=pc。

20.0GW/47.4GWh。[①]

根据相关统计,仅2022年并网投运的共享储能电站38座,总规模达3GW/6GWh,启动施工建设和EPC/设备招标的共享储能电站109座,总规模达16.5GW/35GWh。[②] 截至2023年1月,共有84个共享储能项目已经通过备案或公示,主要分布在内蒙古、湖北、山西、宁夏、甘肃等9个省区,项目总规模超1200KW/2400KWh。[③]

(二)共享储能的商业模式

不同于新能源强制配储模式,除了容量租赁之外,共享储能电站能够以独立主体身份直接与电网经营企业签订并网调度协议,纳入电力并网运行及辅助服务管理。纵观实践发展现状,共享储能的商业模式目前主要分为以下四类(见表3):

表3 共享储能的商业模式

序号	模式内容	法律依据	备注
模式一	通过向新能源电站提供储能容量租赁获取租赁收益	国家发展改革委、能源局2021年7月29日发布的《关于鼓励可再生能源发电企业自建或购买调峰能力增加并网规模的通知》,确定了新能源电站可以通过租赁的模式租用独立储能电站的容量	目前租赁费用没有明确的官方标准,容量租赁为大多共享储能电站目前最稳定和主要的收入来源 部分省份认可储能容量租赁代替配建储能容量:例如山东省《关于开展储能示范应用的实施意见》、河南省《关于加快推动河南省储能设施建设的指导意见》等文件明确指出:鼓励风电、光伏发电项目优先租赁共享储能设施,储能容量租赁视同配建储能容量
模式二	通过参与调峰辅助服务获得补偿	国家能源局2021年12月21日发布的《电力系统辅助服务管理办法》指出"新型储能可参与辅助服务市场获取收益"	共享储能可作为市场主体参与调峰等辅助服务,调峰交易是指储能电站按照电力调度机构的指令,通过在低谷或弃风、弃光、弃水时段吸收电力,在其他时段释放电力,从而提供调峰服务的交易

① 中关村储能产业技术联盟:《2022储能产业盘点:截至2022年底电力储能项目累计装机59.4GW同比增长37%》,载储能世界网2023年1月16日,http://www.360estorage.com/68067.html。

② 抨珩:《2022储能盘点/独立式储能周年考》,载微信公众号"储能与电力市场"2023年1月12日,https://mp.weixin.qq.com/s/STQRStEw_PWg4UypgXcrZQ。

③ 韩逸飞:《共享储能遍地开花》,载中国化学与物理电源行业协会网2023年1月27日,http://cesa.escn.com.cn/news/show-1539868.html。

续表

序号	模式内容	法律依据	备　注
			目前南方区域电网各省市、青海、湖南、宁夏等多个区域市场都出台了独立储能电站调峰补偿规则。例如《青海电力辅助服务市场运营规则(试行)》《南方区域新型储能并网运行及辅助服务管理实施细则》
模式三	通过参与电力现货市场交易实现峰谷价差盈利	国家发展改革委办公厅、国家能源局综合司2022年5月24日发布的《关于进一步推动新型储能参与电力市场和调度运用的通知》指出"独立储能电站向电网送电的,其相应充电电量不承担输配电价和政府性基金及附加"	在电力现货市场中,储能电站充电时为市场用户,从电力现货市场直接购电,放电时为发电企业,在电力现货市场直接售电,储能电站作为独立市场主体可赚取发电侧峰谷电价差 山东是首个独立储能进入电力现货市场的省份,根据《山东省电力现货市场交易规则(试行)(2022年试行版V1.0)》的规定,调频辅助服务市场与现货市场分开运行,独立储能电站可以自主选择参与调频市场或者电能量市场。在电能量市场中,储能电站"报量不报价",在满足电网安全稳定运行和新能源消纳的条件下优先出清。在调频市场,储能电站须与发电机组同台竞价
模式四	容量补偿	国家能源局综合司2022年11月22日发布的《电力现货市场基本规则(征求意见稿)》指出"各地要按照国家总体部署,结合实际需要探索建立市场化容量补偿机制,用于激励各类电源投资建设、保障系统发电容量充裕度、调节能力和运行安全"	根据山东省人民政府《2022年"稳中求进"高质量发展政策清单(第四批)的通知》的规定,坚持新型储能市场化发展方向,推动独立储能示范项目积极参与电力现货交易,暂按电力市场规则中独立储能月度可用容量补偿的2倍标准执行 根据内蒙古自治区政府办公厅发布的《内蒙古自治区支持新型储能发展的若干政策(2022—2025年)》的规定,建立市场化补偿机制,纳入自治区示范项目的独立新型储能电站享受容量补偿,补偿上限为0.35元/千瓦时,补偿期不超过10年。容量补偿费用按放电量计算,根据实际调用电量,由未提供有偿调峰服务的市场主体分摊,如有容量市场相关政策出台,按新政策执行

四、共享储能建设运行的合规要点

依据《新型储能项目管理规范(暂行)》、国家能源局综合司《关于加强电化学储能电站安全管理的通知》、《电力业务许可证管理规定》等相关规定，我们认为共享储能的备案管理、项目建设、并网接入、调度运行需要满足以下基本要求(见表4)：

表4　共享储能建设运行的基本要求

项　目	法律依据	相关规定
备案管理	《新型储能项目管理规范(暂行)》第8条、第9条、第11条	共享储能电站的投资方应当向地方能源主管部门进行备案。 备案的内容包括项目单位基本情况、项目名称、建设地点、建设规模、建设内容(含技术路线、应用场景、主要功能、技术标准、环保安全等)、项目总投资额，项目符合产业政策声明等 已备案的新型储能项目，项目法人发生变化，项目建设地点、规模、内容发生重大变更，或者放弃项目建设的，项目单位应及时告知项目备案机关，并修改相关信息
项目建设	《新型储能项目管理规范(暂行)》第12—14条， 国家能源局综合司《关于加强电化学储能电站安全管理的通知》第4条、第7条、第8条	项目建设应符合相关管理规定和标准规范要求，承担项目设计、咨询、施工和监理的单位应具有国家规定的相应资质 共享储能电站的建设应符合城市规划，并办理建设用地规划许可证、建设工程规划许可证和施工许可证 主要设备应满足相关标准规范要求，通过具有相应资质机构的检测认证，涉网设备应符合电网安全运行相关技术要求 相关单位应按照有关法律法规和技术规范要求，严格履行项目安全、消防、环保等管理程序，落实安全责任。电站投产前，要组织开展工程竣工验收，应当按照国家相关规定办理工程质量监督手续，通过电站消防验收
并网接入	《电力业务许可证管理规定》第7条， 《新型储能项目管理规范(暂行)》第17条、第18条，国家能源局综合司	电网企业应公平无歧视为新型储能项目提供电网接入服务。电网企业应按照积极服务、简捷高效的原则，建立和完善新型储能项目接网程序，向已经备案的新型储能项目提供接网服务 共享储能项目在并网调试前，应按照国家质量、环境、消防有关规定，完成相关手续。电网企业应按有关标准和

续表

项　目	法律依据	相关规定
	《关于加强电化学储能电站安全管理的通知》第10条	规范要求，明确并网调试和验收流程，积极配合开展共享储能电站项目的并网调试和验收工作 共享储能若参与调峰辅助服务、电力现货市场交易，应当按要求办理电力业务许可证（发电类）[1] 共享储能并网时，需要与电网企业签订并网调度协议，并网调度协议应明确电站安全调度区间，并严格执行。并网调度协议的主要内容可参考国家能源局、国家市场监督管理总局于2021年12月28日印发的《电化学储能电站并网调度协议示范文本（试行）》
调度运行	《新型储能项目管理规范（暂行）》第20条、第21条	共享储能项目单位应按照相关标准和规范要求，配备必要的通信信息系统，按程序向电网调度部门上传运行信息、接受调度指令 项目单位应做好共享储能项目运行状态监测工作，实时监控储能系统运行工况，在项目达到设计寿命或安全运行状况不满足相关技术要求时，应及时组织论证评估和整改工作。经整改后仍不满足相关要求的，项目单位应及时采取项目退役措施，并及时报告原备案机关及其他相关单位

[1] 参见福建省国资委：《晋江储能电站获福建省首张独立储能电站发电业务许可证》，载国务院国有资产监督管理委员会2020年5月15日，http://www.sasac.gov.cn/n2588025/n2588129/c14599516/content.html。

五、结语

在“双碳目标”推进和新型电力系统建设的背景下，“新能源+储能”已经成为我国新能源行业发展不可逆的趋势，而新能源配置储能的模式一直在不断探索和完善。作为新型储能的一种创新型商业模式，共享储能因其优势多元、模式共赢，越来越多地得到市场认可。本文在此尝试就共享储能相关法律问题抛砖引玉，提出一得之见，以期为业内人士提供参考和指引。

风电、光伏项目发电量损失索赔的若干焦点问题

郝 利* 王 威

* 作者简介：
郝利，中伦律师事务所杭州办公室公司业务部合伙人，电邮为：haoli@ zhonglun. com。

风电、光伏等新能源项目的发电收益是支撑项目价值的重要基础，而发电收益又与项目开发、建设、运营等各方面息息相关，故任何阶段的合规问题和技术问题都可能对项目本身的发电收益产生重大不利影响。所以，一旦风电或光伏项目的相关主体发生争议，就很可能会涉及发电量损失索赔，而且索赔金额通常较高。同时，由于发电量损失索赔不仅涉及法律分析，还可能涉及技术问题，具有较高的专业性，故司法实践中对于发电量损失索赔的认定也较为复杂。基于此，本文将对风电、光伏等新能源项目发电量损失索赔的高发场景进行梳理，并就索赔相关的难点、要点进行分析和总结，以供相关人士参考。

一、发电量损失索赔可以发生在风电、光伏项目“投建营”的各个阶段

对于风电、光伏等新能源项目，其开发、建设、交易、运营等各个阶段都可能出现发电量损失索赔争议。而且，一旦涉及发电量损失索赔，由于项目运营期限较久（通常为20—25年），发电预期收益较高，甚至还可能涉及政府补贴等因素，往往索赔数额都比较大，极易给相关主体造成重大损失。一般而言，发电量损失索赔常常出现在以下场景：

1. 在工程或采购合同中，由于项目并网延误、组件或风机等各类设备达不到质量要求，或不满足系统效率、发电量承诺等导致的发电量损失索赔。

例如，山东省高级人民法院（2020）鲁民申11420号案中，案涉施工合同约定施工单位收到预付款并接到可安装通知后4个月内应当将4MW光伏系统安装完毕且并网，但因施工单位的逾期交工，导致项目公司丧失享受发电项目补贴的机会，故对于合同履行后可以获得的发电量损失，人民法院予以支持，判决被告赔偿860.1279万元。

2. 在项目并购交易中，由于不满足合同承诺要求，比如未达成发电量担保约定，或者各种未披露的项目合规问题导致电价被核减或补贴被取消等引发的发电量损失索赔。

例如，江苏省常州市中级人民法院（2020）苏04民终4687号合同纠纷案中，由于项目发电量未达到合同的承诺指标，故股权受让方提起索赔并获得法院支持，相对方需给付担保电量收益补偿款1500余万元。

3. 在电站运营中，比较典型的是屋顶分布式光伏项目，由于用电方未达到用

电量需求，或者屋顶业主变动、拆除光伏项目等导致的发电量损失索赔。

例如，河南省开封市龙亭区人民法院(2021)豫0202民初605号案中，法院即认定屋顶业主古城公司在项目改造中拆除了案涉光伏发电设备，从而导致光伏发电项目无法继续运营，故结合光伏发电站功率质保年限及案涉光伏发电站已运营近五年的情况，最终酌定古城公司赔偿原告70%的投资损失。

二、合同有效和主体适格是发电量损失索赔的前提与基础

《民法典》第584条规定："当事人一方不履行合同义务或者履行合同义务不符合约定，造成对方损失的，损失赔偿额应当相当于因违约所造成的损失，包括合同履行后可以获得的利益；但是，不得超过违约一方订立合同时预见到或者应当预见到的因违约可能造成的损失。"因此，从性质上而言，发电量损失属于可得利益，若当事人能够证明实际遭受了相关损失，则其可以被纳入赔偿范畴，而且司法实践中也不乏支持发电量损失索赔的案例。需要指出的是，在法律收益索赔过程中，合同效力和索赔主体的问题需要特别关注。

其一，发电量损失索赔的一个重要前提是双方签署的合同合法有效。若合同无效，则合同中的相关约定将无法适用，违约方承担的责任也可能由违约责任转化为缔约过失责任，故司法实践中存在诸多案例认定此时的赔偿范围将不再包括"可得利益损失"，例如甘肃省高级人民法院在(2019)甘民终622号案中即以此为由驳回了发电量损失索赔。因此，项目业主、总包方应格外注意合同的有效性，避免合同因未依法招标或违法转分包等原因而无效。

其二，发电量损失索赔需坚持合同相对性和损失填平原则，故索赔一方必须是权利主体，且损失已实际发生。据此，只有项目业主才是遭受发电收益损失的主体，总包方或其他施工单位均不是发电收益的直接权利人，故其无权直接向下游供应商、分包方等主体提出发电量损失索赔。对此，最高人民法院在(2021)最高法民终738号案中即采用了前述裁判观点，未认可施工单位的发电量损失索赔。不过，若总包方或其他施工单位已实际向项目业主赔付相关发电量损失的，则相关发电量损失将转化为其实际损失，此时总包方便可以基于采购合同、分包合同等协议向其相对方主张索赔。但此种情形下，人民法院为了防止项目业主与总包方或其他主体恶意串通而损害第三方利益，往往会就赔偿的合理性进行一定

程度的审查，比如赔偿数额是否经过鉴定、是否经过司法确认等。并且，还可能涉及发电收益损失原因、采购或分包合同条款等事项的分析，若上下游合同约定存在差异，或损失系多方原因导致的，则总包方可能无法全额获得赔偿，甚至无法获得支持。

三、证明“可预期性”和“因果关系”是发电量损失索赔的关键

（一）“可预期性”的司法裁判思路

对于发电量损失等可得利益，《民法典》第 584 条虽然肯定其作为索赔的客体，但同时也明确规定其赔偿范围“不得超过违约一方订立合同时预见到或者应当预见到的因违约可能造成的损失”。因此，人民法院在审理涉及发电量损失索赔的案件时将重点对“可预期性”进行审查，即相关可得利益无论是从性质和数额，还是从获得的可能性方面，是否都具有确定性。

1.“可预期性”最直接的证据仍是合同约定

在进行发电量损失索赔时，应重点关注合同中是否存在明确的“发电收益保证”或类似条款。若存在此类条款的，则索赔成功的概率将大幅增加。发电收益保证条款既可以直接约定每年的发电量、电费收益等，也可以约定项目的年利用小时数、系统效率、衰减率等，并且还可以在前述基础上进一步细化为某一期限内的平均指标、或逐年递减的具体数额等。一旦合同中存在前述明确约定，则无论是在工程合同、采购合同，还是股权交易合同中，只要权利人可以证明发电收益保证条款能够适用，且相对方存在违约情形的，则较大概率能够索赔成功。

例如，山东省聊城市中级人民法院（2017）鲁 15 民初 167 号建设工程施工合同纠纷案中，被告曾向原告承诺本案光伏电站“25 年内年平均发电量不低于 2400 万 kW·h”，最终人民法院对于发电收益保证条款予以确认，同时结合《光伏制造行业规范条件》推算本案所涉光伏电站的首年发电量应不低于 2680 万 kW·h，继而据此计算相关损失，并判决被告赔偿因工程逾期、发电量不达标等造成的经济损失合计 7000 万元。

2. 可研报告等相关资料也可以作为“可预期性”的佐证

若不存在明确约定的，则需要从相关文件中寻求佐证，此时能否索赔成功将具有一定的不确定性。通常而言，权利人可以从以下方面进行准备：

（1）可以将《可行性研究报告》中的预计发电量与工程实际发电量进行比较，并以此计算相关损失。例如最高人民法院（2014）民二终字第71号买卖合同纠纷案、江苏省盐城中级人民法院（2021）苏09民终319号建设工程施工合同纠纷案等，均对于《可行性研究报告》的数据予以确认，并据此酌定相关发电量损失数额。

（2）可以考虑结合购售电合同、项目运营期发电量表等资料进行证明，例如在山东省高级人民法院（2020）鲁民申11420号建设工程纠纷案中，人民法院即认定项目公司与国网公司签订的用电合同中关于5年发电时间的约定，对于施工单位具有确定性和可期待性；并且，项目运营期发电量表已在相关部门备案，施工单位亦认可该电量表系作为其与业主谈判使用的初步意见，故项目公司主张"以项目运营期发电量表所载的5年发电量作为计算损失赔偿数额的依据，具有合理性和可期待性"。

（3）可以考虑提供具有资质的第三方专业机构出具的鉴定报告，假若庭审中双方不存在其他证据的，则人民法院可以直接适用该鉴定报告的相关结论，尤其在鉴定机构较为权威的情况下，人民法院予以适用的可能性将会更大，例如河南省郑州市中级人民法院在（2020）豫01民终10400号建设工程纠纷案中即采纳了鉴定机构对于发电收益的计算方式。

3. 股权交易的"兜底条款"难以全面支撑发电量损失索赔

虽然存在前述成功索赔发电量损失的案例，但需要注意的是，在合同不存在明确约定的情况下，人民法院往往会酌定相关损失数额，权利人可能无法全额获得发电量损失赔偿。尤其对于股权交易合同而言，若因转让方已披露的事项导致发电量损失，且双方又未针对发电量损失赔偿作出明确约定的，则即便存在相关兜底条款，也很可能无法据此主张赔偿。

例如，北京市第一中级人民法院在（2018）京01民终5540号案中即认定"《股权转让合同》中上述关于年均发电量的表述并非保证性承诺，且其与2199号批复陈述一致，该陈述有相应文件依据。……在签订《股权转让合同》之前受让方应当查阅2199号批复，如其未实际查阅应当承担相应不利后果"。

因此，在相关主体涉及风电、光伏项目的并购交易时，应尽量明确转让方的发电量损失赔偿义务，避免采用兜底的、模糊的表述，否则将极大增加后续索赔的难度。

（二）"因果关系"的司法裁判思路

1. 鉴定报告可以作为因果关系的有力证据

对于因果关系而言，针对不同类型的索赔，权利人的举证程度一般也存在不同。若发电量损失索赔系基于承包人迟延并网，则权利人通常只需要提供初步证据即可，比如并网验收的时间、国家电价政策等。若发电量损失索赔系基于质量问题，则权利人的举证要求会相对较高，其需要初步证明存在质量问题，且该质量问题与相对方有关。

实践中，针对因果关系最为直接的证据主要是相对方在有关会议纪要、往来文件等书面材料中的陈述。若不存在前述资料的，则司法实践中最常见的证据即为鉴定报告，相关报告既可以由权利人起诉时委托具有资质的第三方权威机构完成，也可以由权利人在诉讼中申请司法鉴定完成。但需注意的是，对于权利人自行单方编制的报告，人民法院的认可度往往较低，例如青海省海南藏族自治州中级人民法院在（2021）青25民终196号建设工程纠纷案中即未采纳原告单方编制和计算的结果。

2. 被索赔方对于因果关系的抗辩路径较多

若权利人能够初步证明存在因果关系的，则遭受索赔的一方需要就其不应承担赔偿责任进行举证。实践中，被索赔一方的抗辩可能表现为以下几类：

其一，基于合同约定的抗辩，如项目业主已经签发验收单，或验收期间、质保期限已经届满等，例如嘉兴市中级人民法院（2022）浙04民终2308号案即认定合同约定的验收要求已经满足，且相关期限均已届满。

其二，由于风电、光伏项目发电量可能受到政策、天气等多方因素的影响，故也可以考虑以政策限电、气候变化、不可抗力等为由进行抗辩。例如，江苏省常州市中级人民法院在（2019）苏04民初39号案中计算发电量损失时，便排除了限电因素所导致相关电量。

其三，可以考虑主张损失系第三方原因所致。对于承包人而言，常见的抗辩理由如相关组件系业主指定分包，其仅承担建安工作，故免于就设备问题承担发电量损失赔偿责任。对于供应商而言，还可以就设备安装、储存、运输等各类事项进行抗辩，主张相关损失系业主安装、储存、运输不当所致等。

其四，可以考虑主张系权利人自身原因或其未及时采取合理措施而直接导致损失或致使损失扩大，例如在湖南省高级人民法院(2017)湘民终154号施工合同纠纷案中，人民法院即认定“新阳公司在合同解除后如采取足够必要的措施，参照原合同约定是可以在三个月内完成12MW工程项目施工的，因此，即使新阳公司所主张的发电量损失客观存在，这也属于扩大损失，应由其自行承担。故一审对该部分损失不予支持并无不妥”。

四、结语

风电、光伏等新能源项目的发电量损失索赔与诸多因素有关，合同效力、条款约定、项目合规性、资料完整性、当事人举证及答辩思路和证据的翔实度等都可能直接影响发电量损失索赔的成败。因此，本文对新能源领域的相关从业人员建议，应在项目开发建设或股权交易之初便未雨绸缪，高度关注后续可能产生的发电量损失索赔争议，提前采取相关措施予以防控，避免遭受损失。遇到相关争议时，更应第一时间聘请专业的律师提供服务，以实现最大的合理收益。

(张翔对本文亦有贡献)

从典型生态影响类环境公益诉讼案看清洁能源项目的环境合规

孙怀宁* 杨关峰

* 作者简介：

孙怀宁，中伦律师事务所南京办公室合规与政府监管部合伙人，电邮为：sunhuaining@zhonglun.com。

近年来,生态影响类环境公益诉讼案例频发,水电、风电等清洁能源项目对自然保护区、野生动植物、水土保持等生态环境方面的影响成为公益诉讼的热点之一。该类诉讼的结果往往事关清洁能源项目的成败。本文选取“绿孔雀案”“长岛候鸟案”“黄羊案”“五小叶槭案”等典型案件,分析其反映出的生态保护红线环境合规、野生动植物环境合规、水土保持环境合规三个方面的清洁能源项目环境合规主要风险,并对此提出合规建议,以供相关从业人员参考。

一、公益诉讼案对清洁能源项目的主要影响

(一)因停止建设、拆除设施对企业造成的经济损失

在“绿孔雀案”中,2017 年 3 月,环保社会组织“野性中国”在云南恐龙河自然保护区附近进行野外调查时发现绿孔雀的栖息地恰好位于正在建设的红河(元江)干流某水电站的淹没区。自然之友提起环境民事公益诉讼,要求甲公司和乙公司共同消除某水电站建设对绿孔雀、苏铁等珍稀濒危野生动植物以及热带季雨林和热带雨林侵害的危险,立即停止该水电站建设,不得截流蓄水,不得对该水电站淹没区域植被进行砍伐等。昆明中级人民法院作出一审判决:甲公司立即停止基于现有环境影响评价下的“某水电站建设”项目,不得截流蓄水,不得对该水电站淹没区内植被进行砍伐。二审维持一审判决。

在“长岛候鸟案”中,丙公司在位于砣矶镇南岭、北岭至双顶山的自然保护区核心区共建有 7 台风电机组。中华环境保护基金会于 2016 年 4 月向烟台中级人民法院提起环境民事公益诉讼,要求丙公司拆除机组并承担环境修复责任。烟台中级人民法院受理案件后,组织双方当事人进行了多次调解、协商,促使双方最终达成调解:丙公司拆除涉案 7 台风机及配套设施;丙公司承担生态环境修复义务,由长岛保护区管理局对其修复过程进行监管,如果丙公司未按时将生态环境修复到损害发生之前状态,则由管理局负责实施修复行为,费用由丙公司承担。

“绿孔雀案”的停止建设判决,直接导致甲乙公司需要进行环境影响后评价,重新审视该水电项目的环境合法合规性,轻则降低最高蓄水位减少发电量,重则直接导致前期建设投资付诸东流。

“长岛候鸟案”的拆除风机设施判决,直接导致丙公司的 7 台风机及配套设施的安装费付之一炬,若无法重新选取合适地址,则丙公司的风电项目无法达到规

划时的发电量，造成经济利润和相关补贴的损失，严重的可能导致整个风电项目化为泡影。

（二）因赔礼道歉对企业造成的声誉损失

在“黄羊案”中，丁公司的风电项目及风电送出线路项目位于麦垛山黄羊栖息地，未批先建、大肆开挖麦垛山，对当地生态环境和国家二级保护动物黄羊的生存环境造成难以逆转的损害。北京市昌平区多元智能环境研究所于2020年9月提起环境民事公益诉讼，要求丁公司停止风电项目建设，在全国主流媒体向社会公众赔礼道歉。截至2023年5月，该案件正在审理当中。

若丁公司的违法行为属实，且被法院判决赔礼道歉的，则丁公司需要在全国主流媒体发表声明向社会公众赔礼道歉，既影响丁公司的企业形象、社会声誉，又可能影响相关上市公司的股价以及后续其他清洁能源项目的建设。

二、清洁能源项目的生态保护红线环境合规

（一）生态保护红线

生态保护红线，是指在生态空间范围内具有特殊重要生态功能、必须强制性严格保护的区域，是保障和维护国家生态安全的底线和生命线。中共中央办公厅、国务院办公厅印发《关于划定并严守生态保护红线的若干意见》（2017年）明确规定：“生态保护红线原则上按禁止开发区域的要求进行管理。严禁不符合主体功能定位的各类开发活动，严禁任意改变用途。”

而与生态保护红线相联系的生态空间是指具有自然属性、以提供生态服务或生态产品为主体功能的国土空间，包括森林、草原、湿地、河流、湖泊、滩涂、岸线、海洋、荒地、荒漠、戈壁、冰川、高山冻原、无居民海岛等。与生态保护红线禁止开发的原则不同，以江苏省为例，生态空间管控区域是以生态保护为重点，原则上不得开展有损主导生态功能的开发建设活动。在一定程度上可以开发符合生态空间管控区域功能规划且没有被禁止的建设活动。

因水电、风电项目经常涉及自然保护区、风景名胜区、湿地、森林公园等生态保护红线或生态空间管控区域，若其选址位于禁止开发区域，即便环境影响报告书、报告表获生态环境主管部门审批通过，也可能因涉嫌违反《建设项目环境影响报告书（表）编制监督管理办法》第27条第7项、《环境影响评价法》第32条的规

定，即建设项目环评文件弄虚作假、存在严重质量问题，面临环评文件被撤销的风险。

（二）自然保护区

《自然保护区条例》将自然保护区分为核心区、缓冲区和实验区，禁止任何单位和个人进入核心区，在缓冲区只能进入从事科学研究观测活动，在实验区可以进入从事科学试验、教学实习、参观考察、旅游以及驯化、繁殖珍稀、濒危野生动植物等活动，不得建设污染环境、破坏资源或者景观的生产设施。而2020年出台的自然资源部国家林业和草原局《关于做好自然保护区范围及功能分区优化调整前期有关工作的函》（自然资函〔2020〕71号）为科学界定自然保护区范围，优化功能分区，将自然保护区原核心区和原缓冲区转为核心保护区，将原实验区转为一般控制区。

若清洁能源项目在自然保护区范围内非法开发建设的，不仅面临被自然保护区行政主管部门依据《自然保护区条例》第35条的规定予以行政处罚，情节严重的，还面临承担《刑法》第342条之一的刑事责任。即使清洁能源项目不在自然保护区范围内开发建设，但周围存在自然保护区等环境保护目标，而环评文件遗漏自然保护区等环境保护目标，也属于环评文件严重质量问题。

（三）饮用水水源保护区

《水污染防治法》将饮用水水源保护区分为一级保护区、二级保护区和准保护区。禁止在饮用水水源一级保护区内新建、改建、扩建与供水设施和保护水源无关的建设项目，禁止在饮用水水源二级保护区内新建、改建、扩建排放污染物的建设项目，禁止在饮用水水源准保护区内新建、扩建对水体污染严重的建设项目。

若清洁能源项目在饮用水水源保护区一级保护区和二级保护区非法开发建设的，则面临被处以罚款和责令拆除或关闭的行政处罚。

（四）重大变动问题

在建设项目竣工验收前，建设项目的性质、规模、地点、生产工艺和环境保护措施五个因素中的一项或一项以上发生重大变动的，应当重新报批环评文件。在建设项目竣工验收后，建设项目发生重大变动的，应当依法履行新项目的环评审批手续。若没有履行重新报批或者新项目报批环评手续而擅自开工建设的，则均构成“未批先建”违法行为。

对于“重大变动”的认定问题，原环境保护部于2015年出台的《水电建设项目重大变动清单（试行）》规定：“……4. 坝址重新选址，或坝轴线调整导致新增重大生态保护目标。6. 施工方案发生变化直接涉及自然保护区、风景名胜区、集中饮用水水源保护区等环境敏感区。7. 枢纽布置取消生态流量下泄保障设施、过鱼措施、分层取水水温减缓措施等主要环保措施。”江苏省生态环境厅于2021年出台的《生态影响类建设项目重大变动清单》规定：“……9. 工艺施工、运营方案发生变化，导致对自然保护区、风景名胜区、一级和二级饮用水水源保护区等环境敏感区的不利环境影响或者环境风险明显增加。”上述规定均是对生态影响类重大变动情形的定量化，也在一定程度上反映出政府对水电等清洁能源建设项目对生态影响的重视。

（五）环境合规风险应对

生态保护红线其实是一个大概念，不仅包括上述自然保护区、饮用水水源保护区，还包括风景名胜区、森林公园、地质遗迹保护区、湿地等区域；生态保护红线也是企业环境合规的重点关注环节。而为避免清洁能源项目违反生态保护红线相关规定，企业应当在选址前重点审查当地规划以及规划环评文件。在云南省某水电站环境公益诉讼案中，原告认为该水电站违反生态环境部相关审查意见，亦即违反规划环评的审查意见，而规划环评的审查意见是规划审批决策的重要依据，也是建设项目环境影响评价的重要依据。若清洁能源项目的环评文件不符合规划环评结论和审查意见的，则无法通过环评审批，即使通过审批该环评文件也因存在严重质量问题，面临被撤销的风险。

若清洁能源项目涉及生态保护红线、自然保护区等，企业在无法调整清洁能源项目选址的前提下，可以尝试依据《关于划定并严守生态保护红线的若干意见》第3条第9项规定：“生态保护红线划定后，只能增加、不能减少，因国家重大基础设施、重大民生保障项目建设等需要调整的，由省级政府组织论证，提出调整方案，经原环境保护部、国家发展改革委会同有关部门提出审核意见后，报国务院批准。”和《自然保护区条例》第15条规定：“自然保护区的撤销及其性质、范围、界线的调整或者改变，应当经原批准建立自然保护区的人民政府批准。”向当地生态环境主管部门、自然保护区主管部门申请调整生态保护红线划定范围、自然保护区范围。

三、清洁能源项目的野生动植物环境合规

(一)野生动物保护

《野生动物保护法》将国家重点保护的野生动物分为一级保护野生动物和二级保护野生动物。机场、铁路、公路、水利水电、围堰、围填海等建设项目的选址选线,应当避让自然保护地以及其他野生动物重要栖息地、迁徙洄游通道;确实无法避让的,应当采取修建野生动物通道、过鱼设施等措施,消除或者减少对野生动物的不利影响。建设项目可能对自然保护地以及其他野生动物重要栖息地、迁徙洄游通道产生影响的,环境影响评价文件的审批部门在审批环境影响评价文件时,涉及国家重点保护野生动物的,应当征求国务院野生动物保护主管部门意见;涉及地方重点保护野生动物的,应当征求省、自治区、直辖市人民政府野生动物保护主管部门意见。

若清洁能源项目可能对野生动物迁徙洄游通道产生影响的,但是环评文件遗漏野生动物这一重要生态敏感目标,该环评文件可能被认定为存在严重质量问题。

(二)野生植物保护

《野生植物保护条例》将国家重点保护野生植物分为国家一级保护野生植物和国家二级保护野生植物。建设项目对国家重点保护野生植物和地方重点保护野生植物的生长环境产生不利影响的,建设单位提交的环境影响报告书中必须对此作出评价;环境保护部门在审批环境影响报告书时,应当征求野生植物行政主管部门的意见。

若清洁能源项目可能对野生植物的生长环境产生不利影响的,但是环评文件遗漏野生植物这一重要生态敏感目标,该环评文件可能被认定为存在严重质量问题。

(三)重大风险问题

针对清洁能源项目环评文件遗漏野生动植物环境保护目标问题,除涉及环评弄虚作假行政处罚之外,还可能涉及环境民事公益诉讼的“重大风险”问题。

根据最高人民法院《关于审理环境民事公益诉讼案件适用法律若干问题的解释》第 1 条的规定,社会公益组织有权对已经损害社会公共利益或者具有损害社

会公共利益重大风险的污染环境、破坏生态的行为提起诉讼，其中“具有损害社会公共利益重大风险”这一新型“预防性公益诉讼”案件也逐渐出现，清洁能源项目的环境合规能起到非常重要的前期排雷作用。

在“五小叶槭案”中，法院认为，环境保护是我国的基本国策，并且环境保护应当坚持保护优先、预防为主的原则。预防原则要求在环境资源利用行为实施之前和实施之中，采取政治、法律、经济和行政等手段，防止环境利用行为导致环境污染或者生态破坏现象发生。它包括两层含义：一是运用已有的知识和经验，对开发和利用环境行为带来的可能的环境危害采取措施以避免危害的发生；二是在科学技术水平不确实的条件下，基于现实的科学知识评价风险，即对开发和利用环境的行为可能带来的尚未明确或者无法具体确定的环境危害进行事前预测、分析和评价，以促使开发决策避免可能造成的环境危害及其风险。鉴于五小叶槭在生物多样性红色名录中的等级及案涉某电站建成后可能存在对案涉地五小叶槭原生存环境造成破坏、影响其生存的潜在风险，从而可能损害社会公共利益。根据我国水电项目核准流程的规定，水电项目分为项目规划、项目预可研、项目可研、项目核准四个阶段，考虑到案涉某电站现处在项目预可研阶段，因此责令被告在项目可研阶段，加强对案涉五小叶槭的环境影响评价并履行法定审批手续后才能进行下一步的工作，尽可能避免出现危及野生五小叶槭生存的风险是必要和合理的。①

（四）野生动植物环境合规风险应对

在“绿孔雀案”中，法院也认为，某水电站淹没区对绿孔雀栖息地及热带雨林整体生态系统存在重大风险，在生态环境部已要求建设方开展环境影响后评价的基础上，某水电站是否应永久停建，应由行政主管机关根据环境影响后评价等情况依法作出决定，原审判决并无不当，应予维持。

因此，清洁能源项目在涉及野生动植物时，应当挑选优质的环评编制单位编制环境影响评价文件，并组织专家论证、文献查找、彻底摸排周边生态环境，与当地生态环境主管部门、林业主管部门等沟通咨询，编制《生态环境影响专项报告》，主要内容可以包括：陆生生态环境现状调查与评价、水生生态环境现状调查与评价、土地利用现状调查与评价、生态环境保护目标（重要野生动植物等）、生态环境

---

① 参见四川省甘孜藏族自治州中级人民法院民事判决书，（2015）甘民初字第45号。

总体质量及主要的生态环境问题、生态环境影响分析、生态环境影响保护措施等内容。以期最大限度地避免遗漏对野生动植物等生物资源的环境影响评价。

四、清洁能源项目的水土保持环境合规

（一）水土保持环境合规

水土保持设施的“三同时”与环境保护设施的“三同时”相类似。在山区、丘陵区、风沙区以及水土保持规划确定的容易发生水土流失的其他区域开办可能造成水土流失的生产建设项目，生产建设单位应当编制水土保持方案，报县级以上人民政府水行政主管部门审批，并按照经批准的水土保持方案，采取水土流失预防和治理措施，未经审批的不得开工建设。并且生产建设项目竣工验收时，应当验收水土保持设施，水土保持设施未经验收或者验收不合格的，生产建设项目不得投产使用。

开办生产建设项目或者从事其他生产建设活动造成水土流失的，应当进行治理。生产建设活动结束后，应当及时在取土场、开挖面和存放地的裸露土地上植树种草、恢复植被，对闭库的尾矿库进行复垦，亦即所谓的“复土绿化”。

（二）水土保持环境合规风险应对

在贵州省青年法学会与某风力发电公司生态破坏公益诉讼案中，某风电场占地面积约 24 平方公里，安装 24 台风机。该工程项目所在地属贵州省生态功能区划中喀斯特脆弱生态区，以及国家级水土流失重点治理区。虽然案涉项目已经通过水土保持设施竣工验收，但是《水土保持监测报告表》载明新增 1000 余吨水土流失量，已经对生态环境造成影响。最终，在法院调解下，原被告双方达成由建设单位按照第三方制定的修复方案加紧实施水土保持植物措施整改工程，防止发生水土流失、山体滑坡风险的调解协议。

因此，清洁能源项目在涉及水土保持时，应当严格按照规定编制水土保持方案、报批、建设、验收，在建设过程中和验收完成后及时对水土流失进行治理。建设单位还应当与施工单位签订相关协议，要求施工单位严格按照水土保持方案进行施工，尽可能减少水土流失。

从“绿孔雀案”“长岛候鸟案”“黄羊案”“五小叶槭案”等典型生态影响类环境公益诉讼案例频发可以看出，社会公众和社会组织不再仅仅关注超标排放污染

物、偷排污染物等环境影响类案件,对于水电、风电等清洁能源项目对自然保护区、野生动植物、水土保持等生态影响亦会重点关注,从事后的损害型公益诉讼逐步扩展至事前的预防性公益诉讼。其要求企业承担停止侵害、消除危险、赔礼道歉、赔偿损失等责任,往往事关清洁能源项目的生死存亡。为避免清洁能源项目因生态影响类违法事项被行政处罚、被提起公益诉讼,企业应当就清洁能源项目立项—审批—建设—运营—搬迁全流程进行环境合规风险梳理,其中在环评编制完成后开工建设前的阶段介入环境合规最为有效,能最大限度地减少清洁能源项目的损失,起到四两拨千斤之功效。

新能源项目融资租赁的担保问题

夏煜鑫* 张常睿

* 作者简介：

夏煜鑫，中伦律师事务所杭州办公室公司业务部非权益合伙人，电邮为：xiayuxin@zhonglun.com。

新能源项目的开发建设需要大量资金,融资几乎是每一个新能源项目都会面临的重要问题。新能源项目的融资模式主要有银行贷款、融资租赁、资产证券化、房地产信托投资基金以及绿色债券等。因新能源项目具有设备所占比重较高和长期运营的特性,与融资租赁具有天然的匹配性,以及融资租赁相对于银行贷款较易申请的优势,导致实践中新能源项目较多采用融资租赁的融资模式。本文以融资租赁为例,对新能源项目融资租赁中常见的担保措施进行介绍,并对实务中的融资租赁担保合规性审查要点进行梳理和总结。

一、融资租赁担保的方式

(一)信用保证

作为最常见的担保方式,新能源项目融资租赁中,作为出租人的融资租赁机构通常会要求承租人的股东/实际控制人及关联方对承租人在融资租赁合同项下的债务提供信用保证。

信用保证有一般保证和连带责任保证两种,保证方式对于融资租赁机构实现其担保权至关重要,一般保证的保证人享有先诉抗辩权。根据《民法典》第 686 条的规定,当事人在保证合同中对保证方式没有约定或者约定不明确的,按照一般保证承担保证责任,但最高人民法院《关于适用〈中华人民共和国民法典〉有关担保制度的解释》(以下简称《担保制度司法解释》)第 25 条对《民法典》的前述规定进行了限缩解释,当事人在保证合同中约定的内容不具有债务人应当先承担责任的意思表示的,应当认定为连带责任保证。为避免司法实践中对保证方式的理解出现争议,建议融资租赁机构与保证人在保证合同中明确约定保证方式,并尽量约定为连带责任保证。

此外,融资租赁机构与保证人在保证合同中还应约定明确的保证期间。保证期间如没有约定或者约定不明确的,为主债务履行期限届满之日起 6 个月。根据《担保制度司法解释》第 32 条规定,"保证人承担保证责任直至主债务本息还清时为止"等类似内容即视为约定不明,保证期间仅为 6 个月。

(二)资产抵押

虽然融资租赁物的所有权属于融资租赁机构,但新能源项目融资租赁中,融资租赁机构通常会办理融资租赁物的"自物抵押",同时还会要求承租人提供其他可抵押资产进行抵押担保。

“自物抵押”即融资租赁机构要求承租人将融资租赁物抵押给自己，对融资租赁主合同的债权提供担保，目的在于促进融资租赁业务的交易安全，增强融资租赁交易的公示效力，虽然实践中对于“自物抵押”的担保物权效力存在争议，但仍是融资租赁机构限制承租人对租赁物的处分，保障其对租赁物享有所有权的一种有效方式。随着《民法典》《担保制度司法解释》的实施，以及《关于实施动产和权利担保统一登记的决定》等配套制度的跟进，融资租赁所有权保留登记的法律效力得到了明确，未来是否还有必要进行“自物抵押”登记存在争议。由于中国人民银行征信中心动产融资统一登记公示系统①（以下简称动产融资统一登记公示系统）并未设置融资租赁物所有权保留登记与抵押登记只能选其一，故在未出台明确规定的情况下，融资租赁机构仍可从保护自身权利出发，在进行融资租赁所有权保留登记后，视情况选择办理“自物抵押”登记。

除租赁物的“自物抵押”外，融资租赁机构还可以要求承租人或第三方为其融资租赁债权提供其他动产或不动产抵押，如承租人或其关联方以其名下土地、房产或动产设备/原料等资产提供抵押担保。

（三）权利质押

新能源项目融资租赁中，权利质押也是较为常见的担保方式，主要类型为股权质押及电费收益权质押。

股权质押担保方式下，承租人（项目公司）股东将其持有的承租人全部或部分股权质押给融资租赁机构。需要注意的是，股权质押需要与电站资产抵押相区分，对股权质押而言，质押权人有权就质押股权的变卖价款主张优先受偿，或通过以物抵债程序取得项目公司的股权，而项目公司对租赁物以外的电站其他资产享有所有权，可单独就其他资产进行抵押、质押，相关权利人可主张对电站其他资产变卖价款进行优先受偿，故项目公司股权的质押并不能阻却项目公司对抵押资产的处置。因此，实践中融资租赁机构在取得项目公司股权质押权的同时，还要取得电站资产抵押权及电站电费收益权质押权，避免债务人或其他债权人通过处置电站资产和电费收益权造成质押股权价值的减损。

---

① 中国人民银行征信中心动产融资统一登记公示系统，网址：https://www.zhongdengwang.org.cn/。

电费收益权质押，是项目公司将电站项目并网发电后向电网企业或直供电购电方售电，已取得或将来一定期限内能取得的电费应收账款进行质押的一种权利质押方式。对于融资租赁机构而言，需要注意对电费收益账户进行特定化，若未对收取电费的账户进行特定化导致资金混同，则存在融资租赁机构对已收取的电费不享有质权的风险。建议融资租赁机构对收费账户进行监管，或者要求承租人在其指定的银行开立收费专户，该账户专门用于归集电费收益权项下的电费收入。同时，承租人电费收益权的取得取决于电站资产的正常运营，不能脱离电站资产而独立存在，建议融资租赁机构需一并取得电费收益权质押权和电站资产抵押权，以便实现担保物权时能对电站资产和电费收益权一并进行处置，有利于担保物权的实现。

（四）所有权保留

融资租赁模式下，融资租赁机构虽为承租人的使用而购买租赁物，但租赁物的所有权仍归融资租赁机构所有，融资租赁机构仅将物的使用、收益权让渡给了承租人，承租人在租赁期满且支付名义价款（如有）后，才能取得租赁物的所有权。

《民法典》实施后，采取了功能主义的担保观念，明确所有权保留是实质性的担保交易，并在第 641 条第 2 款规定，“出卖人对标的物保留的所有权，未经登记，不得对抗善意第三人”。与之类似，针对融资租赁合同，《民法典》第 745 条规定，“出租人对租赁物享有的所有权，未经登记，不得对抗善意第三人”。故融资租赁合同中约定所有权保留条款的，融资租赁机构应及时办理所有权保留登记，以取得对抗效力。

（五）差额补足和债务加入

“差额补足”是指第三人就债务人未足额偿还债务的差额部分履行补足义务；“债务加入”是指第三人表示愿意加入债务，并在其愿意承担的范围内承担连带责任。

与保证担保相比，实务中差额补足与债务加入属于两种被金融机构广泛使用的非典型的增信方式：差额补足与债务加入的增信方常以一种模糊不清的约定方式来承担增信责任，其目的通常是在一定程度上规避构成典型的保证担保，从而避免较为严格的担保人内部签约审批程序及直接在会计报表中或上市公司公告中披露。

《民法典》及《担保制度司法解释》实施后，对于差额补足及债务加入等增信文件的性质有了进一步明确的界定：首先，若增信文件的表述系第三人为债务人提供担保的意思，则其实际为典型的保证担保，按照保证担保的规则处理；其次，若第三人没有明确表示担保意思，但向债权人提供的承诺文件具有加入债务或者与债务人共同承担债务等意思表示的，则构成债务加入，按照债务加入处理；最后，若第三人没有担保意思，也没有债务加入意思，但就其向债权人提供的承诺文件也需要按照文件约定承担相应法律责任。

需要注意，第三人无论是差额补足还是债务加入，均需依据《公司法》第 16 条的规定取得股东（大）会、董事会等公司机构同意其提供差额补足或债务加入的决议。

二、融资租赁担保的关注要点

（一）全面审查担保人资信

融资租赁合同签订前，融资租赁机构需要对担保人资信及履约能力进行详细的尽职调查，对能够反映担保人经营状况、商业信用的营业执照、征信报告、银行信贷还款记录、财务报表、验资报告等材料进行认真审核，确保其具有良好的资信和履约能力。

融资租赁机构可通过裁判文书网、企业信用网、执行信息网等公开渠道，确定担保人是否涉及重大诉讼、执行案件，或被列为失信被执行人，或被行政处罚，初步判断合作方的资信情况，并可通过与专业的信用评价机构合作，获取公开渠道无法获得的资信相关信息，建立担保人资信评级机制，根据审核结果评定担保人资信等级。

（二）及时进行担保权利公示

为担保债权的实现，除签订担保合同外，当事人还需要依法对担保权利进行登记，登记将影响担保权利的成立或能否对抗第三人，以及担保权利的清偿顺序。

在以登记为生效要件的担保权利中（如不动产抵押、权利质押），融资租赁机构应敦促担保人及时对担保权利进行登记，避免担保措施因未进行一定的公示程序而未设立。在以登记为对抗要件的担保权利中（如动产抵押、所有权保留），融资租赁机构应及时进行抵押和所有权保留登记，避免租赁物被处分后无法对抗善意第三人。而且同一财产上可设立多个担保物权，就意定担保物权而言，应当按照担保物权登记的时间先后确定清偿顺序。实践中，租赁物的“自物抵押”、电费收益权质押、所有权保留均可在动产融资统一登记公示系统进行登记，融资租赁机构在签订担保合同后应及时在上述系统中进行登记。

此外，考虑到融资租赁模式下租赁物所有权与使用权的分离，建议融资租赁机构采取在租赁物上贴附有效标识等手段，同时定期查看租赁物实际使用状况，防止出现承租人无权处置租赁物后被第三人善意取得物权的情形。

（三）审慎使用动产抵押制度

《民法典》实施后，为促进市场交易和商品流通，动产抵押制度发生了较大的变化，除准许抵押物自由转让外，还将“浮动抵押不得对抗正常经营活动中已经支付合理价款并取得抵押财产的买受人”的范围扩大至全部动产抵押。故融资租赁机构接受动产抵押存在一定的风险，即使抵押物已办理抵押登记，若第三人在抵押人正常经营活动中通过支付合理对价取得该已被设立抵押的动产，融资租赁机构仍可能无法就该动产优先受偿。

为此，融资租赁机构应审慎使用动产抵押制度，确需接受动产抵押的，应对动产抵押财产进行全面审查，并在动产抵押后采取适当的措施对抵押财产进行核查，尽量避免丧失对动产抵押财产的优先受偿权或劣后于其他更优先的权利。

（四）合理约定行使担保物权的方式和条件

融资租赁机构与担保人签订的担保合同中应合理约定担保物权的行使方式和条件，如债务人不履行到期债务或者担保人发生担保合同项下的违约事件或其他实现担保物权的情形，则担保物权人可以与担保人协议以担保财产折价，也可以就拍卖、变卖担保财产所得的价款优先受偿。需注意的是，《民法典》实施后，“流押”“流质”条款仍无法得到支持，在债务履行期限届满前，抵押权/质押权人与抵押/质押人约定债务人不履行到期债务时抵押/质押财产归债权人所有的，该约定无效，抵押权/质押权人只能依《民法典》规定就抵押/质押财产优先受偿，而无法直接取得其所有权。

（五）有效设置租赁物取回机制

《民法典》第752条设置了租赁物取回规则，即“承租人经催告后在合理期限内仍不支付租金的，出租人可以请求支付全部租金；也可以解除合同，收回租赁物”。司法实践中，对于租赁物的取回是否在承租人任何违约情形下均可适用存在争议：部分法院认为融资租赁合同项下融资租赁机构的取回权属于救济权，只有在承租人严重违约，丧失了合法占有租赁物的基础时，融资租赁机构行使取回权的条件方能成就，即只有在承租人严重违约导致合同解除的情况下，融资租赁机构才能行使取回权①；也有部分法院认为租赁物的取回条件应根据融资租赁合同中的约定确定。因此对于融资租赁机构来说，仍应在融资租赁合同中明确约定租赁物取回条件。

此外，融资租赁机构取回租赁物时，取回方式也极为关键。通常而言，融资租赁机构自力取回应取得承租人的同意，并根据诚实信用及鼓励交易原则审慎行使租赁物自行取回权，但实践中，在承租人违约的情况下，让承租人再同意配合融资租赁机构自力取回租赁物往往非常困难。如承租人不同意取回的情况下，融资租赁机构可要求拍卖、变卖租赁物，并以拍卖、变卖租赁物所得的价款优先受偿。

（六）妥善利用价款超级优先权

《民法典》第 416 条规定，“动产抵押担保的主债权是抵押物的价款，标的物交付后十日内办理抵押登记的，该抵押权人优先于抵押物买受人的其他担保物权人受偿，但是留置权人除外”。该条款赋予抵押物出卖人享有“购买价金担保权”优先于其他抵押权人受偿的权利，这一权利被称为“价款超级优先权”。随后的《担保制度司法解释》第 57 条明确了融资租赁机构在满足一定条件后，也能获得如动产购买价金提供人一样的“价款超级优先权”，即以融资租赁方式出租动产的融资租赁机构，为确保租金的实现而订立担保合同，就该动产在交付后 10 日内办理登记的，其权利优先于承租人先设立的浮动抵押权或承租人为他人设立的担保物权。实践中，融资租赁机构应妥善利用“价款超级优先权”，在租赁物交付后及时办理融资租赁登记、所有权保留登记及“自物抵押”登记等。

（七）优化担保权实现的顺序

根据《民法典》第 392 条的规定，担保权的实现顺序可以进行约定，没有约定或者约定不明确，债务人自己提供物的担保的，债权人应当先就该物的担保实现债权；第三人提供物的担保的，债权人可以就该物的担保实现债权，也可以请求保

---

① 参见福建省厦门市中级人民法院（2019）闽 02 民终 131 号；上海市嘉定区人民法院（2017）沪 0114 民初 15555 号等。

证人承担保证责任。因此对于融资租赁机构来说，为理顺不同担保之间的关系，可在融资租赁合同中明确对各种担保方式的运用、对相互之间的关系等一并作出约定，以避免产生歧义，并在担保合同中（不仅应当在保证合同中约定，也应当在物的担保合同中约定）提前约定实现担保权利的顺序，即融资租赁机构有权自行决定先行使担保物权还是先要求保证人承担保证责任，最大限度保护融资租赁机构的利益，避免保证人对融资租赁机构享有物保先诉抗辩权。

（八）合理安排承租人债务的清偿顺序

新能源项目建设过程中，承租人除融资租赁债务外，还存在承包商的工程总承包（Engineering Procurement Construction，EPC）工程款债务等其他债务，而且根据最高人民法院《关于审理建设工程施工合同纠纷案件适用法律问题的解释（一）》第36条的规定，承包商享有建设工程价款优先受偿权，且优先于抵押权和其他债权。为此，融资租赁机构应分别与承租人和承包商约定，融资租赁债务应优先于包括EPC工程款在内的其他债务进行清偿，在融资租赁债务清偿完毕前，承租人未经融资租赁机构同意不得清偿其他债务，且承包商承诺放弃建设工程价款优先受偿权。

此外，在融资租赁合同中，承租人通常需要向融资租赁机构支付租金、利息、手续费、服务费等；承租人发生违约等行为时，还需向融资租赁机构支付违约金及融资租赁机构实现债权的费用等。融资租赁机构应根据自身需求在融资租赁合同中合理约定承租人的债务清偿顺序，最大化保护自身权益。

三、担保合同无效的风险

（一）担保合同无效的情形

融资租赁机构作为担保权人应尽量避免担保合同无效，根据《民法典》及《担保制度司法解释》的规定，担保合同无效主要有以下几种情形。

1. 主合同无效导致担保合同无效

担保合同是主债权债务合同的从合同，主债权债务合同无效的，除法律另有规定外，担保合同无效。融资租赁机构应确保作为主合同的融资租赁合同有效，避免因融资租赁合同无效导致其项下的担保合同也被认定为无效。

2. 担保人主体不适格导致担保合同无效

根据《担保制度司法解释》第5条和第6条的规定，机关法人提供担保的，担保合同无效,但是经国务院批准为使用外国政府或者国际经济组织贷款进行转贷的除外;居民委员会、村民委员会提供担保的,担保合同无效,但是依法代行村集体经济组织职能的村民委员会,依照村民委员会组织法规定的讨论决定程序对外提供担保的除外;以公益为目的的非营利性学校、幼儿园、医疗机构、养老机构等提供担保的,担保合同一般无效,但以融资租赁方式承租教育设施、医疗卫生设施、养老服务设施和其他公益设施时,融资租赁机构为担保租金实现而在该公益设施上保留所有权等情形的除外。

3. 越权、未经授权、披露不合规等作出的担保导致担保合同无效

《公司法》第 16 条规定,公司对外担保应取得股东(大)会、董事会等公司机构的决议。《合伙企业法》第 31 条规定,除合伙协议另有约定外,合伙企业的对外担保应当经全体合伙人一致同意。

根据《担保制度司法解释》第 7 条和《合伙企业法》第 31 条的规定,公司的法定代表人或分支机构违反对外担保决议程序的规定,或合伙企业违反合伙协议约定,未经全体合伙人一致同意,与相对人订立担保合同,若相对人善意的,担保合同对担保人发生效力;若相对人非善意的,担保合同对担保人不发生效力。此处"善意",对法定代表人越权担保而言,指相对人在订立担保合同时不知道且不应当知道法定代表人超越权限。相对人有证据证明已对公司决议进行了合理审查的,应当被认定为善意,但是公司有证据证明相对人知道或者应当知道决议系伪造、变造的除外。

针对上市公司对外担保,相对人应根据上市公司公开披露的关于担保事项已经董事会或者股东大会决议通过的信息与上市公司订立的担保合同,否则担保合同无效。

4. 以禁止流通物提供担保导致担保合同无效

根据《民法典》对不得抵押财产的相关规定,担保人以土地所有权,宅基地、自留地、自留山等集体所有土地的使用权(法律规定可以抵押的除外),学校、幼儿园、医疗机构等为公益目的成立的非营利法人的教育设施、医疗卫生设施和其他公益设施,所有权、使用权不明或者有争议的财产,依法被查封、扣押、监管的财产等提供抵押的,抵押合同无效。

(二)担保合同无效的后果

根据《民法典》第 388 条的规定,担保合同被确认无效后,担保人无须承担担

保责任，但债务人、担保人、债权人有过错的，应当根据其过错各自承担相应的民事责任。

1. 主合同有效，担保合同无效的

债权人与担保人均有过错的，担保人承担的赔偿责任不应超过债务人不能清偿部分的二分之一。担保人有过错而债权人无过错的，担保人对债务人不能清偿的部分承担赔偿责任。债权人有过错而担保人无过错的，担保人不承担赔偿责任。

但需要注意的是，如果上市公司越权对外担保的，根据《担保制度司法解释》第 9 条的规定，上市公司不仅无须对债权人承担担保责任，而且还无须承担赔偿责任。

2. 主合同无效导致担保合同无效的

担保人无过错的，不承担赔偿责任。担保人有过错的，其承担的赔偿责任不应超过债务人不能清偿部分的三分之一。

针对主合同无效导致担保合同无效的情形，由于担保人并非主合同当事人，如何认定担保人对主合同无效具有过错一般需要在个案中进行判断，司法实践中较为常见的担保人存在过错情形有：(1)担保人对主合同效力未尽到审查的义务；(2)担保人明知主合同无效仍促使主合同成立或为主合同的签订作中介；(3)担保人明知主合同无效仍为之提供担保①。

此外，依据《担保制度司法解释》第 33 条的规定，即使保证合同无效，债权人仍应当在约定或者法定的保证期间内向保证人主张权利，否则保证人不承担赔偿责任。

四、结语

融资租赁是新能源项目的重要融资模式，融资租赁机构应根据项目的特点选择合适的担保措施，并关注融资租赁担保涉及的合规性审查要点，避免担保合同无效，确保融资租赁债权的实现，避免自身合法权益的损害。

---

① 参见最高人民法院(2014)民抗字第 63 号，(2015)民申字第 2581 号，(2015)民申字第 680 号等。

新能源项目被取消电价补贴时的法律救济

郝　利　夏煜鑫*　张常睿

* 作者简介：

郝利，中伦律师事务所杭州办公室公司业务部合伙人，电邮为：haoli@ zhonglun. com。

夏煜鑫，中伦律师事务所杭州办公室公司业务部非权益合伙人，电邮为：xiayuxin@ zhonglun. com。

为解决新能源项目电价补贴长期拖欠的问题，国家发展改革委办公厅、财政部办公厅、国家能源局综合司于2022年3月24日发布《关于开展可再生能源发电补贴自查工作的通知》，对全国范围内的新能源项目进行了有史以来最严格的补贴合规性核查。本次补贴核查后，部分新能源项目可能无法全额享受电价补贴或电价补贴被取消，甚至需要退回已收到的补贴，导致项目发电收益严重不及预期，公司生产经营陷入困境。在此背景下，对于通过并购方式取得项目股权的新能源投资主体而言，需要寻求有效的法律救济途径，以降低自身的电价补贴损失。本文将结合笔者实践经验，对新能源并购项目中收购方面临的电价损失风险及救济路径进行分析和探讨，以供相关人士参考。

一、新能源项目电价补贴损失的风险分析

（一）新能源项目补贴政策的演变

1. 可再生能源电价附加资金补助目录时期

为鼓励新能源项目的发展，国家对新能源项目的电价实施电价补贴政策，2012年3月14日，财政部、国家发展改革委、国家能源局印发《可再生能源电价附加补助资金管理暂行办法》（财建〔2012〕102号）（现已失效），明确新能源项目电价高出当地脱硫燃煤机组标杆上网电价的部分通过可再生能源电价附加资金解决，对属于《可再生能源发展基金征收使用管理暂行办法》规定的补助范围，"已完成审批、核准或备案，且已经过国家能源局审核确认""符合国家可再生能源价格政策，上网电价已经价格主管部门审核批复"的可再生能源项目，财政部、国家发展改革委、国家能源局审核①通过后列入可再生能源电价附加资金补助目录，享受可再生能源电价附加资金补助。目前可再生能源电价附加资金补助目录已公布7批。

该时期，影响风电项目电价补贴的主要因素为项目核准时间、开工时间、纳入财政补贴年度规模时间等，影响光伏项目（领跑者项目、竞争性配置项目等特殊项目除外）电价补贴的主要因素为项目备案时间、纳入财政补贴年度规模时间、并网

---

① 根据国家能源局《关于印发可再生能源电价附加资金补助项目审核确认管理暂行办法的通知》（国能新能〔2012〕78号）（现已失效）的规定，对纳入可再生能源附加资金补助目录的审核重点为项目"是否符合规划和年度开发计划、程序是否合法、手续是否完备进行审查核实，对符合规划、程序合法、手续完备的项目予以确认"。

投运时间等,相关电价补贴政策文件中均未明确新能源项目需要"全容量并网投运"才能取得相应电价。实践中,部分新能源项目业主为"抢电价",通常在要求的并网投运时间前先少部分容量并网发电,锁定并网投运时间,后续再逐步完成项目全部容量并网建设,此类项目也成功纳入可再生能源电价附加补助目录,并取得了相应的补贴收益。

2. 可再生能源发电补助项目清单时期

在可再生能源电价附加入不敷出、补贴长期拖欠的背景下,2020 年 1 月 20 日财政部、国家发展改革委、国家能源局下发《关于促进非水可再生能源发电健康发展的若干意见》(财建〔2020〕4 号)及《关于印发〈可再生能源电价附加资金管理办法〉的通知》(财建〔2020〕5 号)(以下简称 5 号文),收紧了新能源项目补贴政策,明确"全部机组并网时间符合补助要求"的项目,经国家可再生能源信息管理平台审核通过后①,才能纳入可再生能源发电补助项目清单。目前可再生能源发电补助项目清单 2020 年已发布 10 批,2021 年已发布 24 批,2022 年未发布,2023 年已发布 1 批。

该时期,部分存量补贴项目的补贴额度受到较大影响,尤其是原已纳入可再生能源电价附加补助目录的项目,因不满足 5 号文等规定的纳入补助项目清单的条件,仍存在补贴被核减或被取消的风险。

(二)无法取得电价补贴的主要情形

5 号文中明确,"国家发展改革委、国家能源局、财政部需适时对项目开展核查,核查结果将作为补贴发放的重要依据。核查结果不合格的项目,电网企业应暂停发放补贴"。自 5 号文发布后,国家发展改革委、国家能源局、财政部已针对新能源项目电价补贴开展过两次大规模核查。第一次核查依据为财政部经济建设司、发展改革委价格司、国家能源局新能源司 2021 年 6 月 30 日发布的《关于开展可再生能源电价附加补助资金核查工作的通知》,第二次核查依据为国家发展改革委办公厅、财政部办公厅、国家能源局综合司 2022 年 3 月 24 日发布的《关于

① 对纳入可再生能源发电补助项目清单的项目,审查重点如下:电网企业,重点对申报项目的真实性、项目全容量并网时间是否符合申报要求、并网支持性文件有效性等进行初审。省级能源主管部门,重点对项目核准(备案)文件的真实性和合规性、项目是否符合规模管理进行审核确认。国家可再生能源信息管理中心,重点对申报项目的完整性、支持性文件的有效性、规模管理和执行电价的合规性进行复核。

开展可再生能源发电补贴自查工作的通知》。根据核查实际情况，国家发展改革委办公厅、财政部办公厅、国家能源局综合司最终于2022年9月30日发布《关于明确可再生能源发电补贴核查认定有关政策解释的通知》（发改办运行〔2022〕853号），对影响电价补贴的部分政策进行了相应解释。根据前述两次核查重点工作及有关政策解释内容，我们总结出实践中新能源项目在核查中导致补贴被核减或补贴被取消的主要情形。

1. 未取得合法有效的规模指标

无论是在可再生能源电价附加资金补助目录时期还是可再生能源发电补助项目清单时期，对于补贴项目而言，其核查要点之一即是否取得"规模指标"，在实践中，风电项目的"规模指标"通常体现为省级能源主管部门下发的"年度开发计划"类文件，光伏项目的"规模指标"通常体现为省级能源主管部门下发的"光伏电站建设年度实施方案"，如果未取得"规模指标"的，将无法获得可再生能源补贴资格。

2. 擅自变更项目投资主体

国家能源局《关于印发新建电源项目投资开发秩序监管报告（新能源部分）及工作要求的通知》（国能监管〔2015〕384号）明确，未经主管部门同意，新能源项目并网前不得变更投资主体。如果未经核准/备案机关同意即擅自变更投资主体的，则主管部门有权取消可再生能源电价补贴。

3. 全容量并网时间不符合电价认定时间要求

5号文发布后，严格来说，新能源项目上网电价已明确按照全容量并网时的电价执行，但实践中部分项目业主仍然采取以首次并网时间代替全容量并网时间的方式"抢电价"，如果按照全容量并网时间核定项目电价的，将导致该部分"抢电价"的存量补贴项目无法再侥幸按照首次并网时间享受较高的电价收益，使项目收益严重降低，甚至亏损。

4. 项目申报容量与实际容量不符

财政部、国家发展改革委、国家能源局于2020年9月29日发布的《〈关于促进非水可再生能源发电健康发展的若干意见〉有关事项的补充通知》（财建〔2020〕426号）中明确规定："项目纳入可再生能源发电补贴清单时，项目业主应对项目实际容量进行申报。如在核查中发现申报容量与实际容量不符的，将按不符容量的 2 倍核减补贴资金。”如新能源项目申报容量与实际容量不符,存在超装、少装情形的,将存在补贴资金被核减的风险。

(三)对新能源项目电价补贴核查情况

在国家补贴核查的大背景下,内蒙古自治区率先出击,自治区能源局于 2022 年 3 月 9 日便下发内蒙古自治区能源局《关于全面排查梳理全区已批复新能源项目有关情况的通知》(内能新能字〔2022〕244 号),其中要求能源主管部门核查已纳入和拟申请纳入电价补贴目录项目的电价附加补贴资金申报信息及佐证材料,重点核查是否存在不符合要求的项目纳入补贴目录,以及已领取的补贴金额等。针对此次核查结果,内蒙古自治区发展和改革委于 2022 年 6 月 29 日下发《关于废止部分可再生能源项目上网电价批复文件的通知》(内发改价费字〔2022〕1021 号),取消了 17 个未纳入年度建设规模管理的项目、7 个擅自变更投资主体的项目上网电价批复文件,导致项目失去补贴资格。

经国家发展改革委、财政部、国家能源局会同有关方面对享受可再生能源发电补贴政策项目的合规性、规模、电量、电价、补贴资金和环保六个方面进行全面核查后,国家电网与南方电网于 2023 年 1 月 6 日分别正式公布了《关于公布第一批可再生能源发电补贴合规项目清单的公告》,此次正式公布的国家电网合规清单中可再生能源项目共 6821 个,南方电网合规清单中可再生能源项目共 514 个。

二、新能源项目并购交易中收购方保障项目取得预期电价的主要措施

(一)由转让方对电价补贴收益进行承诺保证

在新能源项目股权转让的过程中,收购方通常会要求转让方在预收购协议、股权转让协议或合作协议(以下统称股转协议)中对项目电价补贴收益作出承诺保证。一般而言,转让方的承诺保证主要分为以下几种情况。

1. 转让方承诺回购项目公司股权

由转让方作出承诺,若最终项目所执行的电价未达到双方预期或项目未在特定时间前全容量并网发电或项目未在特定时间内被纳入补贴目录等,则转让方承诺回购项目公司股权,并明确回购价款的金额或计算标准等。回购价格由双方自行约定,一般约定由双方认可的资产评估机构评估审定的净资产值,或以收购方已支付股转对价+特定利率年化收益,或以收购方已支付股转对价+收购方在股权

交割后对项目的进一步投入金额+债务承接价款+应付股利等方式进行认定。

2. 转让方承诺赔偿电价补贴损失

由转让方作出承诺,若最终项目所执行的电价未达到双方预期或因相关合规性手续未及时办理影响项目电价的,则转让方承担项目公司遭受的电费收益损失,并明确损失计算公式。电费收益损失的计算方式可以由双方自行约定,预期电费收益损失通常采用公式的方式表示,比如:损失=[(预期电价-实际电价)×项目并网投产以来的年均发电量×20年]。

3. 转让方承诺对股转对价进行调整

由转让方作出承诺,将项目列入补贴目录或取得约定电价作为支付部分股转对价的条件,在确定项目能取得预期电价前,暂扣部分股转对价,若确定项目无法取得预期电价的,则根据实际能取得的电价标准相应调整股转对价金额,收购方不承担超过调整后的股转对价金额的支付义务。

(二)由 EPC 方对电价补贴收益进行担保

EPC 方作为项目承建主体,其工程实施进度直接影响项目并网时间,进而导致项目电价的变化。因此,实践中 EPC 方对电价补贴收益进行担保的情形也比较常见。一般而言,EPC 方对电价补贴收益进行担保的主要情形如下。

1. EPC 方对项目逾期并网造成的损失承担赔偿责任

EPC 方承诺项目在特定时间前完成全容量并网,如因 EPC 方原因导致项目未在约定的时间内并网,造成项目未能取得预期电价的,则 EPC 方承担由此给项目公司造成的电费收益损失,相应损失可在项目公司应支付 EPC 方的工程款中直接扣除,不足以扣除的,项目公司仍可要求 EPC 方继续承担赔偿责任。

2. EPC 方对电价补贴损失承担兜底性承诺

新能源项目开发建设过程中,若 EPC 方与转让方为关联方,则为充分保障自身权益,收购方会要求 EPC 方对项目电价作出兜底性承诺。此种情形下,EPC 方还会负责项目合规性手续的办理,如办理电力业务许可证、负责可再生能源补贴目录/清单的申报等。EPC 方可能会承诺项目能够取得预期电价,若未取得预期电价(无论何种原因),由此引起的项目收益损失,由 EPC 方进行赔偿。

(三)由第三方对电价补贴收益进行担保

为提高交易相对方的履约能力,收购方可能还会要求第三方补充提供增信措施,对项目电价收益作出承诺保证。交易相对方通常会选择第三方关联单位为项目能够取得预期电价提供担保,第三方可作为相关交易文件的签订主体,在交易文件中增加第三方承担担保责任的条款,或由收购方与第三方另行签订担保合同。

三、新能源项目收购方主张电价补贴损失的主要救济路径

通常而言,如项目无法取得预期电价的,收购方可依据合同约定要求交易相对方回购股权、解除合同退还交易价款、调整合同价款或要求交易相对方赔偿损失等。收购方在主张权利前,应首先厘清与各交易相对方之间的法律关系,如预收购法律关系、股权转让法律关系、工程总承包法律关系等,并根据不同的法律关系寻求不同的救济路径。

(一)要求合作方回购股权

股权回购主体的范围较广,除常见的由转让方进行股权回购外,EPC 方、担保方等其他交易相对方也可能对股权回购作出承诺。

1. 回购条款的触发

收购方主张通过股权回购方式对电价补贴损失进行救济的,应确认交易文件中的股权回购情形,若将项目未取得预期电价作为股权回购的情形之一,则当新能源项目无法取得预期电价时,将触发股权回购条款,收购方可要求股权回购主体依照合同约定回购收购方持有的项目公司股权,并支付相应的股权回购款。

2. 回购国有股权是否需履行国资监管程序

在收购方为国有企业的情况下,需要关注股权回购所涉及的国有资产交易是否需要履行国资监管程序。司法实践中对于该问题存在不同的观点,部分法院①认为股权回购系平等民事主体的真实意思表示,相关进场交易的规定系管理性强制性规定,而非效力性强制性规定,股权回购行为不因未经批准、未进行评估、未

① 如最高人民法院(2016)最高法民申 876 号;最高人民法院(2015)民申字第 715 号;最高人民法院(2014)民申字第 304 号;云南省文山壮族苗族自治州中级人民法院(2020)云 26 民终 512 号;内蒙古自治区赤峰市中级人民法院(2020)内 04 民终 2278 号;广东省广州市中级人民法院(2018)粤 01 民终 11866 号;山西省高级人民法院(2018)晋民终 180 号等。

进场交易而无效；部分法院[①]认为股权回购未履行国资监管程序属于违反效力性强制性规定的情形，未履行国资监管程序的回购行为应属无效。

鉴于司法实践中对于回购国有股权未履行国资监管程序的行为是否有效存在不同态度，我们建议在股转协议中明确约定，履行国资监管程序进行股权回购时，回购方需履行的国资监管配合义务，如回购方未依约履行配合义务的，需承担相应的违约赔偿责任。

（二）解除股转合同

为解决股权回购可能需要履行国资监管程序所带来的不便，收购方还可以采取解除合同并要求交易相对方退还款项或赔偿损失的方式进行救济。

1. 将未取得预期电价作为合同解除的情形

收购方可在交易文件中将未取得预期电价作为合同解除的情形之一，当新能源项目无法取得预期电价时，触发合同解除条款，收购方可要求转让方于收到解除通知之日起一定时间内返还收购方所支付的股权转让价款并赔偿其他经济损失，但需注意的是，就损失的计算而言，如果双方未就违约金进行过明确约定或收购方未能举证证明遭受了特定经济损失，则转让方除返还股权转让款本金外，一般仅需支付相应利息[②]。

2. 是否导致合同目的无法实现

无论股转协议中是否明确将未取得预期电价作为合同解除的情形之一，司法实践中法院均会审查转让方的违约行为是否已经影响到收购方合同目的的实现，股转协议交易的标的为项目公司的股权而非项目公司的资产，收购方能否以项目未取得预期电价影响到合同目的的实现为由要求解除合同存在不确定性。司法实践中对股权转让目的是否实现的认定标准存在不同观点，部分法院认为受让人签订股转协议的目的即“取得标的公司股权”，如最高人民法院（2018）最高法民申3154号案件中，法院认为“对于股权转让合同来讲，受让人的合同目的系取得公司股权，刘某东所称利用同欣科技公司土地用于特定工业建设并非《中华人民共和

① 如北京市第三中级人民法院（2020）京03民终13060号；河南省南阳市中级人民法院（2020）豫13民终4915号；北京市第一中级人民法院（2019）京01民初388号；北京市第二中级人民法院（2011）二中民终字第19051号等。

② 如最高人民法院（2020）最高法民申3275号；最高人民法院（2019）最高法民终527号；最高人民法院（2018）最高法民终1150号等。

国合同法》第九十四条第四项所称的'合同目的'"。部分法院会结合股转协议及系列相关协议签订背后的原因来探索收购方签订股转协议的目的。如北京市高级人民法院(2019)京民终220号案件中,法院认为"在本案中,乙方所期待的合同目的,不仅仅是项目公司的股份,其根本目的在于项目公司进行项目开发所能获得的全部权益。在其依据《股权转让协议》获得项目公司的股权后,仅仅是完成了其控制项目公司的目的,项目无法进行开发建设是乙方无法接受的"。

因此,我们建议收购方在股转协议中明确合同目的是通过股权转让获得项目的电费收益,如项目无法取得预期电价将视为收购方合同目的无法实现,并将项目未取得预期电价作为合同解除的情形之一,同时约定合同解除后款项返还及损失赔偿金额的计算方式或公式。

(三)调整合同价款

如果项目交易文件中明确约定,收购方(含其收购后的项目公司)支付的股转对价和EPC工程款并非固定不变价格,而需根据项目实际取得的电价标准进行调整的,一旦项目无法取得预期电价,收购方可依据合同约定,要求调整合同价款,包括但不限于依据股转协议约定调整股转对价及依据EPC合同约定调整EPC工程款的金额。

股转对价的金额,通常是根据目标股权评估报告确定的评估价值确定的,而股权评估价值与项目能取得的电价密切相关,如果项目无法取得预期电价,势必影响目标股权的价值,此时收购方依据股转协议约定要求调整股转对价,较为合理。但对于调整EPC工程款而言,EPC方仅负责项目建设,而工程款的结算有相应的规范,通常与项目能否取得相应的电价无关,收购方如主张调整EPC工程款,还需要举证是因为EPC方未及时全容量并网等原因导致项目无法取得预期电价,以增强要求调整EPC工程款的合理性。

(四)要求赔偿损失

要求赔偿损失是新能源项目收购方采取的最常见方式,损失赔偿的主体也较为广泛,包括转让方、EPC方、担保方、其他交易相对方等。当项目未取得预期电价时,收购方可根据交易文件约定要求损失赔偿主体赔偿项目公司及自身遭受的损失。

但需要注意的是,对于新能源项目收购方主张电价补贴损失赔偿的请求能否被支持,司法实践中存在不同的观点。部分支持电价补贴损失的案例中认为,由于可再生能源补贴的政策是公开的，项目投运后可获得的发电收益包含一定具体金额的可再生能源补贴是可以预见的，从性质上来讲，可再生能源补贴应符合利益的预期可得性原则。但法院在对可再生能源补贴损失方面的支持力度相对保守，受制于可预见性、可确定性等原则，一般不会支持全部损失。即使在性质上认可可再生能源补贴损失属于符合可预期性的损失，仍需举证证明发电量和电价具有确定性。[①] 部分不支持电价补贴损失的判例中认为，由于新能源项目进入补贴清单需满足一系列条件，并经过一系列程序，因此特定项目能否和何时进入补贴清单均有不确定性，在可再生能源补贴清单由财政部等国家机关发布的时代，可再生能源补贴的申报和审批往往具有滞后性，据此，可再生能源补贴的取得在签署合同时具有不确定性和不可预见性[②]。

因此，若在交易文件中明确项目能够取得的电价标准，并约定无法取得对应电价时交易相对方承担赔偿责任的具体计算方式，则当项目发生电价补贴损失时，收购方主张电价补贴损失赔偿被支持的概率会大大增加。

四、新能源项目的政策变化是否构成情势变更

《民法典》第533条规定，“合同成立后，合同的基础条件发生了当事人在订立合同时无法预见的、不属于商业风险的重大变化，继续履行合同对于当事人一方明显不公平的，受不利影响的当事人可以与对方重新协商；在合理期限内协商不成的，当事人可以请求人民法院或者仲裁机构变更或者解除合同。人民法院或者仲裁机构应当结合案件的实际情况，根据公平原则变更或者解除合同”。本条规定了因情势变更解除或变更合同的情形。

---

① 如山东省高级人民法院（2020）鲁民申11420号案件中，法院认为“舜鑫公司要求展宇公司赔偿合同履行后可以获得的发电项目补贴，本院予以支持。舜鑫公司与国网山东省电力公司商河县供电公司签订的5年用电合同，证实5年发电时间对于舜鑫公司具有确定性和可期待性；……舜鑫公司主张以项目运营期发电量表所载的5年发电量作为计算损失赔偿数额的依据，具有合理性和可期待性”。

② 如安徽省合肥市中级人民法院（2020）皖01民终3726号案件中，法院认为“在案涉光伏电站进行立项、招标建设过程中，投资建设人应对光伏能源项目的一系列政策走向和项目前景有所了解和预判……当事人双方在合同中所作的收益分析，建立在国家相关政策的基础上，并不以当事人自身意志为转移，当事人基于案涉合同对补贴及收益的信赖利益并非来自合同相对方，该信赖利益能否实现取决于当事人不能左右的国家相关政策，不能据此约束合同相对人，假使名筑钢塔公司通过申报进入可再生能源补贴目录，也无法确定何时获得国家补贴及补贴范围”。

对于国家政策的重大调整，司法实践中主流观点认为构成情势变更①。目前实践中新能源项目收购方主张电价补贴损失的案例，多源于项目全容量并网时间不符合要求。由于部分新能源项目在建设时国家并未发布文件明确项目并网指的是首次并网还是全容量并网，而且当时行业内大家普遍认为项目并网时间指的是首次并网的时间，但在申报新能源项目国家补贴时，因 2020 年 1 月 20 日发布的 5 号文，明确了新能源项目国补电价执行全容量并网时间的电价，而非按首次并网时间认定电价，导致项目无法取得预期电价收益。从转让方的角度而言，彼时新能源项目合作各方对于 5 号文的出台和实施并无法预见，应属于非商业风险的重大变化，构成情势变更。此外，5 号文出台之前也并没有任何法规和政策文件规定项目并网时间指的就是首次并网的时间。因此，前述 5 号文的出台和实施是否构成情势变更可能会是发生纠纷时各方争议的焦点问题。

五、结语

新能源项目无法取得预期电价将会对项目造成重大影响，收购方在交易时，应设置完善的交易结构，由相关交易相对方对于项目电价补贴收益作出承诺与保证，并在交易文件中约定合理的救济路径，确保在项目无法取得预期电价时，可采取适当的路径主张电价补贴损失。同时，收购方在主张权利时，还应针对不同的法律关系采取不同的救济措施，在采取救济措施前应先对不同的救济路径进行利弊分析，并综合项目运营情况、融资和担保情况、交易相对方资信情况等选择对己方有利的救济途径，必要时应聘请专业律师提供法律服务。

---

① 如最高人民法院(2015)民提字第 39 号；山东省滨州市中级人民法院(2018)鲁 16 民终 514 号等。

CHAPTER 02

矿产资源

津巴布韦矿石出口新政跟踪解析：禁止原矿出口将对部分中国企业赴津巴布韦矿业投资产生影响

程　军* 窦春源　方　惠

* 作者简介：
程军，中伦律师事务所北京办公室公司业务部合伙人，电邮为：chengjun@ zhonglun. com。

近年来,越来越多的中国企业开始赴津巴布韦进行矿业投资。此前津巴布韦吸引外国投资者关注的矿产资源主要是钻石矿和铂金矿。而近几年,随着新能源转型金属(如铜钴镍锂等)投资热潮的兴起,硬岩型锂矿资源丰富的津巴布韦再次受到各国投资者尤其是中国投资者的青睐。投资者类型也不再仅仅局限于矿业企业,众多非矿业企业(多为新能源产业链上下游企业)为了获取产业链和供应端优势也纷纷入局。

2022 年年底至 2023 年年初,津巴布韦政府陆续颁布新政,可能对于投资者们在津巴布韦的投资布局会产生较大影响。

一、禁令颁发前的矿石出口政策

在 2022 年 12 月之前,津巴布韦政府对于原矿石出口并无严格管制措施。无论是原矿石还是加工后的矿石,只要符合《津巴布韦矿产销售公司法》(Mineral marketing Corporation of Zimbabwe Act)的规定,取得津巴布韦矿产销售公司(Mineral Marketing Corporation of Zimbabwe,MMCZ)的许可或者通过津巴布韦矿产销售公司即可出口。且在很长一段时间内,由于美国财政部海外资产管理办公室(OFAC)对于津巴布韦矿产销售公司的制裁,津巴布韦矿产销售公司对于矿产出口政策进行了进一步放松,在矿业企业承诺所有出口收益均在津巴布韦境内收取,且向津巴布韦政府支付特许权使用费,向津巴布韦矿产销售公司支付佣金的情况下,津巴布韦矿产销售公司允许矿业企业直接进行矿石的出口。

二、禁止未加工的锂矿原矿出口

2022 年 12 月 16 日,津巴布韦政府发布了《基本矿物出口管制(含锂矿石和未选锂矿)令》[Base Minerals Export Control (Lithium Bearing Ores and Unbeneficiated Lithium) Order](以下简称 2022 年 213 号令),禁止津巴布韦公司向境外出口未经加工的锂矿石,除非已经取得矿业和采矿发展部长(Minister of Mines and Mining Development)的批准。

矿业和采矿发展部长仅在以下两种情况下才能颁发批准和许可:(1)申请人拟出口锂原矿样品,以便在津巴布韦境外进行样品检测;(2)申请人向矿业和采矿发展部长提供足够证据,证明原矿出口属于特殊情况,且原矿已经根据增值税法案(Value Added Tax Act)进行了估价。但具体何种情况能够构成原矿出口的特殊情况，禁令中暂未明确。

如果任何主体违反上述禁令，则构成犯罪，会被处以：(1)不超过第9级的罚款或者不超过原矿价值两倍的罚款，以较高者计算；(2)不超过两年的监禁。

三、禁止未加工的原矿出口（不再局限于锂矿）

继2022年213号令颁布后，津巴布韦政府又于2023年1月颁布了《基本矿物出口管制(未选矿基本矿物)令》[Base Minerals Export Control (Unbeneficiated Base Minerals) Order](以下简称2023年5号令)。

2023年5号令取代了2022年213号令，但将原矿出口的禁令扩展到了包括锂矿在内的各类矿物(不包括贵金属、宝石、石油和天然气)。2023年5号令的基本精神仍然是除非取得了矿业和采矿发展部长的批准，对于未经加工的原矿，不得出口至津巴布韦境外。该种批准的申请主体由2022年213号令下的矿业企业或出口商扩展到了矿业企业或其他利害关系方。至于何种主体能够符合“利害关系方”的标准，2023年5号令中并未有详细规定。但基于笔者与津巴布韦政府沟通的经验，我们认为，该规定实际给予了申请主体更广泛的可能性：除了矿业企业和出口商之外的其他第三方，只要在提交给津巴布韦政府的申请中阐述清楚合理利害关系，均有可能被津巴布韦政府认定为合格的申请人。

在2023年5号令下，矿业和采矿发展部长批准原矿出口的情形，和2022年213号令中的规定略有不同：(1)申请人能够提供令人信服的理由，证明该种原矿无法在津巴布韦境内进行任何程度的加工；(2)在申请人拟出口原矿样品至津巴布韦境外进行检测的情况下，申请人能够提供令矿业和采矿发展部长满意的证据，证明该种检测无法在津巴布韦境内令人满意地进行，且出口的数量是进行检测所必需的数量。

总结而言，对于为了检测而出口的原矿样品，2023年5号令要求更为严格，申请人必须要证明该种检测在津巴布韦境内无法“令人满意地”进行，且数量上也控制在检测所需范围内；对于非检测目的的原矿出口，2022年213号令较为笼统地规定了“特殊情况下”的批准，而2023年5号令则进一步将该种特殊情况限制为“原矿无法在津巴布韦境内进行任何程度的加工”。

另外，违反 2023 年 5 号令的处罚则与 2022 年 213 号令的规定一致。

四、禁令出台背景及实施现状

在 2022 年 213 号令颁发前不久，津巴布韦总统埃默森·姆南加古瓦(Emmerson Mnangagwa)曾在公开场合表示，锂矿原矿出口导致津巴布韦每年损失达上百万美元。在 2022 年 213 号令颁布的前几天，总统还亲自参加了萨比星锂矿项目(包括选矿)的破土动工仪式，并在仪式上表示，该项目的顺利执行将进一步推动津巴布韦实现全面现代化和经济工业化。

不难看出，津巴布韦颁发该种出口禁令，主要是为了鼓励当地加工业的发展，提高境内产业附加值，增加税收和就业机会，回流利润，从而使其所拥有的矿产资源能够更为有效地带动国家经济的发展。实际上，在津巴布韦出台该种禁止原矿出口的政策前，非洲已经有不少国家部分或全面地实施了禁止原矿出口的政策，例如刚果(金)、坦桑尼亚等。

由于目前禁令颁布时间尚短，其实际执行情况如何，尚有待观察。就禁令的实施情况和批准的取得方式，笔者采访了津巴布韦具有丰富相关领域经验的当地知名律所合伙人韦林顿·马贾亚(Wellington Magaya)律师，其表示：

“就向矿业和采矿发展部长提交批准申请事宜，目前并没有标准的申请表格。申请可以通过信函的形式提交，并附上申请人认为有助于取得批准的所有文件。目前也并没有任何指南说明部长会考虑何种因素，但我们认为，申请人积极履行企业社会责任、致力于提高社区福利和当地经济的活动，以及将出口收入留存在津巴布韦境内、利润将严格根据外汇管制法律法规的规定汇出的承诺，将会有助于批准的取得。部长将酌情考虑，做出决定，并根据行政法的规定告知做出该种决定的理由。

尽管根据禁令的表述，申请和决定都是书面的，但实践中申请人仍然有机会要求进行口头陈述。我们建议申请人应该主动要求口头陈述的机会，以便加快申请的进程。申请的审查没有时间限制，决定做出所需的时间长短很大程度上取决于申请人跟踪推进的程度。

在获得部长的批准后，申请人必须向 MMCZ 提交出口许可证的申请。申请必须附上 1000 美元的费用。据媒体报道，目前只有津巴布韦国防工业公司[Zimbabwe Defence Industries（Pty）Ltd.］获得了许可证。截至 2023 年 4 月暂无已经颁发的许可证数量的公开信息。”

五、部分赴津巴布韦的中国投资者需要全盘考量投资布局

该种禁止原矿出口的禁令，对于在当地深耕多年的矿业企业，或拟投资津巴布韦的矿业企业而言，影响可能并不大，因为这类企业在当地一般都会配套建设选厂。

但对于非矿业企业的投资者，尤其是近些年由于能源转型金属投资热潮而打算投资津巴布韦的新能源产业链企业而言，其在投资津巴布韦矿产前，需要全盘布局考虑配套选厂的投资和建设。尽管禁令提供了原矿出口的例外情形，取得矿业和采矿发展部长批准即可出口，但我们认为该种批准可能会更多地颁发给需要进行境外样品检测的申请人。由于证明原矿无法在津巴布韦境内进行任何程度的加工的难度较大，纯商业目的原矿出口申请可能会很难获批。笔者后续也会持续关注该禁令的具体实施情况以及批准的颁发情况。

非洲矿业投资项目融资法律分析

程　军*　郭雨清

* 作者简介：
程军，中伦律师事务所北京办公室公司业务部合伙人，电邮为：chengjun@ zhonglun. com。

自中国企业“走出去”伊始，矿业领域就是中国企业在非洲出海投资的重要领域。伴随全球大宗商品价格的上涨，矿业投资又迎来一轮新的机遇。但是，考虑到资源所在国的政治环境以及相关的矿业、财税、外汇政策等原因，在非洲进行矿业投资存在较大的风险和不确定性。根据我们近期的项目经验，目前在非洲进行矿业投资存在以下两大趋势：首先，资源所在国的政府和立法机构对于矿业投资有越来越多的限制；其次，中国投资者在非洲进行矿业开发的形式更为多样。

在项目公司层面，资源所在国要求增加政府在矿业项目中的权益比例，同时对于有超额收益的矿种和矿业项目规定一系列的政府超额分成机制。

在资金来源层面，资源所在国对于矿业投资人的杠杆率以及自有资金比例进行限制，要求矿业投资人以更低的杠杆率以及更高的自有资金进行矿业投资。

在开发形式层面，除传统的授予矿权进行开发外，实践中还产生了以矿权租赁、产品分成以及技术开发合作等形式在非洲进行矿业开发的案例。

鉴于这些特点对于融资方案的设计、融资文件的定稿以及融资关闭的实现都会产生影响，因此值得非洲矿业投资人以及融资机构关注。在本文中，我们结合我们团队在非洲矿业项目中丰富的经验，总结中国企业以及融资机构在非洲矿业融资中需要注意的事项。

一、政府持股对于融资的影响

在非洲的矿业融资中，首先需要关注的就是资源所在国政府持股对于融资项目的影响。在非洲的很多国家，矿产资源的所在国政府（或者通过其实际控制的公司①）（以下简称持股主体）在项目公司②中会要求获得一定比例的干股或者干股利益（free carried interests③）（以下简称干股），并且对于这部分的股份利益，国家无须履行任何的出资或者股东义务，并且该等干股股份免于任何权利负担，也不会因为任何原因被稀释④。

---

① 例如在刚果（金），干股会被转让给刚果国家矿业公司（La Générale des Carrières et des Mines S. A.）。

② 为了便于表述，项目公司指实际获得（或者通过其他方式获得）矿权，并且进行项目开发的公司。

③ 也有一些国家将该等股份称为金股（golden share）。

④ 除了获得干股之外，政府也有可能通过商业性入股的方式在项目公司获得一定的权益。

需要明确的是，政府(或者代表政府的持股主体)获得干股的操作在很多国家都已经被写入当地的法律，具有强制效力。例如，刚果(金)2018年修订的《矿业法典》(Code Minier)中就明确颁发采矿权证的前提条件之一，是申请主体向国家转让申请公司创始股份的10%，并且该等股份免于任何的权利负担且不能被稀释；①又如，加纳在其最新的《矿产和矿业法》(Mineral and Mining Act)中明确政府应当获得10%的干股利益，并且该等干股利益不需要进行出资。② 一般而言，各个国家对于投资方需要分享的干股比例可能略有不同，但是浮动范围大多在5%—15%。

我们认为干股机制的存在是投资人以及融资机构在非洲的矿业融资中需要着重关注的问题。首先，持股主体对于第三方融资的主观意愿以及配合义务不会很高；③但是，他们又是项目公司的股东，(取决于项目公司章程的约定)需要由其提供相应的内部授权文件和/或其他先决条件文件。其次，融资文件的某些条款(例如分红条款)可能会影响持股主体本身的利益，因此需要在前期与各方进行明确的沟通，如果前期沟通的效果不佳，则后期的融资关闭可能会受到影响。所以我们认为，在项目的各个阶段都需要关注该等情况并且采取有针对性的措施：在项目前期，需要项目公司以及发起人与融资机构就项目的融资结构进行调研和沟通，例如根据我们的经验，在大部分的非洲国家，干股是无法为了融资机构的利益设立质押或者其他担保利益的④(但是商业性入股则不然)，因此在前期就需要对于该等事项向融资机构进行说明和明确，以便双方达成可行的担保结构；在尽职调查阶段，对于项目公司的内部治理结构有一个明确的梳理，明确项目公司进行借贷、提供抵押、质押或者其他担保措施的内部授权流程，厘清项目实现融资关闭

---

① 参见《矿业法典》第71条的规定：向国家转让申请公司注册资本的创始股份的百分之十(10%)。该股权免于任何权利负担，且不可稀释。同时，《矿业法典》第80条还规定，采矿证可以延期，但是续期的条件之一是每次续期需要额外向国家转让公司注册资本股份/股权的5%。换言之，如果采矿证续期的话，持股主体持有的干股比例会上升至15%。

② 参见加纳《矿产和矿业法》(2006年)第43条第1款的规定：Where a mineral right is for mining or exploitation, the Government shall acquire a ten percent free carried interest in the rights and obligations of the mineral operations in respect of which financial contribution shall not be paid by Government。

③ 一方面，持股主体本身在项目公司中仅持有少数股份，对于项目公司的发展并无决定权；另一方面，很多非洲国家本身对于境外矿业投资人通过小部分自有资金并且主要借助杠杆融资的方式进行矿业开发有抵触的心态。

④ 参见《矿业法典》第71条。

需要持股主体完成的事项;在先决条件准备阶段,尽早安排与持股主体进行沟通,以便尽早获得为了融资关闭所需要的文件和授权,并且就持股主体需要签署或者提交的文件,提前协调持股主体提供该等文件的格式,并且尽早安排持股主体进行签署。

二、外汇政策对于融资的影响

近年来,除了传统的矿业政策之外,资源所在国政府也更多地开始关注与矿业投资相关的外汇政策。这背后主要的目的是资源所在国政府希望增加当地的技术含量,并且发展当地的就业,从而使矿业投资能够最大化带动当地发展。例如《矿业法典》中对于项目公司在境外设立账户以及境外账户的利润回流等问题进行了明确的约定:

> 第267条　主要账户和境外债务偿还账户出口经许可的矿产品的持有人享有如下权利并应承担如下义务:
>
> (a)在国际知名的、与一个[刚果(金)]中转行有业务往来的外国银行开立一个名为"主要账户"的外币账户,以便利其管理在国家领土之外经许可持有的资金;
>
> (b)将该主要账户的基本信息告知刚果(金)中央银行;
>
> (c)根据下述第269条的规定,在任何再分配前,经许可将境外持有的出口收入存入主要账户。①
>
> 第269条　出口收入的汇回
>
> (b)根据本法典第267条的规定,有义务在出口收入存入其主要账户后十五日内向其在刚果民主共和国开立的账户汇回其出口收入的60%。②

上述规定对于项目公司离岸账户的开立和报备提出了要求,同时也要求项目公司将在境外获得销售利润得以汇回。从融资角度而言,在这样的背景下,如果

---

① 《矿业法典》第267条。

② 《矿业法典》第269条(b)项。

以项目公司作为交易结构中的借款人,那么整个项目的资金归集原则上只能在刚果(金)境内的账户完成,这对于融资银行而言会是一个额外的风险点。① 为了应对该等法律的要求,我们一般会设计两层的融资架构:矿业投资人会引入一个平台公司来持有项目公司的股份。该等平台公司往往会设立在对于非来自本地的收入有税收优惠的国家或者地区,并且平台公司的境内股东或者实际控制人会作为保证人与融资机构签署保证合同(或者提供其他形式的增信措施)。因此会形成以下融资结构,如图 1 所示:

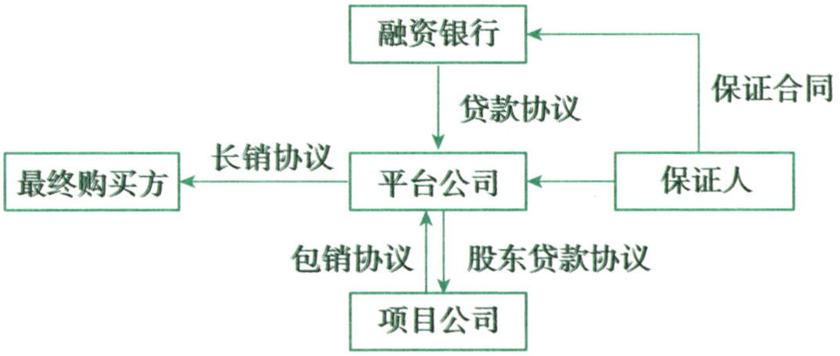

图 1 融资结构

在该等结构中,平台公司的主要作用是:

(1)在销售端,作为整个矿石销售中的产品中转主体,将作为买方与项目公司签署矿石包销协议,并且作为卖方与矿产品最终购买方签署矿石长销协议,以便通过转移定价的方式完成项目公司的利润转移(在该等情形下矿产品直接在项目公司和矿产品最终购买方之间完成运输),在当地政府无法监管到的平台公司层面保留项目开发的大部分利润(因为《矿业法典》中关于 60%利润需要汇回的主体仅是项目公司而非作为借款人的平台公司)。

(2)在融资端,作为整个融资结构中的资金中转主体,作为借款人与融资机构签署贷款协议,由其承担主要的还款责任;并且作为贷款人与项目公司签署股东贷款合同(转贷协议),将贷款资金给到项目公司。一方面,这样的安排实现了还款与利润的匹配(因为项目主要的利润也被留存在平台公司处);另一方面,避免由融资机构与作为借款人的平台公司签署的贷款协议受限于当地政府可能的备

---

① 因为《矿业法典》已经明确了资金回流的要求,那么作为还款来源的销售收入(至少 60%)需要归集在刚果(金)的境内账户。银行因此会顾虑是否会存在影响资金重新汇出的汇兑风险。

案或者其他要求。

除了上述的融资结构，我们还建议各方在融资文件中做出以下相应的安排：贷款协议的签署主体可以考虑由贷款行、借款人以及项目公司三方进行签署，以便融资机构对于借款人和项目公司进行更好的限制；在先决条件条款中，明确将转贷协议的签署和登记作为放款的前提条件之一（根据《矿业法典》的规定，转贷协议需要在当地矿业部进行备案）；通过承诺条款或者次级协议（Subordination Agreement），明确转贷协议项下的还本付息应当劣后于融资机构对于借款人债权的清偿。①

三、矿业合作形式对于融资的影响

在非洲矿业项目中，还有一个重要的关注点就是矿业项目的合作形式。在实践中，除了直接取得矿权之外，中国投资者也发展出其他的矿业合作形式，例如通过租赁的方式取得矿权，或者签署选择权合同的方式在满足特定条件后获得矿权。在这种情况下，需要融资机构和项目公司关注以下的情况：

（1）项目是否已经实际持有矿权或者持有矿权的先决条件。例如，如果矿业合作形式是选择权合同，则需要首先关注项目公司是否已经实际获得矿权或者为了最终获得矿权是否需要完成其他的条件。② 我们认为这个问题关乎整个项目的可融资性，是各方开始融资工作之前必须要明确的问题。

（2）获得的矿权是否可以作为担保物。一般而言，如果是政府授予的矿权，那么在法律上一般不会存在作为担保物的障碍。但是，如果是通过租赁获得矿权，则租赁矿权是否可以被作为担保物，需要结合当地法律的规定进行分析。以刚果（金）为例，《矿业法典》第 168 条规定："根据本法典的规定，可以抵押的物包括：a. 全部或部分采矿证、尾矿采矿证、小矿山开采证和永久性采石场开采许可……"《矿业法典》第 169 条规定："包含本法典第 168 条列举的任何一种资产的抵押合同需经过抵押权人或持有人的申请由矿业部长批准。"基于以上规定，采矿证的持有人可以将矿权进行抵押。但是，考虑《矿业法典》第 169 条的规定，仅抵押权人

① 承诺条款和次级协议的区别在于前者是对于借款人单方的限制；而次级协议是对于借款人以及借款人的债权人双方的限制。

② 例如，一般而言在选择权合同中都会约定相应的工作量要求，要求投资方在特定的时限内完成约定的工作量或者支付相应的费用。

或矿权持有人有权就矿权的抵押提出申请，而在租赁矿权的前提下，租赁矿权持有人无法单独申请抵押权，因此需要矿权持有人出面提出矿权抵押申请。

(3)矿权涉及的土地是否可以作为担保物。结合项目公司矿权的取得形式，还需要特别关注的是矿权涉及的土地是否可以作为担保。需要明确的是，非洲的土地制度非常复杂：①某些国家土地制度只存在长期租赁的概念，租期可以到达99年，这种土地权属的获得方式在当地虽然名为租赁，但实际与国内的土地所有权形式并无太大区别；②在赞比亚以及乌干达等国家中，不少土地仍然属于部落所有，因此对于该等土地是否可以作为担保物不能简单地依据矿权合作形式来判断，需要结合土地尽调结果来进行判断。

针对上述情况，我们建议融资机构在融资交易中做出以下对应的安排：在项目的前期以及尽职调查阶段，对于项目公司取得矿权的形式、矿权对应的土地有一个全面的梳理，就项目涉及的矿权、土地是否可以作为担保物，是否存在作为担保的法律障碍或者任何的权属瑕疵进行明确；在项目的融资文件准备阶段，对于可以抵押的矿权、土地通过签署相关担保文件的方式进行明确；但是对于无法抵押的矿权或者土地，则需要在陈述和保证以及承诺的相应条款中约定相应条款，对于项目公司获得矿权的合法、有效性进行明确和保护。

四、结语

总体而言，虽然非洲国家众多，并且国家和国家之间的政治、文化以及法律背景大相径庭，但是在非洲进行矿业投资仍然面临着一些共性问题，这也是我们在本文中希望着重探讨和分享的问题。而在操作具体的矿业项目时，我们建议客户在专业律师和团队的指导下，从这些共性问题出发，结合资源所在国当地法律以及市场惯例，制定有针对性并且可行的投融资方案，以期尽早实现项目的落地。

矿业权投资法律风险解析
——以竞买挂牌出让的建筑用砂岩矿采矿权项目为例

高丽春* 汤宏伟 孙世奇

* 作者简介：

高丽春，中伦律师事务所北京办公室公司业务部合伙人，电邮为：gaolichun@ zhonglun. com。

近年来，各类矿业权挂牌出让项目日益增多，投资人亦有较高的竞买能力，市场成交较为活跃，但在多数矿业权挂牌出让的项目中，投资人所承担的项目风险仍被设定为“不可预计风险”，既不符合自然科学进步的目标，更不符合鼓励投资人参与矿业权和法治化市场营商环境发展的目标。

笔者从矿业权法律服务经验出发，以竞买挂牌出让的建筑用砂岩矿采矿权项目为例，梳理、提炼以下的法律风险要点，以期最大限度降低矿业权项目投资的或然性风险，变“不可预计”为风险可控。

一、“不可预计风险”——问题的由来

采矿权的“不可预计风险”源于采矿权人对探矿勘查风险和成果的承继，受限于自然科学的发展程度，常被认为是技术风险。当下，多数矿业权挂牌出让公告会申明矿业权投资存在“不可预计风险”。同时，矿业权出让人通常仅收取矿业权出让收益，而不承担竞买人在资源储量报告、新设采矿权、集体土地租赁、建设用地合规、环保合规、生态修复、政策变化等方面的风险或者费用，且不承诺附随义务。笔者认为，技术风险以外的法律风险日益凸显，甚至已经成为矿业权投资的主要风险，使矿业权的投资商业预期变得更加难以确定。

实践中，有的投资人因未及时提交矿产资源开发利用方案、矿山自然生态环境保护与治理方案、环境影响评价报告批准文件、营业执照等资料申请办理采矿权登记手续，被出让人解除《采矿权出让合同》（案例 1①）；有的当事人未经自然资源主管部门批准签订《租用地合同》，将土地作为非农用地，因违反《土地管理法》（2019 年修正）而合同无效（案例 2②）；有的投资人未经批准占用土地修建建筑石料砂岩矿山及附属设施项目，被自然资源局行政处罚，法院裁定“拆除行政相对人

① 案例 1：江西省高级人民法院在（2018）赣行申 210 号案件的行政裁定书中认为，行政相对人提出的“出让人未及时提供《资源量地质报告》，故无法编制矿产资源开发利用方案等，导致逾期申请新设采矿权”无法成立。行政相对人在与出让人签订《采矿权出让合同》后，未按照合同约定时间提交矿产资源开发利用方案、矿山自然生态环境保护与治理方案、环境影响评价报告批准文件、营业执照等资料申请办理采矿权登记手续，且经催告后在合理期限内仍未提交，其行为已构成违约，故出让人解除《采矿权出让合同》符合法律规定。

② 案例 2：云南省祥云县人民法院在（2020）云 2923 民初 234 号民事判决书中认为，原告未经自然资源主管部门批准与被告签订《租用地合同》，约定将案涉土地用于非农生产（石场经营、堆放废弃砂石料），《租用地合同》因违反《土地管理法》而无效，土地恢复问题应由行政机关依法处理。

修建的建筑石料砂岩矿山及附属设施项目,恢复土地原状”(案例3①)。

据笔者归纳,投资人在矿业权挂牌出让项目中的“不可预计风险”源于实际开采的矿体规模、形态、资源储量、品位等与矿业权登记(详查报告记载)之间可能存在较大偏差,部分投资人(竞买人)在竞买前未对矿山、市场,当地村委、村民、营商环境,以及法律等进行详细调查和了解,或者在成交后没有具体落地的实操办法。在缺乏政府方支持或保障的情况下,若仍对项目落地实操层面的风险预估不足,或者因资源储量报告、集体土地租赁、承包权及经营权补偿、地上物补偿、新设采矿权审批、建设项目审批、用地合规、环评、安全生产、道路运输、生态修复及补偿、政策变化影响等产生争议,或者受到行政处理而无法继续开采的,最终面临被出让人解除采矿权出让合同及/或遭受重大经济损失的局面。

笔者认为,在现代自然科学发展的大背景下,以及法治化营商环境的基本确立下,前述矿业权投资所涉“不可预计风险”多数可量化、可计算或可防控,通过必要的措施安排可以大幅降低。

二、矿业权挂牌出让的,竞得人(受让人)基于采矿权出让合同取得矿产资源权利,但并非获得采矿权许可

根据国务院《关于印发矿产资源权益金制度改革方案的通知》(国发〔2017〕29号)第2条第1项②的规定:在矿业权出让环节,将探矿权采矿权价款调整为矿

---

① 案例3:重庆市丰都县人民法院在(2020)渝0230行审61号案件的行政裁定书中认定,行政相对人未经批准占用土地修建建筑石料砂岩矿山及附属设施项目,其行为违反了《土地管理法》第44条的规定,自然资源局根据《土地管理法》第77条和《土地管理法实施条例》的规定,对其作出行政处罚决定:(1)退还非法占用的土地,限7日内拆除在非法占用的土地上新建的建筑物和其他设施,恢复土地原状;(2)对非法占用土地按照每平方米20元的标准并处罚款。故法院裁定:准予强制执行行政处罚决定第(1)项内容,即拆除行政相对人修建的建筑石料砂岩矿山及附属设施项目,恢复土地原状;由丰都县人民政府组织实施。

② 国务院《关于印发矿产资源权益金制度改革方案的通知》(国发〔2017〕29号)第2条第1项规定,在矿业权出让环节,将探矿权采矿权价款调整为矿业权出让收益。将现行只对国家出资探明矿产地收取、反映国家投资收益的探矿权采矿权价款,调整为适用于所有国家出让矿业权、体现国家所有者权益的矿业权出让收益。以拍卖、挂牌方式出让的,竞得人报价金额为矿业权出让收益;以招标方式出让的,依据招标条件,综合择优确定竞得人,并将其报价金额确定为矿业权出让收益。以协议方式出让的,矿业权出让收益按照评估价值、类似条件的市场基准价就高确定。矿业权出让收益在出让时一次性确定,以货币资金方式支付,可以分期缴纳。具体征收办法由财政部会同国土资源部另行制定。同时,加快推进矿业权出让制度改革,实现与矿产资源权益金制度有机衔接。全面实现矿业权竞争性出让,严格限制协议出让行为,合理调整矿业权审批权限。矿业权出让收益中央与地方分享比例确定为4∶6,兼顾矿产资源国家所有与矿产地利益,保持现有中央和地方财力格局总体稳定,与我国矿产资源主要集中在中西部地区的国情相适应,同时有效抑制私挖乱采、贱卖资源行为。

业权出让收益,并全面实现矿业权竞争性出让;矿业权出让收益中央与地方分享比例确定为 4∶6。并结合自然资源部《关于推进矿产资源管理改革若干事项的意见(试行)》(自然资规〔2019〕7 号)的相关规定,可以进一步印证:矿业权出让人通过竞争性挂牌出让所取得的矿业权出让收益,仅包含“探矿权勘探成果收益和采矿权价款”,而未包含“矿山地质环境治理恢复基金、土地复垦费以及环境、林业、工商、应急、交通、水利等政府机构规定的相关费用和税款”,从款项性质上表明了出让人所出让的仅为特定采矿权的排他采矿权利,或者说受让人取得的仅为获得采矿权许可证的排他资格,即获得采矿权许可证的排他资格并非实际获得采矿权许可。

三、矿业权受让人对于工程建设、矿山开采等所涉的土地、环境保护和安全生产等,还应依法办理行政审批、许可等

《矿产资源法实施细则》第 6 条第 2 款①规定,“采矿权”是指在依法取得的采矿许可证规定的范围内,开采矿产资源和获得所开采的矿产品的权利。结合该细则第 30 条②的规定:采矿权人有权按照采矿许可证规定的开采范围和期限从事开采活动;自行销售矿产品(国务院规定由指定的单位统一收购的矿产品除外);在矿区范围内建设采矿所需的生产和生活设施;根据生产建设的需要依法取得土地使用权等,但法律、法规规定应当经过批准或者履行其他手续的,依照有关法律、法规的规定办理。也就是说,即便采矿权人取得了采矿许可证,对于工程建设、矿山开采所涉及土地管理、环境保护、安全生产等法律规定应当经过批准或者履行其他手续的,也还应依法办理相关的行政审批、许可等。而工程建设和矿山开采

① 《矿产资源法实施细则》第 6 条:《矿产资源法》及本细则中下列用语的含义:探矿权,是指在依法取得的勘查许可证规定的范围内,勘查矿产资源的权利。取得勘查许可证的单位或者个人称为探矿权人。采矿权,是指在依法取得的采矿许可证规定的范围内,开采矿产资源和获得所开采的矿产品的权利。取得采矿许可证的单位或者个人称为采矿权人。国家规定实行保护性开采的特定矿种,是指国务院根据国民经济建设和高科技发展的需要,以及资源稀缺、贵重程度确定的,由国务院有关主管部门按照国家计划批准开采的矿种。国家规划矿区,是指国家根据建设规划和矿产资源规划,为建设大、中型矿山划定的矿产资源分布区域。对国民经济具有重要价值的矿区,是指国家根据国民经济发展需要划定的,尚未列入国家建设规划的,储量大、质量好、具有开发前景的矿产资源保护区域。

② 《矿产资源法实施细则》第 30 条规定,采矿权人享有下列权利:(1)按照采矿许可证规定的开采范围和期限从事开采活动;(2)自行销售矿产品,但是国务院规定由指定的单位统一收购的矿产品除外;(3)在矿区范围内建设采矿所需的生产和生活设施;(4)根据生产建设的需要依法取得土地使用权;(5)法律、法规规定的其他权利。采矿权人行使前款所列权利时,法律、法规规定应当经过批准或者履行其他手续的,依照有关法律、法规的规定办理。

等实际所涉的行政审批和应当履行的其他手续门类众多，有些行政申请事项亦可能因政策变化而无法保证其持续获得批准，此点提示了投资人方面不但需要对法律有准确理解，还需要对政策有着前瞻性的预判。

四、投资人在竞买挂牌出让的矿业权之前，通常需要开展的五项工作

1. 矿业权及建设、开采等条件调查（基础资料及现场踏勘，地质储量、品位及开采难度，详查勘探报告复核、矿区及配套设施建设，有无盗采、滥采、道路交通、矿区环境、地上物等）。

2. 矿业权法律尽职调查（行政审批条件，当地村、小组协商意见及走访村民，土地租赁及/或临时用地申请可行性，有无政府支持或保障，地方规定及营商环境等）。

3. 商业调查（投资规模、生产规模、同业竞争、市场调查，环境保护、污染治理、生态修复方案及补偿金、费用预估，矿成品市场等）。

4. 关联方调查。

5. 企业投资人的内部合规、风险评估、投资评审。

五、新设采矿权的主要关注点：以新设建筑用砂岩矿采矿权为例

（一）新设采矿权登记申请条件与申报材料

1. 新设采矿权登记申请一般应满足的受理条件包括：(1) 采矿权申请人原则上应当为营利法人；(2) 申请人具有与矿山建设规模相适应的技术和设备；(3) 划定矿区范围已批复，并在有效预留期内；(4) 申请登记的矿区范围原则上不与已设矿业权重叠（矿业权人属同一主体的除外），符合矿产资源规划和国家调控政策；(5) 矿产资源开发利用方案经评审通过，环境影响评价报告、矿山地质环境保护与土地复垦方案已经相关主管部门组织评审通过并批复（备案）；(6) 采矿权出让方式符合相关规定，涉及矿业权有偿处置的须已按规定完成处置；(7) 涉外采矿权申请项目应征得军事部门同意，并符合国家关于外商投资的产业政策要求。

2. 新设采矿权登记申请一般应提交的申报材料包括：(1) 非油气采矿权新立申请登记书；(2) 矿山开采设计或矿产资源开发利用方案及评审意见书（自备）；(3) 环境影响评价报告（书、表）的批复文件（环境评价主管部门核发）；(4) 矿业权出让收益（价款）已缴纳凭证或不需处置的意见（自备）；(5) 地质勘查报告或矿产

资源储量报告及其评审意见书、备案证明(有资质单位编制);(6)矿山地质环境保护与土地复垦方案批复文件(自然资源部门核发);(7)采矿权出让合同(自备);(8)划定矿区范围批复文件(自然资源主管部门核发);(9)个别地区要求矿山所在地县、辖区自然资源局出具的调查意见。

(二)对环境影响评价报告(书、表)的审批

1. 以土砂石开采为例,采矿权项目属于《建设项目环境影响评价分类管理名录》(2021年版)非金属矿采选业中的土砂石开采101(不含河道采砂项目),若涉及环境敏感区(国家公园、自然保护区、风景名胜区、世界文化和自然遗产地、海洋特别保护区、饮用水水源保护;除前述以外的生态保护红线管控范围,基本草原,重要水生生物的自然产卵场、索饵场、越冬场和洄游通道,沙化土地封禁保护区),则应当按照环境影响报告书申请批复;非环境敏感区即其他情形则按照环境影响评价报告表申请批复。根据部分地区的环境影响评价文件分级审批管理办法,根据项目对环境造成的不良影响程度,分别由生态环境部、自治区生态环境厅、设区市行政审批部门依职权审批。

2. 建设项目(非辐射类)环境影响报告书由行政审批部门书面审查。以广西为例,环评审查申请条件为:(1)符合环境保护相关法律法规。建设项目涉及依法划定的自然保护区、风景名胜区、生活饮用水水源保护区及其他需要特别保护的区域的,应当符合国家有关法律法规关于该区域内建设项目环境管理的规定。(2)符合国家产业政策和清洁生产标准或者要求。(3)建设项目选址、选线、布局符合区域、流域规划、城市总体规划及有关规划环评。(4)项目所在区域环境质量满足相应环境功能区划和生态功能区划标准或要求。(5)拟采取的污染防治措施能确保污染物排放达到国家和地方规定的排放标准,满足污染物总量控制要求;涉及可能产生放射性污染的,拟采取的防治措施能有效预防和控制放射性污染。(6)公众参与符合环境影响评价公众参与相关规定要求。(7)拟采取的生态保护措施能有效预防和控制生态破坏。

(三)矿山地质环境保护与土地复垦方案批复文件

《矿产资源法》(2009年修正)第15条[①]规定,设立矿山企业需由审批机关对

---

① 《矿产资源法》第15条规定:设立矿山企业,必须符合国家规定的资质条件,并依照法律和国家有关规定,由审批机关对其矿区范围、矿山设计或者开采方案、生产技术条件、安全措施和环境保护措施等进行审查;审查合格的,方予批准。

其矿区范围、矿山设计或者开采方案、生产技术条件、安全措施和环境保护措施等进行审查。结合自然资源部2019年7月24日实施的《矿山地质环境保护规定》第12条①第1款,采矿权申请人申请办理采矿许可证时,应当编制矿山地质环境保护与土地复垦方案,报有批准权的自然资源主管部门批准。

根据某省级自然资源厅发布的《矿山地质环境保护与土地复垦方案编制技术要求的通知》,《矿山地质环境恢复治理与土地复垦方案》受理条件为:(1)属于省级自然资源厅审批登记发证采矿权提交的《矿山地质环境保护与土地复垦方案》;(2)提交的《矿山地质环境保护与土地复垦方案》符合某省级《矿山地质环境保护与土地复垦方案编制技术要求》。办理材料:(1)矿山地质环境保护与土地复垦方案审定稿;(2)土地复垦三方监管协议;(3)缴交复垦基金及费用凭证。

根据自然资源部(原国土资源部)《矿山地质环境保护与土地复垦方案编制指南》(已失效),《矿山地质环境保护与土地复垦方案》应包含矿山基本情况、矿区基础信息、矿山地质环境影响和土地毁损评估、矿山地质环境治理与土地复垦可行性分析、矿山地质环境治理与土地复垦工程、矿山地质环境治理与土地复垦工作部署、经费估算与进度安排、保障措施与效益分析、结论与建议等内容。

六、矿业权挂牌出让项目的采矿用地主要关注

(一)采矿用地的国家政策趋势

根据《土地利用现状分类》(GB/T 21010—2017),采矿用地是指采矿、采石、采砂(沙)场,砖瓦窑等地面生产用地,排土(石)及尾矿堆放地。根据《土地管理法》第4条②第3款的规定,工矿用地应使用建设用地。在《土地管理法》修订之

---

① 《矿山地质环境保护规定》第12条规定,采矿权申请人申请办理采矿许可证时,应当编制矿山地质环境保护与土地复垦方案,报有批准权的自然资源主管部门批准。矿山地质环境保护与土地复垦方案应当包括下列内容:(1)矿山基本情况;(2)矿区基础信息;(3)矿山地质环境影响和土地损毁评估;(4)矿山地质环境治理与土地复垦可行性分析;(5)矿山地质环境治理与土地复垦工程;(6)矿山地质环境治理与土地复垦工作部署;(7)经费估算与进度安排;(8)保障措施与效益分析。

② 《土地管理法》(2019年修订)第4条:国家实行土地用途管制制度。国家编制土地利用总体规划,规定土地用途,将土地分为农用地、建设用地和未利用地。严格限制农用地转为建设用地,控制建设用地总量,对耕地实行特殊保护。前款所称农用地是指直接用于农业生产的土地,包括耕地、林地、草地、农田水利用地、养殖水面等;建设用地是指建造建筑物、构筑物的土地,包括城乡住宅和公共设施用地、工矿用地、交通水利设施用地、旅游用地、军事设施用地等;未利用地是指农用地和建设用地以外的土地。使用土地的单位和个人必须严格按照土地利用总体规划确定的用途使用土地。

前，采矿用地一般只能通过划拨方式取得国有土地使用权或将集体土地征为国有的方式办理用地手续，但划拨用地一般限于国家重点扶持的能源、交通、水利等基础设施项目，与采矿用地的非公益性质存在明显区别，而将集体土地征为国有的方式又因为征地拆迁及安置补偿成本过高而不便于采用。故实践中的采矿用地较为常见的是承包或者租赁集体土地，这也导致采矿用地违法行为较为普遍。

《土地管理法》第63条①第1款规定，土地利用总体规划、城乡规划确定为工业、商业等经营性用途，并经依法登记的集体经营性建设用地，土地所有权人可以通过出让、出租等方式交由单位或者个人使用。因此，根据现行政策导向、法律规范，采矿用地的取得方式还可以包括临时用地以及通过出让、出租方式取得集体经营性建设用地使用权等。

（二）根据矿业权挂牌出让项目占用土地用途、土地利用现状以及规划等不同情形，采矿用地应分别进行处理

1. 占用农用地

根据《土地管理法》第44条②第1款，矿业权挂牌出让项目如占用耕地、林地、草地等农用地的，需要办理农用地转用审批手续。但是，《土地管理法》严格限制了农用地转用手续、征收手续的审批权限，同时严格限定了农用地征收条件，包括为了公共利益需要，符合国民经济和社会发展规划、土地利用总体规划、城乡规划和专项规划，纳入国民经济和社会发展年度计划等。

---

① 《土地管理法》（2019年修订）第63条：土地利用总体规划、城乡规划确定为工业、商业等经营性用途，并经依法登记的集体经营性建设用地，土地所有权人可以通过出让、出租等方式交由单位或者个人使用，并应当签订书面合同，载明土地界址、面积、动工期限、使用期限、土地用途、规划条件和双方其他权利义务。前款规定的集体经营性建设用地出让、出租等，应当经本集体经济组织成员的村民会议三分之二以上成员或者三分之二以上村民代表的同意。通过出让等方式取得的集体经营性建设用地使用权可以转让、互换、出资、赠与或者抵押，但法律、行政法规另有规定或者土地所有权人、土地使用权人签订的书面合同另有约定的除外。集体经营性建设用地的出租，集体建设用地使用权的出让及其最高年限、转让、互换、出资、赠与、抵押等，参照同类用途的国有建设用地执行。具体办法由国务院制定。

② 《土地管理法》（2019年修订）第44条：建设占用土地，涉及农用地转为建设用地的，应当办理农用地转用审批手续。永久基本农田转为建设用地的，由国务院批准。在土地利用总体规划确定的城市和村庄、集镇建设用地规模范围内，为实施该规划而将永久基本农田以外的农用地转为建设用地的，按土地利用年度计划分批次按照国务院规定由原批准土地利用总体规划的机关或者其授权的机关批准。在已批准的农用地转用范围内，具体建设项目用地可以由市、县人民政府批准。在土地利用总体规划确定的城市和村庄、集镇建设用地规模范围外，将永久基本农田以外的农用地转为建设用地的，由国务院或者国务院授权的省、自治区、直辖市人民政府批准。

其中,农用地转用审批涉及土地利用总体规划修改的,需要先行办理规划修改的论证和审查;农转用的土地面积还必须符合年度计划的控制指标要求;如果占用的是耕地,事先要补划同样面积同等质量的耕地,做到占补平衡。征收审批还需合理补偿被征地农民,使农民"生活水平不降低、长远生计有保障"。因此,农用地转用、征收的审批程序严格,较难获得批准。如果矿业权挂牌出让项目部分拟占用的农用地不用于兴建永久性建(构)筑物且在使用后可以恢复原状修建,符合临时用地使用条件的,可以考虑以临时用地方式使用。

在涉及占用农用地时,投资人务必要做到最大限度地谨慎,在所有土地类型的非法占地中,非法占用农用地是唯一入刑的非法占地行为。根据《刑法》第 342 条的规定,违反土地管理法规,非法占用耕地、林地等农用地,改变被占用土地用途,数量较大(数量较大的标准为基本农田 5 亩、其他农用地 10 亩以上),造成耕地、林地等农用地大量(标准同上)毁坏的,处 5 年以下有期徒刑或者拘役,并处或者单处罚金。实践中,大量的矿业权项目都在城镇规划区之外,大多情况下都会涉及占用农用地的问题,投资人对待占用农用地问题必须慎之又慎,确保依法合规。

此外,2019 年 9 月 1 日施行的《耕地占用税法》第 2 条第 1 款规定,占用耕地建设建筑物、构筑物或者从事非农业建设的单位和个人,应当缴纳耕地占用税。但实践中,有些投资人望文生义,认为只有占用耕地才存在缴纳耕地占用税的问题。实际上,《耕地占用税法》更全面准确的名称可以是"农用地占用税法"。《耕地占用税法》第 12 条第 1 款、第 2 款规定,占用园地、林地、草地、农田水利用地、养殖水面、渔业水域滩涂以及其他农用地的,适用税额可以适当低于占用耕地的适用税额,但降低的部分不得超过 50%。因此,占用耕地之外的其他农用地也应按照《耕地占用税法》的规定缴纳耕地占用税,只是适用税额可以适当降低。笔者认为,投资人应关注矿业权挂牌出让项目占用土地用途、土地利用现状以及规划等,并根据具体信息进行风险评估、商务测算及/或投资决策。

2. 占用集体经营性建设用地

矿业权挂牌出让项目占用集体经营性建设用地的,投资人可以根据《土地管理法》第 63 条第 1 款的规定,通过出让、出租方式取得集体经营性建设用地使用权,进行项目投资。但是,需要指出的是,集体经营性建设用地出让、出租,应当经本集体经济组织成员的村民会议三分之二以上成员或者三分之二以上村民代表的同意。

3. 申请临时用地

根据《土地管理法》第 57 条[①]第 1 款的规定,投资人可向县级以上人民政府自然资源主管部门申请临时使用国有土地或者农民集体所有的土地。但是,需要指出的是,2021 年 11 月 4 日发布的自然资源部《关于规范临时用地管理的通知》(自然资规〔2021〕2 号)第 2 条第 2 款规定,临时用地使用期限一般不超过 2 年。建设周期较长的能源、交通、水利等基础设施施工使用的临时用地,期限不超过 4 年。城镇开发边界内临时建设用地规划许可、临时建设工程规划许可的期限应当与临时用地期限相衔接。临时用地使用期限,从批准之日起算。可以看出,对临时用地的政策趋势是更加严格了。

自 2005 年原国土资源部在广西平果铝土矿探索开展采矿用地方式改革试点以来,先后批复了云南、内蒙古、山西、辽宁、广西等省(自治区)开展采矿用地方式改革试点。经自然资源部批准的改革试点范围内的矿区可以"采取分期实施、分期供地、到期归还的做法,以临时用地方式使用农民集体土地"。建议投资人特别关注矿业权所在地区是否属于采矿用地方式改革试点区域,以论证其临时用地的合规性,在竞买前或者必要时要求出让人就"采矿用地供地方式"进一步澄清。

(三)涉及集体土地的特殊表决程序

某《矿业权出让公告》对竞买申请人的资格要求为"本次出让非净矿出让,为确保采矿权出让后尽快实现开采,竞买人报名时需提供不少于本次出让矿区范围内总面积 30%的土地租赁协议(或合同);提供的土地租赁协议(或合同)应有当地村委盖章(或出具当地村委相关证明材料),或林业部门出具林权证明材料;竞买人对提供的租地协议(或合同)真实性负责",投资人在竞买时需提供不少于本次出让矿区范围内总面积 30%的土地租赁协议。

---

① 《土地管理法》(2019 年修订)第 57 条:建设项目施工和地质勘查需要临时使用国有土地或者农民集体所有的土地的,由县级以上人民政府自然资源主管部门批准。其中,在城市规划区内的临时用地,在报批前,应当先经有关城市规划行政主管部门同意。土地使用者应当根据土地权属,与有关自然资源主管部门或者农村集体经济组织、村民委员会签订临时使用土地合同,并按照合同的约定支付临时使用土地补偿费。临时使用土地的使用者应当按照临时使用土地合同约定的用途使用土地,并不得修建永久性建筑物。临时使用土地期限一般不超过 2 年。

根据《村民委员会组织法》(2018 年修正)第 24 条[①]、第 22 条[②]以及第 26 条[③],集体所有土地租赁涉及全体村民的重大利益问题,需经村民会议或村民代表大会讨论决定,未经村民会议或村民代表大会讨论决定的,土地租赁协议无效。此外,部分地方政府对此类土地租赁协议有审查备案的要求,投资人应在协议签署前到村及所在乡/镇人民政府、县/区人民政府进行调查走访,核实是否存在有关协议签署的审核或备案流程。同时,鉴于土地租赁协议履约期限较长,且村委会会定期换届,故笔者建议:在有条件的情况下,由乡/镇人民政府或县/区人民政府作为土地租赁协议的第三方主体共同签署相关的土地租赁协议,以确保其可执行性。

七、配套设施建设

矿业权出让公告对配套设施建设的一般要求为:矿山生产、运输不得影响当地村民生产生活,竞得人需修建经硬化的专用运输道路,专用运输道路应符合绿色矿山建设的要求,确保矿山产品外运符合环保、交通、应急等有关要求。故投资人拟受让矿业权项目的,还需事先调查矿业权周边的水、电、燃气等能源及网络、公路等生产、生活配套设施的情况,以及可能发生的建设成本。

八、矿区开采、治理与修复

在“绿水青山就是金山银山”的国家环保大政方针下,矿山开采必须严格执行

---

① 《村民委员会组织法》(2018 年修正)第 24 条:涉及村民利益的下列事项,经村民会议讨论决定方可办理:(1)本村享受误工补贴的人员及补贴标准;(2)从村集体经济所得收益的使用;(3)本村公益事业的兴办和筹资筹劳方案及建设承包方案;(4)土地承包经营方案;(5)村集体经济项目的立项、承包方案;(6)宅基地的使用方案;(7)征地补偿费的使用、分配方案;(8)以借贷、租赁或者其他方式处分村集体财产;(9)村民会议认为应当由村民会议讨论决定的涉及村民利益的其他事项。村民会议可以授权村民代表会议讨论决定前款规定的事项。法律对讨论决定村集体经济组织财产和成员权益的事项另有规定的,依照其规定。

② 《村民委员会组织法》(2018 年修正)第 22 条:召开村民会议,应当有本村十八周岁以上村民的过半数,或者本村三分之二以上的户的代表参加,村民会议所作决定应当经到会人员的过半数通过。法律对召开村民会议及作出决定另有规定的,依照其规定。召开村民会议,根据需要可以邀请驻本村的企业、事业单位和群众组织派代表列席。

③ 《村民委员会组织法》(2018 年修正)第 26 条:村民代表会议由村民委员会召集。村民代表会议每季度召开一次。有五分之一以上的村民代表提议,应当召集村民代表会议。村民代表会议有三分之二以上的组成人员参加方可召开,所作决定应当经到会人员的过半数同意。

“边开采、边治理、边修复”，这已经成为矿山生态修复的普遍要求，故出让人通常要求在矿业生产期间接受矿山生态修复的阶段性验收，否则出让人有权要求矿山停产整顿，并列入矿业权人勘查开采信息异常名录。同时，投资人在矿业权挂牌出让项目的开采、治理与修复环节，宜重点关注以下方面的法律风险。

（一）超越矿区范围开采矿产资源

根据《矿产资源法》第40条[①]和《矿产资源法实施细则》第42条[②]的规定，超越批准的矿区范围采矿的，行政机关有权责令退回本矿区范围内开采、赔偿损失，没收越界开采的矿产品和违法所得，对于拒不退回本矿区范围内开采，造成矿产资源破坏的，吊销采矿许可证，依照《刑法》有关规定对直接责任人员追究刑事责任。

依据《刑法》第343条[③]的规定，违反《矿产资源法》的规定，未取得采矿许可证擅自采矿，擅自进入国家规划矿区、对国民经济具有重要价值的矿区和他人矿区范围采矿，或者擅自开采国家规定实行保护性开采的特定矿种，情节严重的，构成非法采矿罪；违反《矿产资源法》的规定，采取破坏性的开采方法开采矿产资源，造成矿产资源严重破坏的，构成破坏性采矿罪。根据本条规定，非法采矿包括四种情形：（1）无证采矿的行为；（2）擅自在未批准矿区采矿的行为；（3）擅自开采保

---

① 《矿产资源法》第40条：超越批准的矿区范围采矿的，责令退回本矿区范围内开采、赔偿损失，没收越界开采的矿产品和违法所得，可以并处罚款；拒不退回本矿区范围内开采，造成矿产资源破坏的，吊销采矿许可证，依照《刑法》有关规定对直接责任人员追究刑事责任。

② 《矿产资源法实施细则》第42条规定，依照《矿产资源法》第39条、第40条、第42条、第43条、第44条规定处以罚款的，分别按照下列规定执行：（1）未取得采矿许可证擅自采矿的，擅自进入国家规划矿区、对国民经济具有重要价值的矿区和他人矿区范围采矿的，擅自开采国家规定实行保护性开采的特定矿种的，处以违法所得50%以下的罚款；（2）超越批准的矿区范围采矿的，处以违法所得30%以下的罚款；（3）买卖、出租或者以其他形式转让矿产资源的，买卖、出租采矿权的，对卖方、出租方、出让方处以违法所得一倍以下的罚款；（4）非法用采矿权作抵押的，处以5000元以下的罚款；（5）违反规定收购和销售国家规定统一收购的矿产品的，处以违法所得一倍以下的罚款；（6）采取破坏性的开采方法开采矿产资源，造成矿产资源严重破坏的，处以相当于矿产资源损失价值50%以下的罚款。

③ 《刑法》（2020年修正）第343条：违反《矿产资源法》的规定，未取得采矿许可证擅自采矿，擅自进入国家规划矿区、对国民经济具有重要价值的矿区和他人矿区范围采矿，或者擅自开采国家规定实行保护性开采的特定矿种，情节严重的，处3年以下有期徒刑、拘役或者管制，并处或者单处罚金；情节特别严重的，处3年以上7年以下有期徒刑，并处罚金。违反《矿产资源法》的规定，采取破坏性的开采方法开采矿产资源，造成矿产资源严重破坏的，处5年以下有期徒刑或者拘役，并处罚金。本罪指违反规定，未取得采矿许可证擅自采矿，进入国家规划矿区、对具有重要价值的矿区和他人矿区范围采矿，擅自开采实行保护性开采的特定矿种，经责令停止开采后拒不停止，造成矿产资源破坏的行为。

护矿种;(4)“越界采矿”的行为。依据最高人民检察院、公安部《关于公安机关管辖的刑事案件立案追诉标准的规定(一)》(公通字〔2008〕36号)第68条第1款和最高人民检察院、公安部《关于公安机关管辖的刑事案件立案追诉标准的规定(一)的补充规定》第11条第1款的规定,未取得采矿许可证擅自采矿,或者擅自进入国家规划矿区、对国民经济具有重要价值的矿区和他人矿区范围采矿,或者擅自开采国家规定实行保护性开采的特定矿种,涉嫌下列情形之一的,应予立案追诉:(1)开采的矿产品价值或者造成矿产资源破坏的价值在10万元至30万元以上的;(2)在国家规划矿区、对国民经济具有重要价值的矿区采矿,开采国家规定实行保护性开采的特定矿种,或者在禁采区、禁采期内采矿,开采的矿产品价值或者造成矿产资源破坏的价值在5万元至15万元以上的;(3)两年内曾因非法采矿受过两次以上行政处罚,又实施非法采矿行为的;(4)造成生态环境严重损害的;(5)其他情节严重的情形。此外,超越采矿许可证规定的矿区范围开采矿产资源、未按采矿许可证规定的矿种开采矿产资源(共生、伴生矿种除外)的,属于未取得采矿许可证擅自采矿,经责令停止开采后拒不停止开采,造成矿产资源破坏的价值数额在5万至10万元以上的,构成《刑法》第343条①第1款规定的非法采矿罪,应予立案追诉。

据笔者了解,部分国企甚至央企在特殊历史背景下亦存在较多的非法采矿情形,一旦被立案追究,极大可能会因单位犯罪而被追缴高额的罚金,直接负责的主管人员(例如法定代表人)甚至可能被追究相应的刑事责任。

（二）不遵守开采设计、开发利用方案开采行为

《刑法》第343条第2款规定,违反《矿产资源法》的规定,采取破坏性的开采方法开采矿产资源,造成矿产资源严重破坏的,处5年以下有期徒刑或者拘役,并处罚金。

最高人民检察院、公安部《关于公安机关管辖的刑事案件立案追诉标准的规

---

① 《刑法》(2020年修正)第343条:【非法采矿罪】违反《矿产资源法》的规定,未取得采矿许可证擅自采矿,擅自进入国家规划矿区、对国民经济具有重要价值的矿区和他人矿区范围采矿,或者擅自开采国家规定实行保护性开采的特定矿种,情节严重的,处3年以下有期徒刑、拘役或者管制,并处或者单处罚金;情节特别严重的,处3年以上7年以下有期徒刑,并处罚金。

【破坏性采矿罪】违反《矿产资源法》的规定,采取破坏性的开采方法开采矿产资源,造成矿产资源严重破坏的,处五年以下有期徒刑或者拘役,并处罚金。

定(一)》第69条第2款、第3款规定,前述"采取破坏性的开采方法开采矿产资源",是指行为人违反地质矿产主管部门审查批准的矿产资源开发利用方案开采矿产资源,并造成矿产资源严重破坏的行为。破坏性的开采方法以及造成矿产资源严重破坏的价值数额,由省级以上地质矿产主管部门出具鉴定意见,经查证属实后予以认定。

笔者认为,投资人在矿区开采、治理与修复过程中应当遵守《矿产资源法》《安全生产法》等法律法规,不超越批准的矿区范围进行开采活动,严格遵守矿山开采设计或矿产资源开发利用方案,不采用破坏性方法超规模开采。

(三)未按照规定堆存、运输砂石骨料

根据《固体废物污染环境防治法》(2020年修订)第110条①、《大气污染防治法》(2018年修正)第48条②、第70条③的规定,未按照规定堆存、运输砂石骨料,由此引发固体废物污染或大气污染可能导致被行政处罚。除上述《固体废物污染环境防治法》《大气污染防治法》以外,其他涉及环境保护相关的法律包括《噪声污染防治法》《水污染防治法》《环境保护法》《环境影响评价法》等。

(四)场界噪声超标

根据《工业企业厂界环境噪声排放标准》(GB 12348—2008),厂界环境噪声排放限值根据厂界外声环境功能区类别分别为:0类,昼间50dB(A),夜间40dB(A);1类,昼间55dB(A),夜间45dB(A);2类,昼间60dB(A),夜间50dB(A);3类,昼间65dB(A),夜间55dB(A);4类,昼间70dB(A),夜间55dB(A)。其中1类标准适用于以居住、文教机关为主的区域,2类标准适用于居住、商业、工业混杂区及商业中心区,3类标准适用于工业区,4类标准适用于交通干线道路两侧

---

① 《固体废物污染环境防治法》(2020年修订)第110条:尾矿、煤矸石、废石等矿业固体废物贮存设施停止使用后,未按照国家有关环境保护规定进行封场的,由生态环境主管部门责令改正,处20万元以上100万元以下的罚款。

② 《大气污染防治法》(2018年修正)第48条:钢铁、建材、有色金属、石油、化工、制药、矿产开采等企业,应当加强精细化管理,采取集中收集处理等措施,严格控制粉尘和气态污染物的排放。工业生产企业应当采取密闭、围挡、遮盖、清扫、洒水等措施,减少内部物料的堆存、传输、装卸等环节产生的粉尘和气态污染物的排放。

③ 《大气污染防治法》(2018年修正)第70条:运输煤炭、垃圾、渣土、砂石、土方、灰浆等散装、流体物料的车辆应当采取密闭或者其他措施防止物料遗撒造成扬尘污染,并按照规定路线行驶。装卸物料应当采取密闭或者喷淋等方式防治扬尘污染。城市人民政府应当加强道路、广场、停车场和其他公共场所的清扫保洁管理,推行清洁动力机械化清扫等低尘作业方式,防治扬尘污染。

区域。

笔者认为,矿业权挂牌出让项目选址应尽量避开城市、村镇、商业等居住区域,并根据厂界外声环境功能区类别及其对应噪声排放限值,针对性地采取有效措施以减轻噪声对周围生活环境的影响。生态环境主管部门或者其他依法行使环境噪声监督管理权的部门、机构,可以根据不同情节,给予警告或者处以罚款,甚至责令停业、搬迁或关闭。受到噪声侵害的单位和个人,有权要求侵权人依法承担民事责任。①

九、绿色矿山建设

有些矿业权出让公告要求:竞得人应按照国家、省、自治区、直辖市关于绿色矿山建设标准及要求进行规划、设计、建设和运营管理,必须编制绿色矿山建设方案报自然资源局审核,并按批准的方案建设和开采。矿山自取得采矿许可证之日起 2 年内必须完成绿色矿山标准化建设,并通过验收,投资人受让矿业权挂牌出让项目的,需编制绿色矿山建设方案并报自然资源局审核。

2018 年 6 月 28 日,原国土资源部发布《砂石行业绿色矿山建设规范》(DZ/T 0316—2018),对于矿产资源开发全过程中实施科学有序开采,矿区及周边生态环境扰动控制在可控范围内,实现矿区环境生态化、开采方式科学化、资源利用高效化、管理信息数字化和矿区社区和谐化等内容提出了相应的要求。随后各省相继发布了《绿色矿山建设管理办法》,一般将绿色矿山分为省级绿色矿山和市级绿色矿山两个层级,并规定没有地方标准的执行绿色矿山建设行业标准,市级绿色矿山建设可参照省级绿色矿山建设标准执行。

笔者建议,投资人在竞买矿业权挂牌出让项目时应当充分考虑绿色矿山建设方案编制以及建设、开采相关商务测算与经济成本。

---

① 《噪声污染防治法》第 86 条规定,受到噪声侵害的单位和个人,有权要求侵权人依法承担民事责任。对赔偿责任和赔偿金额纠纷,可以根据当事人的请求,由相应的负有噪声污染防治监督管理职责的部门、人民调解委员会调解处理。国家鼓励排放噪声的单位、个人和公共场所管理者与受到噪声侵害的单位和个人友好协商,通过调整生产经营时间、施工作业时间,采取减少振动、降低噪声措施,支付补偿金、异地安置等方式,妥善解决噪声纠纷。

十、矿成品销售

有些矿业权出让公告要求:为支持地区经济建设,延长产业链,增加矿产品附加值,竞得人必须就地建设骨料生产线、机制砂生产线,开采的原矿石就地深加工为建筑用骨料、机制砂等矿成品后销售;矿成品优先在辖区范围内销售,在保障辖城区工程建设和新型建材园区的原材料供应的前提下,方可对外销售。

该要求中的"矿成品优先在辖区范围销售"存在歧义。笔者认为,这一表述应是指在同等价格条件下优先在辖区范围销售,而不应限制投资人的自主定价权,或者妨害矿成品在不同地区之间的自由流通。部分区域的采矿权出让人甚至直接在出让公告中规定"矿产品必须用于市内的工程建设,不得外运"。若投资人遇到此等要求,应在竞买前要求出让人对其公告的有关内容予以说明或者澄清。同时,笔者建议投资人提前了解当时的市场容量、矿业开采是否有序,以及同类矿成品的现有及未来可能出现的行业竞争情况,尤其是在当地及周边有无大规模同类矿山的挂牌出让计划。

十一、矿山地质环境恢复工程

有些地方的地质环境保护条例及相关管理办法规定,采矿权人应当向县级以上人民政府自然资源行政主管部门缴纳矿山生态环境恢复保证金,县级以上人民政府自然资源行政主管部门在采矿权人履行治理义务,并组织专家验收合格后,应当及时将保证金及其利息退还采矿权人。采矿权人应当边生产边恢复,采矿权人按矿山地质环境保护与恢复治理方案完成每一期治理工程或每一个单项工程后,都可以向负责缴纳核定保证金工作的自然资源管理部门书面提出验收申请。自然资源管理部门应当自收到申请之日起20个工作日内,会同同级财政、环保部门组织有关专家完成验收工作。

根据《矿山地质环境治理恢复要求与验收规范》(DB 45/T 701—2010),采矿权人按照广西壮族自治区自然资源厅或自然资源部批准的矿山地质环境保护与土地复垦方案或矿山地质环境保护与恢复治理方案完成治理工程后,经市级自然资源局初步验收合格,可向自然资源厅申请最终验收,最终验收合格的,自然资源厅出具验收合格文件。验收步骤为:(1)自检:采矿权人在完成治理恢复工程后,由采矿权人组织矿山地质环境治理恢复工程参建单位进行自检；(2)初步验收：自检合格后向当地市自然资源局申请初步验收；(3)竣工验收：初步验收合格后采矿权人向自然资源厅提出竣工验收申请，由自然资源厅和财政厅、生态环境厅共同组织专家进行实地验收；(4)工程验收质量评定按照《矿山地质环境治理恢复要求与验收规范》执行；(5)停办、关闭或者闭坑矿山要在关闭前完成矿山地质环境治理工作，恢复治理工程经验收合格的，自然资源厅出具《矿山地质环境治理工程验收合格通知书》；(6)验收不合格的，负责缴纳核定工作的自然资源管理部门应当责令采矿权人限期治理。

因此，投资人应提前调查了解矿业权出让项目的矿山地质环境恢复工程的技术难度并测算其可能增加的经济成本，同时评估与之相关的政策障碍，必要时通过当地政府提出进一步的保障措施规避有关的责任和风险。

十二、关于征地拆迁及项目实施过程中的扰民、民扰

矿业权挂牌出让项目必然涉及投资人与当地村、小组及村民的沟通、协商，签订土地有偿使用相关协议，以及就地上附着物、交通、电力、水利等生产生活设施的使用和补偿签订协议。建议投资人提前调查了解矿业权项目区域内的地上建筑物、构筑物、附着物、管线、墓地、林场、养殖鱼塘等拟征地拆迁的范围和内容及相应的权利主体，并充分测算可能发生的征地拆迁成本。尤其应重点关注矿区范围内有无特殊的名贵树种、珍稀动植物等可能导致征拆成本大幅提高及/或无法正常生产经营的情况。

需要格外考虑的是，由于矿山采掘一般会涉及周边居民的切身利益，可能会改变当地村民的居住环境、自然风光等，并且当地村委会定期换届选举，若地方村委、村小组及村民的意志发生变化，其所签订的相关协议稳定性将受到影响，故建议投资人提前关注、锁定在建设及生产经营过程中可能存在的此类风险，必要时适当提高相关协议缔约主体的广泛性和代表性。

十三、法治化营商环境保障

矿业权挂牌出让项目的顺利实施与否在很大程度上依赖于当地政府或主管部门能否提供政策保障、审批手续以及周边关系协调等的支持，主要包括：(1)办

理采矿权登记的前置审批及开采所需的要件;(2)办理林业、工商、生态、水利、公安、应急、交通等有关部门相关证照及所需的各项资料;(3)矿业开采环境的维护,协助投资人解决与周边村民、工矿企业可能出现的矛盾,协调解决采矿权矿区范围内的土地、山林、道路、地上附着物(含房屋、果、竹、木、坟墓、管线等)以及交通、电力、水利等生产生活设施的使用和补偿的相关争议等。

笔者认为,重大投资项目的投资人宜与当地政府建立必要的工作协调机制,通过当地政府明确支持、协助的途径和方式,优先达成矿业权开采的合作共赢的经营模式。同时,出让人亦有义务为矿业权投资人提供必要的合规渠道、透明化的审批路径和优良的法治化营商环境,为各方共赢奠定基础。

可抵达的远方
——从全国25份地方版7号文中感受矿政管理体制改革的诚意和惊喜

王振华[*]　田海晨　陈琼娜

[*] 作者简介:
王振华,中伦律师事务所北京办公室公司业务部合伙人,电邮为:wangzhenhua@ zhonglun. com。

如果你问我们,作为能源与自然资源领域的专业法律人,看到什么能让我们感到惊喜,且会下意识地为之奔走相告、嘴角上扬,我们会告诉你,看到这份全国25省、自治区、直辖市、市自然资源主管部门为配合自然资规〔2019〕7号《自然资源部关于推进矿产资源管理改革若干事项的意见(试行)》(以下简称自然资规〔2019〕7号文)而出台的地方版7号文汇编了吗,仔细看看这本汇编里标黄的地方,看看贵州、重庆、四川、河南、山东、云南、宁夏等地对于矿政管理体制改革的深刻认知和重要举措。

因此,我们对于25份地方版7号文进行了深入研究,并总结出八大令人惊喜的改革亮点。

一、自然资规〔2019〕7号文是矿政管理体制改革的序章,是矿法通往新时代的船票

首先,在分享各地7号文带来的惊喜前,我们有必要对于实现惊喜的基础——自然资规〔2019〕7号文进行简要的梳理和回顾。唯有如此,才能更加体会到这份惊喜的来之不易和重大意义。

2019年自然资源部出台了著名的自然资规〔2019〕7号文。该意见对于建立矿业权全面竞争性出让体制、严格限制协议出让、积极推进"净矿"出让、明确各级行政机关矿业权出让权限、调整探矿权期限、改革矿产资源储量登记、评审备案制度等方面作出了诸多超越现行《矿产资源法》和矿政管理体制的规定。

可以说,自然资规〔2019〕7号文是新矿法还在"持续攻坚克难"的情况下,为适应新时代矿政管理新思维,寻求矿业权用益物权属性与行政权属性有机平衡,进而实现矿业生态良性发展的重要尝试。它是矿政管理体制改革的序章,更是矿法通往新时代的船票。

二、"翻译翻译,什么叫作惊喜"

介绍完相关背景,让我们正式进入这篇文章的主题,揭示那些散见于各地7号文中的惊喜。

1. 多地明确规定市级自然资源主管部门不能将矿业权出让权限以行政授权、委托等方式进行下放。

在涉矿行政复议及行政诉讼中,有一类案件是复议机关及法院在审理时都会

感到为难或常常出现争议的，即矿业权出让登记权限的确认问题。我国矿业权出让权限实行四级管理制，分别为自然资源部、省级自然资源主管部门、市级自然资源主管部门和县级自然资源主管部门。其中，部本级和省级自然资源主管部门层面在审批权限问题上基本不会发生争议或纠纷，但在市、县两级，则会因出让权限是否下放、如何下放，以及能否下放等问题而发生许多争议。且在许多案件中，县级自然资源主管部门往往都是在没有任何授权或委托的情况下即越权出让矿业权，而一旦发生争议诉诸复议或诉讼，市级自然资源主管部门又往往基于各种原因而选择对县级自然资源主管部门的颁证行为予以追认，明确已将出让权限进行下放。该种行为不仅导致了出让权限本身管理的混乱，更使得复议机关及法院无法在法律法规的评价体系内对该问题做出客观评价。

然而，令人感到无比欣慰的是，已经有许多省级自然资源主管部门意识到该问题的严重性和严肃性，并在本次地方版7号文中明确作出了禁止市级自然资源主管部门下放出让权限的规定，如：

安徽省自然资源厅《关于贯彻落实矿产资源管理改革若干事项的实施意见》（皖自然资规〔2020〕5号）第1部分第1条第6款规定："市自然资源主管部门不得将本级出让登记权限下放县（市、区）自然资源主管部门，跨行政区域的矿业权登记权限由上一级自然资源主管部门指定。"

山东省自然资源厅《关于推进矿产资源管理改革若干事项的通知》（鲁自然资规〔2020〕2号）第1条第1款规定："……市级自然资源主管部门不得将本级出让登记权限下放县级。"

河南省自然资源厅《关于进一步推进矿产资源管理改革有关事项的通知》（豫自然资规〔2020〕4号）第1条第2项规定："省辖市自然资源主管部门负责部、省及县级自然资源主管部门负责之外矿产的探矿权采矿权出让登记工作，且不得授权和下放给县级自然资源主管部门……"

除上述地区外，贵州、甘肃等地亦对于禁止出让权限下放作出明确规定，受限于文章篇幅，不再详细列举。但相比于此，除极个别省份明确规定出让权限可下放外，更多地区则是采用"莫言"的立法方式，对于能否下放出让权限不予规定。对此，笔者在权衡利弊及从解决现实问题的角度出发，比较认同应严格限制市级自然资源主管部门下放矿权出让权限的做法，并呼吁能有越来越多的地区接受这种观点和管理模式。

2. 增加协议出让情形——个别地区允许将同一采矿权人的不同矿山之间不可单独设立矿业权的边角、夹缝资源权益以协议出让方式授予该采矿权人。

伴随自然资源有偿使用制度改革、矿业权权益金制度改革、自然资规〔2019〕7号文等文件的颁布和实施，协议出让被严格限制在“稀土、放射性矿产勘查开采项目或国务院批准的重点建设项目”和“已设采矿权需要利用原有生产系统进一步勘查开采其深部或上部同类矿产(《矿产资源分类细目》中普通建筑用砂石土类矿产除外)”这两种情形的范围内。但事实上，还有一种情形是在实践过程中普遍存在且必须予以解决的问题，即同一采矿权人的不同矿山之间无法单独设立矿业权的边角、夹缝资源权益能否以招、拍、挂方式进行出让？

对此问题，笔者认为，鉴于边角、夹缝资源权益已无法单独设置矿业权，故自然资源主管部门亦无法以矿业权的名义对外进行招、拍、挂，因此，该边角、夹缝资源权益如想完成出让，就必须附着于合法有效的矿业权上而被该矿权吸收，形成该边角、夹缝资源的不同矿山的同一采矿权人便成为唯一的选择。行政机关要么选择协议出让给该采矿权人，要么就只能接受矿产资源被闲置、浪费的结局。

显然，我国一些地区的自然资源主管部门在实践过程中也遇到了上述问题，并极具魄力地在协议出让情形被严格限定的当下，基于解决问题和贯彻我国高效、集约利用矿产资源的根本原则，在地方版7号文作出了如下规定：

山东省自然资源厅《关于推进矿产资源管理改革若干事项的通知》(鲁自然资规〔2020〕2号)第2条第2款规定：“除《意见》规定的协议出让情形外，同一采矿权人实施整合、利用不宜单独设立矿业权的夹缝资源，整合方案经专家论证和所在地县级人民政府同意后，可以协议方式出让，并根据整合范围签订出让合同、处置出让收益……”

宁夏回族自治区自然资源厅《关于印发〈关于贯彻落实自然资源部推进矿产资源管理改革意见的若干政策〉的通知》(宁自然资规发〔2020〕4号)第1条第1项规定：“(一)除协议出让外，其他矿业权一律采取招标、拍卖、挂牌方式公开出让。属于下列情形的，可以协议方式出让矿业权：1. 稀土、放射性矿产勘查开采项目或国务院批准的重点建设项目；2. 已设采矿权需要利用原有生产系统进一步勘查开采其深部或上部同类矿产的(《矿产资源分类细目》中普通建筑用砂石土类矿产除外）;3. 同一采矿权人的同类矿山之间，不可单独设立矿业权的夹缝资源。”

与此同时，笔者还注意到，内蒙古自治区对于边角、夹缝资源权益的处理亦提出了对策，内蒙古自治区自然资源厅《关于贯彻落实矿产资源管理改革若干事项的实施意见（试行）》（内自然资规〔2020〕5号）第2条第7项规定：“符合矿业权设置区划要求，已设非油气矿业权周边不宜单独设置矿业权的边角资源，通过市场方式出让。相邻矿业权以外的其他企业竞得的，需与周边相邻矿业权或与矿业权设置区划确定的相邻企业整合勘查开采。”就此种处理方式，笔者认为，这是内蒙古在严格遵守协议出让适用范围基础上的变通处理。这种想法笔者是理解的，但呈如上文所述，不宜单独设置矿业权的边角资源权益是无法作为合法权益类型而进行市场交易的。因此，该种方式仍存在法律层面上的障碍和壁垒。

但不管怎样，山东省、宁夏回族自治区和内蒙古自治区认真思考边角、夹缝资源权益的处理问题，在协议出让被严格限制的当下，突破现有规定，为进一步完善矿业权出让管理体制做出了有益补充值得肯定。

3. 个别地区明确将采矿权出让行为由“出让+审批”制调整为“出让+登记”制，简化采矿权登记审批事项，在探转采时取消划定矿区范围批复审批，不再将开发利用方案等文件作为采矿权申请登记的要件。

根据《矿产资源法》（修订草案）的核心立法原则，未来对于矿业权的管理要参照不动产模式，逐步弱化矿业权行政许可的审批属性，更进一步强化矿业权作为用益物权的民事权益登记属性，即矿政管理模式要由“出让+审批”制逐渐调整过渡为“出让+登记”制。

从目前来看，贵州省、重庆市、河南省对该原则的理解和落实已经走在了前面，可为未来的逐步推广和实施贡献宝贵的实践经验。

贵州省自然资源厅《关于深入推进矿产资源管理改革若干事项的意见（试行）》第2条第4项规定：“建立矿业权登记制度。将矿业权审批登记制改革为矿业权出让合同约定登记制，矿业权人与权限内自然资源主管部门签订矿业权出让合同，按规定缴纳（处置）矿业权出让收益（价款）后，即可登记颁发勘查许可证或采矿许可证。”第6项规定：“1. 取消划定矿区范围审批事项。矿业权招拍挂出让、协议出让、探矿权转采矿权、扩大矿区范围等，不再受理、审批划定矿区范围事项。矿区范围在签订的矿业权出让合同中约定……”第7项规定：“1.‘三合一’方案不再作为申办采矿许可证的前置条件。采矿权人应在约定时间内完成‘三合一’方案编制并通过评审。‘三合一’方案只评审不备案，由具有资格的评审机构将通过评审且公示无异议的‘三合一’方案、专家评审意见送权限内发证机关和矿山所在地自然资源主管部门备查……”

重庆市规划自然资源局《〈关于印发贯彻实施《自然资源部推进矿产资源管理改革若干事项的意见（试行）》的意见〉的通知》（渝规资规范〔2020〕6 号）第 10 条第 29 项、第 30 项规定：“简化矿业权申请要件。不再将矿业权申请人资质证明材料、勘查实施方案和评审意见书、开发利用方案和专家审查意见、环境影响评价报告及环保部门批复文件、矿产资源储量登记书、闭坑地质报告、地质资料汇交凭证等作为矿业权申请登记要件。矿业权登记要件清单详见附件 2。简化探转采登记程序。探矿权转采矿权划定矿区范围审批程序与采矿权新立登记程序合并，不再办理划定矿区范围审批。签订采矿权出让合同后，申请人按照采矿权新立登记提交要件，直接办理采矿权新立登记。”

河南省自然资源厅《关于进一步推进矿产资源管理改革有关事项的通知》（豫自然资规〔2020〕4 号）第 3 条第 9 项规定：“……竞得人申请办理采矿权登记，相关要件暂时无法提供时，可由企业作出承诺，登记机关容缺办理采矿权登记手续……”第 10 项规定：“取消采矿权划定矿区范围事项。将采矿权划定矿区范围事项并入采矿权新立登记事项一并办理，不再单独申请批复划定矿区范围。已批准的有预留期限的划定矿区范围批复，预留期到期后，无需办理预留期限延续，其预留期顺延至采矿权新立登记为止。”

依据上述规定可以看出，在《矿产资源法》（修订草案）及自然资规〔2019〕7 号文相继出台后，各地自然资源主管部门都在探索新时代下矿政管理体制的“内核”究竟是什么。笔者认为，“内核”是行政机关行使行政许可权同《民法典》对于物权登记及物权保护两者之间的平衡与兼容。因此，当我们看到“行政机关可容缺办理采矿权登记”“将矿业权审批登记制改革为矿业权出让合同约定登记制”“取消划定矿区范围审批事项”“‘三合一’方案不再作为申办采矿许可证的前置条件”等体现行政许可权对用益物权的保护和尊重的时候，矿政管理新时代真的要到来了，我们的矿政管理机关终于开始尝试慢慢放手，尝试相信“相信的力量”。

4. 贵州创新改进矿业权出让收益计算方式，不再与开发利用方案确定的矿山服务年限挂钩,而是按照发证年限内的拟动用资源量计算需缴纳的出让收益。

贵州省自然资源厅《关于深入推进矿产资源管理改革若干事项的意见(试行)》第2条第9项规定:“改进矿业权出让收益(价款)计算方式。适用以计算方式确定矿业权出让收益(价款)的,矿业权出让收益(价款)计算不再与‘三合一’方案确定的矿山服务年限挂钩,计算方式改进为:矿业权出让收益(价款)= 市场基准价×拟动用资源储量。拟动用资源储量=推荐生产规模×发证年限×1.5(备用系数)。拟动用资源储量大于等于评审备案总资源储量的,拟动用资源储量即为评审备案的总资源储量;拟动用资源储量小于评审备案总资源储量的,未计算矿业权出让收益(价款)的资源储量,待采矿权延续登记时再行计算。”

根据《矿业权出让收益评估应用指南(试行)》第11.2条“按照相应的评估方法和模型,估算评估计算年限内333以上类型全部资源储量的评估值,并计算其单位资源储量价值……根据矿业权范围内全部评估利用资源储量(含预测的资源量)及地质风险调整系数,估算出资源储量对应的矿业权出让收益评估值”可知,目前矿业权出让收益是根据矿山全生命周期的所有储量计算得出的,这就意味着对于许多矿山服务年限超过30年的大型矿山采矿权人来说,其取得的采矿权证最长只有30年,但却已经支付了60年、70年、80年乃至100年的出让收益,这种“提前收费”的模式不仅大大增加了采矿权人的经济压力和不确定感(对于采矿权证到期后能否延续的不确定),更不符合我国关于构建矿产资源行业可持续发展的根本方针和原则。

贵州省出让收益同服务年限脱钩,而同发证期限挂钩的规定,理性而温存。愿在不久的将来,出让收益制度不再成为矿业权人那一声“沉重的叹息”。

5. 多地细化矿业权“净矿出让”机制,明确在出让矿业权的同时应确保用地、用林、用草指标问题,鼓励“矿业权+土地使用权”打捆出让。

鉴于我国实行矿业权和土地使用权的双轨审批制(二分管理模式),因此,在取得矿业权的同时未必能够取得矿区土地使用权。而实现矿产资源的开采又必须依赖于矿山建设工程的竣工投产,故在现实操作层面又必须要求矿业权和矿区土地使用权的取得能够尽量做到同步或没有取得土地使用权的实质性障碍。但在实践过程中,由于矿山用地属于工矿建设用地,需要大量的建设用地指标,特别是当涉及需要使用林地时,更是受到林地指标和建设用地指标的双重限制。

与此同时，就像一位从事建设用地审批的行政机关工作人员说的那样："我们县里每年就这么多林地指标和建设用地指标，要优先考虑民生工程吧，他们这个矿山项目只能往后排，争取每年解决一点用地问题，也只能这样了。"

于是，矛盾就此形成，采矿权人拿着一张允许开采却又无法开采的采矿许可证，等待着另一张能够取得但又不知何时能够取得的土地使用权证。久而久之，各种矿业用地乱象也便应运而生，以租代征、土地承包、在临时用地上建设矿山永久设施，甚至堂而皇之地非法占地等问题屡见不鲜。

不过，令人感到欣慰的是，自然资源主管部门也逐渐开始反思并寻求解决该问题的方法和路径。2013 年，浙江省率先提出了"净采矿权"的概念，即指采矿权出让前期的相关政策处理到位，竞得人不再受土地、地面附着物及固定资产等权益制约，且可进场开展矿山建设的拟出让采矿权。此后多年，多地自然资源主管部门亦开始学习浙江模式，努力探索完善"净采矿权"出让制度。终于，在《矿产资源法》（修订草案）和自然资规〔2019〕7 号文中，"净矿出让"制度被正式确立下来，成为矿权出让的基本原则和前提。而在此基础上，多地地方版 7 号文再次细化相关政策，为"净矿出让"的落地实施提供了具体标准和依据，如：

重庆市规划自然资源局《关于印发〈贯彻实施《自然资源部推进矿产资源管理改革若干事项的意见（试行）》的意见〉的通知》（渝规资规范〔2020〕6 号）第 9 条规定："……鼓励矿业权与土地使用权打捆出让，鼓励对采矿用地、用林、用草、搬迁安置、资产评估等统一确权估价，在出让收益外单列。"

河南省自然资源厅《关于进一步推进矿产资源管理改革有关事项的通知》（豫自然资规〔2020〕4 号）第 3 条第 8 项规定："各地要积极构建'政府统筹、部门协同'的采矿权'净矿'出让机制。在实施建筑石料类采矿权出让前，县级自然资源主管部门要提请当地政府组织自然资源、生态环境、水利、应急、林业等部门对拟设矿区进行实地踏勘，对涉及的矿产资源、用地用林、环境保护、水土保持、安全生产等条件进行充分论证，相关部门签署的审查意见作为采矿权出让及办理用地、用林、环评、水保、安全等相关手续的依据。"

云南省自然资源厅《关于贯彻落实自然资源部推进矿产资源管理改革若干事项的实施意见（试行）》（云自然资规〔2020〕2 号）第 4 条规定："……采矿权'净矿'出让前要坚持和完善矿业权出让联勘联审，建立出让项目库，确保出让范围符合各级各类规划管控要求和产业政策，落实环境保护、安全生产相关要求……对‘净矿’出让后采矿权竞得人切实做好服务保障工作，要及时办理用地、用林、用草等手续，为采矿权竞得人顺利实施开采活动创造良好条件……”

通过上述规定可以看出，在未来的矿业权出让活动中，相关行政机关必须依法保障竞得人在取得采矿权后可以直接开工建设、“拎包入住”。因此，重庆等地亦提出了“矿业权+土地使用权”捆绑打包出让的新模式，旨在实现矿权审批与土地使用权审批时间、空间上的一致性。虽然目前没有更多细节性、具体性的规定，但笔者相信，随着“净矿出让”制度的不断优化、完善，未来已来，吾辈可期。

6. 个别地区明确可依职权注销矿业权。

笔者在同自然资源主管部门一线工作人员沟通后了解到，因目前涉矿法律法规均未明确规定行政机关可依职权主动发起注销程序，故在矿业权人未按照规定期限办理矿业权注销登记时，只能采用吊销的方式予以处理，却始终无法注销。这一程序上的漏洞使得自然资源主管部门在面对侵犯矿业权的行政诉讼或民事诉讼时常常处于被动地位。

对此问题，笔者认为，行政机关依职权主动发起注销程序并非没有法律依据。《行政许可法》第70条规定：“有下列情形之一的，行政机关应当依法办理有关行政许可的注销手续：（一）行政许可有效期届满未延续的；（二）赋予公民特定资格的行政许可，该公民死亡或者丧失行为能力的；（三）法人或者其他组织依法终止的；（四）行政许可依法被撤销、撤回，或者行政许可证件依法被吊销的；（五）因不可抗力导致行政许可事项无法实施的；（六）法律、法规规定的应当注销行政许可的其他情形。”由此观之，该条事实上已将矿业权到期后的自行废止，以及矿业权撤销、吊销等问题明确纳入应注销的范畴之内，且属于行政机关应当注销的情形。

从安徽省和新疆维吾尔自治区出台的地方版7号文可以看出，上述观点正逐渐被自然资源主管部门接受和适用。

安徽省自然资源厅《关于贯彻落实矿产资源管理改革若干事项的实施意见》（皖自然资规〔2020〕5号）第4条第15项规定：“定期开展已设矿业权清理。对属于本级管理的矿业权，其矿业权人由于自身原因在许可证有效期满前未申请延续登记的，由登记管理机关纳入已自行废止矿业权名单向社会公告并及时清理注销。”

《新疆维吾尔自治区矿产资源管理若干事项暂行办法》第 18 条规定:“【矿业权自行废止和注销】除不可抗力或政府及其有关部门原因外,矿产资源勘查、采矿许可证有效期届满,矿业权人未在规定期限内申请延续、保留、注销登记;或申请延续、保留时自然资源主管部门依法不予登记且矿业权人在规定期限内未申请注销登记的,按照矿业权出让、登记权限,由自然资源主管部门在门户网站(或同级政府门户网站)公示 60 日,公示期满无异议的自行废止,予以注销。”

7. 个别地区探索对于井巷工程不在矿区范围内的处理方式和原则。

实务中,许多矿山建设项目中都存在井巷工程不在矿区范围内的问题。而当遇到这样的问题时,行政机关到底是应该“一刀切”地限期拆除并给予行政罚款,还是需要根据具体情况分类解决?福建省、内蒙古自治区以及安徽省给出了答案:

福建省自然资源厅《关于进一步规范矿业权申请有关事项的通知》(闽自然资发〔2021〕55 号)第 4 条规定:“由于历史原因,矿山(普通建筑用砂石土类矿山除外)企业已建井巷工程位于矿区范围外的,由县级自然资源主管部门组织实地踏勘核实,根据井巷工程位置、资源赋存等分类处置。(一)对井巷工程垂直投影在矿区平面范围内,但标高在矿区范围外的,按以下程序申请办理相关手续:1. 论证报告编制及评审。矿山企业编写论证报告,并由县级自然资源主管部门组织专家对论证报告进行审查。2. 公示。由省自然资源厅负责在全国矿业权登记信息及发布系统、省自然资源厅门户网站阳光矿政系统公示 7 个工作日。公示无异议的,由省自然资源厅出具意见。3. 办理采矿权变更手续。采矿权人凭省自然资源厅出具的公示无异议意见,向登记管理机关申请办理采矿权变更登记手续(仅限井巷工程范围)。(二)对井巷工程在矿区平面范围外、采矿权之间存在空白地带需优化开拓系统、基于安全原因拟扩大露采矿山剥离面等需要调整矿区范围的情形,拟调整范围不涉及资源储量的,登记管理机关可通过矿政综合信息系统公开挂牌出让空白地带采矿权(可不受矿业权设置区划限制)并予以局部变更矿区范围;拟调整范围内涉及资源储量的,可由地方财政出资开展地质勘查工作,查明资源储量后通过公共资源交易平台以公开方式出让采矿权。”

内蒙古自治区自然资源厅《关于印发〈矿产资源勘查登记管理规定〉〈矿产资源开采登记管理规定〉(试行)的通知》附件 2《矿产资源开采登记管理规定》第 6

条第26项规定："矿山企业已建井巷工程或露天开拓工程位于矿区范围外的，由旗县自然资源主管部门按照《关于印发〈市（地）县（市）级国土资源主管部门矿山资源监督管理暂行办法〉的通知》（国土资发〔2003〕17号），查明情况。属于依法查处范围的，应先履行行政处罚程序，列入矿业权人勘查开采信息公示系统异常名录。盟市自然资源主管部门根据旗县核查结果，复核拟调整范围矿业权设置、勘查程度、资源赋存等情况：属于按照审查通过的开发利用方案建设的，按照开发利用方案申请调整矿区范围；属于未按照审查通过的开发利用方案建设的，组织原开发利用方案审查同级别专家组核实论证建设合理性，根据专家组意见确定调整范围，改建工程论证不合理的，依法处置。拟增加范围内涉及查明资源储量的，按照市场出让边角资源程序办理。"

8. 内蒙古等地明确采矿许可证证载标高同储量报告、开发利用方案、有偿处置赋存标高不一致时，可进行修正变更。

笔者在办理非法采矿类案件时，常常遇到这样的问题：在2017年矿业权权益金制度改革之前，由于空白地无须缴纳价款，许多采矿权人在证载标高范围外探明储量形成储量报告及开发利用方案后，因标高调整同价款缴纳没有关联，故行政机关及采矿权人便都没有从形式上催促及办理采矿权证上的标高调整登记事项，但在公安进行侦查时，发现存在证载标高范围内开采矿产资源的行为，便将其定性为非法采矿罪。事实上，笔者认为，行政机关是可以通过标高修正变更认可证载标高范围外开采的合法性问题的。

在这一问题上，内蒙古自治区、安徽省率先作出了回应：

内蒙古自治区自然资源厅《关于印发〈矿产资源勘查登记管理规定〉〈矿产资源开采登记管理规定〉（试行）的通知》附件2《矿产资源开采登记管理规定》第6条第25项规定："已设采矿权登记开采标高，与办理登记时提交的经评审备案的矿产资源储量报告、评审通过的矿产资源开发利用方案、有偿处置资源赋存标高不一致的，采矿权人可按照采矿许可证矿区范围变更程序申请按照原登记提交资料更正采矿许可证登记标高。"

安徽省自然资源厅《关于贯彻落实矿产资源管理改革若干事项的实施意见》（皖自然资规〔2020〕5号）第4条第16项规定："对发现存在坐标转换造成面积计算误差、露天采矿权标高与新立登记时依据的开发利用方案和生产设计不符、采矿权部分井巷工程位于矿区范围外等情形,应调查核实,按规定程序报批后据实纠正或者整改。"

依据上述规定,笔者认为,该项规定不仅仅是作为行政许可登记的修正(纠正)条款,更是对于采矿权人基于上述情况而在证载标高外实施开采行为是否具有合法性的追溯认定,对于非法采矿行政责任、刑事责任的界定亦起到了关键作用。

三、结语

我们要清醒地认识到,除了上述这些"惊喜",其实还有一些"惊吓"也是值得关注和深思的。如对于探矿权延续时扣减面积的算法确定问题,有些地区强调"首设面积扣除已提交资源量范围部分,仍应扣减首设面积的25%"。但根据自然资源部矿业权司对7号文的解读来看,应从有利于企业的角度出发,探矿权延续登记时扣减面积的计算公式为:(勘查许可证载明面积-探明储量面积)×25%,即"先扣除探明储量面积再核减区块面积25%"。又如,对于协议出让情形限缩解释涉嫌违反上位法的问题,某些地区规定"已设采矿权需要利用原有生产系统开采利用采矿权平面范围内采矿权标高上下部资源的,金属类矿种采矿权可以协议方式向同一主体出让金属类矿产的探矿权、采矿权;非金属类矿种(普通建筑材料用砂石土类矿产除外)采矿权可以协议方式向同一主体出让原采矿许可证载明矿种的采矿权",而自然资规〔2019〕7号文一方面没有将矿种划分为金属矿种和非金属矿种予以分别规定,另一方面亦没有限定非金属矿种采矿权人通过协议出让方式取得的只能是已有采矿许可证载明矿种的采矿权。因此,笔者认为上述规定本身存在违反上位法的嫌疑,值得我们进一步讨论。再如,异地置换补偿资源的问题,某些地区规定"砂石土矿投入生产初期,经第三方地质勘查单位论证,确实存在实际资源储量与出让资源储量差距较大或矿种不一致情况的,报同级人民政府同意后,登记管理机关可为原采矿权人就近补划同矿种资源。补划资源后,应重新签订采矿权出让合同"。鉴于我国目前严格限制协议出让矿业权,而矿业权置换从形式上又必须以协议出让的方式进行,故在没有关于"矿业权置换"相关上位法细则出台的情况下,该项政策出发点虽然是解决现实问题,但从执行层面仍存在障碍和壁垒,需进一步研究解决。

最后,笔者想要表达的是,作为从事了多年能源及自然资源法律服务的律师,很庆幸能够见证我国矿政管理体制的不断发展和完善。从这25地出台的地方版7号文中,我们看到了《矿产资源法》和矿政管理体制都已登上了新时代的巨轮。让我们一起成为这艘巨轮上的一名普通舵手,为矿业乘风破浪、扬帆起航,穷尽所能、所悟、所思、所想。

要温和地走进这个良夜
——矿业权有偿出让“宇宙进化史”

王振华* 田海晨

* 作者简介：
王振华，中伦律师事务所北京办公室公司业务部合伙人，电邮为：wangzhenhua@ zhonglun. com。

2023年3月24日，财政部、自然资源部、税务总局联合印发了财综〔2023〕10号《矿业权出让收益征收办法》（以下简称10号文）。

金改率、成交价变成机会成本、新旧政策衔接仍存在模糊点及值得商榷的问题、矿业权出让收益评估期限（适用于《矿种目录》外的矿业权出让）最长不超过30年等等，这种透过文字转化成观点的表达，既有惊喜、也有遗憾。但内心构建而成的矿业权有偿出让"宇宙"却还是能让笔者笃定的相信着，从价款时代到出让收益金时代再到出让收益率时代，在矿产资源权益金制度的大背景下，我们一直都在向更好的方向努力前进着。尽管仍有缺陷、遗憾和不足，但人之常态，大抵如此。

一、价款时代——一个好但对国家所有者权益仍存认知限制的时代

1997年1月1日，修订的《矿产资源法》正式生效。其中第5条第1款规定："国家实行探矿权、采矿权有偿取得的制度……"自此，矿业权有偿出让制度在法律层面得以建立，成为构建有偿出让宇宙的"普罗米修斯"。

那么，何为有偿出让呢？

1998年2月12日颁布实施的《矿产资源勘查区块登记管理办法》（国务院令第240号，以下简称240号令）和《矿产资源开采登记管理办法》（国务院令第241号，以下简称241号令）给出了答案。其中，240号令第13条第1款规定："申请国家出资勘查并已经探明矿产地的区块的探矿权的，探矿权申请人除依照本办法第十二条的规定缴纳探矿权使用费外，还应当缴纳国家出资勘查形成的探矿权价款……"241号令第10条第1款规定："申请国家出资勘查并已经探明矿产地的采矿权的，采矿权申请人除依照本办法第九条的规定缴纳采矿权使用费外，还应当缴纳国家出资勘查形成的采矿权价款……"

因此，此时矿业权有偿出让制度的核心体现即为矿业权价款。

1999年6月7日，财政部、原国土资源部联合印发了财综字74号《探矿权采矿权使用费和价款管理办法》，对探矿权和采矿权价款的概念作了进一步的解释，该办法第4条规定："探矿权采矿权价款包括（一）探矿权价款。国家将其出资勘查形成的探矿权出让给探矿权人，按规定向探矿权人收取的价款。（二）采矿权价款。国家将其出资勘查形成的采矿权出让给采矿权人，按规定向采矿权人收取的

价款。”

2010年，财政部、原国土资源部又发布了著名的《关于加强对国家出资勘查探明矿产地及权益管理有关事项的通知》（财建〔2010〕1018号），该通知第11项明确规定：对属于企业自行出资勘查探明矿产地的，不得收取矿业权价款。

依据上述内容可知，矿业权价款本质即为国家出资勘查所形成的投资收益，即如果矿业权人取得属于国家出资勘查并已探明矿产地的矿业权，则须向国家缴纳体现勘查投资收益的矿业权价款。如果出让的矿业权不涉及国家勘查投资，或虽有国家勘查投资但未形成探明矿产地，即属于空白地的，则无须向国家缴纳矿业权价款。

因此，在价款时代，矿业权有偿出让制度的适用范围不是全部矿业权，而仅限缩在了国家出资探明矿产地形成的矿业权上。但需要提示各位读者注意的是，此时无论是《宪法》还是《矿产资源法》，都已明确写明矿产资源归国家所有。在此情况下，笔者认为价款制度本身的设计即让基于空白地而形成的矿产资源权益在出让环节未能体现为国家所有，这也构成了国家后续将矿业权价款调整为矿业权出让收益的主要内在原因。

综上所述，笔者认为，价款时代是一个对矿业权人来说足够好的时代，却也是一个对国家享有矿产资源所有权概念理解不那么到位的时代。因此，当时代红利消失，当所有者权益被正名，所有矿圈同人都要跟随国家经历成长的阵痛。既然不可避免，就应坦然面对。

二、出让收益金时代——一个体现矿产资源国家所有者权益但又备受争议的时代

2017年发布的国务院《关于印发矿产资源权益金制度改革方案的通知》（国发〔2017〕29号），标志着矿业权价款制度向矿业权出让收益制度的转变。该通知第2条第1项明确规定：“在矿业权出让环节，将探矿权采矿权价款调整为矿业权出让收益。将现行只对国家出资探明矿产地收取、反映国家投资收益的探矿权采矿权价款，调整为适用于所有国家出让矿业权、体现国家所有者权益的矿业权出让收益……”自此，我国矿业权有偿出让制度内涵发生了根本性变化，“普天之下莫非王土，普土之下莫非王矿”的国家所有权概念被强化，国家投资收益概念正式退出历史舞台。

2017 年 6 月 29 日，财政部、原国土资源部联合印发了《矿业权出让收益征收管理暂行办法》（财综〔2017〕35 号，以下简称 35 号文）。矿圈人士笑言，35 号文就此打开了矿业权出让的“潘多拉魔盒”，一时间众说纷纭。然而，当我们理解了价款制度无法长久的根本原因以后，再回过头来看 35 号文的具体内容，是不是能够多一些理解。但不管怎么说，35 号文本身的规定以及后续配套出台的相关政策性文件在实践过程中确实存在一些争议，使矿业权人承担了巨大的经济压力和因不确定性而带来的投资经营压力。

比如，35 号文对于有偿处置概念的混同化，导致了矿业权价款同矿业权出让收益概念的混同。如 35 号文第 2 条规定：“申请在先方式取得探矿权后已转为采矿权的，如完成有偿处置的，不再征收采矿权出让收益；如未完成有偿处置的，应按剩余资源储量以协议出让方式征收采矿权出让收益。尚未转为采矿权的，应在采矿权新立时以协议出让方式征收采矿权出让收益。”如前文所述，有偿处置概念在价款时代和出让收益时代的内涵是完全不一样的，因此，价款时代同出让收益时代应是彼此泾渭分明的两个时代，是有一条清晰的界限加以区分的。但 35 号文为了解决过渡和衔接的问题，淡化了两者的区别，未对相关概念作进一步的释明，这也导致了涉矿行政诉讼及民事诉讼领域都发生了一些因价款同出让收益概念区别不清而引发的争议。

再如，《矿业权出让收益评估应用指南（试行）》规定矿业权出让收益金以矿山全生命周期的全部利用资源量作为参数予以计算，这就出现了许多矿业权人按照 70 年、80 年甚至 100 年可利用资源量缴纳矿业权出让收益的情况。但事实上，一方面矿业权人取得的矿业权证最长期限即为 30 年，30 年后能否获得矿证延续以及当时政策如何都存在巨大的不确定性；另一方面高额的出让收益金也让矿业权人面临着巨大的资金压力，不利于其进行矿山的实际建设、开采及运营。因此，这种双重的巨大不确定性及压力使得矿业权人增加了对矿业权出让收益的困惑和不解。

对笔者来说，矿业权出让收益时代虽然是一个对于矿产资源国家所有概念理解深刻的时代，但在保护和考量矿业权人相关利益方面仍存在一些不足。因为国家在完成矿产资源所有者权益转轨的同时，并没有同步完成各矿产资源参与主体观念和认知层面上的转轨。加之矿业权出让收益金的确定过分强调所有者权益的概念（按照全部利用资源量一把计算确定需缴纳金额），大大增加了矿业权人的资金压力，这种实践和感受上的巨大变化和落差使矿业权出让收益政策备受诟病。

三、出让收益率时代——一个开始展现矿产资源行业可持续发展愿景的时代

矿业权人说，10 号文的出台是国家找矿突破行动的有力保障，矿产资源市场要活跃起来了。

是的，笔者理解此次改革将惠及整个矿业行业，但有些业内担忧的问题还需市场进一步验证，从而形成更为细化的共识。

2023 年 5 月 1 日正式实施的 10 号文，标志着出让收益“金”时代的结束和出让收益“率”时代的来临。该文件内容很丰富，其他同人也在第一时间对具体条款进行了解读，而笔者最为关注的，则是以下四个方面的内容：

首先，出让收益“金改率”。除第三类砂石矿等少量矿种外，83.2%的矿种矿业权以出让收益率的形式征收出让收益，即在矿山开采时按照相应的矿业权出让收益率逐年征收采矿权出让收益（逐年征收的采矿权出让收益=年度矿产品销售收入×矿业权出让收益率），实打实地降低了矿业权人支付出让收益的压力，从“一锤子买卖”的独乐乐调整为了“共享收益”的众乐乐。

其次，矿业权成交价（起始价）内涵已发生根本性变化。10 号文发布前，矿业权成交价即为需缴纳的矿业权出让收益金；10 号文发布后，虽然行政机关仍将矿业权成交价视为出让收益的一部分，但笔者认为该成交价事实上反映的是通过市场竞争方式取得矿业权的机会成本费用，其本质上已不属于矿业权出让收益的范畴。当然，也有很多业内人士在第一时间即电话问询矿业权成交价会不会因一些非理性投资人的介入而被提得很高，相比 35 号文反而增加了出让收益的支出费用。对此问题，笔者认为确实可能会出现此种情况，但导致出让收益增加的原因不在行政机关，而在竞争对手。因为成交价不再作为确定出让收益金的标准，而仅作为确定竞得人的手段。

诚然，鉴于我国矿业权除特殊情形下可协议出让外，市场招拍挂出让已是常态。在这种充分竞争环境下，以及囿于投资人的理性认知，矿业权出让市场是否会扩大无序竞争，产业投资人进入的难度是否会进一步提高，以及未来矿产品的

价格是否会受到影响,都需要时间给出答案。

再次,新旧政策衔接规定仍存在模糊点及值得商榷的公平性问题。新旧政策衔接事宜,在任何一部改革文件中,都会产生诸多争议,10 号文也不例外。例如,该文件第 28 条第 1 款规定:“本办法实施前已签订的合同或分期缴款批复不再调整,矿业权人继续缴纳剩余部分,有关资金缴入矿业权出让收益科目,并统一按规定分成比例分成。”对此规定,笔者认为,既然 10 号文出让收益“费改率”的初衷是减轻所有矿业权人的资金压力,盘活矿产资源市场,故可进一步讨论对于存量申请在先或协议出让方式取得的探矿权转采时,矿政管理机关是否可以在合理抵扣已缴纳的首期矿业权出让收益后,就后续出让收益给予采矿权人选择继续履行原出让合同还是选择以新出让收益率形式进行缴纳的权利。如此一来,便可抚慰那些因积极践行 35 号文精神,依法缴纳矿业权出让收益金却反而因新政出台而倍感失落的矿业权人们的心。

最后,矿业权出让收益评估期限(适用于《矿种目录》外的矿业权出让)最长不得超过 30 年。如上文所述,现行《矿业权出让收益评估应用指南(试行)》是以矿山全生命周期的全部利用资源量作为参数计算出让收益金额的,10 号文发布后,行政机关强调评估期限要与采矿权登记发证年限、矿山开发利用实际有效衔接,最长不得超过 30 年,避免发生影视剧里税收征收到 90 年后的“魔幻事件”。

行文至此,其实还有很多 10 号文的修改亮点、困惑及建议想与诸君分享,如出让收益基准率的确定是否需要因各地发展水平的参差不齐而呈现一定的差异化;再如按出让收益率计征出让收益时,原矿产品和选矿产品应按照何种系数及方式进行转换等,但因篇幅问题无法展开了。不过,这不会妨碍我们为“开始展现矿产资源产业可持续发展愿景”的时代而叫好,并为之继续贡献绵薄但持久的力量。

信·条

——非法采矿罪与非罪的重构

葛 燕 王振华* 田海晨

* 作者简介：
葛燕，中伦律师事务所北京办公室争议解决部合伙人，电邮为：geyan@ zhonglun. com。
王振华，中伦律师事务所北京办公室公司业务部合伙人，电邮为：wangzhenhua@ zhonglun. com。

诺兰在他的最新电影《信条》中反复强调一个对时间逆转的认知理念:“不要试图理解它,感受它就好。”这部电影重构了我们对时间的认知,导演仿佛给每个观影人脑中植入了一个全新的概念,让时间有了流动的方向。

得益于这部电影带给我们的灵感,加之笔者接触了一些涉嫌非法采矿罪的实践案例,方才发现理论及实践界似乎对该罪的认定标准甚至立法原意的理解存在进一步研究、讨论和释明的空间。因此,我们认为有必要编导一部关于非法采矿罪与非罪认定标准的“信条”,希望通过这部文字电影,共同重构我们对于该罪边界的认知。

一、非法采矿罪的定义

区别于研究非法采矿罪的一般法律逻辑结构,我们在本文中不会对于该罪的全部犯罪构成要件逐一进行论述,而是寻找并聚焦实务过程中最纠结、最拧巴、最具争议也是最核心的关键点,以此作为重构罪与非罪边界认知的根本立足点。

(一)非法采矿罪在刑法条文中的具体规定

《刑法》第 343 条第 1 款规定:“违反矿产资源法的规定,未取得采矿许可证擅自采矿,擅自进入国家规划矿区、对国民经济具有重要价值的矿区和他人矿区范围采矿,或者擅自开采国家规定实行保护性开采的特定矿种,情节严重的,处三年以下有期徒刑、拘役或者管制,并处或者单处罚金;情节特别严重的,处三年以上七年以下有期徒刑,并处罚金。”

(二)非法采矿罪在司法解释中的进一步释明

最高人民法院、最高人民检察院《关于办理非法采矿、破坏性采矿刑事案件适用法律若干问题的解释》(以下简称《非法采矿、破坏性采矿司法解释》)对于本罪构成要件的认定做了进一步的解释和说明。鉴于篇幅有限,我们仅列举同本文阐述问题相关联的条文,具体为,第 1 条:“违反《中华人民共和国矿产资源法》《中华人民共和国水法》等法律、行政法规有关矿产资源开发、利用、保护和管理的规定的,应当认定为刑法第三百四十三条规定的‘违反矿产资源法的规定’。”和第 2 条:“具有下列情形之一的,应当认定为刑法第三百四十三条第一款规定的‘未取得采矿许可证’:(一)无许可证的;(二)许可证被注销、吊销、撤销的;(三)超越许可证规定的矿区范围或者开采范围的;(四)超出许可证规定的矿种的(共生、伴生矿种除外);(五)其他未取得许可证的情形。”

依据上述法律及司法解释,并结合我们在实务过程中经历的大量案例来看,很多采矿案件的犯罪主体、主观方面、客观方面可能都已达到非法采矿罪的构成要件,但现实中最终没有被纳入刑法的调整范围,而是以行政处罚的方式予以规制。因此,我们认为,对于犯罪客体要件的认定才是实务过程中评判罪与非罪的关键难点和命门。

二、非法采矿罪的客体要件认定——该罪要保护的社会根本法益究竟是什么?

刑法作为国家调整各种社会关系的最后一道防线,强调对于侵害社会根本法益(客体)的行为要用严苛的刑律予以评价和规制。那么,对于非法采矿罪来说,它所侵害的客体究竟是什么呢?从 1997 年《刑法》正式设立非法采矿罪,到 2007 年《物权法》(已失效)出台正式将矿业权纳入用益物权的范畴,再到 2019 年《矿产资源法》(修订草案)将采矿许可证调整为采矿权证,随着矿业权权利属性由行政权逐渐向用益物权过渡的立法现状,非法采矿罪所保护的社会法益是否亦应随之发生变化呢?

1. 第一阶段(1997—2007 年):非法采矿罪设立之初侵害的客体即为国家享有的矿产资源所有权和采矿权的行政许可管理秩序。

1997 年 1 月 1 日,在 1986 年矿法基础上修订的《矿产资源法》正式实施。矿业权在此阶段仍被视为完全的行政权而被纳入行政许可的全面监管之中。在此大背景下,1997 年 10 月 1 日实施的《刑法》则第一次将非法采矿罪纳入刑事犯罪的评价体系中来。法条原文为:“违反矿产资源法的规定,未取得采矿许可证擅自采矿的,擅自进入国家规划矿区、对国民经济具有重要价值的矿区和他人矿区范围采矿的,擅自开采国家规定实行保护性开采的特定矿种,经责令停止开采后拒不停止开采,造成矿产资源破坏的,处三年以下有期徒刑、拘役或者管制,并处或者单处罚金;造成矿产资源严重破坏的,处三年以上七年以下有期徒刑,并处罚金。”

由此观之,非法采矿罪设立之初保护的法益体现为国家享有的矿产资源所有权和完全意义上的行政监管、许可权。

2. 第二阶段(2007 年—2016 年 12 月):因《物权法》(已失效)和《非法采矿、

破坏性采矿司法解释》的出台，非法采矿罪保护的法益更加明确为国家对于矿产资源的所有权以及对其开发、利用、保护和管理的相关秩序。需要特别注意的是，由于此时的矿业权已兼具用益物权和行政权的双重属性，故对于尚未完成转采手续的探矿权人实施的开采行为是否一定构成非法采矿罪存在巨大争议。

2007 年 10 月 1 日，《物权法》（已失效）正式实施。[①] 至此，探矿权、采矿权被正式纳入用益物权编，受到物权法的调整和保护。2016 年 12 月 1 日，《非法采矿、破坏性采矿司法解释》正式适用，对于非法采矿罪侵害的客体予以了细化，即为矿产资源的开发、利用、保护和管理的相关秩序。但是，需要特别指出的是，该司法解释似乎并未意识到当下的矿业权权利内涵已同 1997 年《刑法》设立该罪时的矿业权权利内涵相比发生了翻天覆地的变化，而该种变化亦对该罪保护的社会法益产生了重大影响，具体而言即体现为对于尚未完成转采手续的探矿权人实施的开采行为是否一定构成非法采矿罪的问题。

众所周知，矿业权分为探矿权和采矿权。但事实上，探矿权和采矿权不是彼此割裂的权利，而是承接取得的，权利上具有连续性（直接出让采矿权的除外）。根据《矿产资源法实施细则》第 16 条第 1 款第 6 项探矿权人享有优先取得勘查作业区内矿产资源的采矿权和《矿产资源法》（修订草案）第 27 条第 2 款“对符合规定的探矿权转为采矿权申请，由出让探矿权的人民政府自然资源主管部门与该探矿权人签订采矿权出让合同，并为其换发采矿权证书”的规定可知，采矿权是探矿权达到转采程度的权利转变和阶段递进（由勘查转变为开采），当探矿权达到开采条件时直接换发采矿权证书即可，而不需要再做任何附加的行政审批与许可。因此，在认定非法采矿罪时，不能将探矿权和采矿权按照两个完全不同且彼此没有任何关联的权利进行对待，不能仅就采矿权说采矿权，权利许可的起点应为探矿权。

综上所述，笔者认为，由于此时的矿业权已兼具用益物权和行政权的双重属性，故刑法在保护行政监管、许可权的同时，亦应考量探矿权人事实上已在该矿区范围内拥有排他性的用益物权和优先转采的权利，该权利亦受到《民法典》的保护。

故在取得探矿权后尚未取得采矿权前，探矿权人的开采行为是否真正侵害或

---

① 2021 年 1 月 1 日起正式实施的《民法典》沿用了《物权法》对于矿业权权利性质的认定。

冲击了国家矿产资源行政许可的管理秩序，是否必须要以最严厉的刑事手段加以规制，以及是否可以不考虑探矿权人基于对行政机关的信赖而产生的对取得采矿权的合理期待，都是需要在具体案件中进行实质分析、判断和考量的。

3. 第三阶段（2017 年至《矿产资源法》（修订草案）通过的未来）：将完全没有履行任何矿业权审批手续的开采主体纳入《刑法》非法采矿罪的调整范围，而对于已经进入矿业权审批程序、取得部分矿业权许可权益的开采主体，应结合具体情况判断其是否需要用刑法加以规制。

通读《矿产资源法》（修订草案）便会发现，我国对于矿业权的管理已基本上趋同于不动产登记的管理（可类比参照土地使用权），即更加强化了矿业权作为用益物权的市场化民事权益，而逐渐弱化其作为行政权的管控化行政许可。因此，非法采矿罪保护的法益也需同此现状充分融合。

笔者认为，应以开采主体实质上是否具备国家行政许可的诸多要素作为定罪的重要参考标准。若开采主体未向行政机关进行任何矿业权设立的申请或仅处于申请初期，尚未获得任何重要的阶段性许可（如探转采尚未取得划定矿区范围批复），则其在没有取得任何物权法项下矿业权益的情况下，其非法开采行为从形式上看已构成对我国矿产资源许可管理制度的严重侵害和冲击，从实质上看亦不具备对国家矿产资源进行开发的能力，不利于对矿产资源的保护及有序开发；但如果开采主体已进入正常的探转采流程，申请采矿权证的关键环节也已全部符合国家行政许可的要求，则证明该开采主体已具备矿产资源的开发能力，有的仅仅是因为没有完全履行与出让方达成的商务约定，或者没有满足出让方设置的法律及行政法规规定之外的取得采矿权的行政许可条件等原因导致迟迟无法取得证照的，该种情形实质上没有对矿产资源的管理制度造成任何侵害，因此不符合被认定为非法采矿罪的客体要件。对于具体的该等“非法”采矿行为，到底是用最严厉的刑法进行规制还是通过行政处罚以及出让合同违约罚则等手段进行追责，都是未来行业管理以及司法实践中需要斟酌和研究的。

最后，矿业权市场发展至今，不仅现行有效的《矿产资源法》早已无法适应作为用益物权的矿产资源法律关系，就连《刑法》中非法采矿罪所保护的法益也需要在同《民法典》所保护的财产性权益充分融合的情况下重新审视罪与非罪的边界。因此，笔者理解，非法采矿罪真正打击的是破坏我国矿产资源管理许可准入制度的采矿行为,而非已经进入许可门槛即将取得采矿权证但因种种原因尚未取得的“预备役”采矿权人。

三、区分探矿权人是否构成非法采矿罪的黄金分割线——划定矿区范围批复

呈如上文所言,对于探矿权人来说,其在未取得采矿许可证时的开采行为是否构成非法采矿罪需要根据其转采进程进行实质考量和判断,而划定矿区范围的批复便是这条黄金分割线。

1. 划定矿区范围审批的实质类似于不动产登记中的“预告登记”,即探矿权人在此矿区范围内已获得了排他性质的矿业权益。

划定矿区范围批复是采矿权审批环节中最为重要的行政许可行为,其性质和效力类似于不动产登记中的“预告登记”,因此,取得划矿批复即意味着探矿权人对于开采矿区范围享有比探矿权阶段更多的用益物权和行政许可权益。另根据国土资发〔1998〕7 号国土资源部《关于矿产资源勘查登记、开采登记有关规定的通知》(以下简称 7 号文)附件 2《矿产资源开采登记有关规定》第 1 条第 4 项的规定,矿区范围划定后各级采矿登记管理机关在该区域不再受理新的采矿权申请。因此,探矿权人在此矿区范围内已获得了排他性质的矿业权益,不存在侵害第三人利益的可能。

2. 采矿权设立时的重要审查内容会在划定矿区范围审批阶段予以完成,故已取得划矿批复的探矿权人不会存在严重扰乱或违反国家相关矿产资源管理规定的行为。

根据 7 号文和国土资发〔2011〕14 号国土资源部《关于进一步完善采矿权登记管理有关问题的通知》(已失效,以下简称 14 号文)的规定,行政机关在作出划定矿区范围批复的行政许可时,需审查矿产资源储量是否已经评审备案、是否符合矿产资源规划(及矿业权设置方案)、是否处置并缴纳了出让收益(原矿业权价款)以及对矿山开发利用情况提出意见和要求(包括矿山建设规模、矿山预计服务年限、矿产资源开发综合利用、综合回收等方面的要求),故在划定矿区范围审批过程中,行政机关即已对该矿产资源的开发、利用、保护、管理进行了严格审查,在符合上述条件的情况下,才会作出划矿批复。因此,探矿权人虽尚未取得采矿许可证,但对于采矿权设立的重要审查内容已在划矿批复阶段予以完成,故不会存

在严重扰乱或违反国家相关矿产资源管理规定的行为。

3. 划定矿区范围批复是办理矿山建设项目发改委核准文件的唯一涉矿要件。

以500万吨以上煤矿项目核准为例，根据国家发展和改革委员会关于《新增年生产能力500万吨及以上煤矿项目核准办事指南》列明的审批资料清单确认，涉矿建设项目需要自然资源主管部门出具土地预审意见。另外，国土资规函〔2011〕12号国土资源部《关于进一步规范建设项目用地预审申报材料有关要求的通知》第3条第4项规定："矿山开发项目需提供划定矿区范围的批复。"据此，笔者认为，划定矿区范围批复在土地预审和发改委项目核准的认知体系内均起到了类似于确认采矿权人相关权益证明文件的作用。因此，对于已经取得划矿批复和矿山建设项目核准的探矿权人来说，其已具备未来取得完整采矿权益的合理期待，而其开采行为亦不应通过刑法予以过分苛责。

最后，笔者呼吁，在认定或办理探矿权人涉嫌非法采矿罪的案件时，有权机关应对其是否已取得划定矿区范围批复和矿山地质环境恢复治理方案（含土地复垦方案）批复意见、发改委项目核准、环保部门的环境评价批复以及安全部门初步开采审计批复等进行审查，从实质层面探寻其是否真正侵害到了非法采矿罪需要保护的法益。唯有如此，才能彰显刑法的谦抑性。

此外，对于因政府原因或政府在法律及行政法规之外附加的商务性条件和行政许可条件而导致探矿权人迟迟无法取得采矿许可证的情形，亦应充分考量探矿权人的合理期待利益（期待可能性）和信赖利益保护，是通过《刑法》予以规制，还是以行政处罚或者出让合同中约定的罚则进行规制和惩戒，是行业需要共同研究的课题。

行文至此，其实还有很多点要说，比如，涉案当事人基于政府的煤炭资源整合批复文件而被确定为新的采矿权人，但因各种原因迟迟未取得采矿许可证而进行开采的行为是否构成非法采矿罪？再如，涉案当事人通过二级市场转让取得探矿权后，政府对其附加投资条件否则不予办理探转采手续下的开采行为是否构成非法采矿罪等。这一系列的问题不是我们仅仅通过感受非法采矿罪的构成要件便能解决的，而是需要在充分理解我国矿政管理体制变化，矿业权权利属性变化，以及刑法要求对侵害法益进行实质审查的基础上才能做出的罪与非罪的法律判断。

一张采矿许可证固然重要，但更重要的是力透纸背后面那一个个具体的采矿设立行政许可行为,以及一个个许可背后代表的开采主体符合国家关于矿产资源开采能力、规划、环保、安全等方面要求的行政肯定性评价。因此,这一纸文书的有无其实无法承载或描述罪与非罪的全部内涵,而评判罪与非罪的界限与标准也应是全面的、立体的,将之放置于整个矿政管理体系下综合考量后才能得出结论。

关山玉带权相交，标尺划更高

——建设项目压覆矿纠纷的法律实务

王霁虹　高丽春*

* 作者简介：

王霁虹，中伦律师事务所北京办公室公司业务部合伙人，电邮为：wangjihong@ zhonglun. com。

高丽春，中伦律师事务所北京办公室公司业务部合伙人，电邮为：gaolichun@ zhonglun. com。

对于煤炭、金属、稀有材料、建筑材料的矿业权人而言，其探矿权、采矿权经申请并办理登记后依法设立，受到《矿产资源法》等法律的保护。对于高速公路、铁路、水利及输电线路工程等涉及公共利益的基础设施建设项目而言，建设用地取得用地批准和土地使用权的，受到《土地管理法》等法律的保护。权利的设定有先后，权利的行使有交叉，如何衔接两类不同权利的设定和行使边界，保障和提升矿产和土地资源的使用效率，兼顾个体财产权益与公共利益？解答上述疑问有必要对建设项目压覆矿产资源纠纷的司法实践现状进行回顾总结。笔者从类案的办理经验出发，对建设项目压覆矿产资源所涉的部分重要法律问题进行解析，以资借鉴。

根据原国土资源部公告 2015 年第 2 号[①]的相关规定，建设项目压覆已设置矿业权矿产资源的行政审批申报资料，应当包括：(1)建设单位关于压覆重要矿产资源的申请函；(2)省级自然资源主管部门初审意见；(3)建设项目压覆矿产资源不可避免性论证材料；(4)压覆重要矿产资源评估报告及评审意见书(纸质及电子版)；(5)建设单位与被压覆矿业权人签订的协议；(6)被压覆矿业权人有效期内的勘查许可证或采矿许可证复印件等资料。但在高速公路、铁路、水利及输电线路工程等基础设施建设项目的审批环节中，建设单位可能因不具备上述必要文件中的一项或几项，而无法完成压覆矿产资源的审批申报。实践中，为推进项目建设，有建设单位以向地方自然资源行政管理部门出具《承诺函》(主要内容为：保证就压覆矿与矿业权人签署补偿协议、负责解决纠纷、承担法律责任、发现重要矿产资源及时报告等)的方式办理了项目用地矿产资源调查结果的备案。此种压覆矿问题延后处理的做法，可能导致后续参建基础设施项目的社会资本面临压覆矿的财产损害赔偿(补偿)纠纷。笔者就其中的部分疑点、难点问题分述如下。

1. 压覆矿纠纷中，若探矿权因有效期满未延续而废止，矿业权人应对“已经申请办理延续登记”的事实承担举证责任。

---

① 原国土资源部《关于矿产资源储量评审备案与登记、建设项目压覆矿产资源审批、矿业权价款评估备案等事项相关资料实行政务大厅接转和发送的公告》(原国土资源部公告 2015 年第 2 号)，附件 3：建设项目压覆重要矿产资源审批申报资料　第一，必需报送的材料。(1)建设单位关于压覆重要矿产资源的申请函。(2)省级自然资源主管部门初审意见。(3)建设项目压覆矿产资源不可避免性论证材料。(4)压覆重要矿产资源评估报告及评审意见书(纸质及电子版)。第二，建设项目压覆已设置矿业权矿产资源的，还应报送的材料 。(1)建设单位与被压覆矿业权人签订的协议。(2)被压覆矿业权人有效期内的勘查许可证或采矿许可证复印件。

《矿产资源勘查区块登记管理办法》(国务院令第 240 号,已被修改)第 10 条规定:“……探矿权人应当在勘查许可证有效期届满的 30 日前,到登记管理机关办理延续登记手续……探矿权人逾期不办理延续登记手续的,勘查许可证自行废止……”就此规定分析,笔者认为,探矿权人作为压覆矿纠纷中的原告或者仲裁申请人,对其主张权利的合法性、有效性负有在先的举证义务,若其没有证据证实在勘查许可证有效期届满的 30 日前申请延续登记而导致失权的,其所主张的财产权益损害赔偿大概率不会获得裁判者的支持。

2. 若矿业权人依法提出了延续、分立或者变更登记的申请,但被行政机关认为其所提申请均已逾期而不予受理其各项申请,是否应通过行政法律程序进行救济。

部分案件中,有矿业权人提出了延续、分立或者变更登记等申请,但被行政机关认为其所提申请均已逾期而不予受理其各项申请。此情形下,矿业权人是否应依照《行政复议法》等的规定,在行政法律程序中及时主张其作为行政相对人的各项权益,以及未经行政救济程序而失权的法律后果由谁承担,不同裁判者还存在不一样的认识。但是,通说以及司法实践一再表明,法律不保护躺在权利上睡觉的人,否则各种时效、期限等程序性法律规定就会变得毫无意义,更不利于当事人实体权利的有效保护和社会规则的维护。据此,笔者认为,在当事人的重大权利可能灭失的情况下,矿业权人作为行政相对人不依法通过行政法律程序进行救济,应证明其具有正当理由,否则司法机关不能轻易裁判其他主体对上述失权结果承担赔偿或者补偿的法律责任。

3. 因建设单位未提供建设项目用地坐标,致使矿业权人无法按照自然资源行政主管部门的要求,对矿业权办理压覆区域的缩减(变更)及/或延续登记的,法律责任由谁承担。

在云南省迪庆藏族自治州中级人民法院(2019)云 34 民初 31 号(侵权责任案件)民事一审民事判决书中,矿业权人提出,因建设单位未提供建设项目用地坐标,致使矿业权人无法按照自然资源行政主管部门的要求对矿业权办理压覆区域的缩减(变更),故未能办理矿业权延续,即不能延续矿业权证与矿业权范围需要进行变更存在因果关系,法院对此观点予以支持。

上述因果关系的认定,尚无直接法律依据。据笔者进一步检索类似案例,较多案件是以自然资源行政主管部门出具的说明等作为定案依据。在个案中，未能办理延续矿业权的原因较多，例如还可能涉及：(1)对矿业权延续涉及保护区的行政审查，需要征得林业部门、交通部门和国土部门的意见；(2)建设单位是否负有法定或者约定的义务提供坐标、高程等测绘数据；(3)矿业权人是否可以依法查询到上述坐标、高程的测绘数据。故笔者认为，需要具体分析未能办理矿业权延续的可能原因是否仅指向建设单位，不宜简单认定类似案情一概由建设单位承担侵权责任。

4. 在建设项目已经通过用地预审和取得建设用地规划许可的情况下，建设项目压覆矿业权的延续、变更、分立等行政审批程序有待优化。

对行政审批程序的合理性方面进行检视，根据原国土资源部《关于进一步做好建设项目压覆重要矿产资源审批管理工作的通知》(国土资发〔2010〕137号，以下简称137号文件)第4条的规定，现有压覆矿的制度设计是：在建设项目选址前，由建设单位查询拟建项目所在地区的矿业权设置情况，确需压覆重要矿产资源的，建设单位应根据有关工程建设规范确定建设项目压覆重要矿产资源的范围，同时由其委托具有相应地质勘查资质的单位编制建设项目压覆重要矿产资源评估报告，并在与矿业权人签订协议后，继续办理其他建设手续。笔者认为，该项制度设计在一定程度上未能考虑建设项目未建成前，其初步设计批复或者设计任务书中的工程线路方位、坐标、高程等，还可能因概预算调整、特殊地质或者重大项目避让等发生变更或者调整，提前要求建设单位对不确定是否最终压覆的矿业权进行补偿，或者提前要求矿业权人或建设单位提供建设项目压覆矿业权的具体坐标、高程，以申请缩减(变更)矿业权的行政登记，或者因其无法提供上述坐标、高程就不予受理矿业权的延续登记申请，相关规定的合理性和可操作性都存在进一步优化的空间。

5. 若建设项目压覆矿产资源，对涉及公共利益的建设项目，应兼顾和妥当平衡物权财产权益和公共利益的保护，即按照137号文件的规定进行补偿；对其他不涉及公共利益的建设项目，可以根据《民法典》第1184条[①]的规定，按照矿业权所处的探、采不同阶段，结合压覆矿产资源范围对后续开采的实际影响程度，对因

---

① 《民法典》第1184条：侵害他人财产的，财产损失按照损失发生时的市场价格或者其他合理方式计算。

压覆行为而实际减少的矿产资源可开采储量的市场销售利润或者市场价值进行补偿。

一方面，有法律专家认为，矿产资源压覆补偿应当以矿业权的市场价值作为补偿标准，适用《民法典》第329条[①]用益物权的法律规范，依照《民法典》第238条[②]和第1184条[③]的规定，对财产损失按照损失发生时的市场价格或者其他方式计算，即对压覆的矿产资源按照市场价格进行赔偿。同时，相关法律专家也提出137号文件的法律位阶较低、不应作为矿产资源压覆补偿的标准。

另一方面，在最高人民法院(2020)最高法民终747号(财产损害赔偿纠纷)中有"(建设项目)具有较强的公益属性……承担的侵权责任亦应当根据双方时候达成的会议纪要，严格限于某煤矿的直接损失，而不能无限扩大致使损害公共利益"。(2020)最高法民终1217号(物权保护纠纷)的二审民事判决书中"案涉输电工程建设使得原本属于王家坝煤业公司的探矿权让位于输电工程所保障的公共利益……应当着眼于公共利益与私人利益的平衡，以实际投入成本为依据据实补偿。一审法院参照137号文的规定，确定由南方电网超高压公司按照……的标准补偿王家坝煤业公司的损失，妥当平衡了公共利益和南方电网超高压公司、王家坝煤业公司的民事权益，应予维持"的类似认定。

基于上述分析，笔者认为，参考137号文件的规定，[④]对于前述涉及公共利益的建设项目压覆已设置矿业权矿产资源的，新的土地使用权人应与矿业权人签订协议，建设项目压覆探矿权的补偿范围原则上应包括"矿业权人被压覆资源储量在当前市场条件下所应缴的价款(无偿取得的除外)"，以及"所压覆的矿产资源分担的勘查投资、已建的开采设施投入和搬迁相应设施等直接损失"，并兼顾和妥当平衡个体财产权益和公共利益的保护。对于其他不涉及公共利益的建设项目

---

① 《民法典》第329条：依法取得的探矿权、采矿权、取水权和使用水域、滩涂从事养殖、捕捞的权利受法律保护。

② 《民法典》第238条：侵害物权，造成权利人损害的，权利人可以依法请求损害赔偿，也可以依法请求承担其他民事责任。

③ 《民法典》第1184条：侵害他人财产的，财产损失按照损失发生时的市场价格或者其他合理方式计算。

④ 137号文件第4条第3项：建设项目压覆已设置矿业权矿产资源的，新的土地使用权人还应同时与矿业权人签订协议，协议应包括矿业权人同意放弃被压覆矿区范围及相关补偿内容。补偿的范围原则上应包括：(1)矿业权人被压覆资源储量在当前市场条件下所应缴的价款(无偿取得的除外)；(2)所压覆的矿产资源分担的勘查投资、已建的开采设施投入和搬迁相应设施等直接损失。

压覆矿产资源的，可以根据《民法典》第1184条[1]的规定，按照勘查许可（普查、详查）和采矿许可的不同阶段，结合压覆矿产资源范围对后续开采的实际影响程度（最大避让限度），对因压覆行为而实际减少的矿产资源可开采储量的市场销售利润或者市场价值进行补偿，更加符合现行法律规定和司法实践。

① 《民法典》第1184条：侵害他人财产的，财产损失按照损失发生时的市场价格或者其他合理方式计算。

境外矿业投资中面临的ESG挑战：土地征用、移民安置及劳工保护

——中资企业该如何打造可持续性境外矿业项目

叶宇兴*

* 作者简介：

叶宇兴，中伦律师事务所北京办公室公司业务部高级顾问，电邮为：yeyuxing@ zhonglun. com。

在国家“一带一路”倡议的大背景下,对于“走出去”的中资矿业企业而言,践行 ESG 投资理念,短期内能够助力企业更好地应对沿线不同国家和地区的监管要求,长期来看则能帮助企业更好地协调与项目所在社区的关系,是对“一带一路”沿线国家进行绿色投资的有力保障。但实践中,由于中资企业国际化起步较晚,在进入国际市场之后经历过不少“水土不服”的教训。因此,分析了解各主要矿区所在国 ESG 相关的矿业法律、法规特点,评述其 ESG 合规体系,尤其是该 ESG 合规体系对中国矿业投资的影响,对于指导中国企业在该地区的矿业投资并降低其投资风险具有重要意义。

限于篇幅,本文的第一部分将仅针对土地征用和移民安置,以及当地就业和劳工保护①两方面进行讨论,环境合规及公司治理问题将在后续文章中做进一步探讨。本文第二部分将介绍中国矿业公司可以适用的具体步骤和机制,以便以更可持续的方式运作,从而减少其面临的 ESG 风险。

一、土地征收、移民安置及劳工问题

(一)土地征收及安置补偿

通常,投资者/采矿公司在征收土地时,东道国法律会要求其按公允价值对原土地所有权人/使用权人就其被征收土地以及潜在的收入损失进行补偿。大部分东道国还进一步规定了土地征收的最低补偿门槛。例如,刚果(金)《矿业法典》(Code minier)第 281 条规定,采矿者应支付的补偿金为租金价值的 1.5 倍或采矿者占用土地时的市场价值。② 此外,东道国还会要求矿业公司对被搬迁的居民就他们损失的财产以及未来的收入损失进行补偿。例如,根据刚果(金)法律,当地居民不仅有权获得个人物品和财产③的补偿,还有权获得恢复就业或再就业④所需的相关补偿。

实操中,矿业公司在刚果(金)面临的一个普遍性问题是其有义务协助被补偿

① 南华早报及几内亚当地媒体的相关报道:https://www.scmp.com/news/china/diplomacy/article/3143667/pressure-grows-between-african-mineworkers-and-their-chinese ;https://mosaiqueguinee.com/greve-des-travailleurs-de-cdm-chine-un-protocole-daccord-signe-assorti-dune-treve-sociale-de-deux-ans/。

② 刚果(金)《矿业条例》对实施补偿有着更详细和实际的规定。

③ 刚果(金)《矿业条例》附件 XVIII,第 19 条。

④ 刚果(金)《矿业条例》附件 XVIII,第 21 条、第 25 条。

对象恢复生计，并证明其“对相关财产（物）提供了合理补偿”，[①]然而刚果（金）法律并未规定“合理补偿”的具体标准。换言之，即使矿业公司支付了法定补偿金，若被搬迁的民众无法用该补偿金购买合适的、可用于耕作的土地，那么作为补偿方的矿业公司实际上可能被视为未能提供合理补偿，导致其被视为未能履行其协助被补偿对象恢复生计的法定义务。进而，矿业公司还需要与被补偿对象和相关政府部门［如刚果（金）环境司（Agence Congolaise de l' Environment）］保持持续沟通，以确保相关补偿方案能得到被补偿对象和相关政府部门的双重认可，并尽快与被补偿对象签署补偿协议。

在安置和补偿计划确定后，矿业公司一般也会被要求持续监督安置工作和搬迁工作，并根据实际情况更新应对方案。

（二）民意征询要求

多数国家均要求，重新安置和补偿计划须在当地完成法定的民意咨询程序。

实践中，东道国的法律可能会要求矿业公司在居民搬迁、重新安置和补偿的每一阶段都征询当地社区的意见。例如，根据刚果（金）《矿业条例》，矿业公司须与受其项目影响的当地社区进行讨论和协商，并就其拟与当地居民开展的协商过程提交协商计划。[②] 在与当地居民协商并听取他们的意见后，矿业公司将编制重新安置计划，并报有关地方和省级政府批准。[③]

鉴于上述《矿业条例》下的民意征询要求实为法定义务，刚果（金）当地运营的各大矿业企业在相关问题上基本都能做到合法合规。以洛阳钼业的 TFM 矿区为例，2020 年，洛阳钼业整合了公司和矿区的利益相关方投诉渠道，由其法务合规部门和可持续发展团队组成的合规小组统一负责投诉的记录、追踪和解决。2021 年年初，洛阳钼业针对刚果（金）TFM 矿区的高投诉情况，成立了跨部门的社区申诉响应委员会，进一步加强了社区沟通和对历史遗留申诉的处理。[④]

（三）本地劳工雇佣及知识传授

欠发达但资源丰富的国家往往依靠本国的采矿业来建设基本的基础设施，以

---

① 刚果（金）《矿业条例》附件 XⅧ，第 32 条。

② 刚果（金）《矿业条例》第 477 条、第 478 条。

③ 刚果（金）《矿业条例》附件 XⅧ，第 21 条、第 22 条。

④ 参见《洛阳钼业：如何把 ESG 基因注入到一家矿业公司？》，载中国日报中文网，https://cn.chinadaily.com.cn/a/202112/03/WS61a9e177a3107be4979fb4f5.html。

提供部分本地社区保障设施和实现减少失业。为此,政府通常会要求矿业公司最大限度地优先雇用当地人,向当地雇员传授项目相关知识和技术,并制订和实施切实可行的计划,以确保一旦特许经营权结束、矿山重新收归当地政府(或矿权授予实体)控制,当地管理层和员工将有能力持续经营该矿山。鉴于采矿行业固有的危险性,职业健康和公共安全也是东道国政府考虑的关键因素,并往往会通过法律和采矿协议加以规范。

在实操层面,东道国一般会限制外国员工的数量,而且外国员工的数量会根据岗位所需的技术水平和项目经营年限的不同而改变,无技术含量或低技术要求的职位主要保留给本地雇员。例如,刚果(金)《矿业条例》根据项目阶段对每个级别的雇员规定了以下最低当地雇用比例(见表1):

表1 刚果(金)《矿业条例》对不同项目阶段每个级别的最低当地雇用比例规定

单位:%

雇员级别	项目阶段				
	探矿	开发及建设期	商业开采		
			1—5年	6—10年	11年及之后
管理层	20	25	60	65	70
技术高层	30	35	70	75	80
技术员工	60	40	80	85	90
普通工人	80	85	90	95	100

资料来源:刚果(金)《矿业条例》第405条之五。

同时,为给当地培养熟练的技术劳动力以及防止矿业公司以缺乏合格雇员为由而向政府申请豁免外国员工人数限制,东道国政府通常会要求矿业公司不仅为无技术含量及低技术含量工种的雇员提供培训,而且还必须为管理类和高级技术类岗位的员工提供相关培训。例如,在刚果(金),矿业公司被要求为当地雇员(包括管理层)制订适当的培训计划,以满足矿业公司的业务需求。

除了最大限度地增加当地就业和发展当地经济外,职业健康、工作条件以及公共卫生和安全也是东道国政府主要关注的问题。虽然劳动保护和员工权利主要由劳动法规定,但许多国家已将劳动保护相关条款纳入矿业相关的法律里。

(四)违规的法律和社会风险

对于未能履行以上相关义务的矿业公司而言,其将面临一系列的法律及社会风险，包括员工诉讼、政府罚款、被吊销经营执照、采矿协议被终止以及示威和罢工等。例如，根据刚果（金）《矿业法典》第289条，不履行相关社会义务和承诺可能会导致矿业公司的采矿许可证被撤销；根据刚果（金）《矿业条例》第565条，当采矿公司犯下“严重过错”时，政府可以立即暂停采矿项目。五矿集团控股的秘鲁Las Bambas铜矿在2015年9月遭遇了约15000当地人参与的大型示威活动，其中部分原因系项目运输方式的改变导致建设工程就业机会减少，示威者要求招聘更多当地人。①

二、ESG合规的落地措施

作为国际矿业市场的后来者，中国矿业企业若想实现弯道超车，则需要全方位素质的提升，其中也包括以ESG为核心的软实力。鉴于此，除向熟知当地政策法规和市场的第三方专业机构（如律师事务所）寻求支持外，我们建议中国矿业企业在制定和完善境外ESG合规体系（尤其是涉及土地征收、移民安置及劳工保护等方面）时考虑以下举措。

（一）编制移民安置和补偿计划前的尽职调查

在实施海外矿业项目过程中需要编制移民安置和补偿计划，此时，我们建议公司在当地合规律师的配合下做好前期尽职调查，并深入了解以下问题：

项目公司在当地法律下（包括环境法及矿业相关法律）有哪些具体义务？法律是否规定了最短的民意征询期？是否有项目公司必须（或应该）遵循的特殊程序？如有，法律是否对如何通知当地民众等方面作出相关规定？是否有具体措施来确保搬迁民众能真正收到补偿金？项目公司是否有任何措施用于跟踪、确认搬迁民众是否顺利再就业？如果法律规定要向专门基金捐款，是否有任何机制来确保资金得到妥善使用？项目公司是否需建立并实施员工和社区民众申诉制度？是否需要确认当地合理补偿的具体标准及其可执行性？在相关报告中，是否需要参照并引用国际标准？

---

① 参见《中国五矿MMG秘鲁一处铜矿因当地爆发社会运动停止运营》，载法国国际广播电台中国版网站，https://www.rfi.fr/cn/%E4%B8%AD%E5%9B%BD/20211218-%E4%B8%AD%E5%9B%BD%E4%BA%94%E7%9F%BFmmg%E7%A7%98%E9%B2%81%E9%93%9C%E7%9F%BF%E5%9B%A0%E5%BD%93%E5%9C%B0%E7%88%86%E5%8F%91%E7%A4%BE%E4%BC%9A%E8%BF%90%E5%8A%A8%E5%81%9C%E6%AD%A2%E8%BF%90%E8%90%A5。

(二)建立并实施移民安置计划申诉制度

一些国家通过法律/法规或合同义务的方式要求矿业企业建立移民安置计划申诉制度。例如,刚果(金)《矿业条例》要求矿业公司建立申诉制度作为其法定重新安置计划的一部分。[①] 但是,即使东道国的法律不要求矿业公司建立申诉制度,矿业公司也应考虑建立该制度。

在理想的情况下,矿业公司在和员工及社区民众进行友好谈判后可以达成共识。但实践中,这种情况很难实现,即集体谈判达成的协议不一定适合所有人,而且,协议的执行和实施也不一定能按计划推进。在该等情况下,一个可供所有员工及社区民众使用的有效及高效的申诉系统对于项目的开发至关重要。同时,该申诉制度还可以帮助公司避免社会和声誉风险,并降低因民众不满而引发复杂、昂贵的诉讼的可能性。

实操中,一个符合国际市场惯例的有效申诉系统通常由多层处置结构组成。在基层,申诉可由协调委员会处理,该委员会一般由来自矿业公司、当地政府和当地社区的代表组成。如果申诉在一定天数内没有得到解决(例如15天),那么申诉就会交由申诉监督小组(小组成员通常由项目公司高管组成)或一位独立的外部监督员来处理。如果申诉仍然无法通过申诉监督小组或外部监督员解决,那么申诉将升级到项目的集团公司管理层。如果申诉无法通过集团公司管理层解决,那么申诉人将有权向有管辖权的法院提起民事诉讼。在这一过程中,负责社区联络的工作人员应记录申诉和各层级处理申诉的人员之回复或解决方案。

(三)确保直接向当地民众提供合理补偿

几乎所有国家的相关法律都明确要求矿业公司对受影响的个人进行直接补偿。[②] 然而,矿业公司经常被指责没有(或未能按时)对需要搬迁或重新安置的当地民众进行适当的补偿。例如,在实践中,当地社区可能不会征求妇女的意见,而由其家庭中的男性成员(如她们的丈夫)或者社区领袖“代表”她们接受补偿,[③]这种做法大概率会被视为违反相关法规。申言之,从风险管理的角度出发,矿业公司必须确保其直接向每位受影响的居民(包括妇女和儿童)单独支付补偿金,而不

---

① 刚果(金)《矿业条例》,附件XVII,第20条。

② 如刚果《矿业条例》,附件XVII,第22条。

③ 参见报道 *The Gendered Impacts of Mining*, https://www.oxfam.org.au/what-we-do/economic-inequality/mining/the-gendered-impacts-of-mining/。

仅仅是向所谓的相关代表支付补偿金。

（四）通过“实物加现金”的补偿方式确保移民的长期生计

根据上文所述，矿业公司有义务保证搬迁民众的长期生计。虽然直接补偿现金可以加快土地征收过程，但是尤其当土地是当地居民的唯一生活来源时，现金补偿可能无法解决当地居民的长期生存问题。一旦现金补偿迅速耗尽，当地居民将很有可能因为就业问题而阻挠项目开发和运营。

因此，与100%的现金补偿相比，实物加现金的混合补偿方式（如替代性土地加现金补偿）更有利于矿业公司在土地征收后满足当地法律对“合理补偿”失地居民的要求。实践中，特许经营权协议允许甚至要求以实物支付/补偿。[①] 通过提供实物和现金的混合补偿，矿业公司还可以有效降低贪腐风险。除替代性土地外，其他实物补偿还包括提供替代性住房、果树、农作物、替代水源、建造新学校和其他社区设施等。

（五）引用并参考国际标准

虽然任何补偿及重新安置计划都必须符合当地法律和相关的合同义务，但是我们同时也建议中国矿业公司在此过程中参考国际金融公司（International Finance Corporation，IFC）和世界银行等国际组织制定的标准和准则。考虑到许多国家的相关法律是在这些机构的支持下制定或修订的，[②]引用并参考上述国际标准将进一步提高相关计划的可信度和审批确定性。

（六）劳动法律师提前介入项目公司劳动合规政策制定

我们建议中资矿业公司在制定劳动相关政策或进行招聘时，在当地劳动法律师的配合下深入了解以下问题：

项目公司在劳动法和矿业相关法律及特许经营权合同下对员工及工会的法定义务是什么？人力资源部门的员工是否了解这些法定义务和合同义务？目前的招聘流程及方式（例如招聘广告的内容及投放）是否符合当地法律和采矿协议

---

① 参见几内亚政府与中铝香港、中铝几内亚公司及港口公司的《采矿协议》（2018年6月8日签署，以下简称中铝采矿协议）第17.2.3条。

② 参见世界银行的相关报道：https://icsid.worldbank.org/sites/default/files/parties_publications/C3765/Claimants%27%20Reply%20%28Redacted%20per%20PO8%29/Fact%20Exhibits/C-0229.PDF；https://documents1.worldbank.org/curated/en/872481557158663580/text/Democratic-Republic-of-Congo-Growth-with-Governance-in-the-Mineral-Sector-Project.txt。

中规定的相关要求？是否有具体措施来确保优先考虑东道国的国民？东道国国民的待遇是否与中国员工相同？采取的公共卫生和安全措施是什么？项目公司采取哪些措施来确保其将有足够的管理和技术人员来履行上述法定和合同义务？如何确保承包商及分包商遵守相应的规定？是否有对上述问题进行常规检查的机制？

（七）利用“背靠背”条款将风险传导至分包商

中资企业往往还可能会面临分包商违反前述法律规定的问题，[①]一旦分包商违约或者违反法律规定，中资企业作为项目公司投资人或承包商将成为“第一责任人”，从而可能面临东道国政府的追责。[②] 因此，从商业和法律的角度来看，项目公司必须确保其在特许权协议项下的义务能通过其与分包商的协议“背靠背”传导至分包商。此外，中资矿业公司还应该确保自己与分包商的协议中包含可以强制履行这些义务的措施，并在发生违约的情况下可以向分包商寻求损害赔偿和补偿。

（八）就ESG内部合规政策进行定期自查

除上述措施外，公司还应定期自查，从而发现当前ESG相关政策的漏洞，并确保公司管理层和分包商在日常运营中遵守相关法律法规和合同义务。

三、结语

随着中国在全球气候变化斗争中的影响力日益增强，以及越来越多的中资矿业公司向海外扩张，中资矿业公司只有以绿色和可持续发展为目标，严格遵守国际规则标准和东道国法律法规，完善境外投资ESG合规体系，方可成为国际矿业投资的成功践行者。

---

① 如报道 *You'll Be Fired if You Refuse* 中的承包商行为：https://www.hrw.org/report/2011/11/04/youll-be-fired-if-you-refuse/labor-abuses-zambias-chinese-state-owned-copper。

② 如几内亚《矿业法典》第145条、第181-Ⅲ条，以及中铝采矿协议第24条。

因矿权整合引发的各债权金融机构如何实现老采矿权证上的抵押、查封权利安全过渡到新证的路径分析

王振华[*]　田海晨

[*] 作者简介：

王振华，中伦律师事务所北京办公室公司业务部合伙人，电邮为：wangzhenhua@ zhonglun. com。

当笔者投身于矿产资源法律服务事业,面对一桩桩、一件件足以对矿业企业产生重大影响的事件后,如何帮助企业选择一条合法的、可行的、各利害关系方都能接受的路径以解决面临的难题便具有了可以讨论和分享的意义。而笔者今天要分享的故事,得从一家矿业企业的求助说起。

一、案情简介

时间:2021 年 4 月;地点:北京市中伦律师事务所某会议室;人物:哈姆雷特矿业公司、涉矿法律服务律师团队。

哈姆雷特矿业公司:我们企业拥有十余宗煤矿采矿权,发展过程中向诸多金融机构进行了借款,有的还以采矿权作为抵押担保措施。后来,受煤炭市场低迷、供给侧结构性改革及限制产能等多方面因素叠加影响,企业债务方面出现了困难,各家金融机构也纷纷采取措施,查封、冻结了我们持有的采矿权。现在的问题是,这十余宗煤矿采矿权都是经过有权机关审批纳入整合范围的矿业权,如今我们已经完成了所有前置审批手续,要把这十余宗采矿权最终整合成四宗,而整合就会涉及被整合采矿权的注销和作为整合主体的采矿权变更及新立问题。但无论注销旧证还是变更及新立形成新证,都需要原采矿权上没有抵押、查封或法院及债权金融机构同意在抵押、查封情况下办理相关手续。那么问题就来了:

(1)我们该如何说服债权金融机构配合完成解押、解封或同意在抵押、查封的情况下办理相关手续?(2)我们该如何保证各债权金融机构抵押、查封权益不因办证事宜而受到损害,如被整合注销采矿权上的抵押、查封权益如何在新证上实现的问题等?(3)我们该如何保证现有债权金融机构在解押、解封后不被其他债权人查封标的采矿权,进而导致权利的彻底丧失?(4)我们该如何协调法院及矿政管理机关帮助企业及债权金融机构完成权利过渡,需要各方做哪些工作,如何衔接?

涉矿法律服务律师团队:好的,听明白了,这个事在现行矿政管理体制下确实很麻烦,不过我们也有个大致的路径和想法了。

哈姆雷特矿业公司:那太好了。你们先出方案吧,出来后我们再具体讨论一下。

二、"old"变"new"的解决路径设计与分析

面对任何一个难题,首先要做的,就是归纳总结难点到底有哪些。呈如上文所言,核心难点即为四个,这里有必要在精炼总结后重复一遍:(1)债权金融机构配合企业办理新证的动机是什么?(2)如何确保债权金融机构的抵押、查封权益能够落实到新证上,即需要债权金融机构配合完成哪些事项?具体步骤是什么?(3)在办理新证过程中,债权金融机构将面临哪些风险,如何降低或者规避相关风险?(4)办理新证的保障措施有哪些?如何同法院及矿政管理部门进行沟通衔接?

确定难点后,就要针对具体问题展开具体分析,设计具体路径:

(一)明确各债权金融机构协助哈姆雷特矿业公司办理新证的必要性及有利性

1.从被整合采矿权面临的必然命运和结局角度出发,明确完成煤矿整合是哈姆雷特矿业公司落实当地煤矿整顿关闭领导小组作出的煤矿整合批复方案的必然要求。因此,纳入整合范围内的被整合采矿权必须完成注销登记工作。

2012年1月,当地煤矿整顿关闭领导小组作出《关于哈姆雷特矿业公司12座煤矿整合改造方案的批复》,同意将12座矿井整合为武六、武七、武八、武九四座煤矿(武六、武七、武八、武九为整合主体矿,其他为被整合矿)。

此后,哈姆雷特矿业公司即开始准备办理整合所需的前置审批文件,最终于2021年3月办理完毕全部手续,准备申请办理整合后的新采矿权证。

笔者经现场咨询M省自然资源厅矿管处工作人员确认,首先,进行煤炭资源整合是哈姆雷特矿业公司应尽的义务,与此同时,取得整合后四宗采矿权亦是其享有的权利;其次,注销被整合采矿权证是取得四宗新采矿权证的前提条件,即哈姆雷特矿业公司必须对纳入整合范围内的被整合采矿权依法进行注销。据此,在办理新证前,哈姆雷特矿业公司必须注销除武六、武七、武八、武九外的其余八宗采矿权。而这八宗采矿权上即涉及7家债权金融机构多达三十余项抵押及查封信息。

另根据自然资办函〔2019〕1574号自然资源部办公厅《关于政策性关闭矿山采矿许可证注销有关工作的函》第3条的要求,采矿权存在抵押、查封的,需在解除抵押、查封后方能进行注销登记。据此,哈姆雷特矿业公司需要各债权金融机

构配合完成相应的解押及解封程序。

2. 从抵押、查封行权角度出发，明确表明各债权金融机构目前就十二宗采矿权享有的抵押、查封权利已不具有实现其价值和作用的事实基础和法律基础。

首先，呈如上文所言，哈姆雷特矿业公司进行煤矿资源整合是当地煤矿整顿关闭领导小组批复的整合方案赋予其的义务和权利。自整合方案审批之后，纳入整合范围内的非整合煤矿即属于政策性关停煤矿的范围，已不能办理采矿权延续手续。

其次，除武六煤矿采矿权证尚在有效期内，其他采矿权证均已过期，且均不能办理采矿权延续手续。在此基础上，各债权金融机构取得的抵押权及查封权利已没有通过拍卖、变卖等方式实现偿付欠款的路径和可能，该权利已无任何实际意义。

最后，依据《矿产资源开采登记管理办法》第 7 条第 2 款的规定，除武六采矿权证外，其他采矿权证均因过期未延续而处于自行废止状态。对于自行废止的采矿权，办理抵押及查封手续本身亦存在法律上的矛盾和现实上的不可执行性。

3. 从未来角度出发，各债权金融机构可在哈姆雷特矿业公司本次办理新采矿权证的过程中，将各自享有的已经不能实现抵押、查封目的的权利统筹转移到四宗整合后的采矿权证上，以此重新享有“落到实处”的、可执行的抵押、查封权利，实现债权的清收。

（二）明确实现路径——需各债权金融机构协助办理的具体事项

1. 哈姆雷特矿业公司取得四宗整合采矿权时各债权金融机构需协助办理的事项。

在哈姆雷特矿业公司持有的十二宗采矿权里，武六、武七、武八、武九煤矿为存量矿山整合（整合主体矿），只需在持有的上述四宗采矿权证的基础上完成采矿权变更登记（涉及矿区范围及生产规模变更）及延续即可。因此，该四宗采矿权无须进行解押、解封程序便可办理新的采矿权证，但经 M 省自然资源厅矿管处工作人员核实确认，需要各债权金融机构及查封法院出具“同意在抵押、查封状态下办理采矿权变更登记的函”；对于其他被整合采矿权，则在办理注销前必须解除查封和抵押。

2. 哈姆雷特矿业公司取得四宗采矿权后第一时间各债权金融机构需配合办理的抵押、查封手续。

这是本方案的重点和难点部分。一方面，对于被注销的采矿权来说，该矿权上各债权金融机构的抵押、查封权利如何在新证上得以实现？如何确定各自顺位？如何赋予其更多的增信保障？另一方面，对于整合主体采矿权而言，如何在其完成整合变更后落实各债权金融机构的抵押、查封权利？应按照何种原则予以落实？

针对上述问题，笔者在仔细梳理各债权金融机构于十二宗采矿权上享有的全部抵押及查封权利的基础上，确立了如下权益过渡及分配原则，在最大限度内保障各债权金融机构利益不受损失，并通过以整合后四宗采矿权新增储量为相关债权金融机构设定抵押的方式弥补损失，提升增信保障，具体为：

(1)被注销采矿权上存在的查封事宜，由整合后采矿权统一承担。各债权金融机构按照各自在被注销采矿权上的查封顺位，经统计、排序后统一整合至新采矿权上，享有整合后采矿权上的查封权益。

(2)被注销采矿权上存在的抵押事项，由整合后采矿权统一承担。就抵押担保份额确定问题，各债权金融机构按照抵押时被注销采矿权对应的可采储量占新采矿权可采储量的比例确定享有的抵押份额(如被注销采矿权抵押时可采储量为300万吨，完成整合后对应新采矿权可采储量为1500万吨，则该债权金融机构享有新采矿权20%的抵押权)；就抵押顺位确定问题，各债权金融机构即按照被注销采矿权抵押时的前后顺序，经统计、排序后统一整合至新采矿权上，享有整合后采矿权上的抵押权益。两者综合以后，即形成最终的抵押权利过渡方案。

(3)鉴于一些债权金融机构在被注销采矿权上享有的第一手查封权利，经整合后可能在新采矿权上体现为第二手、第三手甚至第四手的查封权利，且为了提升各债权金融机构的积极性，对于整合后新增储量部分，我们在综合考量债权数额、期限、权利受损等相关因素基础上，建议可就新增储量为相关债权金融机构设定抵押权(实现方式还是享有新采矿权上一定份额的抵押权)。如此一来，不仅能实现相对公平、无损的权益过渡，更能提升各家债权金融机构的积极性，方便其向各自上级部门进行汇报，加快推动方案通过审查。

3. 在上述基础上，形成具体实施步骤指引。

(1)注销八宗采矿权证

①办理八宗拟注销采矿权证的解押、解封手续。

②办理注销采矿权证手续。

(2)申请办理四宗新采矿权证

各债权金融机构及查封法院出具《同意在抵押、查封状态下办理采矿权变更登记的函》后,M省自然资源厅即可开始整合主体采矿权的变更登记审查工作。

(3)哈姆雷特矿业公司取得四宗新采矿权证后,各债权金融机构即按照方案拟定的原则落实各自的抵押、查封权利。

在此步骤中需要注意的问题是,由于各家债权金融机构的抵押、查封权利均需在新采矿权证上予以统筹落实,且四宗整合主体采矿权无须解押、解封即可办理变更手续,故在该四宗整合主体采矿权上享有抵押、查封权利的相关债权金融机构必须在办理完毕新证的第一时间即完成解押、解封工作,此后各债权金融机构才能按照方案约定的权利份额及顺位实现各自权益的平稳过渡。

(三)在办理新证过程中,债权金融机构面临的最大风险即为申请旧证注销到颁发新证落实各自抵押、查封权益期间其他债权人对矿权的查封行为。

笔者在同各债权金融机构访谈中了解到,他们最大的担忧即在于时间的不确定性和真空期的失控问题。他们普遍认为,如果现在不做任何工作,虽然无法实现抵押、查封最终受偿的目的,但权利毕竟摆在那里,对他们来说是没有决策风险的,可一旦行动起来解押、解封之后,如果在企业申请旧证注销到颁发新证落实各自抵押、查封权益期间,其他债权人申请法院查封矿权,则他们将面临"一无所有"的局面,这样的主动决策风险是客观存在的。

对此,笔者非常理解债权金融机构的担忧,在对内对外经过反复咨询、思忖、论证后,提出了对于保障措施的构想和要求。

(四)针对项目风险提出的保障措施构想

1. 各方签订"一揽子"协议,作为本项目的行动指南和原则。

建议哈姆雷特矿业公司同各家金融机构签订关于本项目的"一揽子"协议,在协议中对于抵押、查封权益过渡事宜、份额、顺位确定原则及最终结果予以约定。

2. 落实抵押事宜。

(1)签订补充抵押合同、共同抵押合同

涉及单独抵押的债权金融机构与哈姆雷特矿业公司签订补充抵押合同,涉及共同抵押登记的债权金融机构与哈姆雷特矿业公司签订共同抵押合同,在合同中明确享有的抵押权份额。

(2)统筹安排解封、解押事宜

本项目查封涉及6家法院,这6家法院分别位于我国四个省份。因在解封及解押过程中需要步调一致、同时递交,以便节省时间并尽量压缩真空期,如6家法院分别执行则在时间上较难保持一致,故为便于统一操作,建议各债权金融机构应协调各自执行法院就解封及解押事宜委托M省法院统一执行。

3. 为压缩减少旧证注销、新证颁发、采矿权解抵押、解查封等相关审批流程之间的真空期,建议应寻求相关行政机关给予支持,统筹安排办理各项审批工作。

笔者经分析后认为,如果想要彻底打消债权金融机构的顾虑,促使其进行主动决策,则必须寻求各级相关行政机关的支持。具体为:一是协调哈姆雷特矿业公司所在地政务服务大厅、M省自然资源厅及M省政务服务大厅通过提前收件、审批前置等方式在正式启动注销登记前即完成相关审批要件的审核工作,争取在办理解押、解封的同时完成采矿权证注销登记;二是协调哈姆雷特矿业公司所在地政务服务大厅及M省自然资源厅通过提前收件、审批前置等方式在正式启动采矿权变更、延续登记前即完成相关审批要件的审核工作,争取在出具同意函的同时即完成采矿权证的变更及延续登记工作;三是协调哈姆雷特矿业公司所在地政务服务大厅及M省政务服务大厅在完成原整合主体采矿权上解押、解封手续的同时为各债权金融机构办理新的抵押及查封。

上述方案形成后,笔者即同哈姆雷特矿业公司进行了沟通汇报,在对于部分细节进行修改定稿后,我们即开始同各家债权金融机构进行对接宣讲。最终,在长达6个月的反复沟通、解释、修改、调整方案后,各家债权金融机构终于形成一致意见。

由此,旧证注销及新证办理工作稳步推进,办理相关手续已无实质性障碍和风险。行文至此,笔者还是有些经验要作为结尾和盘托出:当我们面对复杂棘手的问题时,一定要在纷繁杂乱的事实和法律关系中找到那个解决问题的线头和痛点,这既是我们对于涉矿法律知识的理解,更是经验的积累和方法论的运用。与此同时,我们还应具备“解扣”的能力,在找到症结的同时对症下药,才能帮助客户解决问题,实现价值。

矿业企业环境污染案件重点难点问题解析

孙怀宁[*]　顾可菲

[*] 作者简介：

孙怀宁，中伦律师事务所南京办公室合规与政府监管部合伙人，电邮为：sunhuaining@ zhonglun.com。

摘要

习近平总书记指出："矿产资源是经济社会发展的重要物质基础，矿产资源勘查开发事关国计民生和国家安全。"①矿业企业是涉及矿产资源开采、加工、利用、管理等众多环节的企业，同时也是高度依赖于自然资源和生态环境的企业。随着矿业企业发展模式的不断更新，其所面临的环境问题也越来越多，如何进行环境合规管理、避免环境违法行为成为矿业企业需要思考的重要问题。本文从中央生态环境保护督察通报的J集团Z矿业公司典型案例出发，以我国现行法律法规及政策、标准为依据，就矿业企业在生产过程中部分重要环节可能面临的环境污染案件重点难点问题进行总结归纳并提出针对性合规建议，以期为矿业企业有效预防和应对环境违法风险提供参考。

一、环境影响评价问题

（一）典型案例基本案情

根据中央生态环境保护督察典型案例，J集团Z矿业公司在没有办理露天开采采矿证和环评手续的情况下，长期实施矿石采选相关项目，违法在案涉矿区进行大规模开采活动，直至数年后才补办相关环评手续。实践中，部分矿业企业抱有侥幸心理，忽视环境影响评价重要性，不按要求编制环评、环评弄虚作假、未批先建等违法行为时有发生。

（二）矿业企业环评质量问题

根据《环境影响评价法》第2条，环境影响评价是指"对规划和建设项目实施后可能造成的环境影响进行分析、预测和评估，提出预防或者减轻不良环境影响的对策和措施，进行跟踪监测的方法与制度"。矿业企业作为高度依赖自然资源的企业，在生产运营过程中不可避免地会对环境造成较大影响。以煤矿开发建设为例，在施工阶段，工业场地、矸石临时周转场新增占地及挖填土方的矿井建设行为会产生废弃土石、扬尘，引起水土流失；井巷工程产生大量弃渣，易造成固废污染。在运营阶段，煤矿开采往往伴随对地下水动力场和地下水资源的破坏、扰动；

---

① 《习近平给山东省地矿局第六地质大队全体地质工作者的回信》，载中央人民政府网，http://www.gov.cn/xinwen/2022-10/04/content_5715801.htm。

煤炭储运过程中产生的粉尘、环境噪声可能对环境造成较大负面影响;此外矸石、生活垃圾等固体废物处置不当也会对当地生态环境造成不利影响。根据生态环境部制定并公布的《建设项目环境影响评价分类管理名录(2021 年版)》,大部分涉矿建设项目应当编制环境影响报告书,少部分如仅涉及破碎、集运、矿区修复的建设项目才应当编制环境影响报告表或者填报环境影响登记表。

除少数具备环境影响评价技术能力的企业外,一般而言矿业企业会委托第三方技术单位对其建设项目开展环境影响评价,编制建设项目环境影响报告书、环境影响报告表。但是,这并不代表矿业企业仅需履行相关委托手续即可,还应当如实提供基础资料,对环评文件的内容和结论认真审核,与环评单位积极沟通,共同研究制定污染防治和生态保护措施,否则就要承担相应法律责任。第一,行政责任层面上,若矿业企业存在建设项目环境影响报告书、环境影响报告表基础资料明显不实,内容存在重大缺陷、遗漏或者虚假,环境影响评价结论不正确或者不合理等严重质量问题的,生态环境主管部门将对案涉矿业企业处 50 万元以上 200 万元以下的罚款,并对该企业法定代表人、主要负责人、直接负责的主管人员和其他直接责任人员,处 5 万元以上 20 万元以下的罚款。第二,民事责任层面上,若矿业企业与第三方环评机构故意合谋弄虚作假,依据《环境保护法》第 65 条、《民法典》第 1168 条之规定,应承担连带责任。

矿业企业在环评领域典型的弄虚作假的情形主要包括:第一,环评文件抄袭,如项目建设地点、主体工程及生产工艺明显不属于本项目;现有工程基本情况、污染物排放及达标情况明显不属于本项目的。第二,关键内容遗漏,如隐瞒项目实际开工情况;未开展相关环境要素现状调查与评价、相关环境要素或者环境风险预测与评价;未提出有效的环境污染和生态破坏防治措施的。第三,数据结论错误,如编造、篡改环境现状监测、调查数据或者危险废物鉴别结果;降低环评标准致使环评结论不正确;建设项目类型及其选址、布局、规模等明显不符合环境保护法律法规,仍给出环境影响可行结论的。第四,其他造假情形,如未按要求组织开展公众参与或者篡改实际公众参与调查结果;在环评文件中假冒、伪造他人签字签章等。

(三)矿业企业合规要点

第一,严守环评文件质量底线。具体而言,矿业企业在编制环评文件的过程中要严守法律法规标准底线、严守生态环境质量底线、严守环境风险防范底线、严守维护公众权益底线，坚决避免弄虚作假情形的发生。

第二，落实生态环境保护主体责任。一方面，要严格遵守审批相关要求，避免未批先建违法行为的发生。另一方面，按照环评文件的要求建设和运行污染防治设施。例如，将原煤转运产生的煤尘进行全封闭喷雾洒水处理，将废润滑油等危险废物分类收集交危废处理单位处置，将泥岩、炭质泥岩等固废粉碎后作为膏体材料进行井下充填，建设矿井水处理站对矿井涌水进行过滤等预处理等。

第三，重点关注建设项目环评文件通过审批后建设项目的规模、性质、地点、生产工艺以及环境保护措施可能发生的重大变动。对于矿业企业生产规模扩大、矿山开采方式变化、煤矸石等固体废物利用处置方式变化等情形应当进行重点关注，对照生态环境部发布的《煤炭建设项目重大变动清单（试行）》《污染影响类建设项目重大变动清单（试行）》等相关文件，对于涉及重大变动的，矿业企业应当重新报批建设项目环境影响评价文件；对于涉及非重大变动的，则应及时组织编制《建设项目环境影响非重大变动分析报告》，并按各地生态环境主管部门的要求进行公示。

二、验收问题

（一）典型案例基本案情

根据中央生态环境保护督察典型案例，J 集团 Z 矿业公司环评文件指出，企业原有工程尾矿综合利用率不达标，要求采取尾矿压滤回填的治理措施。但是，J 集团 Z 矿业公司并未按要求将尾矿压滤回填，其尾矿除少部分违规用于废石场铺垫外，全部排于尾矿库。此后，J 集团 Z 矿业公司自行开展竣工环境保护验收，作出已按要求将尾矿回填的结论，与实际不符，验收工作弄虚作假。

（二）矿业企业项目竣工环保验收问题

以煤炭采选建设项目为例，在项目实际生产能力达到其设计生产能力的 75% 或以上并稳定试运行，同时配套环境保护设施已投入正常试运行的情况下，即可开展竣工环境保护验收调查工作。如果短期内项目的实际生产能力无法达到设计生产能力的 75% 或以上，验收调查应在主体工程试运行稳定、配套环境保护设施试运行正常的条件下进行，注明实际调查工况，按设计生产能力对主要环境要素的影响进行校核，并提出在项目达到设计生产能力时应根据实际监测结果采取相应环境保护措施的要求。此外，对于分期建设、分期投入运行的煤炭采选建设项目，可分阶段开展竣工环境保护验收调查工作。

验收调查主要内容包括环境影响评价制度执行情况、工程实际建设内容及工程变更情况、环评文件及批复文件中提出的环境保护措施落实情况、运行情况及试运行效果、环境风险防范与应急措施落实情况调查等。其中，对于环保措施落实情况的调查按施工期、试运行期分别进行，重点涵盖：(1)生态保护措施，如首采区煤炭开采地表沉陷、露天矿、地表挖损预防或减缓措施，采空沉陷区生态保护与恢复措施，排矸场、露天矿、排土场生态保护与恢复措施；(2)水资源保护措施，如煤炭开采水资源保护及监测、监控措施；(3)污染防治措施，如矿井水、露天矿矿坑水、工业场地生产生活污水处理设施，选煤厂煤泥水闭路循环保证措施，锅炉烟气除尘、脱硫设施，地面生产系统及煤炭储装运过程的降尘措施，露天矿采掘场、排土场及运输道路扬尘治理措施，煤矸石、露天矿剥离物、锅炉灰渣的处置措施，工业场地及运输线路噪声治理措施；(4)社会环境影响保护措施，如井工矿开采沉陷区、露天矿挖损区以及排矸场、排土场占压区地面居民搬迁安置或建筑物修复加固措施。

(三)矿业企业水土保持设施验收问题

根据《水土保持法》《水土保持法实施条例》等相关规定，矿业企业在矿山项目建设前应当编制水土保持方案并报水土行政主管部门审查批准。《水土保持法》第 27 条规定，“……水土保持设施，应当与主体工程同时设计、同时施工、同时投产使用；生产建设项目竣工验收，应当验收水土保持设施；水土保持设施未经验收或者验收不合格的，生产建设项目不得投产使用”。如矿业企业违反上述规定，即水土保持设施未经验收或者验收不合格将生产建设项目投产使用的，将面临责令停止生产或者使用、罚款等行政处罚。

(四)矿业企业合规要点

第一，加强企业环境合规意识，严格依据法律法规要求推进相关验收工作。矿业企业应当建立健全环境保护制度和管理体系，落实“三同时”制度，按照规定开展环境影响评价和“三同时”验收工作。严格审核项目验收监测报告，杜绝验收弄虚作假、流于形式，并按照验收报告整改要求进行整改，落实环境保护、水土保持措施及方案。

第二，加大污染防治设施及水土保持设施投入。2022年8月，自然资源部发布《矿产资源节约和综合利用先进适用技术目录（2022年版）》，大力推进我国矿产资源全面节约和高效利用。矿业企业可以对照上述目录，加大污染防治设施及水土保持设施投入，积极推动先进技术的推广应用和转化，在提高矿产资源利用效率的同时践行企业环保社会责任。

三、固体废物处置问题

（一）典型案例基本案情

根据中央生态环境保护督察典型案例，J集团Z矿业公司存在随意堆弃低品位矿石上百万吨，造成严重固体废物污染的情形。根据生态环境部2023年1月发布的《2021年中国生态环境统计年报》，2021年一般工业固体废物产生量排名前五的行业中有四个行业均与矿业企业紧密相关，包括黑色金属矿采选业、黑色金属冶炼和压延加工业、有色金属矿采选业、煤炭开采和洗选业，合计约占全国一般工业固体废物产生量的55.1%。矿业企业在生产阶段主要涉及采矿、选矿、冶炼等环节，必然会产生大量煤矸石、尾矿等固体废物，如若利用处置不当，极有可能造成固体废物污染。

（二）矿业企业尾矿处置问题

尾矿，是指金属非金属矿山开采出的矿石，经选矿厂选出有价值的精矿后产生的固体废物。生态环境部于2022年6月发布的《固体废物分类目录》（征求意见稿）明确将铁矿、锰矿、铬矿采选、常用有色金属矿采选、贵金属矿采选、稀有稀土金属矿采选、化学矿开采、石棉及其他非金属矿采选等行业产生的尾矿纳入固体废物管理工作。

《尾矿污染环境防治管理办法》第3条第2款、第3款的规定，矿业企业作为“产生、贮存、运输、综合利用尾矿的单位，以及尾矿库运营、管理单位，应当采取措施，防止或者减少尾矿对环境的污染，对所造成的环境污染依法承担责任”，同时，“对产生尾矿的单位和尾矿库运营、管理单位实施控股管理的企业集团，应当加强对其下属企业的监督管理，督促、指导其履行尾矿污染防治主体责任”。上述规定不仅将尾矿污染防治主体落实到矿业企业自身，还延伸至其控股集团企业，有利于加强对尾矿污染防治工作的监督管理。

依法实行排污许可管理的产生尾矿的单位，应当申请取得排污许可证或者填报排污登记表，按照排污许可管理的规定排放尾矿及污染物，并落实相关环境管理要求。根据尾矿所属矿种类型、尾矿库周边环境敏感程度、尾矿库环境保护水平等因素，国务院生态环境主管部门制定《尾矿库环境监管分类分级技术规程（试行）》，将尾矿库分为一级、二级和三级，提出分级监管要求。设区的市级生态环境主管部门将一级和二级环境监督管理尾矿库的运营、管理单位列入重点排污单位名录，实施重点管控。根据 2023 年 1 月 1 日起施行的《环境监管重点单位名录管理办法》，一级和二级环境监督管理尾矿库的运营、管理单位，应当列为地下水污染防治重点排污单位，依法履行自行监测、信息公开等生态环境法律义务，采取措施防治环境污染，防范环境风险。

此外，《尾矿污染环境防治管理办法》第 24 条规定，尾矿库封场期间及封场后，矿业企业应当保证渗滤液收集设施、尾矿水排放监测设施继续正常运行并定期开展水污染物排放监测。“尾矿库的渗滤液收集设施、尾矿水排放监测设施应当正常运行至尾矿库封场后连续两年内没有渗滤液产生或者产生的渗滤液不经处理即可稳定达标排放”。尾矿库封场后，矿业企业还应当“采取措施保证地下水水质监测井继续正常运行，并按照国家有关规定持续进行地下水水质监测，直到下游地下水水质连续两年不超出上游地下水水质或者所在区域地下水水质本底水平”。

（三）矿业企业合规要点

第一，及时申领或变更排污许可证。特别需要注意的是，《排污许可管理条例》第 6 条第 2 款规定，“排污单位有两个以上生产经营场所排放污染物的，应当按照生产经营场所分别申请取得排污许可证”。因此，满足上述情形的矿业企业应当注意对尾矿库与选矿厂分别申领排污许可证。①

第二，加强固体废物管理。建立健全固体废物产生、收集、贮存、运输、利用、处置全过程的污染环境防治责任制度，建立固体废物管理台账，如实记录产生固体废物的种类、数量、流向、贮存、利用、处置等信息，实现固体废物可追溯、可查

---

① 参见陈渊、李莉等：《矿业企业环境合规义务梳理》，载微信公众号“德恒西咸新区律师事务所”2022 年 9 月 1 日，https://mp.weixin.qq.com/s/nTCZOur8aIiPMUyYRiV6tw。

询,并采取防治固体废物污染环境的措施。委托他人运输、利用、处置固废的,对受托方的资质及技术能力进行核实,在书面合同中明确约定污染防治要求。建设固体废物贮存、处置的设施、场所,应注意符合《一般工业固体废物贮存和填埋污染控制标准》(GB 18599—2020)等相关标准,如尾矿库应采取均匀放矿、洒水抑尘等措施防止干滩扬尘污染。

第三,矿山企业产生的固废中含有危险废物的,应当严格按照危险废物进行管理。例如,产生、收集、贮存、运输、利用、处置危险废物的矿业企业应当依法制定意外事故的防范措施和应急预案,并向所在地生态环境主管部门和其他负有固体废物污染环境防治监督管理职责的部门备案,加强环境风险应对能力。此外,矿业企业可以自行组织学习将于 2023 年 7 月 1 日正式实施的《危险废物识别标志设置技术规范》(HJ 1276—2022)及《危险废物贮存污染控制标准》(GB 18597—2023),提升危废管理能力。

四、矿山地质环境保护和土地复垦问题

(一)典型案例基本案情

根据中央生态环境保护督察典型案例,J 集团 Z 矿业公司未按照《矿山地质环境保护与土地复垦方案》要求开展削坡治理、修建排水沟和土地复垦等工作,生态恢复治理不到位。此外,J 集团 Z 矿业公司虽然对在用排土场开展了生态恢复治理,但部分工程建设敷衍,梯级治理中台阶和排水设施均达不到设计标准。

(二)矿山地质环境保护和土地复垦问题

根据《矿山地质环境保护规定》第 12 条第 1 款的规定,矿业企业“申请办理采矿许可证时,应当编制矿山地质环境保护与土地复垦方案,报有批准权的自然资源主管部门批准”。《矿山地质环境保护规定》第 14 条则规定,矿业企业“扩大开采规模、变更矿区范围或者开采方式的,应当重新编制矿山地质环境保护与土地复垦方案,并报原批准机关批准”。

另外,《矿山地质环境保护规定》第 15 条第 2 款也提出,“矿山地质环境保护与治理恢复工程的设计和施工,应当与矿产资源开采活动同步进行”。第 18 条第 1 款规定,矿业企业“应当按照矿山地质环境保护与土地复垦方案的要求履行矿山地质环境保护与土地复垦义务”。而矿业企业开采矿产资源造成矿山地质环境

破坏的，由该企业负责治理恢复，治理恢复费用列入生产成本，并在矿山关闭前完成矿山地质环境保护与土地复垦义务，采矿权发生转让的，该义务同时转让。

（三）矿业企业合规要点

落实企业矿山地质环境治理恢复责任。矿业企业应承担矿山地质环境治理恢复责任，综合开采条件、开采矿种、开采方式、开采规模、开采年限、地区开支水平等因素，编制矿山地质环境保护与土地复垦方案，落实企业监测主体责任，加强矿山地质环境监测。

通过建立基金的方式，筹集治理恢复资金。矿业企业按照满足实际需求的原则，根据其矿山地质环境保护与土地复垦方案，将矿山地质环境恢复治理费用按照《企业会计准则》（已失效）相关规定预计弃置费用，计入相关资产的入账成本，在预计开采年限内按照产量比例等方法摊销，并计入生产成本。

随着我国经济发展模式的转变，矿业企业在追求经济效益的同时，也逐渐开始重视环境保护问题。由于矿业企业自身业务和环境保护之间存在较大联系，因此在日常生产经营过程中，需要结合自身的业务范围以及所处行业的特点，着眼环境污染案件重点难点问题，加强环境保护方面的合规管理。在我国矿山生态修复和绿色发展扎实推进，矿业领域生态文明建设取得新进展的大背景下，我们建议，矿业企业一方面应当严格遵守我国现行法律法规及政策、标准；另一方面应结合自身发展规划，制定符合企业实际的环境保护合规管理制度。